중국이 두렵지 않은가

차이나 대륙 20개 주요 지역 인문 여행기

유광종 저

2014년 11월 30일 초판 1쇄
2014년 12월 28일   2쇄
2015년 3월 11일   3쇄
2018년 1월 18일   4쇄

글 유광종
펴낸곳 책밭
펴낸이 유광종
책임편집 손시한
디자인 하동현 최정아
일러스트 최민경
출판등록 2011년 5월 17일 제300-2011-91호
주소 서울 중구 퇴계로 182 가락회관 6층
전화 02-2275-5326
팩스 02-2275-5327
이메일 go5326@naver.com
홈페이지 www.npplus.co.kr
ISBN 979-11-85720-06-7 03910
정가 20,000원

양홍옥梁紅玉 **(1102~1135)**
남송南宋의 여성으로서 장군 한세충韓世忠의 첩. 기녀로 전전하다가 한세충을 만나 금金나라에
대항해 함께 싸운 중국 역사 속 유명 여성 장군. 뛰어난 지모와 함께 무공으로도 유명했음.

거대 중국의 밑그림 옳게 그리기

우리에겐 중국을 보는 일종의 기시감旣視感 deja-vu이 있다. 어딘가 예전에 이미 봤다는 느낌, 그런 착각 말이다. 그래서 중국을 '대강은 안다'라고 생각하면서 대한다. 우리가 세계적 강대국으로 떠오르는 중국을 제대로 관찰하는 데 상당한 걸림돌로 작용하는 요소다.

중국에 대해 막연하지만, 어느 정도 알고 있다는 생각은 어디서 올까. 우선 우리 이름 세 글자가 대개 한자漢字로 이뤄져 있다. 게다가 어렸을 때부터 〈삼국지연의三國志演義〉〈서유기西遊記〉를 비롯해 〈영웅문英雄門〉 등 무협지, 리샤오룽李小龍과 청룽成龍이 출연하는 중국 영화 한 편 안 보고 자란 사람은 없다. 할아버지 무릎에 앉아 〈논어論語〉〈맹자孟子〉〈명심보감明心寶鑑〉의 '주옥' 같은 명언 몇 구절을 들으며 자란 사람도 아주 많다.

그러니 어딘가 중국은 낯설지 않다. 그래서 조금 주의 깊게 중국 콘텐트를 들여다 본 사람은 '내가 제법 중국을 안다'는 생각에 휩싸이기 십상이다. 그러나 중국을 정작 이야기해야 할 자리에서는 꽁무니를 뺀다. 안다고 생각했던 중국을 정작 이야기하려니 마땅한 방법이 떠오르지 않기 때문이다. 그러니 많은 수의 한국 전문가들조차도 "중국은 도대체 알 수 없는 나라"라는 푸념을 늘어놓는다.

참 난감한 일이다. 우리가 "알 수 없는 나라"라고 하기에는 중국이 너무 빨리 성장하고 있다. 인접한 거대 강국으로서의 행보가 보통 빠른 게 아니다. 땅이 이어져 있는 연륙連陸의 이웃이기 때문에 우리로서는 가장 잘 알고 있어야 할 중국이 온통 안개투성이의 그림만으로 다가온다.

중국은 전란과 재난이 빗발처럼 닥쳤던 땅이다. 중국 문명의 주류라고 하는 한족漢族은 사실 '족보'가 아주 애매한 집단이다. 그 한족의 개체에다가 아주 다양한 혈통이 엇갈리며 서로 끊임없이 섞였다. 그 섞임의 과정이 평탄했을 리 없다. 역시 끊임없는 시비, 다툼, 전쟁, 살육으로 번졌을 것이다.

인구는 그 와중에 좀 더 살기 편안한 곳으로 늘 움직였을 테다. 그런 이민移民과 정주定住의 과정이 또한 끊임없는 상쟁相爭으로 번졌음은 불문가지다. 그런 가혹한 환경 속에서 살아남기 위해 사람들의 생각은 깊고 또 깊게 다져졌다. 지혜와 모략, 그리고 전략의 전통은 그런 환경 속에서 다져지고 또 다져졌다.

그러니 중국을 두려움의 시선으로 보는 게 맞다. 가혹한 상쟁의 환경이 키운 사람들 생각과 행동은 야무지게 영글기 마련이다. 안정적인 환경에서 한 왕조의 수명이 최소 500년은 보장받았던 한반도의 환경, 그곳에서 자라난 사람들의 생각 및 행위와는 다른 무언가가 있을 것이다.

이 책은 그 점을 말하고자 기획했다. 중국의 주요 성省 18개 지역과 베이징北京과 상하이上海 등 2개의 직할시를 다니면서 그곳의 역사와 인문, 지리적 특성을 고루 살폈다. 전체적으로는 귤이 탱자로 변한다는 회수淮水와 그 남쪽의 장강長江을 기준으로 중국 남부와 북부를 나눴다.

각 지역이 키워낸 대표적 역사 인물을 중심으로 그곳의 인문적 환경, 역사적 배경을 서술하는 식이다. 지혜의 빛이 영그는 과정, 다원적 문화의 토대를 통일적인 문명의 구조로 이끌어가는 전략적 시야, 현실주의적 특성과 이상 또는 낭만주의적 성향 등을 설명했다.

책에서는 G2의 세계적 대국으로 떠오르는 중국의 인문 지리적 특성을 지역적으로 세밀하게 살펴야 한다는 점을 줄곧 강조할 예정이다. 제대로 나눠서 보지 않고서는 우리가 중국이라는 커다란 실체를 옳게 파악할 수 없다는 생각 때문이다. 그래서 책은 '중국'을 이루고 있는 바탕, 지역의 인문 전통에 주목했다.

각 지역에 담긴 인문을 제대로 살피면 우리는 중국의 '밑그림'을 제대로 그릴 수 있을 것이다. 그 바탕 위에 현대의 중국이 보이는 역동성을 얹어야 한다. 밑그림을 바르게 그릴 수 없다면 큰 그림 역시 제대로 그릴 수 없는 법이다. 중국의 바탕을 이루고 있는 각 지역의 전통과 역사에 집착했던 이유다.

23년 동안 언론사 기자로서 중국에 주재했거나 다녀왔던 경험, 대학 중문학도로서의 학습, 국내외 학술영역의 여러 성과를 이곳에 고루 담고자 노력했다. 문명이 교차하는 한반도의 생활인으로서 중국 대륙의 문명을 어떻게 봐야 좋을지도 함께 고민했다.

이제 수교 22주년을 넘어 한국은 중국과 자유무역협정FTA까지 체결했다. 거대한 중국은 앞으로도 줄곧 한반도에 아주 심대한 영향을 미칠 나라다. 중국을 제대로 알아야 한다는 당위는 그만큼 더 높아졌다. 그래서 더욱 신중하고 치밀한 접근이 필요한 때다.

이 책을 위해 훌륭한 사진을 선뜻 제공해주신 건국대 한인희 교수와 중국 창춘長春에서 사업을 일으킨 파파스 이기영 사장, 중앙일보 선배이자 이제는 몽골 초원에서 말을 달리고 있는 조용철 전 기자께 감사의 마음을 전한다.

2014. 11. 18

저자 유광종

Contents

중국 인문여행 루트

중국의 인문은 대개 남북으로 우선 나뉜다. 남쪽은 언어와 혈통 등의 갈래가 북쪽에 비해 훨씬 복잡하다. 남쪽에서 먼저 여행을 시작하는 이유다. 남부의 종점은 상하이다. 그 뒤 북부지역의 대표 베이징을 먼저 들른다. 이어 중원의 복판, 동북의 만주, 서북의 위구르까지 가면서 중국에 내린 문명의 빛과 그늘을 헤아린다.

신장(新疆)
20

헤이룽장(黑龍江)
18

랴오닝(遼寧)
17

베이징(北京)
11

허베이(河北)
15

산시(山西)
13

산둥(山東)
12

간쑤(甘肅)
19

산시(陝西)
14

허난(河南)
16

"환경이 그곳의 사람을 기른다 一方土地, 養一方人"는 중국말이 있다. 중국은 그만큼 다양한 지역에 독특한 문화가 자란다. 그 밑바닥을 살피는 일이 중국을 제대로 아는 길이다. 시사적 흐름에서 살펴볼 만한 인물, 또는 역사적 관점에서 관찰할 인물을 찾아 나서기로 했다. 그로써 오늘의 중국과 중국인을 낳은 문화적, 나아가 문명적 바탕을 이해하고자 한다.

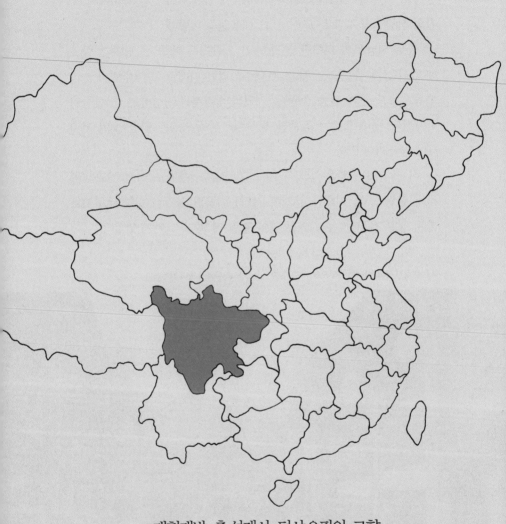

개혁개방 총설계사 덩샤오핑의 고향

쓰촨(四川)

"쓰촨四川 땅의 개는 해를 보면 짖는다"는 중국 성어成語가 있다. 한자로 적으면 '蜀犬吠日촉견페일'이다. 이 성어는 뚜렷한 의미에서 쓰촨의 사람들을 깔보는 말이다. 그 내용인즉 이렇다.

중국 서남부의 거대한 분지盆地인 쓰촨에는 아주 큰 평야가 발달해 있다. 서북쪽으로는 해발 4000m를 넘는 티베트 고원이 막아섰고, 북쪽으로도 중국 전통 중원中原 지역과의 경계를 형성하는 큰 산들이 지나간다. 동쪽으로는 험준한 싼샤三峽, 남쪽으로는 윈난雲南의 고지대에 둘러싸여 있다.

이 쓰촨의 평원은 면적이 대략 30만㎢다. 한반도 면적 22만㎢에 비해 훨씬 크다. 거대한 분지이니만큼 이곳의 일기는 청명淸明하기보다는 짙은 운무雲霧에 가리는 적이 훨씬 더 많다. 그래서 맑은 하늘에

쓰촨 청두시가 복원한 옛 거리 모습. 운무가 늘 끼는 곳으로 유명한 곳이 청두다.

쨍쨍한 해를 볼 수 있는 날이 적다.

그런 자연적 환경에서 자란 강아지들에게는 해가 낯설 수밖에 없다. 날씨가 개어 가끔이나마 해가 하늘 가운데 모습을 뚜렷이 드러내면 오히려 이상해 짖어댄다는 말이다. 그곳의 개만 보고 이 말을 했으면 그저 그렇거니 하고 넘어갈 수 있다. 그러나 이 말이 지니는 함의含意가 직접적으로 겨누는 대상은 쓰촨 사람들이다. '해를 보고 짖는 개'라는 성어가 쓰촨의 사람들을 직접 겨냥해 만들어진 것이라는 얘기다.

바깥 세계에 흥미를 두지 않고, 새로운 사물에 신경을 '끄고' 사는 사람들이라 외부의 환경에 둔감하며, 아울러 바깥에서 벌어지는 새로운 변화에 관심을 두지 않는다는 얘기다. 마치 쓰촨 땅의 개가 해를 보면 짖는다는 것처럼 말이다. 그래서 쓰촨 사람들의 자기중심적인 사고를 비판할 때 이 말은 곧잘 등장한다.

중국 '개혁개방의 총설계사'라고 일컬어지는 덩샤오핑鄧小平의 고향이 바로 쓰촨이다. '해를 보면 짖는 개', 그리고 죽竹의 장막에 철저히 가려 은둔과 자폐自閉의 깊은 이념적 늪에 빠져 있던 중국을 일거에 개혁과 개방으로 전환시킨 덩샤오핑의 사고는 아무래도 닮지 않았다. 그저 닮지 않은 정도가 아니라 하늘과 땅이 드러내는 차이, 즉 천양지차天壤之差에 해당한다.

그렇다면 우리는 '해를 보면 짖는 개'의 이야기가 다른 지역 사람들이 쓰촨의 사람들을 두고 비아냥거리거나, 괜히 모욕을 주고 싶어 만들어낸 정도의 성어成語라고 이해할 수밖에 없다. 쓰촨 사람들에게는 현실적인 가치관에 골몰하면서 남의 시선 등에는 전혀 눈길을 두지 않는 폐쇄성이 분명히 있기는 하다. 그러나 그는 아주 작은 단면에 불과하다. 그런 토양에서 중국의 개혁과 개방을 이끈 '대大 전환'의 정치가가 나왔다는 점을 상기하면 더 그렇다.

중국 최남단 선전에 있는 덩샤오핑의 동상. 쓰촨이 낳은 위대한 개혁가다.

쥐와 고양이에 관한 냉정한 관찰자들

사실 해를 보고 짖는 개에 앞서 우리가 쓰촨하면 먼저 떠올려야 하는 말이 있다. 바로 '천부지국天府之國'이다. 이 천부지국이라는 말이 다른 게 아니다. 바로 '하늘나라'다. 기독교에서 말하는 하늘나라 천국의 개념과는 다소 다를 뿐, 사람이 살아가기에 더 이상 좋을 수 없는 환경을 갖춘 곳이라는 뜻이다. 가장 이상적인 지역, 그래서 영역하면 바로 파라다이스Paradise다.

앞에서도 소개했듯이 이 지역은 크고 험준한 산으로 둘러싸인 30만㎢ 넓이의 대평원을 끼고 있다. 거기에 중국 남부의 일반 지역이 그렇듯 강수량이 풍부하다. 아울러 장강長江의 큰 물줄기를 비롯해 다양한 갈래의 굵직한 하천이 지나간다. 따라서 비옥한 땅, 풍부한 수원水源, 온화한 날씨 등 천혜의 농업자원을 모두 지닌 곳이다.

그런 환경에 거대한 면적의 농토가 발달했으니 쌀을 비롯한 곡량穀糧과 채소菜蔬를 걱정할 필요가 없다. 편안한 생존 환경을 갖췄으니 바깥에서 무슨 일이 벌어지건 말건 신경 쓸 일 없다. 그런 쓰촨 사람들의 한 성격적인 단면을 꼬집어 비튼 게 '해를 보면 짖는 개'임에 틀림없다.

거대한 곡창穀倉에 진배가 없으니 그곳에 들끓는 동물이 있을 법하다. 바로 사람의 곁에 바짝 붙어살면서 역시 사람들이 거두는 곡식 등을 곁눈질하며 훔쳐 먹는 쥐다. 쥐는 역시 부정적인 이미지가 우선이다. 사람들이 힘들여 생산하는 곡식을 도둑질하는 그런 생존 습성 때문이다.

쥐는 한자로 '鼠서'다. 우리에게도 이 쥐에 관한 한자 성어成語는 잘 알려져 있는 편이다. "태산명동에 서일필泰山鳴動 鼠一匹"하면 온갖 호들갑을 떨어 난리가 난 듯 법석을 부렸으나 겨우 쥐 한 마리가 사태의 주범이었다는 말이다.

중국인에게 이 쥐는 좀 더 노골적인 불만과 노여움의 대상이다. "쥐 한 마리 지나가니, 사람들이 때려죽일 듯 덤빈다老鼠過街, 人人喊打"는 말이 있고, 국가를 위태롭게 하는 불온한 존재로 쥐를 등장시켜 '사서社鼠'라는 표현을 쓴다. 예전에는 봉건 왕조에서 세금을 거둘 때 쥐가 갉아 먹고 훔쳐 먹는 곡식을 농민에게 부담시킨 사례가 있다.

세금을 내는 농민들로서는 억울한 일이 아닐 수 없다. 쥐가 훔쳐 먹는 곡식의 양을 미리 산정해 그 금액만큼을 세금에 보태 더 내야 했기 때문이다. 그래서 쥐라는 놈은 무엇인가 손해를 끼친다는 의미에서 '소모消耗'의 '모耗'라는 글자를 붙여 중국인들이 "하오쯔耗子"라고 부르는데, 이 단어가 가장 유행했던 곳이 바로 쓰촨이다.

그 쥐의 천적은 다름 아닌 고양이다. 덩샤오핑이 개혁개방을 추진하면서 한 유명한 발언이 있다. "노란 고양이든, 검은 고양이든 그저 쥐만 잘 잡으면 좋은 고양이다"는 내용이다. 우리에게는 검은 고양이와 하얀 고양이의 '흑묘백묘黑猫白猫'로 알려져 있으나, 그 원전原典은 노란고양이와 검은 고양이의 황묘흑묘黃猫黑猫다. 같은 쓰촨 출신이자

쓰촨 광안의 덩샤오핑 생가. 그곳에서 뛰노는 현지 어린이들의
모습이 인상적이다.

국민당과의 내전에서 늘 함께 싸웠던 그의 동지 류보청劉伯承이 평소에 즐겨 쓰던 고향 속담을 덩샤오핑이 다시 인용하면서 유명해진 말이다.

쥐가 등장하는 쓰촨 속담이 많다고 알려져 있다. 풍부한 식량 생산지인 까닭에 그 땅으로 거둔 식량을 몰래 훔쳐 먹는 쥐가 특별한 미움의 대상이었으리라는 점은 우리가 충분히 짐작할 수 있는 대목이다. 그런 문화적 풍토에서 쥐를 늘 관찰하던 쓰촨 사람에게 노란 고양이든, 검은 고양이든 쥐만 잘 잡아주면 그만이라는 생각이 움텄던 것은 매우 자연스럽다.

덩샤오핑의 '황묘흑묘'는 매우 상징적인 발언이었다. 중국이 이념적 틀을 벗고 실사구시實事求是의 개혁개방을 추진하겠다는 강력한 의지 표명에 해당했다. 그 이후로 벌어진 중국 개혁개방의 눈부신 성과는 지금의 전 세계 사람들이 모두 목격하고 있는 장면 그대로다. 중국은 줄곧 강력한 개혁개방의 노선을 걸어 이제 미국과 맞먹는 G2의 시대를 열어젖히고 말았다.

따지고 보면 고양이의 털 색깔은 '명분과 외형'에 지나지 않는다. 본질은 고양이에게 주어진 사명, 즉 쥐를 잡는 일이다. 겉을 두르는 모든 형식과 명분을 물리치고 본질을 향해 나아가겠다는 의지가 이 말 안에는 담겨 있는 셈이다. 실제 중국은 1949년 건국 뒤 걸어왔던 폭풍과 같았던 이념적 쏠림을 모두 거둬 치운 뒤 실용주의에 매달렸다.

자신의 얼굴을 형성했던 '공산주의'와 그 대척점에 서 있는 '자본주의 시장경제'를 절묘하게 결합했다. 이른바 '사회주의 시장경제'였다. 그 지향점은 국가경제의 발전이자, 강성한 국가를 만들어 세우는 작업이었다. 그 지향점에 닿기 위한 방법은 '노란 고양이든 검은 고양이든' 다 좋았다. 쓰촨의 풍토에서 자라나 덩샤오핑의 입을 통해 세상에 알려진 '황묘흑묘'의 격언은 결국 세계를 놀라게 한 중국 개혁개방의 힘찬 신호탄이었던 셈이다.

식량을 훔쳐 먹는 쥐, 그리고 그 쥐를 좇는 고양이…. 이 둘을 바라보는 쓰촨 사람들의 시선은 매우 실용적이다. 간단한 상징에 불과하지만 그런 고도의 실용적 사고는 우리가 매우 눈여겨 볼만한 대목이다. 목표를 상정했으면 그것을 이루기 위한 방도에 관해서는 솔직하고 대담해져야 한다. 이리저리 볼 것 다 보고, 따질 것 다 따져 본 다음에 움직일 일이 아니다.

상정한 목표에 도달하기 위해서는 형식과 겉치레의 모든 군더더기를 버리고 목표점에 가장 빨리 도달할 수 있는 방도를 찾아내 그를 활용해야 한다는 얘기다.

덩샤오핑은 그런 실용적 사고를 중국 현대 정치경제 사상의 흐름에 가장 거창하게 드러내 보인 구현자具顯者에 해당한다. 그 덩샤오핑의 사고는 '황묘흑묘' 이론에 잘 나타나 있고, 그런 속담이 충분히 발달해 문화적 전통으로 영글었던 지역이 쓰촨이라는 점을 우리는 기억할 필요가 있다. 그렇다면 왜 하필 쓰촨이란 말인가.

'황제'로부터 멀리 떨어진 곳의 자유로움

중국말에 "산은 높고 황제는 멀리 떨어져 있다"는 말이 있다. 한자로
는 '山高皇帝遠산고황제원'이라고 적는다. 황제는 늘 중국인이 삶을 이
어가는 공간 속의 중심이었다. 그러면서도 황제와의 거리는 늘 관심
의 대상이었다.

'황제'는 제국의 상징이다. 중국이라는 땅 위의 모든 질서를 이끄
는 체계이자 제도의 대명사이기도 했다. 그로부터 멀리 떨어져 있을
수록 간섭과 견제는 훨씬 줄었다. 산이 높고 강이 깊어 황제 권력의
장력張力이 상대적으로 덜 미치면 그런 간섭과 견제는 훨씬 줄어들게
마련이었다.

쓰촨은 그런 곳이다. 중원이라고 일컬어지는 황제의 거소居所로부
터 꽤 멀리 떨어져 있을 뿐만 아니라 높은 산지와 거대한 하천에 둘
러싸여 황제로부터 뻗치는 권력의 힘이 다른 지역에 비해 상대적으로
약했던 곳이다.

중국의 전통적인 판도를 보면 중원中原이라고 불리는 곳은 늘 권
력의 중심이 머물렀던 지역이다. 진시황秦始皇이 중국의 통일왕조를 세

운 뒤 그를 이어 받았던 왕조의 권력자들은 대개 중원 지역에 수도를 세웠다. 초기의 장안長安과 낙양洛陽, 후대의 베이징北京 등이 대표적 수도였다.

황제의 힘은 중원의 수도를 중심으로 중국 전역에 펼쳐진다. 그러나 중심에서 방사放射하는 힘의 크기가 중국 전역에 고루 퍼질 수는 없다. 힘이 뻗쳐나가는 중심지, 즉 수도로부터 멀리 떨어져 있을수록 그 지역이 받는 힘의 크기는 약해질 수밖에 없다.

다시 말하면 수도에서 멀리 떨어진 곳은 황제의 모든 간섭과 견제로부터 비교적 자유롭다는 얘기다. 따라서 '부채負債 의식'도 훨씬 적으며, 수도에서 정한 규범이 주는 속박의 느낌 또한 훨씬 덜하다. 수도로부터 떨어져 있는 거리, 현지에서 체감하는 자유로움의 느낌은 정비례正比例를 이루면서 커질 수밖에 없었다는 얘기다.

명대와 청대를 예로 들자면, 수도인 베이징으로부터 비교적 가까운 위치에 있는 장쑤江蘇와 저장浙江에 비해 그로부터 훨씬 더 멀리 떨어져 있는 광둥廣東과 쓰촨은 황제의 권력에 관한 체감의 정도가 훨씬 덜했다는 말이다. 그래서 수도로부터 가까이 있는 지역의 문화가 체제에 비교적 순종적이며 순응順應적인 데 비해, 그로부터 더 외곽에 있는 지역의 문화는 그렇지 않았다는 말이다.

'산 높고 황제는 멀리 있다'라는 중국 식 속언은 이런 중국의 과거 사정을 나타내는 표현의 하나다. 황제의 체제가 지니는 엄격한 형식, 까다로운 절차에서 비교적 자유롭다는 뜻이다. 달리 말하자면 체제가 지니는 여러 정규正規적인 요소보다는 비非 정규적인 요소에 주목하면서 나름대로 자유로운 사고와 관점을 발달시킨다는 말이기도 하다.

그래서 일탈逸脫이 자주 벌어지기도 한다. 1990년대 중국 공산당

유비 밑에서 병력을 통솔했던 제갈량이 군대를 이끌고 북벌을 시도할 때 넘었던 쓰촨 북부의 검각.
쓰촨은 이렇게 높고 험준한 고원과 산에 막혀 중원과 상당한 거리감을 느끼게 하는 곳이다.

중앙이 주도하는 개혁개방의 여러 시책보다 늘 한 걸음씩 이상 앞으로 더 나아가면서 다른 지역보다 거센 개방성을 구가했던 중국 최남단 광둥 사람들이 "위에서 정책을 내놓으면 아래에서는 대책을 내놓는다上有政策, 下有對策"는 말을 만들어냈던 일화는 아주 유명하다.

　2012년 중국 정치계의 가장 큰 스캔들은 '보시라이薄熙來 사건'이었다. 공산당 중앙이 추구하는 개혁개방의 노선을 정면으로 거스르며 1960년대 벌어진 문화대혁명의 급진 좌파적 기운을 끌어 들여 경제 성장 위주의 정책 대신 분배와 평등을 모토로 내걸었던 충칭重慶의 공산당 서기 보시라이가 끝내 중앙의 견제에 걸려 낙마한 사건이다.

보시라이 본인은 물론 쓰촨 출신이 아니다. 그러나 그가 서남부의 쓰촨 바로 옆 충칭이곳 또한 전통적인 쓰촨의 땅이었으나, 나중에 행정구역을 개편하면서 떨어져 나갔다 당서기로 부임해 중앙이 내거는 정책을 정면으로 거스르는 행보를 보였다는 점은 자못 의미가 큰 대목이다. 황제의 권력이 머무르는 수도 중앙으로부터 멀리 떨어져 있는 서남부의 충칭에서 일을 벌인 이 사건은 '산 높고 황제는 멀다'라는 중국 식 격언의 현대판 전개에 해당한다고 볼 수 있다.

권력에서 멀리 떨어져 있을수록 사람들은 행동에 제약을 덜 받는다. 정치적인 행위는 특히 그렇다. 중앙의 권력과 떨어져 있을수록 먼 곳의 정치 행위자는 중앙의 규범과 제약에서 쉽게 일탈을 벌인다. 한반도처럼 작은 지역도 그렇지만, 그 크기가 한반도의 40배에 달하는 중국 대륙에서는 사정이 훨씬 더 하다. 그런 점에서 볼 때 2012년의 '보시라이 사건'은 시사하는 바가 꽤 많다.

덩샤오핑의 개방 및 혼융混融의 사고

중국 서남부의 거대 분지 쓰촨은 원래 순수한 의미의 '중국'이 아니다. 중원에 사는 중국인들이 '오랑캐'가 사는 곳이라고 경멸했던 지역이다. 그 원래의 주인을 따지자면 내용은 좀 더 복잡해진다. 우리가 늘 중국을 하나의 덩어리로 간주해 한족漢族에 의한, 한족漢族만을 위한, 한족漢族의 땅이라고 중국을 생각하지만 실제 모습은 아주 다르다.

1940년대에 한국의 시인 미당 서정주가 발표한 〈귀촉도歸蜀途〉라는 시집이 있다. 1970년대 한국 고등학교 국어 교과서에도 실렸던 전설 한 토막이 그 모티브다. 옛 쓰촨 땅에 있었던 촉蜀나라의 망제望帝 두우杜宇라는 인물이 신임하던 부하에게 왕위를 물려줬는데, 나중에는 모든 것을 빼앗긴 뒤 숲에 들어가 피를 토하며 울다 죽었다는 전설이다.

이 두우라는 인물은 우리가 관심을 더 두고 볼 존재다. 그는 아주 오래 전 이곳 쓰촨에 자신의 나라를 세웠던 사람이다. 과거 왕조의 권력자가 지니는 아주 큰 고민의 하나가 바로 치수治水다. 물을 다스리는 작업 말이다. 농사가 국가경제의 근간을 이뤘던 왕조에서 이 치수는 아주 대단한 의미를 지니는 정치 행위다.

물을 잘 다스려야 하천의 범람을 막을 수 있고, 하천의 범람을 잘 막아야 농사를 이어갈 수 있다. 농사를 잘 이어야 백성을 먹여 살릴 수 있으며, 아울러 그들로부터 세금을 징수해 국가의 재정을 튼튼하게 펼칠 수 있다. 두우도 이 점은 마찬가지였던 듯하다. 마침 이곳 쓰촨은 여러 굵은 하천이 지나는 지역이다. 당연히 물의 범람도 잦았을 법하다.

치수 작업에 고민을 거듭하던 두우가 하루는 신하들과 물가에 나갔다. 역시 치수를 위한 시찰 성격의 거동이었던 듯하다. 그런데, 강의 하류에서 시체가 하나 흘러왔다. 그를 건지게 했다. 그러나 죽은 줄 알았던 그 시체가 살아났다. 이름을 물으니 별령鱉靈이라고 했다. '자라鱉의 정령靈?' 이름 한 번 희한했다. 게다가 하류에서 상류로 '떠올라' 왔던 점도 괴이했다.

그 연고를 물으니 별령은 "이웃 초楚나라에서 왔는데 또 물에 빠졌던 모양"이라고 대답했다. 그러자 두우 측이 물었다. "너 방금 죽지 않았었냐"라고 말이다. 대답이 아주 별났다. "그러게 말입니다, 저는 이상하게 물에 빠졌다가 죽었어도 곧 살아납니다." 그 말을 들은 사람들의 반응은 "…?"였다. 그러나 두우의 그것은 "…!"였다. 속으로 퍼뜩 '이 녀석을 치수 작업에 동원하면 그만이겠는 걸?'이라는 생각이 들었던 것이다.

결국 마음씨 착한 두우는 별령을 치수 작업의 책임자로 세웠다. 물에 빠져도 죽지 않으니 치수 작업에 이만한 적임자가 따로 있을 수 없을 터였다. 별령은 결국 신나게 치수 작업에 나섰고, 두우는 모든 권력을 그에게 선물로 줬다. 그러나 해피엔딩이 아니었다. 둘은 아내와 여러 가지를 두고 다툼을 벌였던 모양이다. 결국 두우는 별령에 밀려 별 볼 일 없는 존재로 전락한다. 그는 숲으로 쫓겨났다고 했다. 그리고 매일 울다가 마침내 죽고 만다.

두우가 울다 죽은 뒤 그 혼령은 새 두견杜鵑으로 태어났고, 토했던 피는 되살아나 두견화杜鵑花, 즉 진달래로 피었다는 내용이다. 새 두견은 소쩍새, 접동새, 또는 불여귀不如歸, 귀촉도로 불린다. 두우의 피를 머금고 피어난 진달래는 두견화로 불린다. 그 두우가 살았던 곳이 지금의 쓰촨이다. 두우는 망제望帝로도 부르고, 그의 나라는 고촉국古蜀國으로 적는다.

미당 서정주는 그런 전설의 한 토막을 끌고 와서 시를 지었다. 그 시는 "눈물 아롱아롱 / 피리 불고 가신 님의 밟으신 길은 / 진달래 꽃비 오는 서역西域 삼 만 리 // 흰 옷깃 여며 여며 가옵신 님의 / 다시 오진 못하는 파촉巴蜀 삼 만리"로 시작한다. 한반도로부터 서쪽으로 멀리 떨어진 '巴蜀파촉'이라는 표현이 나온다. 그 巴파와 蜀촉이 결국 옛 쓰촨 지역을 부르던 명칭이다.

그렇다고 같은 쓰촨 출신인 덩샤오핑을 두우의 후손이라고 할 수 없다. 이미 주인이 바뀌고 또 바뀌고, 거듭 바뀌는 역사가 쓰촨의 땅에서 계속 이어졌기 때문이다. 지금 두우의 후손은 흔적도 없이 사라졌다. 없어졌다고 할 수는 없어도, 이 지역에 흘

1980년대 발굴한 쓰촨의 삼성퇴 유물. 옛 촉나라 망제 두우의 전설과 관련이 있으리라 보이는 물건이다. 전설 속 두우 또한 눈이 튀어나오고, 귀가 아주 컸다고 한다. 북방의 청동기와는 아주 다른 양식이어서 중국 문명의 다원적 요소를 설명하는 유물이다.

러든 수많은 사람들과 섞이고 섞여 지금은 겉으로 내세울 수 있는 정체성만큼은 완전히 사라졌다.

단지 현재 쓰촨 도회지인 청두成都로부터 차로 1시간 정도 달려 도착할 수 있는 광한廣漢이라는 곳에 있는 삼성퇴三星堆라는 박물관에 흔적만으로 남아 있을 뿐이다. 커다랗게 툭 튀어나와 있는 눈, 비정상적인 코, 그리고 매우 큰 귀를 지닌 기이한 모습의 청동 마스크 수천여 개가 있는 이 박물관에서 우리는 두우의 전설을 희미하게나마 떠올릴 수 있을 뿐이다.

1986년에 고고학적인 발굴로 처음 알려진 이 삼성퇴의 유적과 유물은 세상을 놀라게 만들 만큼 충격적이었다. 신석기 시대, 그로부터 다시 한 걸음 나아간 청동기 시대에 존재하며 중원 지역의 그것과는 전혀 다른 성질을 보였던 문명성文明性이 마침내 모습을 드러냈기 때문이다. 중원의 청동기와는 판이하게 다른 양식과 조형造形 등이 쏟아져 나오면서 이는 중국 문명의 단일성을 거세게 흔드는 증거로 자리를 잡고 말았다.

두우는 어림잡아 중국 춘추시대 훨씬 이전에 존재했던 인물로 보인다. 그 이후 지금의 쓰촨은 파촉巴蜀으로 불렸다. 현재의 충칭을 중심으로 하는 동부지역이 파巴, 서부 광활한 평원지역이 촉蜀이다. 그 파촉의 지역에 〈삼국지연의三國志演義〉로 유명한 유비劉備와 제갈량諸葛亮 등이 들어와 촉한蜀漢을 세우면서 '해를 보면 짖는 개'가 있던 쓰촨은 본격적으로 북방 중국인들의 차지로 변한다.

중국 최초의 통일 왕조인 진시황의 진秦나라 때도 이곳이 판도에 들었지만, 중원 세력의 본격적인 유입을 거론하기에는 일렀다. 한漢에 들어 중원 지역의 인구가 유입하면서 중국의 색깔이 번지더니, 결국 〈삼국지〉 유비가 이 땅에 촉한蜀漢이라는 왕조를 세우고 북부 중국 세력과 다툼을 벌이면서 그 색깔이 훨씬 더 깊어졌다.

쓰촨에는 그 이후로도 인구의 끊임없는 유입이 벌어진다. 가장 강성했던 당唐나라 때의 쓰촨은 당시의 최고 이민移民지역이기도 했다. 식량이 풍부한 곳이었으니 중원 등의 지역에서 전란이 벌어지거나 대규모의 가뭄과 홍수로 재해가 발생했을 경우 굶주린 사람들의 행렬이 이곳 쓰촨을 향하는 경우가 아주 많았다.

아울러 당나라 이후 활발하게 벌어지던 서역西域과의 교역이 전란 등으로 인한 실크로드 중단 등의 국면을 맞을 때는 쓰촨을 통해 티베트 고원~인도~중앙아시아로 이어지는 또 다른 실크로드가 열리기도 했다. 고비와 타클라마칸 사막을 지나가는 북부 실크로드 대신 쓰촨 경유의 남부 실크로드가 열리면서 이 지역으로의 인구 유입은 더 활발해지기도 했다.

그러나 몽골의 원元에 저항하면서 남부지역까지 밀렸던 남송南宋 때의 전쟁, 만주의 청淸에 저항했던 명나라 잔존세력의 저항 등으로 쓰촨 일대가 다시 잔혹한 전쟁터로 변하면서 인구가 급감하는 현상도 빚어졌다. 그런 전쟁을 겪은 뒤 인구가 줄면 반드시 바깥 지역의 이민행렬이 이어졌고, 왕조가 나서서 인근의 후난湖南, 후베이湖北, 장시江西, 광둥廣東의 인구를 쓰촨으로 대거 이동시키는 조치도 취해졌다.

이는 결국 쓰촨의 끊임없는 인구 이동, 그리고 각기 다른 지역의 문화가 한 데 서로 크게 섞이는 혼융混融의 결과로 이어지기도 했다. 그에 따라 쓰촨은 다양한 지역의 문화와 인구가 크게 어울리는 지역으로 유명했다.

시인 이백李白과 소동파蘇東坡, 그리고 덩샤오핑

중국 역대 시단詩壇에서 가장 유명한 사람을 꼽으라면 한국인의 상당수는 우선 이백李白, 즉 이태백李太白을 꼽을 것이다. 그 이백이 바로 쓰촨 사람이다. 그의 출생에 관한 이설은 많다. 그러나 이백이 어쨌든 지금의 쓰촨 북부 장여우江油라는 곳에서 자랐다는 점은 분명하다.

그 또한 외지에서 이주한 사람의 후손이다. 일설에는 그가 푸른 눈동자를 지닌 서역西域 혈통의 사람이었다고 한다. 그의 시세계는 화려하다. 중국 당나라 때 시단의 상상력 범주를 훨씬 뛰어넘는, 풍부하고 화려한 시재詩才를 자랑한 천재적 시인이다.

호방함의 크기와 상상력의 분방奔放함은 그의 특기다. 서역의 혈통을 지녔다는 점을 따져 그 시세계의 원천을 해석하는 사람도 있으나, 그는 어쨌든 쓰촨의 문화가 낳은 희대의 시인이다. 어느 틀에도 얽매이지 않는 표현력, 의표를 찌르고 들어가는 대담함은 아주 유명하다.

북송北宋 시기의 대표적인 문인 소식蘇軾, 즉 소동파蘇東坡 또한 쓰촨 사람이다. 시와 사詞라는 장르에서 그가 펼쳐 보인 문재文才 또한

쓰촨의 장여우에 있는 당나라 시인 이백의 옛집. 쓰촨에서 태어났지만 서북 유목민족의 핏줄을 이었으리라 보이는 인물이다. 쓰촨 출신의 대표적 인물이다.

이백에 못지않을 정도다. 소동파 문학세계의 큰 특징은 원융圓融과 회통會通이다. 모든 것을 섞어서 대담한 세계를 새로 펼쳐 보였던 중국 최고 문인 중의 한 사람이다.

　그는 벼슬길에서 마주쳤던 좌절과 그로부터 생겨난 인생의 번뇌와 상념을 유가와 불가, 그리고 도가의 유불도儒佛道라는 정신세계로 섞고 휘저어 '달관達觀'의 경계로 밀어 올렸던 사람으로 유명하다. 유교의 엄격함, 불가의 무한無限, 도교의 유현幽玄이 그 안에서 섞이면서 화려한 문학의 광채를 뿜어낸다.

　이들보다 앞서 이름을 떨친 사람은 사마상여司馬相如다. 진秦나라에 이어 등장한 한漢대에 부賦라는 문학 장르에서 최고의 문인으로 꼽혔

쓰촨이 낳은 중국 역사 유일의 여자 황제 측천무후(위쪽)와 북송의 유명 문인 소동파(아래쪽)

던 인물이다. 그의 정교하면서도 대담한 수식修飾은 그 이후의 중국 문단에 지대한 영향을 끼쳤다.

측천무후則天武后도 이곳 쓰촨 사람이다. 중국 역대 왕조의 역사 중 '유일한 여자 황제皇帝'의 타이틀을 거머쥐었던 인물이다. 잔인한 숙청, 권력을 향한 강렬한 욕망으로 유명하지만 한편으로 측천무후는 담대한 개혁을 이끌어 당시의 국정을 크게 안정시킨 인물로 평가 받기도 한다.

예로부터 파촉巴蜀으로 불렸던 쓰촨의 문화는 이들 몇 명의 유명인들에게서 나타나는 특징으로 이야기하는 경우가 많다. 기존既存, 또는 기성既成의 틀에 안주하지 않고 새로운 것을 향해 나아간다는 점이다. 아울러 형식에 얽매이지 않는다는 특징도 보인다. 또한 강력한 융합력을 선보이고 있다는 점도 특징의 큰 축을 이룬다.

이 글의 맨 앞에서 소개했던 '해를 보면 짖는 개'의 이야기는 외지인들이 쓰촨 사람들을 보는 폄하貶下의 시선을 담고 있다. 그럼에도 뒤집어 생각해 보면 쓰촨 사람들은 외부의 시선보다는 자신이 생각한 무엇인가에 더 골몰한다는 얘기도 된다. 자신이 생각해서 옳다고 여겨지면 그 방향으로 곧장 치닫는 성격이라는 얘기다.

파라다이스, 즉 '하늘나라'로 풀이할 수 있는 '천부지국天府之國'은 쓰촨 지역이 풍부한 자원을 갖춘 곳이라는 점을 말해준다. 이 점은 쓰촨의 독특한 매력이었다. 사방이 높은 산과 고원으로 둘러싸여 있지만 30만㎢에 달하는 넓은 평원을 형성하고 있어 사람을 늘 먹여 살릴 토지를 제공해준다. 이에 따라 전란과 재난을 맞았던 다른 지역의 사람들은 늘 쓰촨을 향해 움직였다.

그렇게 늘 유입하는 인구는 다양한 지역의 다양한 문화를 실어왔고, 쓰촨은 그런 다양하면서 이질적인 문화가 한 데 섞이는 융합을 경험했다. 모든 것이 한 데 섞여 거대한 일체를 이루는 그런 경험은 변화를 두려워하지 않는 혁신革新으로 이어졌을지 모를 일이다.

쥐를 좇는 고양이에 관한 사고도 쓰촨의 독특한 문화가 만들어낸 특징으로 볼 수 있다. '산 높고 황제는 멀리 떨어져 있는' 쓰촨은 황제가 머무는 곳으로부터 가까이 있는 지역에 비해 훨씬 자유롭다. 형식의 틀에 갇히지 않으며 실질을 숭상하면서 제가 정한 목표를 향해 나아가는 실용적 태도가 발달할 수 있는 토양이다.

그런 실용성은 '쥐를 잡는데 왜 고양이의 털 색깔을 따지느냐'는 식의 실사구시實事求是적인 태도를 낳았다고 볼 수 있다. 실제 이번 이야기의 한 주인공 덩샤오핑의 면면은 다 그렇다. 국민당과의 내전에서 공산당 팔로군八路軍 129사師를 이끌었던 덩샤오핑은 과감하며 창의적인 전략과 전술로 성가를 드높였다.

1950년대 마오쩌둥毛澤東의 지시에 의해 반우파反右派 숙청을 단행할 때도 그는 신속하고 과감한 면모를 보였고, 1978년에는 '죽의 장막'으로 가려있던 중국을 이끌고 개혁개방에 나섰다. 그가 주창한 '사회주의 시장경제'는 인류 초유의 실험이라고는 말할 수 없어도, 최소한 세계에서 유례를 찾아볼 수 없는 혁신으로 꼽힌다.

옛 중국의 파촉, 그리고 현재의 쓰촨은 그런 덩샤오핑의 담대함과 혁신, 그리고 사회주의의 틀에 자본주의를 얹는 과감한 혼용을 낳은 모태母胎라고 할 수 있다. 그래서 덩샤오핑은 단순한 중국 정치인이 아니다. 그는 '정치가'요 '개혁가'의 타이틀을 얻기에 충분하다.

이제 막 출범한 중국 5세대 권력의 선두주자 시진핑習近平이 당 총서기 취임 뒤 선전深圳에 있는 덩샤오핑의 거대 동상을 찾아갔다. 덩이 추진했던 개혁개방의 노선을 충실히 이어가겠다는 다짐이었다. 그는 충분히 그 목표를 수행할 수 있을 것으로 보인다. 개혁개방은 지난 30년 동안 중국의 흔들리지 않는 지향이었기 때문이다.

그러나 빈부격차를 비롯한 사회불안, 정치개혁의 지체 등 중국이 당면한 수많은 문제를 두고 시진핑이 덩샤오핑 식의 과감하며 담대한 '전환'을 이끌어낼 수 있을지는 미지수다. 거칠 것 없는 실용주의적 사고, 과감한 혼용, 그를 통해 이어졌던 담대한 혁신은 쓰촨의 문화토양이 낳은 덩샤오핑만의 '전매특허'일지도 모른다는 관측이 우선은 지배적이다.

그의 혁신에 관한 예찬은 아주 많다. 그러나 비판도 전혀 없지는 않다. 그의 성격을 '急功近利급공근리'라고 지적하는 경우다. 급하게 공적을 추구하며, 단기간의 이해에 집착한다는 뜻의 성어다. 실용적인 성향으로 한 쪽에 과격하게 쏠린다는 지적이다. 그로부터 중국식 실용주의의 한계를 들여다보려는 사람들도 적지 않다. 그럼에도 사회주의의 이념적 편향을 극복했다는 점에서 덩샤오핑의 업적을 아주 높게 평가하지 않을 수 없다.

그의 공적에 관한 진정한 평가는 훗날에 맡겨야 한다. 지금은 어쨌든 사회주의 일변도의 극좌極左적 흐름을 돌려 세워 중국을 세계적인 강국의 반열에 올려 세웠다는 그의 업적을 부인할 수 없다. 중국은 그렇게 거대한 세기적世紀的 전환轉換에 성공했다. 그 주역은 아무래도 쓰촨에서 출생하고 자란 덩샤오핑이다.

책사(策士)들의 옛 고을

저장(浙江)

중국 동남부에 있는 저장浙江은 예로부터 사람들의 주목을 받았던 곳이다. 과거科擧에 급제하는 사람이 다른 지역에 비해 상대적으로 매우 많았기 때문이다. 단순한 문인으로부터 높은 벼슬로 올라가는 신분의 상승 길목, 즉 과거 합격자 명단에 이름을 올리는 사람이 많았다는 얘기는 이 지역이 다른 지방에 비해 문기文氣가 흥성했다는 점을 말해준다.

중국의 역사를 말할 때 빼놓을 수 없는 대목이 '인구의 이동'이다. 중국 북부는 겨울이 빨리 찾아온다. 하늘이 높아지고, 말이 살찌는 그런 천고마비天高馬肥의 계절은 중국 서북부 지역에 살던 중국인들에게는 재앙의 큰 조짐이기도 했다. 실제 중국에서는 이 성어를 秋高馬肥추고마비라고 적으며, 북녘에서 닥치는 유목민족의 전쟁에 대비해야 함을 알리는 성어로 쓴다.

안개가 자주 끼는 항저우의 시후(西湖)는 저장의 상징이다. 시인 백거이와 소동파 등 숱한 문인들이 즐겨 찾던 곳이다. 구름 가득한 날에 비가 흩날리는 시후의 모습이 인상적이다.

서부 칭하이靑海에서 발원해 동쪽으로 흐르는 황하黃河는 산시陝西와 산시山西의 접경에서 북으로 한껏 올라간다. 그 북단의 지점은 가장 빨리 물이 어는 곳이다. 두껍게 황하의 물이 얼어붙으면 북방의 유목민족은 남하를 시작한다. 한 여름 무성하게 자란 초원의 풀을 뜯어 먹고 살을 찌웠던 말에 올라타고서 말이다.

유목의 중원 침략은 다반사茶飯事에 해당했다. 그들이 휩쓸고 간 지역은 초토화焦土化하기 일쑤였다. 남성은 어린애까지 포함해 모두 죽였고, 재물은 남는 것이 없었다. 여성은 모두 데려가는 대상에 지나지 않았다. 그런 유목의 침략을 피해 인구는 남하를 시작했고, 단순한 침략에서 한 걸음 더 나아가 유목이 중원을 아예 차지해 경영하는 경우에도 중원의 원주민들은 이어지는 전란과 재난을 피해 늘 남쪽으로 이동하기 마련이었다.

장강長江 이남 지역은 중원으로부터 재난과 전란을 피해 이동하는 인구들이 가장 많이 몰린 땅이기도 했다. 특히 저장 지역은 산이 발달하고 무수한 강과 하천이 벌판을 가른다. 고립된 지형이 발달해 한 지역을 차지하고 숨어살기 안성맞춤에 해당했다. 아울러 도작稻作이 발달하고 기후가 좋아 전란과 재난을 피해 이동한 인구의 정착지로서는 매우 적합했다.

중국이 위魏와 촉蜀, 그리고 오吳나라의 이른바 '삼국시대'를 지나면서 극심한 분열의 시기를 거칠 때 특히 인구는 대거 남쪽으로 이동했고, 그 즈음에 중원 지역의 사대부와 문벌 귀족들이 가장 많이 몰린 곳이 저장과 그 인근 지역이다. 그런 연유로 인해 저장은 일찍부터 중원지역에서 성장한 사대부와 문인 계층의 1차 집결지에 해당했다.

그에 따라 중국에서 유명 문인이 가장 많이 나온 곳이 바로 이 저장이다. 각종 사서史書에 등장하는 중국 유명 문인 중 저장 출신은 전체의 6분의 1에 해당한다. 30개가 넘는 중국 각 성과 자치구의 현황으로 볼 때 이 숫자는 무시할 수 없는 수준이다.

저장의 문인을 빼놓고는 중국의 문학사를 온전하게 기술하기 힘들다고 봐야 할 정도다. 따라서 저장은 문인과 고위 관료의 고향이라고 봐도 좋다. 그만큼 왕성한 인문人文의 기운이 지배하는 곳이기도 하다. 따라서 이 지역 출신들의 성향을 논할 때는 저장이 지닌 특유의 문인 기질을 먼저 언급하기 마련이다.

2012년 11월 15일에 막을 내린 중국 공산당 18차 당 대회에서 중국 최고 권력인 공산당 정치국 상무위원 7인 멤버에 오른 사람 가운데 위정성俞政聲이 바로 이 곳 저장의 사오싱紹興 출신이다. 그는 우선 다른 상무위원 6인을 압도하는 측면 하나를 지니고 있다. 바로 가문家門이다.

위정성. 책사의 고향 사오싱을 원적지로 둔 중국 현대 정치인이다.

그의 증조부는 위밍전俞明震 1860~1918이다. 청나라 말의 개혁군주 광서제光緒帝 때 진사에 급제한 인물로 장강 이남의 이른바 '江南강남'이라 적는 이곳 일대에서 가장 유명했던 문인의 한 사람이기도 하다. 우선 그는 중국 최고의 문인으로 꼽히는 루쉰魯迅이 매우 존경하는 스승이기도 했다.

그 명망가 집안답게 위정성의 가문은 수재秀才가 즐비하다. 그 수재라고 함은 머리가 뛰어나다는 의미의 수재이자, 아울러 진사에 오르기 전 등급의 과거에 합격한 사람을 일컫는다. 그 수재와 관련해 중국에서 전해오는 말이 하나 있다.

"수재는 문밖으로 나서지 않아도 천하의 일을 죄다 안다秀才不出門,

知天下事"는 말이다. 이 말이 가장 잘 어울리는 사람들이 바로 저장 사람일지 모른다. 머리가 뛰어난 수재는 외출을 해서 남에게 무엇인가를 듣지 않아도 세상 돌아가는 이치와 정보 등을 소상히 파악하고 있다는 말이다.

빠른 두뇌 회전이 반드시 그 뒤를 따라야 함은 물론이겠고, 게다가 명석한 머리로 깔아놓은 여러 정보망을 통해 올라오는 소식 등을 놓치지 않아 세상의 모든 일에 대응할 수 있다는 말이다. 지적인 판단은 물론이고 사람 사이에 만들어지는 관계망을 통해 웬만한 일을 옳게 처리하는 능력을 쌓는다는 말이다.

그런 저장성의 전통성을 가장 잘 보여주는 곳이 위정성 가문의 텃밭인 사오싱紹興이다. 이 사오싱이라는 곳은 어떤 면에서 보면 저장을 대표하는 지역이라고 볼 수 있다. 특히 문인의 기질이 가장 왕성해 '문밖을 나서지 않고서도 세상의 이치를 두루 꿰는' 수재 스타일의 인물이 가장 많다는 점에서 그렇다.

사오싱은 책사의 고향

사오싱은 '師爺사야'라고 적는 일군의 재주꾼들과 관련이 있는 지명이다. 중국 근대에 해당하는 명나라와 청나라에 들어서면서 저장의 사오싱은 곧 '사야'들의 고향으로 여겨질 정도였다. 이 '사야'라고 했던 인재들은 과연 어떤 사람들이었을까.

중국의 가장 오래 된 관제官制는 주周나라 때 등장했다. 춘추시대 이전에 해당하니 지금으로부터 2500년이 더 흘렀다. 〈주례周禮〉와 〈예기禮記〉, 〈의례儀禮〉 등의 주나라 예법에 등장하는 관제 중의 하나에 '막인幕人'이라는 존재가 있다. 이들은 대개 장막帳幕과 책상, 나아가 행정에 필요한 일반 서류 작업을 담당하는 직무의 관리들이었다.

특히 임금으로부터 군권軍權을 부여받아 전쟁 관련 사무를 위해 지방으로 또는 전쟁터로 나가는 무장武將들에게는 출정出征이 일상의 업무 중 가장 큰일에 해당했다. 병력을 움직이는 일도 만만치 않았지만, 그들을 지휘하기 위해 사령부를 설치하고 지휘소를 옮기는 일이 번거로울 수밖에 없었다.

전쟁을 지휘하는 무장이 지휘소를 옮길 때 그 장막을 관장하며,

장수가 사용하는 책상, 나아가 행정적인 필요에 따라 발생하는 문서 작업을 관리하는 사람이 바로 막인幕人이었다. 원래의 의미는 그에서 비롯했지만 결국 그 막인은 전쟁을 지휘하는 지역 사령관의 핵심 참모라는 뜻을 얻는다.

이 막인으로부터 나온 단어가 막료幕僚, 그리고 막부幕府다. 막료라는 존재는 행정 관료나 지역 수장, 또는 전쟁 관련 사무를 모두 관할하는 지역 사령관의 핵심 참모라는 뜻이고, 막부는 그들이 거처하는 곳이라는 의미다. 나중에는 모두 권력을 지닌 사람의 참모와 그들이 거주하는 공간이라는 뜻을 얻는다.

관제의 명칭에 등장하는 막인이라는 직급은 그 업무가 단순했다.

현대 중국 문단의 최고봉 루쉰이 저장 사오싱 출신이다. 이곳은 역대의 유명한 책사들을 낳은 고장으로 유명하다. 사회주의 중국을 이끌었던 저우언라이의 원적지도 이곳이다. 사오싱 루쉰의 생가 전경이다.

지방 행정관료 또는 지역 사령관을 수행하면서 그들이 거주하는 공간을 만들기 위해 장막을 옮기고 책상을 나르는 일이 대부분이었다. 이 말이 어떤 관료나 지역 수장, 나아가 병권을 쥔 장수의 핵심 참모라는 뜻으로 자리매김하는 계기는 그 뒤다.

동진東晉 316~420 때에 생긴 일화다. 동진은 삼국시대에 이어 중원의 권력을 차지한 서진西晉 266~316이 북방의 유목 민족 정권에 밀려 장강長江 이남으로 내려온 뒤 세워진 왕조였다. 그 동진에 환온桓溫이라는 권력가가 있었다. 그 역시 동진의 왕조 세력과 함께 중원지역에서 장강 이남으로 밀려 내려온 가문의 일원이었다.

그에 견줄 수 있는 인물이 사안謝安이었다. 역시 동진의 관가에서 두각을 나타내던 인물로, 환온이 라이벌로 생각할 정도로 정치적 위상이 매우 높은 관료였다. 하루는 사안이 환온의 집을 예고 없이 방문했다. 환온은 정치적 라이벌에 해당하는 사안에게 감출 일이 적지 않았다. 특히 그가 곁에 두고 있는 인물을 함부로 노출하기 힘든 상황이었다.

일설에는 환온이 당시 동진의 정권을 노리는 정략에 몰두했다고 한다. 따라서 극비리에 일을 진행하다 보니 사안 등에 그런 조짐을 보일 수 없는 노릇이었다는 것이다. 환온은 어쨌거나 자신이 가장 신임하는 사람들을 모아 궁정 쿠데타를 논의하고 있었던 모양이다.

그런 연유로 극초라는 이름의 사람이 마침 환온의 집에 머물고 있었다. 둘은 무엇인가를 열심히 모의하고 있었던 듯하다. 사안이 온다는 말을 듣고 극초는 환온의 지시에 따라 얼른 몸을 감췄다. 내실內室의 장막 뒤편이었다. 환온의 집을 찾은 사안은 그 장막 밖의 거실에서 환온과 이야기를 주고받았다.

그때 마침 바람이 불었다. 장막이 걷히면서 극초의 모습이 드러났다. 사안은 그가 장막 뒤에 숨어 있던 이유를 얼른 짐작했다. 마음속으로는 '결국 너희들이 함께 노는구나'라고 생각했겠지만, 사안은 그저 웃으면서 "극초 선생이 장막 안의 손님入幕之賓이 되셨구랴"고만 말했다.

중국 역사에서 누군가의 핵심 참모라는 의미의 '막료'라는 단어가 본격적으로 등장하는 계기였다. 사안과 환온, 극초라는 인물이 등장하는 이 일화에서 결국 오늘까지 무엇인가 같은 뜻을 세우고 행동과 사고를 함께 하는 참모라는 의미의 '막료'와 '막부'라는 단어가 생겨났다는 얘기다.

사족蛇足에 해당할지는 모르지만, 이 '장막 안의 손님'은 결국 동성애를 뜻하는 용어로도 발전했다. 은밀한 장막 안에 들이는 사람은 결국 침실寢室을 함께 쓰는 사이라는 의미에서다. 그러나 그보다는 아무래도 내밀한 일을 함께 모의謀議하는 사람이라는 뜻이 더 강하다.

동진의 수도는 지금으로 따지면 난징南京이다. 그러나 사안의 고향이 바로 저장의 사오싱이다. 지금의 난징에 수도를 둔 동진 왕조의 상층은 대개가 중원에서 이미 몰락한 서진西晉 왕실을 따라 함께 남하한 문벌 귀족 가문의 구성원들이었다. 전란이 이어지면서 사람들은 권력자를 중심으로 뭉쳤고, 어느 정도의 기반을 다진 권력자들은 그런 문벌 귀족 가문 중에서 뛰어난 사람들을 '스카우트'해 자신의 사람으로 만드는 풍조가 있었다.

사안과 환온의 일화는 그런 분위기를 보여주는 내용이다. 아울러 그런 분위기 속에서 중국은 우선 힘을 모은 권력자를 중심으로 사람들이 이합집산離合集散하는 풍경을 그려내고 있는 중이었다. 막료와 막부는 그렇게 모습을 드러냈고, 시간이 흐르면서 그들의 중요성은 점점 더해진다.

대개 동진 시기를 중심으로 이런 막료와 막부가 초기의 모습을 드러낸 뒤 중국 역사의 흐름 속에서 참모를 지향하는 그룹의 인재들은 늘 생겨났고, 뚜렷한 기능을 수행하면서 중요한 역할을 맡는다. 다툼이 벌어져 군웅群雄이 할거割據하며 극도의 분란을 자주 맞이하곤 했던 중국에서는 이런 '같은 편먹기'식의 결집結集과 분산分散은 늘 벌어질 수밖에 없었다.

당唐 나라 이후 지방 행정관의 권력이 더욱 강해지면서 중앙의 관료임용 제도를 거치지 않은 참모들의 발탁과 등용은 더욱 성행했다. 당 나라 이후의 어지러웠던 시절인 오대五代 시기에는 그 도가 훨씬 더 했다고 한다. 북송北宋에 들어서면서 지방 막료에 관한 임용을 중앙이 통제하면서 이런 풍조는 잠시 멈칫한다.

그러나 명明대에 들어서면서 이는 훨씬 더 정형화한다. 특히 저장성, 그 중에서도 사오싱의 인물들은 각 지방 관리, 나아가 병권까지 지니고 큰 힘을 행세하는 지역의 수장 밑에서 돈을 주무르고, 장부를 관리하며, 권력자의 '문장 써주기' 대리인 등으로 맹활약을 한다. 아울러 자신의 상관이 좀 더 높은 권력을 차지하는 데 필요한 책략과 모략의 제공자 역할도 한다.

그래서 그 즈음에 뜨는 게 저장의 서리방胥吏幫이다. 서리는 행정의 주요 계통에 서있지는 않으나 실무 행정에 있어서는 반드시 필요한 현지의 인재 그룹이다. 특히 중앙행정과는 아주 다른 차원에서 펼쳐지는 지방행정에 있어서는 이들 '서리', 또는 우리 식 표현인 '아전衙前'들은 필수적이었다. 그 서리 그룹 중에서도 저장 출신 서리들의 이름이 높았고, 그 가운데서도 가장 유명했던 그룹이 사오싱 출신이었다.

'사야'라는 단어는 명나라, 혹은 그 이후인 청나라 때 본격적으로 유행하는 말이다. 강력한 권력을 쥔 지방 행정관 밑에서 일을 도모하

며 진행하는 사람이다. 특히 자금 관리와 세수稅收 행정, 책략의 구성
에서 결정적인 역할을 했다. 아울러 문장 솜씨가 뛰어나 지방 행정 수
장을 대신해 대외 교섭에 필요한 서신 등 글을 작성하는 사람은 도
필리刀筆吏라고 불리기도 했다.

막후의 책략가 저우언라이

이 서리는 고위급 관료에게 붙일 수 있는 단어는 아니다. 우리식의 '아전' 정도로 해석할 수 있는 직급의 사람을 고위 관료의 이름이나 직함과 병렬해서 붙일 수 없는 노릇이기 때문이다. 그러나 그 직능을 이야기하자면 상황은 달라진다. 자신이 모시는 상관을 위해 책략을 꾸미고, 자금줄을 관리하며, 대외 교섭을 주도하는 사람이기 때문이다.

그 중국식 아전, 즉 '사야'의 기능을 두고 볼 때 그 이름에 가장 잘 어울리는 사람이 바로 사오싱을 조상의 고향으로 두고 태어나 사회주의 중국의 초대 총리를 맡았던 저우언라이周恩來다. 저우언라이에 대해서는 별도의 설명이 필요 없을 정도다. 그는 사회주의 혁명을 이끌었던 중국 건국의 영웅 마오쩌둥毛澤東을 옆에서 보필하며 장대한 꿈을 이룬 인물이다.

그는 대신 '만년 2인자'였다. '주군主君'에 해당하는 마오쩌둥의 권좌에는 한 번도 관심을 기울이지 않으면서 건국과 그 뒤에 벌어진 혹심한 정치적 풍파를 모두 겪은 인물이다. 마오쩌둥과 함께 걸어온 건국 전의 혁명 과정은 한국의 일반 사람들에게도 잘 알려져 있다. 건국 뒤 그는 마오쩌둥이 과격한 사회주의 실험을 실행할 때에도 묵묵히 그 뒤를 따랐다.

아울러 늘 총리 자리를 유지하면서 문화대혁명의 시련기를 거친 뒤 중국의 대미 수교와 그에 필요한 각종 교섭, 문혁 뒤의 혼란 상황 등을 모두 관리한 사람이기도 하다. 그에게 늘 따

사회주의 중국을 건국한 주역 마오쩌둥(왼쪽)과 저우언라이(오른쪽). 저우언라이는 저장의 책사, '사야'의 전통을 잇는 대표적 인물로 손꼽을 수 있다.

르는 이미지는 치밀한 전략, 피바람 부는 권력 투쟁에서도 허점을 드러내지 않는 용의주도用意周到함, 마오쩌둥의 초법적인 권력에 자칫 생명을 꺾을 수도 있었던 요인要人들에 대한 세밀한 배려 등으로 유명하다.

그는 특히 미국과의 교섭에서 큰 능력을 발휘했다. 옛 소련이 버티고 있던 냉전 시절의 국면을 관리하면서 헨리 키신저 당시 미 국무장관과 막후에서 숨 막히는 교섭을 벌여 결국 냉전시대의 틀을 벗어버리고 미국과의 수교를 성사시킨 공로자다. 아울러 제3세계 비非동맹 외교의 축을 형성해 건국 뒤의 중국을 국제무대의 중요한 변수로 올려놓은 과정에서도 그의 수완은 빛을 발했다.

마오쩌둥의 거칠고 강한 전략의 토대가 저우언라이의 노련하면서도 세련된 추진능력과 결합해 중국 공산당으로 하여금 힘의 절대적

우위에 있던 장제스蔣介石의 국민당 정권과의 10년에 걸친 내전 끝에 막판 뒤집기에 성공토록 했다는 점도 모두가 다 아는 사실이다. 그런 저우언라이에게는 늘 막후의 교섭자, 막후의 전략가라는 별칭이 붙어 다녔다.

그런 점에서 보면 저우언라이는 사오싱의 가장 뚜렷한 전통인 '사야'의 맥을 제대로 이었던 사람이다. 세밀한 관리가 가능하며, 어려운 행정의 계통을 잡는 데 특출하며, 아울러 책략의 깊은 전통을 이었다는 점에서 그렇다. 처신處身에 있어서도 치밀한 사고와 사려 깊은 언행으로 험난한 정치적 풍파를 뚫고 살아남을 수 있었다는 점도 마찬가지다.

중국의 초기 경제학자이자 인구학의 개념을 정책 분야에 본격적으로 도입한 마인추馬寅初 1882~1982도 이 사오싱 출신이다. 그는 인구학 분야에서의 탁월한 안목으로 중국의 건국 뒤 경제발전에 인구학 이론을 처음 제시한 사람으로 유명하다. 1992년 이후 중국의 금융을 이끌어 온 쩡페이옌曾培炎 부총리도 이곳 사오싱 출신이다.

그는 무려 15년 넘게 중국의 재정과 금융을 이끌었던 사람이다. 장쩌민江澤民의 이른바 '상하이방上海幇' 일원으로 그의 집권 기간 내내 재정과 금융 업무를 이끌었고, 아울러 중국의 장기적인 발전계획 수립과 집행을 맡았던 인물이기도 하다.

저우언라이에 비해 훨씬 전에 태어나 활동했던 사오싱 출신의 인물 중에도 우리가 꼽을 만한 사람이 아주 많다. 그 대표적인 인물로는 아무래도 중국 최고의 명필인 왕희지王羲之를 내세우지 않을 수 없다. 중원지역에서 서진의 왕실을 따라 남으로 내려온 가문의 일원인 왕희지는 사오싱에 살면서 유명한 '난정집서蘭亭集序'를 남긴다. 당나라 태종 이세민李世民이 그 글씨를 너무 흠모한 나머지 자신의 무덤에

부장副葬토록 했다는 작품 말이다. 요즘도 사오싱을 방문한 사람들은 왕희지가 친구들과 함께 시를 읊고 글을 남겼다는 난정蘭亭의 유적지를 구경할 수 있다.

그에 못지않게 유명한 인물이 서시西施다. 중국의 4대 미녀, 혹은 중국 최고의 미녀로 꼽히는 사람이다. 사오싱에서 조금 떨어진 주지諸暨에서 태어난 뒤 오吳나라에 끌려가 그 유명한 범려范蠡와 함께 조국인 월越나라를 위해 고도의 모략을 펼친 인물이다. 중국 지혜의 대명사로 꼽히는 범려와 함께 탁월한 전략으로 이웃 오吳나라 부차夫差 정권을 꺾는 데 크게 활약한 여성이다.

그 월나라의 본거지 또한 사오싱이다. 따라서 와신상담臥薪嘗膽의 노력으로 오나라의 부차에게 끝까지 저항해 마침내 나라 빼앗긴 설움을 설욕했다는 월나라 임금 구천勾踐의 고향 또는 본거지가 사오싱이다. 범려와 함께 활동하면서 토사구팽兔死狗烹, 조진궁장鳥盡弓藏의 성어를 남긴 주인공이다.

특기할 사람이 또 있다. 앞에서 잠시 소개한 사안謝安이다. 그는 8만의 군사로 100만에 달했다는 전진前秦 부견苻堅의 군대를 물리친 전략가로 유명하다. 원래는 서진 명망가의 자제로 문학 등에서 재주가 뛰어났으며, 명필 왕희지와의 교분으로도 이름이 나 있다. 정치적으로 어려웠다가 결국 그를 딛고 재기에 성공했다는 의미의 '동산재기東山再起'라는 성어로도 유명하다. 우리말 쓰임새에서 '실패로부터 재기再起했다'는 식의 표현은 이로부터 유래했다고 봐도 좋다.

전진과의 전쟁에 앞서 동진 왕실을 전복하려는 환온이라는 권세가의 쿠데타 음모를 제압하고, 이어서 북쪽으로부터 내려온 막강한 병력의 전진 왕실 부견의 침략 야욕을 깨뜨렸다는 점에서 그는 매우 출중한 정치가, 나아가 천재적인 군사 전략가에 해당한다.

중국 사대 미녀의 한 사람 서시. 저장 주지라는 지역 출신이다. 범려와 함께 오나라 임금 부차에 맞서 흥미진진한 스토리를 만들어낸 주인공이다.

위에서 소개한 인물 중 명필 왕희지를 제외한다면 대개가 다 전략과 정략, 수리數理적 능력에 매우 뛰어난 면모를 보인 사람들이다. 저우언라이의 전략적 안목은 중국에서 지금까지 사람들의 입에 가장 많이 오르내린다. 뛰어난 교섭 능력 또한 마찬가지다. 일의 전체적인 맥락을 잘 잡아 쓸 데 없이 힘을 분산시키지 않으면서 제 목표를 이뤄가는 스타일의 사람이다.

그런 저우언라이의 스타일은 사오싱이 전통적으로 많이 배출한 책략가 그룹 '사야'와 무관치 않아 보인다. 치밀한 계산과 신중한 행동, 유연한 사고력과 착실한 집행력 등을 두루 갖춘 그런 책략가와 실무 행정가의 면모 말이다.

'오월동주', '와신상담'의 숱한 스토리를 낳은 오나라와 월나라의 싸움에서 희대의 책략가로 활동했던 범려의 초상

범려의 책략을 충분히 인지한 뒤 그를 따라 오나라에 침입해 미인계로써 오나라 임금 부차를 패망으로 이끌어간 서시, 8만의 병사로 100만의 전진 부견의 군대를 꺾은 탁월한 군사 전략가 사안, 장쩌민의 경제 좌장으로서 중국의 금융과 재정을 오래 이끌었던 쩡페이옌 등의 면면이 다 그렇다.

심모원려의 문화적 기질

그러나 이곳 출신 유명인사 모두가 다 그렇지만은 않다. 민족주의적 성향으로 강력한 애국적 정서를 선보였던 루쉰魯迅이나, 그에 800년 앞서 태어난 남송의 애국 시인 육유陸游 등은 모략과 정략에 뛰어나다고 하기보다는 우직한 정신력의 소유자에 가깝다.

루쉰은 〈아Q정전〉〈광인일기狂人日記〉 등의 작품을 통해 제국 열강의 침탈에 시름시름 앓고 있던 중국의 재기再起를 촉구한 애국 문인이며, 육유는 강렬한 민족주의적 정서로 여진女眞족의 금金에 쫓기고 있던 송宋나라의 분발을 외쳤던 시인이다.

그러나 한 가지 분명한 점은 이들이 모두 문인의 기질을 공통적으로 소유하고 있다는 것이다. 저우언라이나 루쉰, 사안이나 육유 등은 얼핏 보면 기질이 달리 보이지만 사람의 행동과 사고에 대한 깊은 통찰력을 바탕에 깔고 있다는 점에서는 같다.

저장성이라는 곳에는 사오싱만 있지 않다. 그 옆에 자싱嘉興이라는 곳도 있고, 해안가로는 닝보寧波라는 곳도 있다. 인구 7000만 명 이상이 거주하는 저장은 드넓고 다양하기도 하다. 그러나 모두에서 설명한대로 이곳은 전통적으로 문인 기질이 매우 강하다.

그 문인 기질은 때로는 우직한 정서를 표출키도 하지만, 전반적으로는 사람에 대한 깊은 이해와 통찰을 바탕으로 아주 유연한 책략을 뿜어내는 뿌리로도 작용한다. 사오싱은 그런 점에서 저장의 대표적인 도시에 해당한다. 그에 가까이 있는 항저우杭州가 저장을 대표하는 간판 성도省都이기는 하지만 한 때 남송南宋이라는 왕조의 수도가 있었던 데다가 여러 곳에서 이주한 사람들이 모여든 대처大處라서 저장의 정서를 제대로 반영하기 힘들다는 약점이 있다.

그보다는 전통적인 문인의 기질이 그대로 살아 있고, 아울러 청나라 때까지 줄곧 '사야'의 전통을 강력하게 유지했던 사오싱이 저장의 정서와 역사적 맥락을 더 많이 간직하고 있는 곳으로 볼 수 있다. 지난해 11월 중국 공산당 18차 당 대회를 통해 권력 정점에 올라선 위정성은 그런 저장의 정서, 나아가 '사야'의 전통을 짙게 간직한 인물이다.

그에게는 심모원려深謀遠慮의 책사 기질이 돋보인다는 게 중국 국내외 언론들의 중평이다. 깊은 생각 끝에 움직이면서 결국은 자신이 품은 뜻을 펼치는 데 능하다는 평이다. 그에게서는 우선 저우언라이의 지혜가 언뜻 비쳐지고, 군사전략가 사안의 면모도 보인다. 흉중의 깊은 뜻을 펼치려는 날카로운 책략가의 분위기도 풍긴다.

옛 전통이 오늘에 옛 모습 그대로만은 흐르지 않는 법이다. 그곳에 다양한 변수가 올라타면 그에 적응하는 현지의 전통은 옛 모습에서 한 걸음 더 나아간 형태로도 나타난다. 지금의 저장이 그렇다. 이곳은 중국 개혁개방의 흐름을 타고 가장 먼저 발전한 동부 연해沿海 지역의 하나다. 중국 경제의 대표 간판이랄 수 있는 상하이上海와 비슷한 맥락으로 발전했으며, 아울러 그 문화적 토대의 한 축을 형성하고 있다.

중국의 역사 속에서 가장 큰 맥락을 형성한 이들은 아무래도 문인文人이다. 다양한 지역의 다양한 문인들이 중국의 역사 무대에서 활약했으나, 그럼에도 가장 대표적인 문인 전통을 내세운다면 아무래도 이 저장을 꼽지 않을 수 없다. 위에서 열거한 몇 사람이 그 모두를 대변한다고 할 수는 없지만 적어도 이들이 저장의 전통적 문인 기질을 헤아리려면 빼놓을 수 없는 인물들이라는 점은 확실하다.

대담함에서는 떨어질지 몰라도 이들 저장의 전통에서 길러진 문인들은 세밀하면서 용의주도하다. 그리고 멀리 내다보면서 전략을 구성할 줄 아는 사람들이다. 저장 지역에 아주 오래 흘렀던 '사야'의 전통이란 뭔가. 따지면서 셈을 할 줄 아는 것이다. 그리고 끊임없이 헤아리면서 자신의 이해를 저울질 한다.

생각은 그로써 깊어지고, 안목은 그로써 길러진다. 행동에 무게가 실리면서 함부로 말을 하지 않는다. 다가오는 무엇인가를 항상 경계하며, 그것이 내게 무엇으로 닥칠지를 따지고 저울질 한다. 그것을 우리는 지혜智慧로도 적는다. 지모智謀라고 해도 좋다. 기지機智라고 해도 무방하다. 때로는 마음속의 헤아림이라고 해서 심산心算으로 적을 수도 있다.

그런 특징들이 만들어내는 것이 지략智略이요, 책략策略이며, 모략謀略이기도 하다. 그런 점에서 중국의 인문人文과 그로써 만들어진 인물에 관한 여정旅程을 시작하면서 저장은 아주 잘 골랐다는 생각이 든다. 적어도 필자가 보기에, 중국은 모략謀略의 전통이 세계 어느 나라보다 찬란하게 발전한 곳이다.

그 바탕은 아무래도 중국의 역사가 펼쳐진 이래 끊임없이 이어졌던 싸움과 다툼, 그리고 전쟁이다. 그를 통해 중국의 인문人文은 속이

저장의 중심 항저우는 멀고 긴 베이징~항저우 대운하의 출발점이자 종착지다. 저녁 어스름에 그곳을 떠나는 화물선의 모습이 왠지 비장해 보인다.

깊어질 수밖에 없었다. 당장 닥치는 피비린내 나는 싸움과 다툼에서 살아남는 길은 무언가. 닥칠지 모르는 위기에 대비하면서 당면한 현실의 여러 복잡한 국면을 헤아려야 하는 일이다. 그에 따라 발전하는 게 바로 모략과 전략의 영역이다.

저장은 그런 '헤아림'의 깊은 속성이 쌓는 모략과 전략이 제 모습을 드러내는 곳이다. 이곳에 흘렀던 도저한 중국 전통의 문인 기질 때문이다. 그러나 저장은 중국의 극히 작은 일부다. 다른 지역에는 저장과는 다른 전통이 흐른다. 중국은 한 지역이 유럽의 한 국가와 맞먹는다고 해도 문제 삼을 수 없을 만큼 크고 넓으며, 또한 다양하다. 저장은 우리가 내디딘 여정의 한 기착지에 불과할 뿐이다.

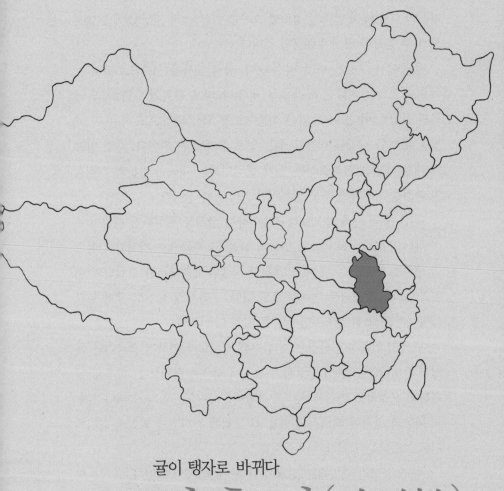

귤이 탱자로 바뀌다

안후이(安徽)

아주 오래전부터 중국인들의 입에 오르내리던 말이 있다. 북쪽을 향해 이곳을 건너면 귤이 탱자로 변한다는 말이다. 귤이 왜 탱자로 변한다는 것일까. 생태生態의 환경이 바뀐다는 얘기다. 그러니 아주 중요한 곳일 수밖에 없다. 하나의 경계境界가 그어지는 곳인데, 이곳과 저곳의 식생植生이 달라질 정도면 그곳은 인문人文과 지리地理에 있어서도 아주 중요한 경계에 해당할 것이다.

중국에서 그곳은 바로 회수淮水다. 중국 대륙을 서쪽으로부터 동쪽으로 흐르는 커다란 하천이 두 개 있다. 바로 북쪽의 황하黃河와 남쪽의 장강長江이다. 회수, 다른 이름으로는 회하淮河라고도 하는 이 하천은 황하와 장강에 비견할 수는 없으나 제법 큰 강이다. 자주 범람해 때론 재난을 불러오지만, 실제 중국이라는 대륙의 인문과 지리적인 환경을 따지자면 자못 상징적인 의미가 큰 강이다.

우선 중국 대륙의 남南과 북北이라는 경계를 형성하기 때문이다. 식생植生의 변화마저 비교적 명확해 귤을 그 북쪽으로 가져가서 심으면 탱자로 변한다는 곳이다. 단순한 식생의 변화에서만 그쳤다면 이 지역이 지닌 상징성은 떨어질 수도 있다. 우리가 두고두고 살펴야 할 대목이지만 그 경계가 지닌 영향은 훨씬 더 번진다.

중국의 인문적인 환경은 이 남북의 경계로 확연하게 갈라지는 특성이 존재한다. 교통이 발달하고 통신이 지구촌 전체를 한 마을로 연결하는 오늘날의 환경에서는 꼭 그렇다고 볼 수는 없다. 그러나 인구의 이동과 정착이 때로는 생명을 건 모험에 가까웠던 과거의 환경에서는 그랬다는 말이다.

중국 문명의 새벽에는 전쟁이 다반사茶飯事처럼 일었다. 중국문명의 주류 역할을 담당했던 중원中原의 문화가 이 남북의 경계선, 회수를 본격적으로 넘기 시작한 시점은 지금으로부터 2000여 년 전의 일이다. 중원지역에서 견고해진 문화는 남쪽을 엿보기 시작했고, 때로는 저 멀리의 북방으로부터 치고 내려오는 유목 제족諸族의 무서운 침략을 피해 어쩔 수 없이 남으로 도주하는 경우도 있었다.

중원지역 세력이 남쪽으로 넘어오는 입구入口라고 해야 옳을까, 아무튼 그런 커다란 세력이 남쪽을 향해 내려올 때 거쳐야 했던 중요한 길목이 바로 이 회수 지역이다. 그래서 이곳에서는 늘 싸움이 붙었다. 넘어 오려는 자, 그리고 그들을 막으려는 자 사이에서의 싸움이겠다. 우리가 이번에 살피는 안후이安徽라는 지역은 남북이 크게 부딪히는 그런 길목에서 나름대로의 독특한 인문적 환경을 키운 곳이다.

안후이는 장강 이남의 강남 문화권과 중원 중심의 북방 문화가 서로 접점을 형성한 곳이다. 회수 이북으로부터 장강까지 대략 남북 570㎞에 걸쳐 있고, 전체 면적은 지금의 대한민국보다 조금 더 큰 13만9600㎢에 달한다. 인구는 2010년 현재 6800만 명에 이른다.

안후이는 중국 남북을 가르는 회수가 있어 예로부터 큰 전쟁터였다. 항우가 유방의 군대에 쫓겨 마지막 전쟁을 치렀던 해하(垓下)의 유적지 모습이다. 격렬한 전쟁터, 그로 인해 등장했던 인물들이 우리 귀에 모두 익숙한 곳이 안후이다.

안후이성 여유국

중국의 '충청도' 기질

안후이와 서쪽으로 이어져 있는 지역이 후베이湖北다. 신해혁명의 발발지였던 우창武昌이 있던 곳이다. 이 후베이 사람들은 영악하기로 소문이 나 있었다. 잔꾀로 사람들을 속이는 하늘의 새가 있는데, 그 이름이 구두조九頭鳥라고 했다. 이름 그대로, 머리가 아홉이 달렸으니 매우 영리했던 모양이다.

그러나 후베이 사람들에게 이 구두조의 '약발'은 먹히지 않는 게 보통이었다고 했다. 그래서 생긴 말이 "하늘에는 구두조가 있고, 땅에는 후베이 사람들이 있다"다. 천상의 머리 좋은 새에 못지않게 후베이 사람들의 꾀가 발달했다는 얘기다. 그러나 그 판본에서 한 걸음 더 나가는 말이 있다. "그런데도 후베이 사람 아홉이 안후이 사람 하나를 못 당한다"는 말이다.

새 버전의 이 말을 누가 만들어냈는지는 분명치 않다. 이 말을 후베이 사람들에게 들려주면 "쳇, 그런 말이 어딨어"라며 무시하는 사람이 있는가 하면, "그런 구석도 있기는 있지"라며 웃는 사람도 있다. 어쨌거나 하늘의 머리 아홉 달린 구두조를 상대할 만큼 약다고 하는 후베이 사람 아홉 명이 모여도 안후이 사람 하나를 제대로 이기지 못한다는 말은 분명히 존재한다.

그 말에 담긴 진정한 뜻은 후베이 사람처럼 안후이 사람이 매우 영악하다는 게 아니다. 오히려 우직하면서 속을 전혀 드러내지 않으며, 나름대로 고집스럽게 제 할 일만 하는 안후이 사람의 특성을 얘기하는 측면이 크다.

그런 점에서 안후이 사람들은 한국의 충청도 사람들과 기질이 비슷해 보인다. 공교롭게도, 충청도 또한 북쪽의 고구려 세력과 남쪽의 신라, 그리고 백제 세력이 힘을 겨뤘던 고대의 큰 전장戰場이었다. 중국 중원에서 남쪽으로 뻗으려는 세력이 회수를 넘으며 그곳에 원래부터 살고 있던 남쪽의 세력과 벌인 모질고 긴 전쟁의 현장이 안후이라는 점에서 둘의 환경은 비슷하다.

그래서 전체적인 인상으로 볼 때 안후이 사람들은 인근의 사람들에 비해 무색무취無色無臭에 가까운 편이다. 후베이와 후난湖南 사람들이 강렬한 개성을 뽐내는 데 비해 안후이는 독특하다 할 만한 성향을 좀체 드러내지 않는다. 좀 더 영악해 보이지도 않을뿐더러, 어느 경우에는 순박하면서 어리석다는 인상을 주곤 한다.

느려 터진 듯이 행동하지만 속으로는 매우 날카로운 판단력을 지닌 충청도 사람과 어딘가 많이 비슷해 보인다. 함부로 제 속내를 드러내지 않으면서 은근과 끈기로 자신에게 유리한 상황이 오기를 참고 기다리는 충청도 기질도 안후이 사람들이 품은 인문적 특성과 아주 가까워 보인다.

아울러 안후이는 중국 동남부 지역에서 경제발전이 가장 더딘 지역이기도 하다. 농업만 발달했지, 내세울 만한 산업이 없다. 그래서 상하이 등 인근 대도시에 나아가 궂은일에 종사하다 보니 대도시 지역 사람들로부터 "시골뜨기"라는 핀잔을 얻어 듣는 경우가 태반이다.

그러나 그런 시선으로만 안후이를 관찰하면 큰 코 다친다. 귤이 탱자로 변하는 이곳은 남북의 부딪힘이 강렬한 만큼 남과 북의 문화가 커다란 범위에서 융합하며 두꺼운 문화적 앙금을 내려 앉히는 곳이다. 따라서 그 문화적 토양 속에서 자라난 인물은 심모원려深謀遠慮의 책략가, 또는 한 시대를 풍미했던 경략가經略家의 속성을 띠게 마련이었다.

조조曹操와 관중管仲을 낳은 경략가의 고향

안후이는 지리적인 특성상 회수 이북, 회수 이남과 장강 사이, 그리고 장강 이남 지역의 세 군데로 나뉜다. 회수와 장강이라는 큰 하천이 지리적으로 안후이 전역을 3등분으로 구획區劃하고 지나가기 때문이다. 인문적인 측면에서도 세 지역은 나름대로 각기 다른 특성을 띤다.

우선 회수 이북을 보자. 이곳은 동북쪽으로는 산둥山東과 접해 있고, 서북으로는 전통적인 중원지역에 해당하는 허난河南과 닿아 있다. 따라서 안후이의 회수 이북 지역은 중원 또는 산둥의 동이東夷문화와 같은 맥락을 형성하는 경우가 많다. 아울러 북쪽으로부터 남진南進하는 세력과 직접 부딪히는 빈도가 잦았던 곳이다. 따라서 이 지역 출신들은 전통적으로 북쪽에서 세워진 통일왕조, 또는 중원의 주류 문화와 직접적인 연계를 맺거나 그 중심으로 들어가 이름을 떨치는 경우가 많았다.

우선 조조曹操라는 인물이 이곳 출신이다. 그에 대해서는 더 이상 잡다한 설명이 필요 없을 것이다. 그는 동한東漢의 왕실이 망한 뒤 벌어진 삼국시대의 가장 뛰어난 영웅이다. 그는 당시 패국沛國이라는 지

안후이가 낳은 명 재상 관중(왼쪽)과 〈삼국지〉의 영웅 조조(오른쪽)

역에서 태어났다고 알려져 있다. 지금의 행정구역으로 보면 안후이 화이베이淮北시다.

그에 이어 위魏의 황실을 세운 조비曹조, 그 밑의 동생으로서 중국 문단에 휘황찬란한 족적을 남겼던 조식曹植이 모두 이곳의 땅 기운을 받은 인물들이다. 회수 이북 지역의 지리적 또는 인문적 특성을 따진 다면 조조가 태어나기 훨씬 전에도 이곳에서는 많은 인물들이 출현 했다.

논란의 여지가 있지만, 중국 철학의 흐름에서 공자孔子와 함께 거 대 흐름을 형성한 도가道家 사상의 창시자 노자老子와 장자莊子가 이곳 출신이라는 설이 존재한다. 일설에는 노자와 장자가 서쪽의 허난 남 부 지역 출신이라고 한다. 지리적으로 안후이 북부지역과 닿아 있음 은 물론이다. 지금의 구역 경계로 보면 이들 인물들의 출신지역은 논 란의 여지가 있으나, 회수 이북과 중원의 남쪽이 서로 어우러졌던 과 거 중국의 인문적 환경을 두고 보자면 그 논란의 의미는 그리 크지 않다.

안후이 회수 이북 지역이 노자와 장자를 통해 서북쪽의 허난과 어우러진 것에 비해, 동북쪽인 산둥과는 관중管仲과 포숙아鮑叔牙라는 인물을 통해 이어진다. 두 인물은 우리에게 '관포지교管鮑之交'로 알려져 있다. 지금으로부터 2500여 년 전 중국 춘추시대에 제齊나라의 환공桓公을 보필해 그를 춘추의 패권자로 등극케 했던 두 주인공 말이다.

그들은 제나라 환공을 본격적으로 보필하기에 앞서 깊은 우정을 쌓은 친구로 만나 난세亂世의 혹심한 경쟁 속에서 서로가 서로를 알아주고 격려하는 사이로 발전했다. 그래서 지금까지 친구 사이의 깊은 우정을 이야기할 때 그 모델로 등장하는 인물이다. 포숙아의 고향에 관한 이설異說은 있으나, 관중이 이 회수 이북이라는 점은 분명하다. 관중은 어렸을 적 고향을 떠나 동북쪽인 동이東夷 문화권의 산둥으로 진출해 춘추시대의 가장 위대한 패업을 이룬 제 환공의 일등 공신으로 역사 속에서 이름을 알린 인물이다.

고대의 싸움이 불붙었던 흔적은 어디 있을까. 여러 곳을 다 거론할 필요가 없다. 진시황秦始皇의 왕조가 패망한 뒤 천하의 패권을 다투던 두 영웅을 기억하시는지. 바로 항우項羽와 유방劉邦이다. 두 사람의 싸움 결말은 우리에게 너무나 잘 알려져 있다. 항우가 자신의 애인인 우미인虞美人이 죽자 장렬하게 마지막을 장식한 곳, 아울러 그 항우의 군대를 둘러싼 사방에서는 초나라 노래가 울려 퍼졌다는 사면초가四面楚歌의 현장을 떠올리면 좋다.

장막 속에서 우미인과 마지막 술잔을 나눈 뒤 자신의 천리마에 올라타 사방에서 부르는 초나라 노래의 포위망이라는 절망적 환경을 향해 칼을 뽑아들고 나가 항우가 죽는 곳이 해하垓下다. 그 항우의 마지막 전투 현장이 지금 안후이 쑤저우宿州시다. 조조가 태어났다는 화이베이 바로 남쪽에 있다.

아울러 북방 유목계 민족이 중원에 세웠던 전진前秦과 그에 쫓겨 남쪽으로 내려온 동진東晉의 왕조가 중국 전역의 패권을 두고 크게 싸움을 벌였던 비수지전淝水之戰의 현장은 화이베이와 쑤저우로부터 더 남쪽으로 내려 온 지금의 화이난淮南시 인근이다.

어쨌든 남북의 문화와 정치적 힘이 격렬하게 부딪히며 수많은 다툼을 낳았던 회수 이북의 지역에서 조조와 관중이라는 인물이 나왔다는 점은 '그저 그럴 수도 있겠지'라며 그냥 넘기기에는 뭔가 아쉽다. 조조는 한나라 왕실의 명맥이 스러져가는 무렵에 나타나 천하의 패권을 두고 동남쪽의 오吳나라 손권孫權, 서남쪽의 촉한蜀漢 유비劉備 등을 압도했던 난세亂世의 영웅이다.

관중은 또 누군가. 지략智略과 경략經略의 대명사인 그는 중국 문명이 조숙早熟함을 향해 다른 문명체에 비해 훨씬 큰 걸음을 내디뎠던 춘추春秋시대의 시공時空에서 가장 뛰어난 경세가經世家로 자리매김한 인물이다. 그가 남겼거나, 혹은 후대가 그 언행을 기록했다는 〈관자管子〉는 나라를 다스리는 치국治國과 백성을 부유케 한다는 제민濟民의 방도를 다룬 사유체계 중에서 가장 으뜸이라고 꼽히는 저작이다.

춘추시대의 초기 무대에서 그는 '국가를 어떻게 운영할까'에 관한 대답을 최초로 제시했다. 아울러 부국강병富國强兵의 견고한 실용적 사고를 정치마당에 본격적으로 펼쳐 보인 사람이다. 치밀한 계획 능력, 흔들림 없는 실행력을 다 갖춘 인물이다. 그를 연구하려는 후대의 움직임이 관중管仲의 사후에 오래 동안 이어졌다는 점도 특기할 만하다.

주중팔을 일깨운 은자의 한 마디

다음은 회수 이남~장강 이북이다. 이곳 출신 중에 가장 이름이 높은
인물은 주원장朱元璋이다. 그 이름은 우리 귀에 아주 익숙하다. 그의
본명은 주중팔朱重八이다. 그는 역사적 비중이 매우 높은 인물이다. 중
국 역사에서 그의 이름은 귀에 쟁쟁할 정도로 많이 들린다. 지금으로
부터 600년 전에 명明나라를 건국했다는 점, 그래서 지금 중국의 원형
原型을 만들었다는 점, 아울러
매우 잔혹한 방법으로 공신功
臣등을 대거 살육함으로써 왕
조의 기틀을 닦았다는 점 등
이 모두 그렇다.

   그러나 그는 어쨌든 탁월
한 왕조의 창업자였다. 몽골
족 치하의 원元이 물러나고
중국의 판도가 대 혼란으로
빠져든 와중에서 거지와 무뢰

명나라를 세운 주원장(왼쪽). 잔혹한 수단으로 왕조 건립기의
혼란을 극복했다. 오른쪽은 주원장이 창업 직전에 자문을 했던
주승의 모습이다.

배로 전전하다가 모든 경쟁자를 물리치고 천하의 대권을 잡았으니, 전략戰略을 다루는 범주에서는 가히 초인적이랄 수밖에 없다.

그가 창업을 바로 눈앞에 둔 시절 누군가를 찾아 나선 적이 있다. 천하의 대권은 눈앞에 왔으나 그를 확실히 제 것으로 만드는 작업이 필요했던 시점이었다. 그가 이름을 알아내 찾아간 사람은 주승朱升이라는 은자隱者였다. 세상의 욕망이 뿜어내는 속진俗塵을 피해 산간에 숨어 모습을 드러내지 않는 그런 사람 말이다.

주원장은 천하의 대권을 어떻게 잡을 것인가에 대한 방략方略을 주승에게 물었다. 몇 가지 대담을 주고받았을 터지만, 지금 전해지는 기록으로는 주승이 주원장에게 전한 말은 아주 간단하게만 남아 있다. "성을 높이 쌓고, 식량을 많이 모으고, 선포식을 늦추라"는 말이었다.

한자漢字로 적으면 아홉 글자다. '高築墻고축장, 廣積糧광적량, 緩稱王완칭왕'이다. 대세大勢를 형성했으나 아직 지방 군벌軍閥이 남아 경쟁을 벌이고 있는 상황, 그래서 명분보다는 실질에 주목하며 더 힘을 쌓아야 하는 상황. 명나라 건국을 눈앞에 두고 있지만 아직 결정적인 무엇인가가 부족했던 주원장의 그런 처지를 꿰뚫어 본 가르침이었다.

주원장은 결국 주승의 말을 따른다. 자신의 군대가 머무는 곳의 축성築城 작업에 몰두하는 한편 군량과 무기 등 기초적인 부분을 더욱 보강한다. 아울러 섣부른 '창업 선포식'을 뒤로 미루고 형세形勢를 치밀하게 살피면서 때를 기다린다. 마침내 주원장은 어느 누구도 견줄 수 없는 힘의 구축에 성공해 대륙의 풍운風雲을 질타하는 황제의 자리에 오른다.

이 두 사람, 주원장과 주승은 같은 주朱씨이면서 함께 지금 안후이를 고향으로 둔 이력의 소유자다. 특히 아명兒名이자 본명本名이 주중팔이었던 주원장은 회수 이남의 지금 펑양鳳陽이라는 곳이 출생지다. 주승은 지금의 슈닝休寧 사람이다. 안후이성 남부, 우리에게는 중국 최고의 명산으로 알려져 있는 황산黃山 인근이 출생지다. 그에 관한 기록은 자세하지 않지만 주승을 바라보는 후대의 시선은 뜨겁다.

주원장이 1328년생, 주승이 1299년생으로 알려져 있으니 나이로는 주승이 주원장의 아버지뻘에 해당하는 어른이다. 주승의 아홉 글자 계책에 따라 주원장은 마침내 명나라를 건국해 황제 자리에 올랐다. 개국 공신을 두고 논공행상論功行賞을 할 때 주승은 결코 다른 장수들에 비해 떨어지지 않았던 모양이다. 주원장은 특히 주승의 책략에 깊이 감동을 받았던 것으로 전해진다.

주원장이 황제 자리에 오른 뒤에 주승은 명나라의 예제禮制를 확립하는 데 큰 기여를 했다고 한다. 그 예제라는 것은 국가의 제도를 일컫는다. 국정의 철학을 담아 행정의 제도를 완비했다는 얘기다. 국가 운영의 틀도 담겨 있음은 물론이다. 뛰어난 학식이 없이는 불가능한 일이다. 그럼에도 불구하고 주승은 인품 또한 훌륭했던 듯하다. 그에 대한 주원장의 언급에 "사람됨이 성실하고 적절함을 이룰 줄 알았다"는 평이 있다는 점이 그렇다.

관료 중 최고의 지식수준에 이른 사람에게 주는 벼슬이 한림학사翰林學士인데, 주승은 황제 주원장 밑에서 그 직무를 수행했다. 일설에는, 그 또한 창업의 건국 주역 주원장의 포악함을 일찌감치 알아챘다고 한다. 화장실 갈 때와 나올 때가 다르다는 말이 있다. 건국 전의 권력자와 창업 뒤의 황제는 낯을 바꾸는 경우가 많다. 주원장은 그런 위험한 인물이기도 했다.

역대 중국 황제 가운데 주원장만큼 제 공신功臣들을 많이 죽인 사람은 드물다. 피비린내 가득한 살육을 행한 이유는 제 권력의 근기根

基를 다지기 위함이다. 그런 점에서 주원장은 아주 돋보이는 황제다. 잔인하고 혹독했음은 물론이다. 주승은 그에 따라 일찌감치 권력의 판도에서 사라지는 길을 택했다고 한다.

'면사권免死券'에 관한 일화가 그래서 전해진다. 주승은 노년에 이르러 황제 주원장을 찾아가 독대했던 듯하다. 그 자리에서 간곡하게 이 '면사권'을 요구했다는 것이다. 울면서 그런 청을 냈으니 읍소泣訴에 해당했다. 아버지뻘 되는 권신權臣이 간곡하게 울면서 청하는 바람에 주원장은 결국 '어느 경우에라도 죽음을 면해준다'는 취지의 그 면사권을 줬다고 한다.

그 덕분에 주승은 다른 권신과는 달리 조용한 말년을 보낸다. 고향이 아닌 다른 지역을 택해 내려가 조용하고 평화롭게 세상을 하직할 수 있었다는 설명이다. 그러니 주승은 권력의 주변을 맴돌다가 왕조의 권력이 서도록 옆에서 도왔던 결정적인 공신임에도 불구하고 끝내 제 목숨과 명예를 더럽히지 않을 수 있었다. 제가 세운 공로로 더 많은 것을 차지하려고 덤비다가 왕조 권력의 서슬 퍼런 칼날에 목을 내놓았던 인물은 그야말로 부지기수다.

주승은 나아갈 때를 알아 나아갔고, 물러설 때를 헤아려 물러설 줄 알았던 사람이다. 진퇴進退의 시기를 알아 그에 맞춰 행동을 하는, 아주 높은 차원의 지혜를 지닌 인물이었다는 얘기다. 모략, 그리고 전략에 아주 뛰어났던 현대 중국의 건국 주역 마오쩌둥毛澤東은 유장하면서도 찬란한 중국의 모략과 책략 전통에서 가장 높게 치는 인물로 이 주승을 꼽는 데 주저하지 않았다고 한다.

우리에게 아주 친근한 중국 인물이 한 사람 있다. 바로 판관 포청천包青天이다. 그의 본명은 포증包拯이다. 북송 시기의 명판관으로 이름을 날린, 중국 역사에서 대중적인 인기가 가장 높은 청관淸官이다. 우리에게 드라마 '판관 포청천'으로 잘 알려진 인물이다. 그의 고향은 회수 이남, 장강 이북에 해당하는 지역으로 지금의 안후이 성 도회지가 있는 허페이合肥다.

중국 근대기인 청淸나라에 오면 안후이에 동성파桐城派라는 문인 그룹이 생긴다. 청대를 주름잡았던 가장 유명한 문인 집단이다. 이들의 특색은 화려한 문장보다는 졸박拙樸한 고문古文에 경세제민經世濟民의 사유를 담는 것으로 유명했다.

동성파가 차지하는 중국 문언文言: 옛 문장, 漢文으로도 적을 수 있음 문학에서의 비중은 매우 높다. 소박한 문장에 나라와 백성의 안위를 먼저 다뤘던 지향志向 때문이다. 아마 동성파의 이런 특징은 권세와 불의에 굽히지 않으며 백성을 위한 판결을 주도한 포청천의 맥을 잇고 있는 듯하다.

헨리 키신저의 근작近作 〈On China〉 초반부에 집중적으로 등장하는 중국 인물이 하나 있다. 바로 이홍장李鴻章 1823~1901이다. 청나라가 서구 열강의 도전을 받아 흔들리던 19세기에 안후이의 허페이에서 태어나 청 제국 최고의 권신權臣으로 활동하면서 쓰러져가는 중국의 국운國運을 어떻게 해서든지 유지해보려고 했던 전략가다.

헨리 키선저는 저서〈On China〉에서 이 이홍장이라는 인물을 경이驚異의 시선으로 보고 있다. 근대 과학과 무기로 무장한 서구 열강의 침탈에 맞서 당시 그들 열강에 비해 아주 초라한 봉건왕조의 국력으로 대응하면서도, 세계를 차분하게 지켜보는 청나라 전략가이자 담대하며 치밀한 계책을 구사했던 인물로 묘사한다.

이홍장은 그만한 인물이다. 그로부터 청나라 마지막 힘의 보루였던 북양군벌北洋軍閥이 태동하고, 서양 열강을 다른 서양 열강의 힘으로 제압하려는 이이제이以夷制夷의 전략이 본격 펼쳐진다. 그로 인해 청나라는 급격한 몰락을 피할 수 있었다는 게 당시의 상황을 깊이 헤아려 본 전문가들의 분석이다.

삼국시대 이곳은 오吳에 속하는 땅이었다. 그 오나라의 가장 유명한 전략가, 명장名將으로 손꼽히는 사람이 주유周瑜다. 오나라 손권孫權을 도와 북으로 강력한 군사력의 위魏에 맞서면서 서남의 유비가 이끄는 촉한蜀漢과 때로는 연합하며, 때로는 다툼을 벌였던 불세출의 군사 전략가다. 이 주유 또한 지금의 안후이 성 도회지 허페이의 교외 지역 출신이다.

주유와 함께 활동했던 노숙魯肅이라는 인물도 마찬가지다. 그는 회수 이남~장강 이북의 안후이 중부 지역 동쪽에 자리 잡은 딩위안定遠이 고향이다. 그 또한 뛰어난 군사 전략가로 알려져 있다. 제갈량諸葛亮에 앞서 '천하삼분지계天下三分之計'를 낸 인물이다. 지략의 운용에서 제갈량에 한 수 앞선다는 평을 듣는 사람이다.

회수 이남은 이 몇 사람의 출신자들로 모든 특성을 다 이야기할 수 있는 곳은 아니다. 그러나 회수 이북은 같은 안후이에 속해 있으면서도, 북방의 허난 및 산둥과 맥을 같이 하고 있는 문화지대다. 그에 비해 회수 이남은 오랜 역사시기 속에서 지속적으로 북방에서 내려온 이민자들과 원래 거주자들이 한데 섞였던 융합지다.

안후이 허페이가 고향인 판관 포청천(왼쪽)과 이홍장(오른쪽). 본명이 포증인 포청천은 청렴하고 공정한 판관으로 이름이 높다. 이홍장은 헨리 키신저가 감탄을 금치 못했던 전략가다.

산골에서 자라난 천재 비즈니스맨

안후이 북부와 중부, 즉 회수 이북과 이남 지역의 특성은 그렇다. 큰 전쟁이 자주 벌어졌으며, 북으로부터 남쪽으로 이동하는 인구들이 거쳐 가야 했던 지역이다. 북부의 중원 및 산둥 동이東夷 문화, 남방의 유현幽玄한 문화를 서로 이어가며 나름대로 독특한 인문을 발전시킨 흔적이 많다. 그러면서도 전쟁과 관련이 있는 인물들이 많이 눈에 띈다.

북부 및 중부지역과는 다르게 안후이 남쪽 끝의 장강 이남 지역은 이른바 휘파徽派라고 부르는 특별한 문화를 낳았다. 찻잎과 벼루, 먹을 생산하는 인문적 산업 환경에, 외지를 향해 부지런히 진출한 상업적 속성도 갖췄다. 이곳의 주택 양식은 매우 독특해 '휘파 건축'이라는 독자적 영역을 만들었다.

안후이라는 명칭은 지금의 안칭安慶시와 후이저우徽州의 앞 글자를 따서 지은 것이다. 이 후이저우는 송나라 때 이미 부府라는 큰 행정단위가 들어섰을 만큼 지역 일대를 대표하는 곳이기도 했다. 이곳의 가장 대표적인 '상품'은 바로 휘상徽商이다.

안후이 남부를 상징하는 황산.
이 일대의 문화는 장강 이북, 회하 이북의 다른 안후이 지역과 상당한 차이를 드러낸다.

안후이 남부, 즉 후이저우 일대 출신의 상인을 지칭하는 이 휘상
은 중국을 대표했던 비즈니스맨 그룹이다. 적어도 중국 명明과 청淸의
왕조 시기 500년 동안 이 휘상은 '중국에서 가장 돈이 많은 사람들'
이라는 말을 들었다. 북쪽 산시山西 출신 비즈니스맨을 일컫는 진상晉
商과 함께 휘상은 가장 대표적인 중국 장사꾼들이었다.

그 휘상의 간판급에 해당하는 인물이 호설암胡雪巖 본명 胡光墉이다.
그는 청나라 말기에 가장 눈부시게 활동한 중국 최고의 부자다. 관
官을 끼고 비즈니스를 하면서 태평천국太平天國 등 내란이 벌어졌을 때
군대가 필요로 하는 식량과 군수물자를 조달하면서 성장했다.

이어 '전장錢莊'이라고 하는 금융업에 손을 대 중국 '넘버원'의 재

력 소유자로 컸다.

휘상 그룹은 명나라 때 소금 판매업에 손을 대 큰돈을 벌어들였고, 이어 후이저우 일대의 산악 지대에서 나오는 유명 찻잎을 전국 각지에 공급하면서 떼돈을 벌었다. 특히 산간벽지가 많아 물산이 부족한 관계로 공부에만 매진해 과거에 급제한 뒤 중앙 관계官界에 진출한 동향 출신들과 결탁해 소금 등 정부 통제 물자 등을 자신의 비즈니스 대상으로 만드는 데 탁월한 재주를 발휘했다.

이들이 벌어들인 막대한 부는 후이저우 일대의 화려한 건축으로 남아 있다. 특히 고향 출신자의 행적을 기리는, 우리 식으로 말하자면 정문旌門이라고 할 수 있는, 화려한 패방牌坊이 즐비하다. 아울러 뛰어난 공예 솜씨를 볼 수 있는 나무 조각 등도 유명하다. 또 중국 최고 품질을 자랑하는 붓과 벼루, 먹 등이 이곳에서 대량으로 만들어져 중국 전역에 퍼졌다.

그런 휘상의 화려했던 비즈니스 활동과 관련해 전해오는 이야기의 하나가 '紀歲珠기세주'다. 이 말은 해歲를 헤아리는紀 구슬珠이라는 뜻을 담고 있다. 비즈니스에 정신없이 외지를 떠도는 사람들이 안후이 남부의 휘상 그룹이었다. 이들은 돈을 벌기 위해 찻잎과 벼루, 먹을 들고 중국 전역을 다녔을 것이다. 지금이야 비행기도 있고, 고속열차도 있다. 이동이 빠르니 여기저기를 후딱 다녔다가 집에 돌아온다.

그러나 옛날의 사정은 그렇지 않았다. 다른 지역으로의 이동이 멀고도 험했으며, 시간은 부지하세월不知何歲月이었다. 그러니 한 번 집을 나서면 언제 돌아올지 기약을 할 수 없었다. 그렇게 한 번 집을 나가 몇 년 동안 돌아오지 않는 남편을 기다리는 아내의 심정, 그 외로움과 적적함을 달래려 그들은 구슬을 사들였던 모양이다. 값이 제법 나가는 구슬이었을지 모른다.

그런 구슬을 사들이는 게 일 년, 이 년, 삼 년…. 이렇게 덧없이 흘러갔을 법. 그런 여인은 남편의 소식을 기다리다가 어느덧 세상을 등지고 만다. 고향을 향해 부지런히 발길을 옮기던 남편은 동네 마을에 들어선 뒤에야 아내가 이미 이 세상 사람이 아니라는 것을 안다. 운명의 야속함을 달래면서 남편은 아내의 무덤을 찾아갔을 게다. 이어 집에 돌아온 남편은 아내가 아끼던 화장대의 서랍을 연다.

그 안에 가득 들어 있던 구슬이 바로 紀歲珠기세주였다. 돈을 벌기위해 밖으로 다니는 남편을 생각하며 하나하나씩 모았던 아내의 구슬. 서랍에 제법 많이 몰려 있는 그 구슬을 보고 남편은 목을 놓아 서럽게 울었을 테다. 애잔한 스토리다. 그 구슬에 관한 이야기가 나온곳이 바로 이 안후이 남쪽이다.

지금은 경계가 남쪽의 장시江西에 들어가 있으나, 같은 후이저우徽州의 문화적 배경을 타고 태어난 사람이 주희朱熹 또는 朱子다. 그는 이지역의 인문적 분위기를 대변하는 인물이다. 1919년 5.4운동을 이끈문화적 선구자 후스胡適도 이곳 출신이다.

청나라 때 중국 최고 부자였던 호설암의 고향은 후이저우 경계에속한 지시績溪다. 2002년부터 10년 동안 중국 공산당 총서기와 국가주석으로 중국을 이끌던 후진타오胡錦濤의 원적지도 바로 이 지시다. 호설암과 같은 성씨姓氏여서 서로 혈연이 있을 것으로 짐작은 하나 아직 밝혀진 내용은 없다.

안후이 출신으로 새 중국 권력 정점에 선 사람은 리커창李克强이다. 그는 2013년 3월에 열린 전국인민대표대회全人大를 통해 중국 권력2위인 총리에 올랐다. 그는 주원장과 동향이며, 어린 시절 삼국시대오나라의 유명 전략가였던 노숙의 고향에서 자랐다.

지난해 11월 공산당 당 대회에서 비록 최고 권력 7인 상무위원 자리에는 오르지 못했으나 강력한 개혁 성향으로 중국 정치권의 스타로 자리 잡은 왕양汪洋도 초한지의 주역 항우가 마지막 결전을 펼쳤던 해하의 싸움터 출신이다. 다양하면서 화려한 중국의 전통이 이들 현대 중국인들에게 어떻게 이어지며 발현發顯하는가를 지켜보는 일, 꽤 의미가 있는 일일 것이다.

중국은 문명에 가깝다. 엄연한 나라이면서도 그 바탕의 질량을 따져보면 하나의 문명에 가깝다. 다양한 요소가 오랜 동안 섞이면서 아주 다양한 인문人文을 낳았다. 우리는 그런 중국인의 인문을 세심하게 살펴야 한다. 한반도와 연륙連陸한 나라 중국, 그들은 마침내 30여 년의 개혁과 개방을 통해 세계의 강대국으로 올라섰기 때문이다.

人文인문은 사람人이 그리는 결文이다. 한 지역의 특징은 우선 그런 인문을 살피는 데서 시작하는 게 좋다. 안후이는 남과 북이 만나는 교차점에 있는 곳이다. 그래서 앞에서 설명했듯 다툼과 충돌이 적지 않았다. 모두 현대의 중국이라는 판도를 만들어내기 위해 벌어졌던 과정이다. 숱한 피바람이 닥쳤고, 아주 많은 사람이 그 속에서 명멸明滅했다.

다행히 그들은 자신이 쌓은 지혜의 자락을 한자漢字 기록으로 많이 남겼다. 아울러 많은 자취를 살필 수 있게끔 다양한 유물과 유적도 남겼다. 따라서 안후이를 보러 발길을 향하는 우리는 그저 명산인 황산黃山의 풍광에만 눈을 돌려서는 곤란하다. 남부에 있는 휘상 그룹들이 남긴 패방牌坊을 보며, 기세주라는 구슬 이야기에도 귀를 기울여야 한다.

'역발산기개세力拔山氣蓋世'의 영웅 항우項羽가 사방에서 들리는 초나라 노래의 포위망을 뚫고 마지막 혈투에 나섰던 해하垓下의 유적지를 찾아 중국에서 벌어진 전쟁의 의미도 살펴야 좋다. 주원장이 찾아

안후이 남부를 상징하는 황산. 이 일대의 문화는 장강 이북, 회하 이북의 다른 안후이 지역과 상당한 차이를 드러낸다.

나섰던 주승이라는 인물이 왜 지혜의 빛을 지녔다가 때로 그를 감췄는지도 생각해야 옳다. 그리고 문득 눈을 들어 이 고장의 전통을 지니고 태어나 활동했거나 현재 활동 중인 후진타오와 리커창이라는 현직 총리에도 관심을 기울여야 한다. 세상은 넓고 할 일은 많다. 중국을 이해하는 일도 그와 같다. 중국은 넓고, 알고 살펴야 할 그 인문은 정말 다양하다.

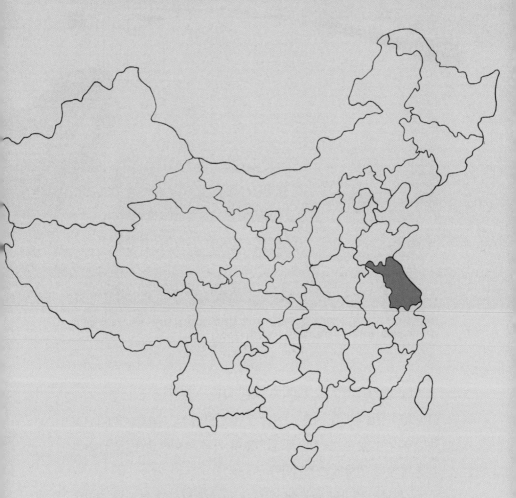

장강의 남과 북이 이렇게 다르다

장쑤(江蘇)

장쑤는 운하의 고향이다. 수많은 물길이 드넓은 대지를 헤집고 다니는 이 땅에는 또한 그처럼 많은 이야기가 탄생했다. 양저우의 운하를 지나가는 화물선의 모습이다.

이곳은 전통적으로 오吳라고 적는 나라가 있던 동네다. 춘추시대 이웃했던 월越나라와 서로 죽이지 못해 안달이 나, 대代를 이어가면서 "너 죽고 나 살자"는 식으로 끊임없이 싸움을 이어갔던 '오월吳越의 전쟁 역사'를 연출했던 지역이다.

그 싸움이 얼마나 역동적이었던가. 그래서 바다를 격해 먼 거리로 떨어져 있는 한반도의 사람들에게도 이곳에서 번진 싸움, 그로부터 얻어진 체험의 이야기가 그대로 전해진다. 오월동주吳越同舟라고 하는, 앙숙이자 철천지의 원수라도 같은 배에 올라탔을 때는 함께 비바람의 거센 도전을 이겨가야 한다는 이야기가 대표적이다.

와신상담臥薪嘗膽은 또 어떨까. 오나라에 밀린 월나라의 구천勾踐이라는 왕이 섶에 누워 짐승의 쓸개를 매달아 놓고 그를 매일 맛보면서 모질고 험한 복수의 여정에 나선다는 이 이야기도 마찬가지다. 충신은 나라의 임금에게 끝까지 충신일까. 역사의 흐름 속에서 볼 때 이는 정답이 아니다. 소용이 다 한 뒤의 충신은 임금에게 위험한 존재로 부상할 수 있다. 대업을 이룬 뒤에는 그런 충신을 죽여 버리는 일이 토사구팽兎死狗烹이다. 사냥감인 토끼가 죽은 뒤 부려먹던 사냥개를 삶아 먹는다는 이 고사성어의 무대 또한 이곳이다.

그러나 결론부터 말하자. 이곳은 '남북분단'이 뚜렷한 곳이다. 이곳의 남부지역에는 커다란 강, 장강長江이 흘러 지나간다. 그 커다란 강의 남북은 아주 명료한 차이를 드러낸다. '남북분단'에서 우리는 이데올로기의 대립으로 처절한 전쟁까지 치른 한국의 경험을 먼저 떠올리지만, 말이 그렇다는 이야기에 지나지 않는다. 큰 강이 가르는 두 지역의 사람, 그들이 보이는 행태가 거의 한국의 '남북분단'이라는 형세를 떠올리게 할 만큼 차이가 크다는 이야기다.

먼저 꺼낸 오나라 이야기는 사실 그 커다란 장강의 남쪽에서 벌어진 역사적 풍경에 불과하다. 그럼에도 전통적으로 이 장쑤江蘇 전체는 오나라의 문화를 근저에 깔고 발전했다. 따라서 우리가 이곳 장쑤의 전통을 이야기할 때는 먼저 오나라의 역사적 맥락을 따라가야 한다.

칼을 만들었던 어느 부부 이야기

간장干將과 막야莫邪라는 사람이 있었다. 지금으로부터 얼추잡아 2500
여 년 전이다. 두 사람은 부부다. 간장이 남편, 막야가 아내다. 남편은
칼을 잘 만들었다고 한다. 정확하게 말하자면, 칼을 만드는 명인名人
이었다. 그러다보니 그들에게는 많은 주문이 몰렸을 테다.

당시 오나라 왕은 합려闔閭였다는 설이 있다. 월나라 구천과 모진
싸움을 이어가며 항상 이기다가 나중에는 모략의 덫에 걸려 패망하
는 임금 부차夫差의 아버지다. 그 합려가 간장에게 시한時限을 부여하
면서 좋은 칼을 만들어 바치라고 명령했다. 간장은 특별히 뛰어난 철
과 부속 재료를 천신만고 끝에 구해다가 왕에게 바칠 칼을 만드는
작업에 들어갔다.

그러나 철이 녹지 않았다. 아무리 불을 때도 철이 녹지 않았다. 시
한은 빚쟁이처럼 속속들이 닥치고 있었다. 어떤 노력을 기울여도 철
이 녹지 않아 애가 탔다. 뜨거운 화로 옆에서 땀을 뻘뻘 흘리며 노심
초사勞心焦思하던 남편을 지켜보던 막야의 심정도 마찬가지였다.

그러던 어느 날이었다. 시한이 눈앞에 닥친 무렵이기도 했다. 화로

옆에서 졸던 간장이 잠에서 깨 옆을 보니 아내의 종적이 없었다. 전날 밤에 뜬금없이 처연하게 웃기만 하던 아내였다. 짚이는 데가 있었다. 간장은 주위를 둘러보다가 시선을 화로의 위쪽으로 향했다.

그곳에 아내가 서 있었다. 전날처럼 묘한 웃음을 지은 표정이었다. 간장은 화로 위를 향해 가면서 다급하게 외쳤다. "여보…안돼…!" 그러나 막야는 물러나지 않았다. 희미한 불빛 사이로 황급히 달려오는 남편을 향해 그녀는 조용히 웃음을 지어보였다. "여보, 우리는 다시 만날 수 있을 거예요"라는 말 한 마디를 남겨두고 그녀는 화로 속으로 뛰어들었다.

그녀가 뛰어들자 불은 커다란 빛과 함께 맹렬하게 타올랐다. 마침내 그가 녹이려고 했던 철광이 녹아 흘러나왔다. 아내를 잃은 커다란 비통함 속에서 간장은 마침내 칼을 만들었다. 하나는 웅검雄劍, 다른 하나는 자검雌劍이었다. 그 칼의 각자 이름은 간장과 막야였다. 중국 10대 명검名劍의 하나로 꼽히는 칼의 탄생기다.

신라의 에밀레종 주조 설화에 담긴 이야기와 같은 맥락이다. 이 또한 야담野談의 형태로 전해져 오는 내용이다. 왕조 권력자의 끝없는 욕심, 절대 왕권의 탐욕에 희생되는 민초民草의 맥락이다. 그러나 간장과 막야의 설화에 관한 판본은 꽤 다양하다. 목숨을 희생한 것이 아니라 손톱과 머리카락을 잘라 넣어 쇠를 녹였다는 이야기, 오나라 왕실에 바친 게 아니라 대상이 초楚나라의 왕이었다는 이야기, 칼 두 자루 중에 하나를 남긴 아내가 초나라에 의해 죽은 남편의 복수를 아들이 갚게 했다는 이야기 등 다양하다.

아울러 위에 소개한 야담의 뒷이야기는 다소 황당한 지경에까지 이른다. 먼저 죽은 막야가 백룡白龍으로 변신해 남쪽에 내려가 호수에 산다는 내용이다. 그런 어느 날 남편의 혼이 담긴 칼이 호수에 이르

풍부한 물산으로 부자가 많아 그들이 지은 수많은 대저택과 정원으로도 유명한 곳이 장쑤다. 양저우에 있는 유명 정원의 모습이다.

중앙일보 조용철 기자

자 칼이 급기야 검은 용, 즉 흑룡黑龍으로 변신해 둘이 마침내 해후한다는 이야기도 담고 있다.

　그러나 어쨌든 이 간장과 막야가 직접 칼을 벼리던 현장은 지금의 쑤저우蘇州다. 장쑤의 남단에 있으며, 상하이上海의 서쪽, 나아가 중국 5대 내륙호수인 타이후太湖를 끼고 있다. 이 거대한 호수의 70%에 달하는 수면水面은 행정상으로 쑤저우에 속해 있다.

　간장과 막야의 애달픈 설화가 전해지는 이 쑤저우는 중국에서 손꼽히는 역사적인 도시다. 춘추시대 들어섰던 성곽, 도로, 유적이 아직까지 원래대로의 맥락을 유지하면서 남아 있는 곳이기 때문이다. 기본적인 도시 설계는 지금으로부터 2500여 년 전인 오나라 왕 합려 때 그의 명령을 받아 국가 재건에 나섰던 오자서伍子胥가 맡았다고 한다.

지금도 그 때 들어섰던 성문, 유지 등을 추적할 수 있다고 한다.

〈손자병법孫子兵法〉으로 유명한 제齊나라 출신 손무孫武의 행적도 우리가 이곳을 지나면서 떠올리지 않을 수 없다. 병법의 천재이기는 했지만 그는 알아주는 사람이 없었다. 그래서 자신의 나라를 떠나 오나라에 도착해 그곳의 왕 합려를 찾아갔다. 그러나 합려는 손무가 올린 제안서를 주의 깊게 읽지 않았다.

그 다음에 벌어진 일은 사마천司馬遷의 〈사기史記〉가 자세히 적고 있다. 합려는 그에게 직접 군사훈련을 선보이도록 요청했고, 이어 자신의 궁녀들을 대상으로 그를 시연試演하도록 했다. 이어 손무가 180명의 오나라 궁녀를 모아놓고 훈련할 내용을 자세히 이른다. 궁녀들은 차분하게 그를 들었다.

이어 손무는 궁녀 중 두 명을 좌와 우 양쪽 대열의 대장으로 지명한다. 그 궁녀 둘은 오나라 왕 합려가 가장 총애하는 '여인'이었다. 이어 군사훈련을 시작한다. 손무는 자신이 궁녀들에게 사전에 알린 대로 대열 전체에 "우향우"를 명령한다. 그러나 궁녀들은 깔깔거리면서 웃기만 했다. 손무는 "이 번에는 자세히 가르치지 못한 지휘관의 책임"이라며 참는다. 이어 다시 훈련사항을 자세하게 이른다.

이번에는 손무가 "좌향좌"를 지시했다. 그러나 궁녀들은 또 웃기만 했다. 그러자 손무는 궁녀 대장 둘을 잡아 들여 "목을 치라"고 주변의 무사들에게 명령한다. 술을 마시며 누각 위에서 이 광경을 지켜보던 합려가 기겁을 한다. 급히 손무의 처형을 제지하지만 그는 "장수가 전쟁터에 섰을 때는 임금의 명령도 거부할 수 있다將在外, 君命有所 不受"라는 유명한 말을 남기며 형을 집행한다.

결국 합려는 총애하는 궁녀 둘을 잃었으나 희대의 병법 천재 손무를 얻었다. 이어 숙적인 초나라를 향해 진군한 뒤 그를 꺾고 춘추시대의 강력한 패권자로 등장한다. 당시 도성을 건축했던 오자서도 그 대열에 나서 자신의 부친을 죽인 조국, 초나라에 복수한다.

합려와 그의 아들 부차, 희대의 병법 천재 손무와 중국 역사에 큰 이름을 드리운 오자서. 이들이 활동했던 무대가 바로 지금의 쑤저우다. 이들이 넘나들었던 盤門반문, 閶門창문, 水陸城門수륙성문 등은 지금도 그 이름을 유지하면서 관광객들을 맞고 있다.

비에트의 또 다른 흐름

이 오나라 지역은 춘추와 전국시대가 막을 내리고 진시황이 중국 전역을 통일할 무렵까지 아주 강한 상무尚武의 전통을 지녔던 지역으로 유명하다. 그런 환경 때문인지는 몰라도 진시황이 사망하고 중국 전역이 다시 혼란의 국면을 맞이할 때 항우項羽의 삼촌인 항량項梁이 이곳 쑤저우에서 반란의 깃발을 올리기도 했다. 그 뒤를 따른 사람이 바로 그의 조카인 항우項羽다.

이런 맥락에서 볼 때 간장과 막야의 이야기는 충분히 공감할 만하다. 중국 10대 명검을 만들어낼 정도로 이곳은 원래 상무尚武의 분위기가 흘렀다는 점 말이다. 그로부터 더 먼 옛날로 연원淵源을 거슬러 올라가면 우리는 '양저良渚'라는 다소 낯선 이름과 마주친다. 지금부터 약 5000여 년 전 신석기 시대 유물이 나오는 곳의 이름이다. 광의廣義에서 볼 때 이 양저는 장쑤 남부의 저장浙江 일부까지 포함하는 지역이다.

그러나 협의狹義에서 보자면, 우선은 타이후太湖 인근을 지칭한다. 이 양저는 '도작稻作의 문명'에 속한다. 벼를 심고 쌀을 거둬 그것을 주식으로 삼았던 사람들이 살았던 곳이었다는 얘기다. 5000여 년 전의 중국은 신석기 시대 말엽에 해당한다. 북방의 사람들이 대개 조와 수수 등을 주식으로 삼았던 데 비해 이곳의 사람들은 벼를 주식으로 삼았다는 점이 큰 특징이다.

중국 고고학계의 연구결과에 따르면 이 지역 양저 문화를 형성했던 사람들은 駱越낙월이라는 이름의 비에트Viet, 한자로는 越 계통이다. 따라서 한자로 적는 중국의 역사서에서는 이 장쑤 일대를 吳오 또는 楚초로 적기는 하지만, 그 바닥을 이루는 토대는 양저문화를 일구고 발전시켰던 駱越낙월 또는 적어도 비에트 계통의 사람에 의해 만들어졌다는 점을 충분히 유추할 수 있다. 그 중심은 아무래도 쑤저우다.

이 쑤저우라는 이름 앞에 등장한 명칭이 사실은 역사적으로 더 유명하다. 그 이름은 姑蘇城고소성이다. 지금의 쑤저우를 근거지로 삼았던 오나라가 춘추시대 맹렬하게 세를 확장하면서 남북으로 인접한 나라들에 상당한 위협을 줬고, 그런 오나라의 문화적 맥락이 이곳의 독특한 인문과 함께 영글어 역대 문인들의 호기심을 크게 자극했기 때문이다. 당나라 장계張繼라는 시인이 남긴 작품이 아주 유명하다. 그가 지은 '풍교야박楓橋夜泊'이라는 시다.

> 달 지고 까마귀 우니 서리 찬 하늘이라.　　月落烏啼霜滿天
> 강 단풍, 고깃배 등불에 시름겨운 잠자리.　　江楓漁火對愁眠
> 고소성 밖 한산사, 아 고소성 밖 한산사.　　姑蘇城外寒山寺
> 야반 종소리 울려 나그네 배에 들리노라.　　夜半鐘聲到客船
>
> 〈중국시가선〉, 지영재 편역, 을유문화사 참조

한시漢詩를 즐기는 사람에게는 매우 유명한 작품이다. 시대적 배

경은 *安史之亂*안사지란이라는
거대한 내전이 벌어진 당나
라 때다. 이 때 강남으로 피
난했던 조정의 관료 장계라
는 인물이 국가의 존망을 다
투는 험악한 세월 속에서 느
낀 인생, 그리고 그처럼 굴곡

쑤저우의 유명한 고찰 한산사(寒山寺) 앞의 풍교(楓橋)

이 많은 여행길의 객수客愁를 읊은 내용이다.

담담한 내용이기는 하지만, 이 시로써 지금의 쑤저우, 당시의 이
름으로는 *姑蘇城*고소성이 중국 전역에 크게 알려지고 만다. 그 때문에
현지를 들를 경우 반드시 거쳐야 하는 곳으로 장계가 머물렀던 *寒山*
*寺*한산사 앞의 *楓橋*풍교를 찾았고, 지금의 중국인들도 여행길에 쑤저우
를 찾을 경우에는 꼭 이 앞에서 사진 한 장을 남긴다.

명칭의 유래는 춘추시대 훨씬 이전, 이곳을 봉지封地로 받은 인물
의 이름이 *胥*서였다는 점과 상관이 있다고 한다. 그 이름 앞에 현지의
비에트 사람들이 즐겨 사용하던 *姑*고가 붙어 *姑胥*고서로 통칭했고, 이
어 물고기와 쌀이 많이 나는 곳의 의미인 *蘇*소라는 글자를 붙여 다시
*姑蘇*고소로 변했다는 설명이다.

그 뒤에 다시 수隋 581~618에 들어와 원래의 명칭이었던 *吳州*오주라
는 이름을 다른 지역에서 먼저 사용하는 바람에 지역을 대표하는 글
자로 *蘇*소라는 글자를 붙여 *蘇州*소주로 삼았다고 한다. 이곳 사람들
의 자부심은 대단하다. 우선 현대 중국 경제 개혁개방의 흐름 맨 앞
에 서 있기 때문이다. 따라서 매우 잘 산다. 인근의 상하이에 비해서
도 오히려 생활수준이 높은 것으로도 유명하다.

아울러 전통적인 맥락에서도 자부심이 강하다. 명明나라와 그 뒤

의 청淸나라 두 왕조 연간에 이곳 쑤저우 사람들이 배출한 장원狀元이 35명이다. 약 500년 동안 두 왕조가 치렀던 최고 수준의 과거科擧 시험에서 배출된 장원은 모두 202명이다. 그 중에 중국 전역의 수많은 지역 중 극히 일부분인 쑤저우 출신이 17%를 차지한다는 점은 매우 놀랍다. 그러니 그 자부심이야 하늘을 찌른다고 해도 이상할 까닭이 없다.

이 쑤저우가 중심을 이루는 지역이 장쑤의 남부, 즉 쑤난蘇南이다. 성 도회지가 있는 난징南京, 타이후와 붙어 있는 우시無錫, 창저우常州와 전장鎭江 등을 모두 아우른다. 이 가운데 난징은 전통적으로 지역의 정치적 중심을 형성했던 곳이라서 북방의 영향이 강하다. 따라서 같은 蘇南소남 권역이라고 해도 언어와 정서가 조금 다르다. 나머지는 쑤저우와 함께 강한 일체감을 이루고 있는 점만은 분명하다.

이곳은 전통적인 원래의 바탕, 즉 오나라 문화권역에 속한다. 말도 그렇고, 정서도 그렇다. 게다가 장강 북쪽의 蘇北소북 지역에 비해 물산이 훨씬 풍부하다. 상하이 언어를 형성하는 '吳語오어'의 강력한 영향 아래 있어서 그로 인한 일체감이 강해 상대적으로 북쪽의 언어 영향을 더 받아 발전해 온 강북의 사람들을 아주 배타시하는 버릇이 있다.

항우와 유방, 〈초한지〉 영웅들을 낳다

그런 장쑤성의 강남江南 사람들에게 '멸시'를 받는 강북江北 사람들? 적어도 그곳 강남의 사람들은 강북의 사람들을 자신과는 별개의 존재, 나아가 '형편없는 게으름뱅이' 정도로만 본다. 그러나 역사의 맥락을 살펴보면 이곳 또한 만만찮다. 비록 지금의 상황에서 장쑤성 강남 사람들이 훨씬 잘 살고, 좋은 옷에 좋은 차를 타고 다니지만 시계를 거꾸로 돌려보면 그 정도의 차이는 아무것도 아니다.

오히려 장쑤성 강북의 사람들은 강남의 사람들을 우습게 볼 만큼 자부심이 가득하다. 우선 중국 전역을 통일한 뒤 거대한 제국을 운영하다 금세 사라진 진시황秦始皇의 뒤를 이어 본격적인 중국 통일 왕조의 시대를 연 사람, 한고조漢高祖 유방劉邦을 낳은 곳이 바로 이 장쑤의 강북이기 때문이다.

그는 현재 장쑤 쉬저우徐州시의 沛縣패현 출신이다. 그의 성장사야 여기서 새삼 거론할 필요가 없을 정도로 잘 알려져 있다. 그는 역시 장쑤의 강북 출신인 항우項羽와 천하의 패권을 놓고 거대한 싸움에 들어선다. 그 과정을 적은 기록이 〈초한지楚漢志〉다. 사마천의 〈사

기>에서도 그에 관한 기록은 충분하게 찾아볼 수 있다.

유방은 같은 고향 출신인 소하蕭何 등으로 아주 뛰어난 참모진을 이루고 그 위에 다시 장량張良과 한

진시황 몰락 뒤 패권을 두고 싸움을 벌였던 두 주인공 항우(왼쪽)와 유방 (오른쪽)

신韓信 등 희대의 명신名臣, 명장名將을 얻어 그보다 앞서 세력을 결집해 훨씬 우세에 올라서 있던 항우에게 도전한다. 결국 그는 장량과 소하 등의 힘을 잘 활용해 항우를 꺾은 뒤 진시황秦始皇이 있던 북쪽 산시陝西에 진출해 천하의 패권을 얻는다.

그는 지금의 중국 문명, 그 중에서도 전통적 중원 세력이 중심을 이루는 이른바 '한족漢族' 중심의 역사 서술에서 빼놓을 수 없는 인물이다. 그의 후손인 무제武帝의 광활한 영토 개척, 그 뒤로 이어진 중화中華적 자부심으로 통일왕조 지배의 기틀을 직접 다진 시대를 열었던 까닭이다.

항우 또한 장쑤성 강북 출신이다. 그는 지금 장쑤성의 쑤첸宿遷이라는 곳이 고향이다. 춘추전국 시대 남녘을 주름 잡았던 '비非 중원 세력'이었던 초楚나라의 명장 항연項燕이 그의 선조다. 그는 '역발산기개세力拔山氣蓋世'의 표현으로 유명하다. 힘은 산을 뽑을 만큼 크고, 그 기운은 세상을 덮을 만큼 거대하다는 뜻이다.

실제 그는 어렸을 적 강남지역을 순찰하기 위해 거대한 행렬을 이끌고 현지에 왔던 무소불위無所不爲의 황제 진시황을 보면서 "나도 한번 해보고 싶군"이라고 말했다가 삼촌인 항량項梁에게 혼이 났다. 그

러나 '나도 황제가 될 수 있다'고 했던 조카의 포부를 보고 항량은 일찌감치 그를 주목했다는 것이다.

항우는 그 뒤 삼촌 항량을 따라 천하의 권력을 잡는 길에 오른다. 먼저 항량을 따라 지금의 장쑤성 '강남' 한복판인 쑤저우에서 기의起義했고, 이어 항량이 전쟁 중에 죽자 그 자리를 이어받아 승승장구乘勝長驅하다가 진시황이 죽은 뒤에는 초패왕楚覇王의 이름을 얻는다. 그의 말로末路는 잘 알려져 있다. 패권 장악 직전에 이르렀다가 당찬 결단력의 부족, 쓸 데 없이 베푸는 인정 등의 허점을 드러내 결국 유방에게 천하의 패권을 내주고 쫓기다가 죽는다.

우리가 장쑤와 인접한 안후이安徽를 살필 때 미리 언급한 주원장朱元璋의 연원도 이곳이다. 그의 출생지는 안후이임에 틀림없으나, 조상이 대대로 거주했던 곳을 따지자면 한나라 고조 유방의 고향과 거의 같은 곳에 있는 지금의 쉬저우徐州라고 한다.

아울러 위에 언급했듯 유방의 가장 핵심적인 참모 소하蕭何와 한신韓信, 번쾌樊噲 등이 다 이곳 출신이다. 그러니 지금 중국의 정체성을 형성했던 초기의 중국 통일왕조인 漢한을 건설한 주체가 유방과 그를 따라 북상했던 옛 오나라, 아울러 이 지역에서 기반을 다졌던 지금 장쑤성 북부의 楚초나라 후예 그룹이라고 할 수 있다. 따라서 지역의 역사적 전통을 따질 때 장쑤성 북부인 蘇北소북 지역 사람들이 지니는 자부심의 크기란 강남의 蘇南소남 사람들에게 절대 뒤지지 않는다.

이 강북 사람들의

유방을 따라 한나라 건국에 공을 세운 장쑤성 출신 소하(왼쪽)와 한신(오른쪽)

특징을 전하는 말 중에 이런 게 있다. "아침은 껍질 속의 물, 저녁에는 물속의 껍질早上皮包水, 晚上水包皮." '아침'을 이른 앞 구절은 이곳 전통 음식인 灌湯包관탕포를 일컫는다. 이곳 사람들이 즐기는, 육즙肉汁이 찰랑찰랑하게 고인 물만두를 가리킨다. 그 물만두 껍질皮이 물水, 육즙을 감쌌다包라고 표현한 것이다.

뒤의 구절은 '목욕'을 형용했다. 목욕탕 물水이 사람의 가죽皮을 품었다包는 뜻이다. 즉 저녁에는 예외 없이 물에 몸을 담그고 목욕을 즐긴다는 얘기다. 아침에는 그저 먹기 좋은 물만두에 탐닉하고, 저녁에는 하릴 없이 목욕에만 열중하는 이곳 사람들의 여유로움, 다른 한편으로는 진취적이지 않으며 매우 퇴행적인 생활습관을 가리킨다.

강남 사람들에 비해 강북 사람들이 그런 모습을 많이 보이는 모양이다. 따라서 경제적인 낙후성, 진취적이지 못한 농업 중심의 사고, 제 땅만 바라보고 사는 농부 의식 등이 잇따라 지적거리로 등장한다. 실제 그런지는 더 따져 봐야 하겠으나, 겉으로 드러난 모양새만큼은 그런 지적을 받기에 충분한 듯하다.

이 지역의 대표적 도시는 양저우揚州다. 덩샤오핑鄧小平을 이어 중국 정치권력 1위에 오른 장쩌민江澤民의 고향이다. 신라 시대의 최치원崔致遠 선생이 이곳에서 당나라 벼슬자리에 올라 활동하면서 우리에게도 유명해졌다. 경치가 빼어나 시인들이 "꽃피는 삼월에 양주로 내려간다煙花三月下揚州"라고 했던 고장이다.

중국 사대기서四大奇書의 하나인 〈서유기西遊記〉를 지은 오승은吳承恩도 이곳 사람이다. 현장법사玄奘法師와 손오공孫悟空이 등장해 서역의 요괴들을 무찌르며 종국에는 석가모니 부처님의 말씀을 구해 온다는 내용의 〈서유기〉가 중국 현대 언어에 끼친 영향은 대단하다. 따라서 장쑤성 장강 이북의 '강북' 언어가 현대 중국어에 상당한 공헌을 했다는 점도 기억해 둘 만하다.

우리가 안후이를 살필 때 귤이 이곳을 넘으면 탱자로 변한다는 '회수淮水'의 상징성을 이야기하면서 중국의 남북 차이를 설명한 적이 있다. 중국이라는 거대한 문화적 축적은 우선 그 회수와 진령秦嶺을 경계로 남북이 뚜렷이 나뉘는 특징을 보인다. 따라서 장쑤는 그런 남북의 명료한 차이를 드러내는 중국 문화적 분포의 '축소판'이랄 수 있다.

중국 남부지역의 문화는 독특한 개방성을 지닌다. 자신이 지닌 것에 대한 미련이 적다. 그래서 늘 새로운 것에 주목하는 경향이 있다. 그에 비해 북부지역은 이미 쌓고 이룬 것에 집착을 보인다. 장쑤의 남과 북은 그런 양쪽 지역 거주민들이 보이는 '경향성'을 대표적으로 드러내고 있다. 남북의 차이를 극명하게 드러낸다는 점에서 우리는 이 장쑤 지역에 먼저 상당한 주의력을 기울일 필요가 있다.

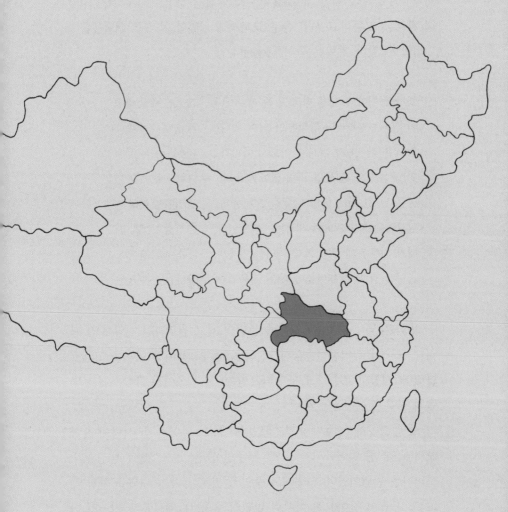

중국 지식인의 운명을 돌아보다

후베이(湖北)

이번에는 우선 시 한 수 읊고 시작해보자. 우리에게도 아주 친숙한 시다. 당나라 시인 최호崔顥 704~754의 작품이다. 이미 나이가 지긋한 세대는 고등학교 시절 한문 교과서에 실렸던 이 시를 어렴풋하게 기억할 수 있다. 제목은 황학루黃鶴樓다.

옛사람 이미 황학을 타고 훌쩍 떠나가니,	昔人已乘黃鶴去
이곳에는 덩그러니 황학루만 남아 있다.	此地空餘黃鶴樓
황학은 한 번 가 다시 돌아오지 아니하고,	黃鶴一去不復返
흰 구름만 천년 동안 하릴 없이 떠돈다.	白雲千載空悠悠
맑은 날 강 건너 한양 나무들 또렷한데,	晴川歷歷漢陽樹
싱그러운 풀밭은 앵무새 섬을 덮고 있다.	芳草萋萋鸚鵡洲
해가 저무는데 우리 고향 어디쯤 있을까,	日暮鄉關何處是
물안개 강 위에 피어올라 나는 시름겹다.	煙波江上使人愁

번역은 국내 당송唐宋 시가詩歌문학의 최고 권위자인 지영재 전 단국대 교수가 편역한 〈중국시가선中國詩歌選〉을유문화사의 내용을 그대로 옮겼다. 지영재 교수의 소개에 따르면 이 시가 쓰여진 황학루에는 다음과 같은 전설이 전해져 온다.

옛날 그곳에 '신辛씨 주막'이 있었다. 어느 날인가 한 사람이 찾아오더니 "술 좀 얻어마시자"고 했다. 주인 신씨는 큰 사발로 대접했다. 그러기를 반년이었다. 그럼에도 주인 신씨는 싫다는 내색을 하지 않고 그 사람이 찾아오면 아무런 말없이 술을 내 대접했다. 그러던 어느 날 그 사람은 "그동안 잘 대접해줘서 감사하지만 밀린 술값을 낼 돈이 없다"고 하면서 그 주막의 벽에 노란 두루미 한 마리를 그려 주고는 떠나갔다. 그런데 이상하게도 술집의 손님들이 술을 마시며

우한의 상징인 황학루의 모습이다. 노란색 학이 날아와 춤을 추었다는 이야기가 전해진다.
이곳에서 보면 서쪽에서 도도하게 흘러내리는 장강의 풍경이 눈에 가득 들어온다.

노래를 부르면 벽의 두루미가 춤을 추는 것이 아닌가. 갑자기 그 소문이 돌면서 신씨 주점은 크게 번창했다. 10년쯤 지나자 신씨는 백만장자가 됐다. 어느 날 그 사람이 다시 슬며시 나타났다. 피리를 꺼내어 부니 흰 구름이 하늘에서 내려오고 노란 두루미가 벽에서 튀어나왔다. 그 사람은 두루미의 등에 걸터앉아 구름을 타고 날아갔다. 그 사람은 신선이었던 것이다.

위의 시가 쓰인 황학루는 절경絕景 속에 우뚝 서 있다. 서쪽으로부터는 도도한 장강長江의 물결이 마치 먼 하늘에서 흘러내려오는 듯한 느낌을 주고, 건너편으로는 북쪽에서 발원해 장강의 큰 물길에 합류하는 한강漢江의 흐름이 눈에 들어온다. 먼 곳의 첩첩한 산과 길고 긴 장강, 또 그와는 다른 물 색깔을 지닌 한강이 합류하는 경치다.

최호의 시는 그런 절경 속에서 탄생한 절창絕唱이다. 그런 절경을 품고 또한 그런 절창을 낳은 곳이 우리가 이제 이야기를 시작하는 후베이湖北다. 시가 탄생한 곳은 그 후베이의 성 도회지인 우한武漢의 장강 기슭에 세워진 황학루다.

한국 사람이 많이 찾는 곳은 아니지만, 이곳은 몇 가지 이름 때문에 우리에게 제법 친숙한 감을 준다. 우선 우한의 구역 명칭 중 하나인 한양漢陽, 그리고 그 이름을 낳게 했던 물길인 한강이다. 대한민국 수도 서울의 옛 이름인 한양과 그곳을 지나는 한강이라는 이름이 이곳에 보란 듯이 존재하니 우리에게는 그리 낯설다는 느낌을 주지 않는다.

아울러 중국의 장구한 봉건 왕조 체제를 허문 신해辛亥혁명도 이곳에서 벌어졌다. 1911년 우창武昌의 기의起義로 시작한 조그만 반란이 2000년이 훨씬 넘는 중국의 왕조사를 전복해버렸으니, 이곳은 현대 중국의 등장을 알리는 역사적인 무대이기도 했다.

그러나 이곳을 문화적인 컨셉트로 이야기한다면 '형초荊楚'다. 현대의 후베이 성 도회지인 우한은 우창과 한양, 그리고 한커우漢口의 세 구역이 합쳐져 만들어진 이름이다. 우한이 현대 후베이 지역의 가장 중요한 도시가 된 셈이지만, 과거의 전통적인 맥락에서 이곳의 실질적인 구심점은 징저우, 우리식으로 읽으면 형주荊州에 있었다.

형주라는 곳은 유비劉備와 조조曹操, 손권孫權 등이 활약했던 〈삼국지三國志〉의 중요한 무대였다. 유표劉表라는 인물이 지키며 동쪽으로는 오吳나라, 서쪽으로는 촉한蜀漢, 북으로는 조조의 위魏 등 삼국의 중간에서 군사적 요충으로 작용했던 곳이다.

'형초'라는 문화적 맥락 속의 이름 중 뒷글자인 초楚는 그로부터 훨씬 이전의 문화를 말해주는 글자다. 춘추春秋시대는 기점으로 따지자면 지금으로부터 2700년 전으로 거슬러 올라간다.

당시의 중국은 어땠을까. 지금처럼 광역의 중국은 아니었다. 이른바 중원中原이라고 일컫는 극히 작은 지역이었다. 장강 남쪽으로는 결코 세력을 뻗치지 못하는 상황이었다. 그럼에도 북쪽의 중원 지역에서 볼 때 장강 인근의 남쪽 사람들은 '오랑캐'에 불과했다.

북녘에 머물고 있던 중국인들은 사서史書 등에 그 남쪽 오랑캐들을 '남만南蠻'으로 적었다. 몸에 문신文身을 새기고, 머리카락은 아주 짧게 자르며, 옷을 비롯한 의관衣冠을 제대로 걸치지 않는 미개未開의 문명이라 여기며 자신들과는 다른 이류異類라고 간주했다.

북쪽의 중국인들이 업신여겼던 존재, 장강 이남에 거주하면서 제대로 옷을 입지도 않고, 뱀을 잡아먹으며, 머리는 짤막하게 잘라버리고, 아프리카 원주민들처럼 몸에 색깔을 칠하고 새기는 그런 사람들이 역사 속에서 형성한 국체國體로 가장 강성했던 존재가 바로 초楚나라다. 후베이는 그렇게 형주의 전통과 그로부터 훨씬 이전의 초나라 전통을 모두 담고 있는 곳이다.

荊楚형초라는 두 글자의 뜻도 새길 필요가 있다. 이 두 글자는 모두 '가시나무'를 가리키는 한자다. 꼭 가시나무만 아니라 높게 자라는 교목喬木이 아닌, 낮게 자라는 관목灌木의 종류로서 싸리나무 등도 이 글자가 가리키는 범주에 든다. 일반적인 중국 인문 설명서에는 이곳 일대가 그런 관목 종류의 가시나무나 싸리나무 등이 잘 자라는 곳이었다고 한다. 아울러 그런 관목이 아주 무성했던 산야山野, 문명의 발길이 닿지 않았던 오지奧地라는 뜻도 담았다고 한다.

사실 이는 중원에서 살았던 사람의 편견이 담겨 있는 지칭이었을 가능성이 높다. 문명의 빛이 조금 일찍 다가왔거나, 그와 비슷한 맥락에서 먼저 힘을 쌓아 강력해진 중원 사람들이 그로부터 남쪽에 있는 황량한 곳을 일컫는 언어였을지 모른다는 얘기다.

남쪽을 전체적으로 경멸하는 남만南蠻이라는 단어를 만들어낸 중원의 전통이 빚은 오해와 편견, 차별적 시선이라는 말이다. 예로부터 이곳은 구려九黎와 삼묘三苗라는, 전통적 중원 주민들과는 혈통이 다른 사람들의 땅이었다. 중원에 속하지는 않았지만 신화에 등장하는 축융祝融이라는 불의 신神 숭배 종족이 북으로부터 내려와 이곳에 정착하면서 九黎구려, 三苗삼묘 등과 한 데 섞여 중국 문명 초기의 세력을 형성했다고 보는 곳이다.

그런 과정을 통해 만들어진 이 지역 주민들이 중국 역사에서 본격적으로 이름을 내미는 때가 춘추시대이고, 위에서 적었듯 그들이 정치적 집단을 형성해 나라의 모습으로 등장하는 게 바로 楚초라는 얘기다. 전통적인 중원의 시각에서 이 초나라는 오랑캐의 범주에 들었다가, 점점 중원의 문화판도에 섞여든다. 춘추시기 초반에는 완연한 이족의 남쪽 오랑캐였다가, 춘추 중후반을 지나 전국시대에 접어들면서 중원과는 떼려야 뗄 수 없는 몸체를 형성하고 만다.

중국이라는 정체성이 만들어지는 과정이 다 그렇다. 우선은 중원이 중심을 이루고, 점차 그 외연外延이 넓어지는 과정을 통해 주변이 그 속으로 말려들어가는 모습이다. 그런 과정을 거치기는 해도 우리가 중국의 인문적 배경을 이해하는 데 있어서 이 초나라는 매우 중요하다. 장강 남북의 광역을 아우르는 문화적 토양이 바로 이 楚초를 통해 강력하게 맺히고 펴지기 때문이다.

그래서 중국 문화, 나아가 인문적 특성을 이야기할 때 이 楚초라는 대상은 매우 중요한 매듭에 해당한다. 중국의 문화를 남북으로 대별大別할 때 이 楚초는 남방문화의 핵심을 이룬다는 점 때문이다. 그런 楚초의 중심을 이뤘던 곳이 바로 우리가 지금 살피려는 후베이다.

분방한 상상력이 움트는 곳

춘추시대 초나라 사람 중에 크게 이름을 남긴 인물이 있다. 초나라 장왕莊王이다. 그는 춘추시대 중원을 향해 세력을 뻗고자 했던 국왕이다. 왕실의 구성원으로 태어나 비교적 순탄하게 왕위에 올랐으나, 대중의 기대와는 달리 그는 뚜렷한 업적을 쌓지 못했다. 적어도 초기에는 그랬다는 얘기다.

사람들은 주변의 작은 국가들을 통합하면서 새롭게 북쪽 중원의 국가들을 향해 세력을 뻗어야 할 초나라 미래를 떠올리며 그의 무기력함을 탓하고 있었다. 장왕은 그럼에도 나날이 손에 드는 게 술잔이요, 사람을 불러 모아 치르는 일이 파티였다. 그는 나날이 술과 음악, 그리고 미녀에 둘러싸여 세월을 허송하는 것처럼 보였다.

간언을 하는 신하들이 귀찮아 방문 밖에는 '잔소리하는 신하는 모두 목을 벤다'라는 경고문까지 써놓았다고 했다. 그러던 어느 날 목숨을 건 신하 한 사람이 그의 방문에 들어섰다. 장왕의 방탕한 생활이 3년을 넘어갈 무렵이었다. 그리고 엉뚱하게 퀴즈를 냈다. "어느 산에 새 한 마리가 있는데, 울지도 않고 움직이지도 않습니다. 무슨 새인지 아십니까?"

그러자 장왕은 기다렸다는 듯이 이렇게 답을 했다. "그 새는 한 번 울면 세상의 사람 모두를 놀라게 할 것이고, 한 번 날아오르면 즉시 하늘 높이 솟구칠 것이요." 중국인이 요즘에도 성어로 자주 사용하는 '一鳴驚人, 一飛沖天일명경인, 일비충천'에 얽힌 일화다.

그 후에는 상황이 180도로 반전했다. 술과 음악, 미녀에 둘러싸여 세월을 보냈던 장왕이 급격히 변신했던 것. 그는 3년 동안 은밀하게 조사했던 자료를 토대로 간신을 몰아내고, 국정의 걸림돌들을 제거했다. 주변을 통합한 뒤 그는 북방으로 기운을 뻗쳤다. 춘추시대 남쪽에서 일어난 야만의 초나라는 드디어 가장 강성한 패업覇業의 국가로 발돋움했다.

초나라 장왕이라는 인물이 남긴 족적은 매우 드라마틱하다. 그에 관한 일화도 퍽 많은 편이다. 그에 관한 여러 가지 사정들이 후대에 전승傳承되는 이유는 간단하다. 그가 초나라의 발전에 하나의 전기轉機로 작용하는 측면이 있기 때문이다. 초나라는 그에 이르러 큰 도약을 이룬다. 중원의 세에 눌려 '남쪽의 오랑캐' 신세에 불과했던 초나라가 강력한 국력을 쌓아 결국에는 중원의 여러 나라들을 위협하는 수준에까지 이르기 때문이다.

춘추시대 이곳저곳에 산재散在하던 수많은 나라와 나라의 다툼만을 보자는 얘기가 아니다. 문명의 시각에서 보면 초나라는 장왕을 기점으로 점차 국력을 키워 중원으로 진출하는 흐름을 형성한다는 점이 중요하다. 이는 중원과 '남쪽 오랑캐'가 만나는 계기에 해당한다. 그저 만나는 게 아니다. '만남'으로써 '섞임'이 이뤄지기 시작한다는 얘기다. 그 '섞임'은 그저 그런 접점接點의 형성과 교류의 진행에 그치지 않는다. 중원의 조그마한 판도에 불과했던 옛 중국의 크기가 남

황학루에서 바라본 우한시의 전경. 멀리 흐르는 강이 바로 중국 제1의 강 장강이다.

쪽으로 확산擴散을 시작한다는 의미를 지닌다.

초나라 장왕은 한 번 울어 사람을 놀라게 했고, 단 한 번의 날갯짓으로 하늘 저 높은 곳까지 치고 올라간 거대한 새였다. 그의 놀라운 인내력, 수모를 견디며 은인자중隱忍自重하면서도 나라를 위해 제거해야 할 대상의 리스트를 작성했던 치밀함은 결국 초나라를 아주 튼튼한 강대국으로 성장하게 만든다.

그는 이어 북방으로도 세를 확장한다. 중원에 있던 여러 강국들이 초나라의 위엄에 무릎을 꿇고 만다. 심지어는 중원의 얼굴로서, 천자天子가 있던 나라인 周주를 직접적으로 위협하는 수준에까지 오른다. 초나라는 그로써 더 이상 남쪽의 별 볼 일 없는 오랑캐의 나라가 아니었다. 중원의 여러 나라가 그 군대의 진격을 보면서 몸을 사시나무 떨듯이 떨어야 했던 강하고 사나운 나라로 변신한다. 그러면서 초나라는 어느덧 중원의 한 가족을 이룬다.

초나라는 그 문명의 바탕이 황하 유역에서 발전하기 시작한 중원의 문명과는 조금 다르다. 그 원류原流에 관한 논의는 아직 중국 역사학계에서 현재 진행형이다. 그럼에도, 초나라의 바탕이 황하문명과는 다를 것이라는 점에는 연구계의 많은 이가 동의한다.

우리는 그런 단초를 초나라 장왕이 활동하던 무렵인 춘추시대 초반의 여러 정황들로 미루어 짐작할 수 있다. 초나라 문명 바탕에 관한 세부적인 논의는 여기에서 다루기 힘들다. 더 많은 지면이 필요한 주제이기 때문이다. 단지 그로부터 몇 백 년이 흘러 전국시대에 홀연히 이 지역의 역사 마당에 이채異彩을 뿜으면서 모습을 드러내는 이가 있으니, 우리는 이 사람을 통해 조금 색다른 이야기를 펼쳐갈 수 있겠다.

그의 이름은 굴원屈原이다. 기원전인 BC 340년 지금의 후베이 쯔구이秭歸라는 곳에서 태어나 BC 278년에 죽은 인물이다. 그의 고향은 중국의 최대 수력댐인 싼샤三峽댐 초입에 있다가 담수 작업으로 인해 물에 잠겼다. 옛 이름은 단양丹陽이다. 중국 문학에 조금이라도 관심이 있는 사람이라면 대부분 이 굴원의 이름을 안다. 그는 중국 초기 문학사에서 가장 중요한 인물이다. 실명實名으로 독립적인 문학세계를 이룬 문인으로서는 그가 거의 최초에 해당하기 때문이다.

그는 초나라의 관원이었으나 국정에 관한 간언 때문에 왕으로부터, 그리고 동료들로부터 냉대를 받는다. 초반에 그는 초나라 회왕懷王의 신임을 받아 승승장구한다. 그가 건의한 대부분의 개혁적 조치들은 현실로 이어지고, 그에 따라 초나라의 국력도 상승한다.

그러나 북방에서는 나중에 중국 전역을 통일하는 진秦이 약진하면서 초나라를 점차 위협해온다. 그런 진나라의 공작에 휘말려 초의

남방문학의 선구로서 북방의 〈시경〉과 어깨를 겨루면서 〈초사〉라는 낭만적 상상의 세계를 펼친 굴원.

회왕과 권력자들은 개혁적 관료인 굴원을 멀리한다. 회왕이 진나라의 술수에 휘말려 죽은 뒤 양왕襄王이 즉위하면서 상황은 더 나빠진다. 굴원은 35세 때인 BC 305년에 지방으로 쫓겨난 뒤 계속 유랑생활을 하면서 실의에 빠진다. 그는 결국 그런 유랑의 길에서 깊어지는 실의를 견디지 못하고 화창한 봄의 어느 날 강에 투신해 삶을 마감한다.

유랑의 신세로 깊은 좌절감을 이기지 못한 결과였다. 굴원의 작품 '어부漁父'에는 이런 대목이 나온다. 이곳저곳을 떠돌던 굴원이 어느 강가에서 물고기 잡는 어부를 만났을 때였다. 굴원이 어떤 사람인지를 알게 된 어부는 "창랑의 물이 깨끗하면 내 갓끈을 씻을 것이요, 창랑의 물이 더러우면 내 발을 씻을 것"이라며 세상과 청탁淸濁을 함께 하라고 권유했다.

세상이 깨끗하면 깨끗한 대로, 더러우면 더러운 대로 그냥 어울려 살면 그만이지 어렵게 살 이유가 어디 있느냐는 얘기였다. 그러나 굴원은 결국 그런 권유에도 움직임이 없었다. 그는 결국 강물에 투신했고, 물고기의 밥으로 변했다. 이 이야기는 우리에게도 잘 알려져 있는 내용에 든다.

그를 기념하는 명절이 바로 단오端午다. 세상 사람들은 굴원의 충정忠情을 더 높이 샀던 셈이다. 굴원이 빠져 죽은 강가에 사람들은 찰밥을 갈댓잎으로 싸서 강으로 던져 물고기들이 굴원의 살을 뜯어 먹지 않도록 유도했다고 한다. 제 일신의 부귀와 영화만을 추구하지 않고 우국憂國의 충정으로 무엇인가를 해보려다가 좌절해 결국 자살을 택한 굴원의 뜻을 높이 기렸던 것이다.

그가 남긴 작품은 후대에 편찬한 〈초사楚辭〉로 남아 오늘날까지 전해진다. 굴원은 작품 '이소離騷'에서 자신이 처한 상황과 그 안에서 우러나온 감정을 적었고, '천문天問'에서는 지역에서 전승되던 신화와 전설을 풍부하게 인용하면서 자연과 인생의 의미를 물었다.

굴원은 남방문학의 한 상징이었다. 북방의 중국 문학이 〈시경詩經〉을 위주로 그 근간을 삼았다면, 나중에 발달하는 중국의 남방 문학은 굴원의 작품들을 토대로 삼았다. 북방의 대표인 〈시경〉이 현실적이면서 사실적인 기풍을 품었다면, 남방의 대표인 〈초사〉는 상상력과 낭만주의 및 이상주의적 색채를 띠었다.

〈시경〉이 민간의 자발적인 창작을 다루고 있는 데 비해, 〈초사〉는 굴원을 비롯한 몇 문인들의 작품을 수록하고 있다. 소박한 현실주의적 묘사가 〈시경〉의 주조主調인 점에 비해, 신화와 몽환夢幻에 가까운 설화 등이 〈초사〉의 골간을 이루고 있다. 풍격風格과 내용 등에서 둘은 아주 완연한 대조를 이룬다.

문학文學을 새삼스럽게 정의할 필요는 없겠다. 인간의 이지적인 사고와 감정이 어울려 그를 읽거나 접하는 사람들의 공명共鳴으로 이어지는 게 문학이다. 그런 점에서 문학은 인문의 커다란 토대를 이룬다. 사람이 드러내는 이성과 감성이 문학을 통해 진지하게 몸집을 드러내기 때문이다.

그런 점에서 〈시경〉과 〈초사〉를 눈여겨봐야 한다. 이 둘은 중국의 문학 발전사에서 아주 중요한 두 축을 형성한다. 아울러 북방과 남방의 문화적 토대가 얼마나 달랐는지도 고스란히 보여준다. 우리가 중국을 남북의 차이에서 바라볼 때 먼저 손에 들고 읽어야 하는 텍스트가 바로 이 〈시경〉과 〈초사〉다.

이상주의와 낭만주의적 기질

중국의 수많은 옥玉 중에서 가장 유명한 옥은 무엇일까. 화씨벽和氏璧
이다. 이 스토리는 우리에게 제법 많이 알려진 내용이다. 옛 초나라 땅
에 변화卞和라는 사람이 있었다. 그가 대단한 옥을 발견했다. 우연히
얻은, 진귀한 옥을 품은 큰 돌이었던 모양이다.

　그는 그 돌을 초나라 임금에게 바쳤다. 그러나 왕실에서는 "그저
그런 돌멩이"라는 판정을 내렸다. 성격이 고약한 왕은 괘씸하다며 변
화의 다리 하나를 잘라버렸다. 변화는 그러나 멈추지 않았다. 임금이
바뀌자 변화는 다시 그 옥돌을 진상했다. 그러나 마찬가지 결과였다.

　새로 즉위한 왕도 전임자와 같은 형벌을 내렸다. 변화의 나머지
한쪽 다리도 잘려나갔다. 왕실에 옥을 진상하겠다는 가상한 뜻을 품
었던 변화라는 인물이 커다란 좌절과 깊은 실의에 빠졌음은 물론이
다. 새로운 임금이 다시 즉위했다. 변화는 그 돌덩어리를 품에 안고
매일 울고 있었다. 새 임금은 "저게 무슨 울음소리냐"고 물었고, 마침
내 변화를 데려와 자초지종의 곡절을 들었다.

　새로 판정한 돌멩이 속의 옥, 그리고 그를 다듬어 만들어 낸 중국

최고의 옥이 이른바 화씨벽이다. 벽璧은 옥돌을 둥그런 원판 형태로 다듬은 것이다. 가운데는 구멍이 뚫려 있다. 화씨벽이라는 둥근 형태의 중국 최고 옥돌은 그런 과정을 거쳐 나왔다. 이 화씨의 벽은 금세 중국 전역에 이름을 떨쳤고, 이를 입수한 조趙나라가 한 때 진秦나라에 빼앗겼다가 인상여藺相如라는 인물의 기지와 용기로 다시 그를 들여올 수 있었다. 그 과정에서 생긴 성어가 '완벽完璧'이라는 말이다. 화씨벽을 원래 모습 그대로 보존할 수 있었다는 뜻이다.

이 스토리 속에 등장하는 변화라는 사람 역시 과거 초나라 땅, 지금의 후베이 지역 출신이다. 그는 왜 다리를 잘려가면서 옥 품은 돌을 바치려 했을까. 당시의 규범에 따라 그랬을 수도 있으나, 다리가 한 차례 잘리고 이어 다시 남은 다리 한쪽도 잘릴 때까지 결코 가슴에 품은 뜻 하나를 굽히지 않았다.

'내가 진상한 이 돌은 진짜 옥이다'라는 점을 증명코자 했을 것이다. 자신의 신체 일부가 잘려나가는 혹형酷刑을 거듭 당했으나, 결국 변화는 자신이 품은 뜻을 버리지 않고 기어이 다시 시도하는 자세를 보인다. 두 다리를 모두 잃고서도 제 자신을 제대로 증명하지 못했다는 설움과 분함 때문에 울고 또 울어 결국 새로 즉위한 임금에게 자신의 경우를 알리는 데 성공했다.

이 정도면 우리가 정작 주목해야 할 대상은 변화가 왕실에 진상한 옥이 아닐지도 모른다. 한 번 품은 뜻을 끝까지 밀고 나가 제가 주장하는 바가 옳다는 점을 만천하에 알리고 싶은 욕망과 지향志向이 더 중요해 보인다. 그런 변화라는 인물은 결코 현실적인 사람이 아니다. 어느 정도의 선에서 타협하며 자신의 이익을 요령 있게 저울질하는 인물은 아니라는 얘기다.

화씨벽은 조나라를 거쳐 어디론가 사라졌다가 종국에는 진시황의 손에 들어간다. 중국을 최초로 통일한 진시황은 그 귀하고 귀하다는 화씨벽을 손에 넣은 뒤 이를 소재로 해서 그 유명한 '옥새玉璽'를 만든다. 옥새는 봉건왕조의 정통성을 상징하는 대명사로 변했다.

'옥새'라는 고유명사는 결국 왕조의 가장 중요한 결정에 반드시 찍어야 하는 도장, 즉 국새國璽의 의미로도 정착했다. 그 국새의 의미를 다시 넘어서, 진시황이 만들었다는 옥새는 그 다음으로 이어지는 후대의 왕조가 '내가 바로 천하의 주인'이라는 점을 알리는 상징으로 자리 잡았다. 이른바 '전국새傳國璽'다.

진시황의 진나라에 이어 등장한 한漢나라 등 후대의 왕조는 천하의 패권을 잡은 뒤 바로 이 전국새를 찾느라 혈안이었다. 이 전국새를 손에 넣어야만 천하의 패권을 장악하는 작업이 비로소 끝을 맺는다고 인식했기 때문이었다. 그러나 그는 후일담이다. 우리는 전국새를 암벽의 바위로부터 캐낸 변화라는 인물의 성정에 주목할 필요가 있다.

제가 지닌 뜻을 끝까지 밀고나가는 이상주의적 성향이 바로 그 점이다. 굽히지 않고, 좌절하지 않으며, 비켜가지 않고, 제가 가고자 하는 곳을 향해 우직하게 나아가는 그런 성향 말이다. 옛 초나라 지역, 지금의 후베이 지역 사람들에게는 그런 성향이 있다.

제가 모시는 왕에게 간언을 하다가 받아들여지지 않아 유랑의 신세가 되었음에도 굽히지 않고 끝까지 충언을 올리는 굴원의 기질이 그와 흡사하다. 결국 "물이 더러우면 발을 씻으면 좋은 것 아니냐"는 고기잡이 어부의 충고에도 아랑곳 하지 않다가 강물에 몸을 던져 제 자신의 충절을 지켰던 굴원, 끝까지 제가 캐낸 옥돌을 품에 안고 통곡을 그치지 않았던 변화는 동일한 기질의 인물인 셈이다.

굴원에게는 낭만성도 엿보인다. 작품에서 드러나는 소재를 보면 천문天文과 신화神話, 자연 등이 주조를 이룬다. 낭만이라는 정서 영역은 어딘가에 잡히고 맺힌 상태를 거부한다. 성정이 자유분방해 상상력의 공간을 키우며, 자질구레한 소절小節에는 얽매이지 않는다.

우리에게 친숙한 '지음知音'의 고사 속 주인공 백아伯牙와 종자기鍾子期도 그런 인물이다. 두 사람은 춘추시대 초나라 출신으로 알려져 있다. 백아는 나중에 유비 등이 활동했던 징저우荊州 형주, 종자기는 추정컨대 황학루가 있는 지금의 우한武漢 사람이리라. 징저우에서 태어났으나 북방의 진晉에서 벼슬살이를 하던 백아가 어느 날 고향 인근의 지금 우한에 와서 거문고를 탔다.

그는 당대에 이름이 나 있던 거문고의 대가였다. 나무꾼에 불과했던 종자기는 그러나 음을 듣는 능력으로 볼 때는 프로 중의 프로였던 듯하다. 종자기는 길을 지나다가 우연히 백아가 타는 거문고 소리를 들었다. 그리고 아주 빼어난 청음聽音의 능력으로 백아의 음악세계를 깊이 이해했다. 결국 백아는 "세상에서 내 음을 알아주는 사람知音은 당신 뿐"이라며 종자기에게 마음을 털어놓았다. 이듬해 둘은 같은 장소에서 다시 만나기로 약속을 하고 헤어졌으나, 종자기는 끝내 나

백아와 종자기의 아름다운 우정, 지음(知音)의 고사를 상상해서 그린 그림

타나지 않았다. 백아는 주변 사람들로부터 종자기가 병으로 그만 세상을 떴다는 소식을 들었다.

백아는 종자기의 유언까지 전해 들었다고 한다. "백아라는 친구가 오면 처음 만났을 때 들려줬던 '높은 산, 흐르는 물高山流水'의 곡을 죽어서도 듣게 해달라"는 내용이었다. 백아는 결국 종자기의 무덤을 찾아가 종자기가 듣고 싶어 했던 곡을 연주했다. 그리고 백아는 이렇게 선언했다. "내 음을 가장 잘 알아주는 친구가 죽었으니 이제 더 이상 악기를 다루지 않겠다."

아름다운 스토리다. 세상의 가장 '절친'을 뜻하는 성어 지음知音이 나온 이야기다. 그러나 백아의 기질도 참 흥미롭다. 절친이 죽었으므로 음악을 끊고 여생을 살겠다는 그런 다짐 말이다. 극적이며 감동적이다. 그렇지만 다른 한편으로는 매우 낭만적이다. 뜻을 이룰 수 없게 되자 결국 강물에 빠져 죽음으로써 제 충절을 증명하고자 하는 굴원이 보이는 문화적 코드와 같다.

현대판 굴원, 변화, 백아

원이둬聞—多라는 인물이 있다. 1899년에 태어나 1946년에 사망한 중국 현대문학의 거장巨匠이다. 이 사람 역시 과거 지음의 낭만적 고사가 태어나고, 이상주의적이며 낭만적인 굴원이 숨을 쉬었던 곳, 그리고 가슴에 품은 옥을 끝까지 '희대의 보석'으로 지켜냈던 변화가 울부짖었던 초나라의 땅에서 태어났다.

그의 이력은 화려하다. 지금의 후베이 황강黃崗에서 태어나 전통적 학문을 익히다가 명문 칭화淸華대학에서 공부를 마치고 미국의 시카고 대학과 콜로라도 대학에서 미술을 전공했다고 알려져 있다. 당시 어려웠던 중국의 사정으로 볼 때 첨단을 걸었던 학력이다.

그는 20세기 초반의 가난하고 병들어 제국주의의 침탈에 허덕이던 중국의 민족적 울분을 대변했으나, 정치적으로는 당시 중국을 양분하고 있던 공산당과 국민당에 모두 비판적이었다. 그는 작품 '죽은 물死水' 등을 발표하면서 시를 통해 중국이 놓인 절망적인 상황 등을 묘사했으나 정치적으로는 매우 날카로운 비판자였다.

그의 작품세계에서 드러나는 가장 큰 정서는 '자유'다. 진정한 자유를 쟁취하고자 그는 작품을 통해, 문학비평을 통해 매우 선구적인 모습을 드러냈다. 이상적이면서 낭만적이기까지 했던 그의 작품 세계는 따라서 2000여 년의 시간적 장벽을 뛰어 넘어 자신의 고향 대선배인 굴원과 큰 연결고리를 형성한다.

그는 전통학문에도 조예가 깊었고, 첨단의 서구 문학에도 이해가 깊었다. 학문적인 성과도 뚜렷했으며 중국 현대 문단에의 기여도 대단했다. 그러나 정작 그가 주목했던 분야는 현실에 대한 당당한 비판이었다. 그는 공산당에 대한 날선 비판의 행위자였으며, 1930~1940년대의 중국을 사실상 지배했던 국민당에 대해서도 가차 없는 비판자였다.

그 또한 현실에 절망했다. 국민당의 부패가 심해지면서 중국을 침략한 일본군에 밀려 서남부의 오지인 윈난雲南으로 쫓겨 가는 과정이 그랬다. 그러나 그는 현실에 대한 비판을 멈추지 않았다. 급기야 그는 국민당의 1인자이자 독재로써 중국의 부패를 심화시키던 장제스蔣介石가 보낸 자객에 의해 죽었다.

그로부터 읽는 것은 두 가지다. 우선 과거의 초나라 전통을 잇는 오늘날의 중국 후베이 지역 사람들의 낭만적이며 이상주의적인 기질이다. 굴원의 작품에서 드러나는 성향, 옥을 품은 변화의 굽히지 않는 뜻, 그리고 친구의 죽음 앞에서 거문고의 현을 끊어 버렸던 백아의 기질이 다 들어 있다.

다른 한 가지는 현실의 문제에 정면으로 맞서려는 비판자의 기질이다. 사람

후베이가 낳은 중국 현대문단의 선각자 원이둬. 동서양을 아우르는 지식으로 날카롭게 중국 문명을 관찰한 비운의 지식인이다.

사는 곳이면 현실이 이상 그 자체일 수는 없는 법이다. 그래서 현실의 비판자는 늘 등장한다. 그러나 그런 비판자를 수용하고 품는 사회와, 그를 눌러 넘어뜨리는 사회는 다르다. 사회발전의 다양성을 확보하느냐의 여부에 많은 차이를 드러낸다는 얘기다.

오늘 날의 중국은 그런 비판자를 과연 잘 품는 나라인가. 과거의 초나라 지역에 등장했던 뜨거운 비판자들을 오늘의 중국 공산당은 품고 다독일 수 있는가. 굴원이나, 원이둬나 그런 점에서 현대 중국에 시사하는 바가 적지 않은 지식인이다. 황제의 권력이 상징하는 중국의 강력한 정치체제 속에서 예나 지금이나 비판적 지식인들이 어떤 길을 걸었는지를 암시한다. 한반도의 문화적 풍토 또한 그런 점에서 예외일 수는 없지만….

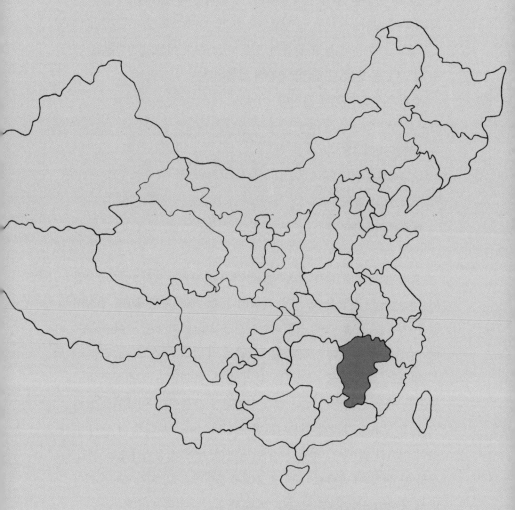

도연명의 시심이 무르익었던 곳

장시(江西)

"옆으로 보면 산맥이요, 아래위로 보니 봉우리로다"라는 구절로 시작하는 시詩 한 수가 있다. 제목을 말하기 전에 그 다음 구절을 먼저 따라가 보자.

"멀고 가까움에 높고 낮음이 모두 다르구나. 여산의 진면목을 알 수 없으니, 몸이 이 큰 산 안에 갇혀 있음이라."

시의 원문을 아래에 옮긴다.

橫看成嶺側成峯,
遠近高低各不同.
不識廬山真面目,
祇緣身在此山中.

북송의 최고 문장가 소동파蘇東坡가 지은 시다. 장시江西의 명산인 뤼산廬山 여산을 찾았을 때 지은 작품이다. 이 시가 우리에게도 낯설지 않은 이유는 작품 속에 등장하는 '진면목眞面目'이라는 단어 때문이다. 이 산은 꽤 유명해 아래에서는 그냥 우리 발음 '여산'으로 적는다.

옆으로 보면 줄줄 이어지는 산의 행렬, 아래위로 보면 우뚝하고 험준한 봉우리. 멀리서 보니 겹겹이 늘어선 산들이요, 아래위로 보니 그 높고 낮음이 제각각이라 아득한 느낌만 준다. '도대체 이 산의 모습이 어떤지 알 수가 없겠다'라는 망연함 속에서 우러나오는 생각, 결국 큰 산 안에 좁쌀보다 더 조그맣게 들어앉은 내 처지에서는 커다랗고 웅장한 산의 진짜 모습을 알 수가 없겠다는 푸념이다.

드넓어 가없는 우주와 대자연, 사람이라는 존재의 보잘것없음을 일깨워주는 명시名詩다. 앎이란 다 그런 것일지 모른다. 전체를 보기 전에는 존재의 진면목을 알 수 없는 법, 제 깜냥이 뛰어나다고 우쭐

거리는 사람에게 '한 방' 날리는 소동파의 경고일지 모른다.

소동파의 시에 등장하는 이 여산, 그리고 마오쩌둥毛澤東 시절의 중국 공산당이 중요한 회의를 거듭 열면서 우리에게 친숙해진 여산, 그에 앞서 중국을 통치한 장제스蔣介石의 여름 별장이 있어 유명해진 여산을 품고 있는 곳이 바로 장시다.

그 다양하고 신비로운 모양새 때문에 소동파로 하여금 '그 진면목을 알 수가 없겠다'는 푸념을 내뱉게 했던 여산은 어쩌면 이 장에서 소개하는 장시의 이미지를 그대로 닮았다고 할 수 있다. 지리와 인문의 측면에서 장시는 매우 다양한 갈래를 지닌다. 특징이 많다는 얘긴데, '특징이 많다'는 것은 어쩌면 '특징이 없다'라는 말과 통하는 셈이니, 장시의 경우가 꼭 그렇다. 그래서 "장시의 진면목?"이라고 묻는다면 돌아오는 대답은 대개가 "글쎄…"다. 그렇다고 어찌 그렇게만 대답하고 어물거리며 넘어갈 일일까.

궁벽하지만 평안했던 땅

길이 6300km의 장강長江 동부의 남녘을 중국에서는 보통 강남江南이라
고 부른다. 장쑤江蘇와 저장浙江, 후베이湖北와 후난湖南 등이 그에 해당
한다. 장시 또한 강남의 한 자락을 차지하는데, '강남江南의 서쪽 구
역西路'에 있다고 해서 당나라 때 붙여진 이름이 장시다.

흔히 장시의 지리를 표현할 때 '7할이 산지요, 2할이 하천이며,
1할이 논밭七山二水一分田'이라고 적는다. 저장과 인근의 강남 지역도 그
런 사정은 매 한가지다. 그렇지만 장시는 그런 강남 지역에서도 묘한
경계성을 지닌다. 위도 상으로는 저장성의 서남쪽에 있으며, 화교들
의 본향本鄕이라고 할 수 있는 푸젠福建과는 비슷하다.

푸젠이 북쪽의 강남지역과는 우이武夷라는 커다란 산맥에 의해 크
게 갈라지는 데 비해 장시는 그렇지 않다는 점이 다르다면 다르다.
장시는 오히려 북쪽의 강남지역과는 커다란 평원으로 이어져 있다.
따라서 푸젠은 강남의 문화가 산맥에 막혀 주춤거렸던 데 비해 장시
는 그런 강남의 문화가 깊숙이 들어와 이곳에 발달한 산지와 구릉
속에 골골이 박히면서 알차게 영글었다는 차이를 지닌다.

장시의 도회지인 난창 시내의 '8.1 대교'. 이곳은 옛 오나라와 초나라의 전통이 함께 흐르는 곳이다.

　북녘의 강남문화와 접경을 이루는 장시의 북부지역은 여러 갈래의 하천과 함께 중국 최대 담수호淡水湖인 보양후鄱陽湖 파양호 등이 발달해 있다. 한반도 면적에 비해 조금 작은 16만6900㎢이지만 하천은 2400여 개에 달한다. 장시 중부 이남은 깊은 산지와 구릉이 발달해 있다.

　앞에서도 여러 번 소개했지만, 중국은 늘 벌어지는 북쪽의 전란으로 인해 인구의 이동이 다반사처럼 벌어졌던 역사의 기억을 간직하고 있다. 따라서 장시 또한 끊임없이 북에서 남으로, 살기 어려운 곳에서 좀 더 살기 평안했던 곳으로, '칼과 창이 늘 번득였던刀光劍影 곳'에서 '내 끼인 달빛이 은은하게 내리는康衢煙月 곳'으로 움직였던 인구의 영향을 받지 않을 수 없었다.

장시에 앞서 소개한 다른 강남지역, 저장과 후베이 등이 다 그런 경우다. 원래의 거주민이 일군 텃밭에 저 먼 북쪽 유목민족의 침략에 밀려 남부여대男負女戴의 형상으로 쫓겨 내려온 수많은 이주민들이 결합해 강남의 여러 문화를 만들어낸 인문적 배경은 같다는 얘기다. 그러니 강남 일대, 그리고 그 주변의 문화적 토대, 문화적 색깔 등은 대개 비슷하다. 우리는 그러나 그들이 보이는 유사성과 함께 차별적인 면모도 봐야 할 필요가 있다.

　　장시 북쪽의 강남 문화는 전통 왕조의 수도가 있던 장안, 낙양 등과는 거리가 가깝다. 그로부터 원거리에 있는 문화일수록 왕조가 주도하는 질서로부터 다소 자유롭다는 특징이 있다. 장시도 그런 경우다. 같은 강남지역의 문화권이라고 하더라도 장강 근처에 있는 다른 강남에 비해 그 거리가 더 떨어져 있는 장시의 문화는 맥락은 같을지 모르지만 한결 자유로운 감성과 사색의 경향을 띤다. 게다가 수많은 산지와 구릉, 그리고 다양한 하천이 발달해 있어 분위기는 한결 더 고립적이다.

　　중국 전통 시단詩壇에서 문명文名을 크게 떨친 이가 어디 한둘일까. 밤하늘에 떠 있는 별들만큼 그 수는 많다. 그러나 빛의 세기가 아주 강렬한 시인을 꼽으라면 얘기는 달라진다. 그런 휘황찬란한 광채를 내뿜는 시인이 있으니, 그 이름은 바로 도연명陶淵明 365~427이다.

전원파 시인으로 후대 문단에 절대적인 영향을 끼친 도연명

　　그는 우리에게 '귀거래사歸去來辭'로 너무나 잘 알려져 있는 인물이다. 조그만 관직을 차지했으나, 그에 맞지 않던 성정性情을 제가 살던 고향으로 돌아감으로써 회

복코자 했던 전원파田園派 시인의 으뜸으로 꼽히는 사람이다. 세속을 멀리하고 자연 속의 안온함 찾기에 골몰했던 그의 시적인 취향은 후대 중국 문인들에게 지대한 영향을 미친다.

세속의 잡스러움을 멀리하면서 깨끗한 마음을 유지하려 했던 수 많은 후대 시인들에게 그의 작품은 하나의 전형典型이자 상징象徵이었다. 숨을 조일 듯한 왕조의 질서를 벗어나 심신을 있는 그대로의 자연에 맡겨 평담平淡하지만 진솔한 문학의 세계를 열었던 인물이다. 그로 인해 도연명 이후의 수많은 후대 문인들은 인간 본연의 맛과 멋을 찾아 문학적 상상력의 길을 열어갈 수 있었다. 그래서 나중의 중국 문인들은 도연명을 '은일함의 큰 스승千古隱逸之宗'이라고 일컫는다.

그가 중국 전통 문단에서 이름을 크게 얻은 작품은 '귀거래사' 외에도 많다. 우리가 흔히 이상향理想鄕을 이야기할 때 사용하는 단어의 하나가 '도화원桃花源'이다. 이 단어의 유래도 도연명이 쓴 '도화원기桃花源記'다. 세상이 주는 번잡함과 속물스러움을 벗어나 긴 동굴을 거쳐야 도달하는 천국과 같은 낙원, 그런 이상적인 세상을 도연명은 '도화원기'라는 작품 속에서 아스라이 펼쳐 보였다.

그는 술을 좋아했고, '동쪽 울타리에서 국화를 캐다가, 문득 시선을 드니 눈길이 가서 닿는 먼 산採菊東籬下, 悠然見南山'이라는 마음의 경계에서 평온함을 찾았다. 그는 결코 누군가에 의해 만들어진 일정한 질서 속에서의 삶을 거부했다. 그래서 '다섯 말 쌀당시 하급 관리 급여에 허리를 굽히지 않는다不爲五斗米折腰'는 성품을 쌓았다.

'음주飮酒'라는 시편을 남길 정도로 그는 자연에 취한 만큼, 술에도 취했다. 벼슬자리에도 큰 관심을 두지 않아 생활은 곤궁했으나 그 마음만큼은 늘 평온함을 유지했다. 가난함 속에서도 마음으로 찾는 안온함이었다. 그 점에서 보면 도연명은 우리가 이 장에서 이해해야 할 장시 문화의 뚜렷한 상징으로 볼 수 있다. 제가 지닌 중심을 잃지 않으며 꿋꿋하게 제 소질을 갈고 닦아 실력을 발휘하는 그런 사람들이 사는 곳이 장시라는 말이다.

주희의 관념적 철학도 낳은 곳

장시를 흔히 '오두초미吳頭楚尾'라고 부르기도 한다. 머리는 오吳나라, 몸체는 초楚나라 문화 권역이라는 뜻이다. 옛 춘추전국 시대를 기준으로 볼 때 장시의 북부는 오나라, 그 남쪽은 초나라 문화의 영향을 받았다는 얘기다. 오와 초라고 하는 옛 춘추전국 시대 두 강국은 중국 문화권역을 따질 때 매우 중요하다. 둘 모두 중국 장강 이남의 이른바 '강남 문화'를 대표하는 지역이기 때문이다.

중국에서 이 '강남'이 의미하는 바는 결코 작지 않다. 앞에서 소개했듯, 전통적으로 중국 문명을 이끌었던 중원의 문화와는 여러 모로 커다란 차이를 드러내면서도 중원과 함께 중국 문화의 쌍벽을 이룬다고 보이기 때문이다. 후베이湖北 편에서도 소개했지만 그 문화의 바탕은 상상력과 낭만, 현실보다는 이상을 추구하는 경향이 강하다.

북방인 중원의 문화가 〈시경詩經〉처럼 실질적이며 현실적인 흐름을 보이는 것과 달리, 〈초사楚辭〉가 대변하는 강남의 문화는 이상과 낭만, 그리고 몽환夢幻의 정신세계를 그려낸다. 따라서 장시를 '오나라와 초나라의 문화가 어울린 곳'으로 적는다는 것은 이 지역이 강

남의 핵심 문화 콘텐트를 제대로 유지하
며 간직한 채 발전했다는 얘기와 같다.

철학적 사유에서도 그런 강남의 문화
적 전통을 이어 중국 사상사에서 커다랗
고 굵직한 획을 그은 이가 있으니, 그 이
름이 바로 주희朱熹. 그가 남긴 중국 유
학사儒學史에서의 족적이 너무나 커, 공자
孔子등 성현에만 붙이는 '자子'라는 호칭
을 붙여 주자朱子라고도 적는 사람이다.

송대의 성리학을 이끈 주희. 조선의
유학에는 거의 절대적인 영향을 끼친
인물이다.

그가 태어난 곳은 엄밀히 따지자면 장
시가 아니다. 뒤에서 소개할 푸젠이 그의 출생지다. 그러나 고향으로
말한다면 그는 장시 사람이다. 조상이 대대로 거주했던 바탕이 장시
동북부의 우위안婺源이다. 그 지역 전통이 강남문화를 대변했던 옛 오
나라와 초나라의 문화가 섞였던 곳이라는 점을 감안하면, 그 고향의
정서를 간직하고 생활했던 주희에게도 무엇인가 남다른 '강남 스타
일'이 전해지지 않았겠느냐 하는 생각을 품어볼 수도 있다.

아니나 다를까. 그는 유학에 관념적 철학 사유를 덧붙인 '이학理
學'을 집대성한다. 왕조적 질서에만 국한했던 유학의 상상력 범주를
우주와 만물의 경계에까지 넓혀 이기론理氣論을 펼치며 그 전까지의
유학을 아주 높은 수준에까지 밀고 올라간다. 관념적 바탕이라는 새
로운 경계에 들어선 중국의 유학은 그 공적을 이룬 주희를 거치면서
더욱 큰 영향력을 발휘한다.

중국의 '강남 스타일' 속에서 자라난 주희의 상상력이 유학을 찬
란할 정도로 발전시켰으나, 그 결말은 그렇게 낭만적이지 않다. 그의
관념적 상상력으로 중국의 전통 유학은 더욱 힘을 받았고, 주희가 더

굳힌 삼강오륜三綱五倫의 관념적 질서는 그 영향 아래 있었던 수많은 중국인과 주변 동아시아 사람들의 사고와 삶을 더욱 옥죄었기 때문이다.

은일함 속에서 일탈을 꿈꿨던 중국 문단의 별 도연명과 관념적 토대를 발전시켜 중국 유학 사상을 크게 발전시킨 주희는 어찌 보면 어울릴 듯하고, 다른 시각에서 보면 전혀 어울릴 듯 보이지 않는다. 그런 점이 장시의 특징이라면 특징이다. 마치 북송의 문인 소동파가 장시의 최고 명산名山인 여산을 보면서 "그 진면목을 도대체 알 수 없으니…"라며 푸념을 늘어놓는 심경과 같다고 하면 같은 셈이다.

장시가 배출한 정치인

장시가 낳은 가장 유명한 정치인은 왕안석王安石이다. 북송北宋의 정치 개혁을 주도했던 인물로, 신당新黨이라는 정치적 세력을 모아 북송 왕 조의 적폐積弊를 일소하는 데 주저 없이 나선 사람이다. 그의 개혁 의 지는 아주 날카롭고 강했으며, 아울러 매우 과감했다.

그의 소신은 "하늘이 변하는 것도 두렵지 않고, 조상이 남긴 유산 도 본받을 필요가 없으며, 사람의 말에 흔들릴 것도 없다天變不足畏, 祖宗 不足法, 人言不足恤"는 식이었다. '이것저것 다 따지다보면 개혁은 물 건너 간다'는 얘기였다. 따라서 그가 내세운 개혁의 칼은 거칠 게 없었다. 대지를 휩쓰는 폭풍우처럼 그의 개혁 방안은 북송을 들썩거리게 만 들었다.

중국 정치사에서 왕안석이라는 인물이 차지하는 위상은 매우 드 높다. 전체 중국 정치사에서 '개혁'이라는 두 글자를 언급할 때 그를 그냥 둔 채 넘어갈 수 없을 정도다. 달리 말하자면, 그는 중국 2500여 년의 정치 사상사에서 '개혁'이라는 화두를 내걸고 가장 치열하게 움 직였던 인물이다.

그의 일화를 전하는 각종 기록에 따르면, 왕안석은 정상적인 정치인이라기보다는 기인奇人에 가깝다. 우선 그는 잘 씻지 않았다. 머리를 잘 감지 않았을 뿐만 아니라 세수조차 제대로 하지 않았다. 옷은 더구나 잘 갈아 입지 않았다. 늘 때가 잔뜩 끼어있는 옷소매로 주변 사람들로부터 비웃음을 샀고, 위생관념이 전혀 없는 행동으로 남의 미간을 찌푸리게 만들었다.

그는 저 유명한 '판관 포청천包靑天 본명 包拯'과 동시대 인물이다. 포청천이 21세 연상으로 북송 왕조의 선배이자 상관이었다. 모란牡丹이 피어난 어느 날 포청천이 파티를 열었다. 조정의 여러 대신들이 모두 참석했으나, 그 중에서도 가장 주목을 받는 두 사람이 왕안석과 사마광司馬光이었다. 둘은 정치적으로 날카롭게 대립하고 있던 라이벌이었다.

사마광은 〈자치통감資治通鑑〉을 지은 유명 역사가이자 왕안석이 추진하던 개혁에 적극적으로 반대했던 인물이었다. 조정의 대선배인 포청천은 그 둘에게 술을 권했다. 왕안석은 "저는 평생 술을 마시지 않기로 했다"며 계속 거절했고, 사마광 역시 술잔을 잡지 않았다. 그럼에도 포청천은 계속 술을 권했다. 마지못해 사마광은 술잔을 들었으나, 왕안석은 끝내 꿈쩍도 하지 않았다.

행동거지나 차림새에 전혀 신경을 쓰지 않는 왕안석, 그리고 주변에서 사람이 죽어 넘어져도 눈 한 번 깜짝하지 않고 개혁안을 밀어붙

북송의 개혁가 왕안석(왼쪽)과 구양수(오른쪽). 왕안석은 강렬한 성격으로 주변의 반대를 물리치고 급진적인 개혁을 벌인 인물이다. 구양수 또한 강한 리더십으로 북송의 문단을 이끌었다.

이는 냉정한 왕안석이었다. 그래서 사마광과 소동파 등 정적을 무수히 남겨 이름값을 더했던 왕안석이었다. 그런 왕안석의 성격을 엿보게 해주는 일화가 바로 위의 내용이다.

그로부터 멀지 않은 한 인물이 있다. 바로 구양수歐陽修다. 그 또한 장시가 낳은 불세출의 정치가이자 문인이다. 흔히 당송팔대가唐宋八大家라고 하는 문인 그룹이 있다. 후세가 붙인 이름이기는 하지만, 중국 문단에서 산문散文의 명품이 즐비하게 나왔던 당송시대, 그 중에서도 가장 빼어난 문장가 여덟 명을 이르는 칭호다.

사람들은 이 여덟 문장가 중에서도 네 명을 다시 골라낸다. 한유韓愈와 유종원柳宗元, 그리고 구양수와 소동파다. 이들을 '산문 사대가四大家'라고 부르는데, 그 정도로 구양수는 문장과 시가 빼어났던 것으로 유명하다. "술 취한 늙은이의 뜻이 술에 있겠는가醉翁之意不在酒"라는 말은 요즘 중국인들도 즐겨 쓰는 명구인데, 그 문장이 들어 있는 '취옹정기醉翁亭記'가 특히 유명하다. 아울러 가을이 다가오는 밤의 뜰에 나가 그 정취를 소리로 묘사한 '추성부秋聲賦'는 천고의 명문으로 전해온다.

그 구양수 또한 정치적 지향이 매우 개혁적이었다. 그러나 방법의 면에서는 왕안석과 달랐다. 그 또한 왕안석보다 21세 많은 고향의 대선배이자, 조정의 상관이었다. 그 역시 정치의 폐단을 없애고자 부단히 노력했으나, 왕안석이 주도권을 잡은 개혁에는 찬성하지 않았다. 방법적인 측면에서 더 극단적이었던 왕안석과 호흡을 같이 할 수 없었던 것이다.

그러나 그 역시 호불호가 분명했으며, 성격은 굳고 매서웠다는 평을 들었다. 왕안석이 추진한 변법變法 개혁에 밀려 지방관으로 쫓겨 내려갔을 때에는 현지에서 재상인 왕안석의 개혁안을 아예 깡그리 무시한 채 시행하지 않아 노여움을 크게 사고 말았다는 일화도 남겼다.

그럼에도 그는 북송 문단의 우두머리였다. 고향의 새카만 후배였던 왕안석을 조정에 추천했으며, 소동파를 비롯해 소순蘇洵과 소철蘇轍 등 소씨蘇氏 세 부자, 사마광 등 유명 정치인의 후견인이었다. 따라서 그는 자신이 추천하고 챙겼던 많은 문인 관료들로부터 존경과 사랑을 받았던 문단의 맹주盟主로 이름을 남기기도 했다.

왕안석과 구양수의 예에서 보듯이, 장시 출신의 정치가들은 자신의 의지와 이상을 잘 굽히지 않는 성향을 보인다. 성격이 굳고 매서워 자신이 품은 뜻을 끝까지 펼치려 하는 성격이 강해 보인다.

시진핑의 먼 뿌리도 이곳

왕안석과 구양수 말고도 유명한 사람은 또 여럿 있다. 이구李覯라는 인물도 북송 때의 관료였다. 그 역시 장시 출신으로, 개혁 성향이 강했던 것으로 알려져 있다. 그러나 이름이 한국 사람들에게는 아주 낯설다.

북송 뒤에 송 왕조는 남쪽으로 쫓겨 내려간다. 북방에서 밀고 내려오는 몽골의 원元나라에 밀린 것이다. 그래서 생긴 왕조가 남송南宋이다. 남송은 지금의 저장 항저우杭州에 도읍을 두고 끝까지 몽골의 원나라에 저항을 시도하지만, 대세는 막을 수 없어 결국 몽골에게 패망한다. 그 남송의 패망을 끝까지 막아보려 했던 인물이 문천상文天祥이다.

중국에서는 북송이 원에 밀릴 때 전선에서 활약한 악비岳飛라는 인물과 이 문천상을 최고의 애국자로 여긴다. 패망하는 나라와 민족을 위해 끝까지 목숨을 바쳐 싸우는 사람의 전형이랄까. 어쨌든 중국은 이 문천상을 악비와 함께 '애국자의 상징'으로 치부한다.

이 문천상 또한 장시가 낳은 유명 인물이다. 남송은 몽골의 원나라 세력이 시시각각 남쪽으로 몰려오면서 위기가 이어졌던 시기다. 빼어난 실력으로 조정에 몸을 담은 우수한 문인 관료였으나, 문천상은 원나라와의 최종 담판에 참여했다가 그 자리에서 붙잡힌 뒤 구사일생으로 탈출한 다음에는 군사를 이끌고 전선의 지휘관으로 나서기도 한다.

결국 원나라의 압도적인 무력에 의해 포로의 신세로 전락했으나 3년 동안 끝내 입장을 굽히지 않다가 죽음을 맞이한 인물이다. 원나라 조정은 그를 고위 관직과 높은 급여로 계속 회유했으나 아무런 소득이 없었다. 문천상은 끝까지 절개를 지키다가 몽골의 원나라에 의해 죽임을 당함으로써 지금까지 '민족의 영웅'으로 기려지고 있다.

근현대에 들어와 이름을 크게 얻은 장시 출신은 천인커陳寅恪 1890~1969다. 할아버지가 청나라 최고위 관료, 부친이 유명한 시인 출신이어서 그의 어렸을 적 별명은 '귀공자 중의 귀공자'였다. 천인커가 명문 칭화清華대학에서 교편을 잡았을 때 별명은 '교수 중의 교수'였다. 아주 뛰어난 머리에 풍부한 학식 때문에 교수를 가르칠 정도의 교수라는 별명을 얻었던 것이다.

원나라 몽골족에 맞서 애국의 절개를 떨친 문천상(왼쪽)과 중국 근대화 시기의 최고 천재로 꼽히는 천인커(오른쪽)

그는 중국이 유럽과 본격적으로 맞대면을 하기 시작한 무렵에 중국인으로서는 본격적으로 유럽의 학문을 연구한 인물에 해당한다. 초년에는 명문귀족이었던 집안의 영향으로 사서오경四書五經 위주의 한학漢學을 익혔다가, 일본과 미국 및 유럽 등 지역에서 13년 동안 유학하며 서구 학문의 정수를 제대로 배워 들인 사람이다. 천재적인 머리 때문에 22 개 외국어를 익혀 학문 영역에서 그를 활발하게 응용한 일화 등으로 유명하다. 그런 천재적 성향과 출신 배경 때문인지는 모르겠으나, 그 는 공산주의 건국 후 마오쩌둥이 몰아간 광기狂氣의 문화혁명 때 홍 위병들로부터 모진 고초를 겪다가 비참하게 생을 마감했다.

이런 인물들을 배출한 장시는 원래 간월干越의 고향이다. 중국 장 강 남부 지역에 점점이 흩어져 거주하던 수많은 비에트Viet족의 한 갈 래다. 앞에서도 소개했지만, 이 비에트는 중국 문명이 태동하던 무렵 에 실질적으로 장강 남부 지역을 터전으로 삼아 살던 원주민이었다.

이들 간월의 텃밭에 북부 지역의 유목민족 침략을 피해, 아니면 왕조의 교체 시기 등에 간단없이 벌어진 전란을 피해 이동한 중원의 사람들이 정착하면서 오늘의 장시 문화를 만들어 냈다. 도연명의 예 에서 보듯이, 장시의 전통은 '강남'으로 일컬어지는 초나라와 오나라 문화에서 자유롭지 못하다. 분방한 상상력과 일탈 또는 은일함의 전 통이 그대로 전해진다.

그러나 그런 몇 가지 일탈과 은일 등의 개념으로 이곳 장시의 대 표적 인물들을 다 정리할 수는 없다. 우리가 장시에 첫 발을 디디면 서 먼저 언급한 도연명의 경우도 마찬가지다. 그는 중국 문학사에서 가장 뚜렷하게 등장한 '전원파田園派' 시인이라고 말할 수 있다. 그 주 제가 일탈과 은일함에 몰려 있다는 점도 부인할 수 없다.

그러나 그런 일탈과 은일함의 속내가 간단치 않다. 견고한 의지 와 강렬한 개성이 뒷받침해주지 않으면 그런 일탈과 은일은 나오지 않는다. 번잡한 속진俗塵을 피하는 일은 그에 대한 명징明澄한 사고, 아울러 흔들림 없는 가치 판단, 번복하지 않는 강한 의지력을 고루 갖춰야 가능한 일이다. 마음속에 뚜렷한 지향志向을 지닌 사람만이 차원 높은 일탈과 은일을 이룰 수 있는 법이다.

그런 조건을 속에 갖추지 못한 사람이 추구하는 일탈과 은일은 결국 방종放縱과 허약한 현실도피에 그치고 만다. 도연명의 시세계를 보면 그가 그저 현실의 고단함과 번잡함을 피하기 위해 전원으로 숨어든 사람이 아니라는 점이 분명해진다. 벼슬아치 집안 출신이면서도 그는 당시로서는 매우 드물게 스스로 땅을 일구고, 힘든 노동도 서슴지 않았다.

스스로 경작하고 가꾸며, 그로써 제 배를 떳떳하게 불리면서 생활의 간고艱苦함에 솔직히 맞섰던 스타일이다. 아울러 그는 진시황을 암살하러 먼 길을 떠났던 자객 형가荊軻를 노래하는데, 그 어조가 아주 장렬壯烈하고 굳세기 짝이 없을 정도다. 따라서 도연명을 그저 '중국 전원파 시인의 대부'라고 부르기에는 어딘가 석연치 않다는 지적이 많이 나온다.

어차피 우리가 이 장시의 상징으로 도연명을 먼저 꼽았기 때문에 부연하는 말인데, 도연명이 상징하는 장시의 인물형은 대개 그런 스타일이다. 겉은 부드러워 보일지 모르지만 속은 매우 강고強固하다는 인상을 준다. 많은 하천과 구릉, 산지에 갇혀 고립의 지세를 보이는 장시의 지형적 특성처럼 이곳의 대표적 인물들 또한 자신만의 고유한 영역을 굳건히 지키면서 외부의 조건을 아우른다는 얘기다.

우리가 주자朱子라고 부르기도 하는 주희朱熹는 그런 장시의 지역적 전통을 이어받아 중국의 오랜 유학 전통을 관념적 철학으로 발전시켰다. 왕안석과 구양수 등 정치적으로 두각을 나타낸 장시 출신들은 한 결 같이 개혁적 성향이 두드러진다. 굳고 매서움의 성정을 지녔다는 게 일반적인 평이다.

인물 외에 장시가 내놓을 수 있는 '명품 문화'는 경덕진景德鎭이다. 중국 최고의 도자기 생산지다. 약 500여 년 동안 중국 황실의 도자기를 만들어 황제에게 진상하던 곳으로, 도자기의 생산량과 질량에서 타의 추종을 불허할 정도여서 별명이 '세계 도자기의 수도世界瓷都'다. 경덕진 외에도 장시가 자랑할 만한 아이템은 많을 것이다.

그러나 우리의 시선은 항상 '현재'로 향한다. 향후 10년 중국 공산당을 이끌어갈 '새 황제'의 이야기다. 명나라 초반에 그의 먼 조상이 장시를 출발해 허난河南성으로 이주했으니, 시진핑 또한 장시의 문화적 맥락을 이은 인물 중의 하나다. 정치인으로서 그가 걷는 길은 어떨까. 왕안석의 개혁적 행보일까, 아니면 문천상의 민족적 정서일까. 우리로 하여금 색다른 상상에 접어들게 만드는 대목이다.

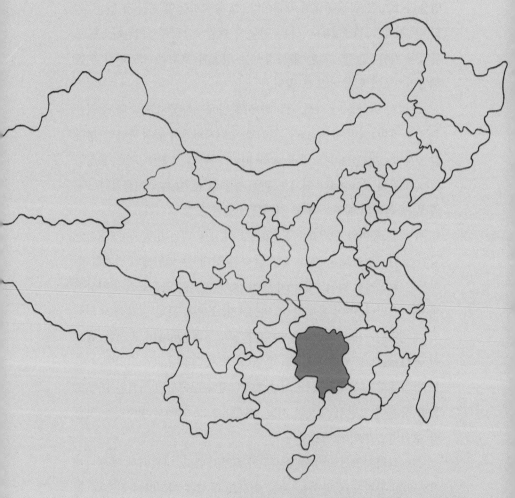

마오쩌둥의 고향, 굽힐 줄 모르는 사람들
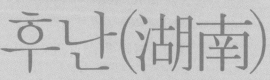
후난(湖南)

〈삼국지三國志〉를 구성하는 인물 중에 가장 유명한 사람을 꼽는다
는 일이 조금은 우습다. 여러 대에 걸친 중국인들의 '입담'이 수많은
영웅과 호걸을 만들어냈기 때문이다. 그 중국인들의 거칠 것 없는 '입
담'은 결국 나관중羅貫中이라는 인물이 펴낸 〈삼국지연의三國志演義〉로
귀결이 지어졌는데, 그 안에 등장하는 영웅과 호걸은 정말이지 수를
헤아리기조차 힘들 정도로 많다.

소설의 형식을 본격적으로 활용해 나온 〈삼국지연의〉의 주역은
분명히 촉한蜀漢의 유비劉備다. 원래의 중원지역에서 활동하다가 천하
삼분지계天下三分之計라는 방략方略에 따라 지금의 쓰촨四川으로 흘러들
어가 북부의 조조曹操가 이끄는 위魏, 동쪽의 손권孫權이 이끌었던 오吳
와 함께 천하의 패권을 두고 경쟁을 벌였던 사람 말이다.

우리는 유비와 관우關羽, 장비張飛가 복사꽃 피는 정원에서 "태어난
날짜는 다르더라도 우리가 죽는 날짜는 같다"는 의형제의 관계로 맺
어지는 장면에서 벌써 '대륙'의 남아男兒가 지니는 영웅호걸의 기상에
빠져들고 만다. 이어 유비의 세 의형제가 초야에 묻혀 생활하는 희세
의 대 전략가 제갈량諸葛亮을 찾아가 삼고초려三顧草廬의 극진한 예로
써 군사軍師로 모셔오는 장면, '음험한 정치인'의 어두운 인상에서 좀
체 벗어나지를 못하는 조조의 활약상, 적벽赤壁에서 벌어지는 대규모
공방 등을 읽으면서 대륙이 지닌 방대함과 그 안에서 벌어지는 영웅
과 호걸의 드라마에 열광했다.

그 〈삼국지연의〉의 마력魔力은 아주 지대했다. 나뉘어져 싸우지만
언젠가는 통합으로 향하는 중국 역사의 특성을 이해하며 왕조와 권
력, 그를 두고 벌이는 남성들의 웅장한 스토리에 속절없이 빨려 들어
갔기 때문이다. 우리는 그로써 중국이라는 거창한 무대에 거창한 남
성들이 거창한 권력을 휘어잡기 위해 역시 거창한 싸움과 우정, 또는

의리를 선보이는 장면에 열광했다.

그러나 정작 조조와 손권, 그리고 유비 밑에서 묵묵히 싸움을 이어갔던 수많은 장졸將卒에 대해서는 깊은 관심을 기울여 본 적이 없다. 특히 유비와 관우, 장비, 그리고 제갈량과 조자룡趙子龍 등의 영웅과 호걸만이 돋보이는 촉한이라는 나라에서 그들의 권력 쟁탈을 위해 피와 땀을 흘렸던 병사들은 누구일까를 생각해 본 적은 거의 없다.

유비는 AD 223년 지금의 三峽삼협 중간에 있는 白帝城백제성이라는 곳에서 숨을 거둔다. 221년부터 이듬해까지 벌인 이른바 '이릉夷陵 싸움'의 여파였다. 유비는 자신의 의형제인 관우의 죽음에 복수하기 위해 수 만 명의 병사를 거느리고 三峽삼협을 따라 동진해 오나라 손권의 장수 육손陸遜과 대규모의 전쟁을 벌인다.

그 싸움의 경과는 잘 알려져 있다. 육손은 복수심에 불탔던 유비 군대의 약점을 잘 이용해 기다리며 그 예기銳氣를 꺾은 뒤 차분한 공세를 벌여 유비 군대 대부분을 없앤다. 유비는 그 대패大敗의 후유증을 이기지 못해 아들 유선劉禪의 후사를 제갈량에게 맡긴 뒤 숨을 거둔다.

'영웅'과 '호걸'에 가려진 구석

유비가 지닌 천하경략의 웅대한 꿈에 묻혀 우리의 시야에는 들지 않았던 사람들…. 그들은 유비를 따라 협곡을 흘러내려가 지금의 이창宜昌이라는 곳에서 애꿎게(?) 목숨을 버린 촉한 군대의 장졸들이다. 우리는 그들을 기억하지 않는다. 영웅과 호걸이 가리키는 방향을 좇아 그냥 내달려 싸움을 벌이다가 죽은 무명의 병력이기 때문이다.

그러나 추정컨대, 아마 당시의 유비가 구사했던 언어와 그 밑을 따랐던 장졸들의 언어는 서로 통하지 않았을 게다. 유비는 먼 북쪽 지역인 허베이河北에서 천하의 대권을 꿈꾸면서 남쪽의 만리이역萬里異域인 지금의 쓰촨까지 흘러들어온 '손님'에 불과했다. 단지 문제라면, 그에게는 막대한 병력을 조직할 명분과 힘이 있었다는 점이었을 것이다.

'말발'이 강한 이역의 손님을 맞아 배에 올라탄 수군水軍으로 그의 지휘를 따라야 했던 수많은 병사들은 유비가 그곳에 이르기 훨씬 전부터 현지에서 삶을 영위했던 토착민이었을 테다. 배에 올라타 길고 험한 三峽삼협을 거쳐 오나라 육손의 군대와 처절하게 싸우다 숨

토가족과 묘족이 주종을 이루는 후난성 펑황청의 모습이다.
독특한 인문을 자랑하는 곳으로 중국 현대 산문의 최고봉인 선충원이 이곳 출신이다.

진 병사의 상당수는 지금의 여러 정황으로 따질 때 토가족土家族이었
을 가능성이 높다.

　이 토가족은 지금도 중국의 엄연한 소수민족이다. 후난湖南과 후
베이湖北 일대에 흩어져 사는 사람들이다. 지금은 스스로의 문자와 언
어가 따로 없다고 알려져 있다. 그러나 깊은 계곡과 하천河川 유역에
살면서 지금도 가까스로 자신의 문화적 명맥을 이어가고 있다. 특히
지금은 거대한 댐이 등장해 수몰水沒지역으로 변한 三峽삼협 일대에 많
이 모여 살다가 댐 담수로 인해 고향을 떠나 다시 터전을 옮긴 사람
들이 많다.

　그 토가족이 아직도 일정한 군체群體를 형성하면서 살고 있는 곳
이 있다. 후난의 펑황청鳳凰城 일대다. 한국 관광객들이 자주 찾는 장

자제張家界라는 곳도 마찬가지다. 수많은 봉우리가 우뚝 솟아 있어 빼어난 절경을 이루는 지역이다. 펑황청은 고성古城으로도 아주 유명하다. 풍부한 유량의 하천과 함께 고풍스러운 성채가 남아 있어 아직도 많은 중국 국내외 관광객들을 불러들이는 곳이다.

토가족과 함께 이곳 후난의 옛 명맥을 유지했던 사람들이 묘족苗族이다. 이른바 삼묘三苗라고도 부르는데, 이 苗묘라는 글자가 옛 시절에는 남쪽 오랑캐를 일컫는 蠻만이라는 글자와 통용했다는 게 일부 학자들이 펼치는 주장이다. 아무튼 우리가 이번에 여행하는 후난이라는 곳은 토가족과 묘족, 즉 삼묘를 빼놓고서는 예전의 상황을 옳게 설명하기가 힘든 곳이다.

이 토가족과 묘족의 혈통을 타고 태어난 사람으로서 현대 중국에서 이름을 크게 떨친 사람이 하나 있다. 문인文人으로서 산문散文의 영역에서 가장 표현이 뛰어났다고 알려진 선충원沈從文 1902~1988이다. 그는 〈邊城변성〉이라는 작품을 남겼는데, 그의 고향인 후난의 펑황청을 다니면서 적은 기록이다.

그가 왕성하게 작품 활동을 벌일 때는 지금의 중국 현대문이 막 자리를 잡아가던 무렵이었다. 그 전까지의 중국 문장은 옛 문인들이 즐겨 쓰던 문언文言이 주를 이뤘다. 쉽게 말하자면, 조선시대 선비들이 쓰던 옛 문장, 즉 한문漢文의 문투였다는 얘기다. 거기다가 외래 문물의 홍수와 같은 도래로 인해 외국어의 혼용混用도 적지 않았다.

그런 시대적 공간에서 선충원의 문장은 아주 돋보였다고 한다. 전통적인 한문 문장도 아니면서, 일반인들이 사용하는 구어口語로 이뤄진 평이한 문장으로, 외래문물과 언어에 어중간하게 섞이는 오남용誤濫用을 피하면서 문장을 작성했다는 평을 듣는다. 아울러 그의 정신세계에 담긴 순수하면서도 깨끗한 감성이 문장을 통해 아주 유려하게 펼쳐졌다는 평가다.

그는 '혼혈混血'이다. 민족적으로 구분하자면 묘족苗族으로 정체성을 이룬다. 할머니가 묘족이었으며, 그를 낳아준 어머니는 토가족이다. 아버지는 한족漢族의 혈통이 섞여 있는 사람이었으나, 정식 민족 분류에 그를 '묘족'이라고 한 점을 보면 선충원은 아무래도 한족 계통이라기보다는 후난 특유의 묘족과 토가족 DNA를 더 많이 지니고 태어난 사람으로 보인다.

현대 중국에서 그는 산문의 대가다. 이 말은 문장의 기교에서나, 문장에 담는 정서와 사유에서 다른 문인들의 수준을 훨씬 뛰어 넘는다는 얘기다. 그 점이 이채롭다. 정통의 중국 한족 계통이 아닌 사람이 오히려 일반 문인의 수준을 훌쩍 뛰어넘어 현대 중국에서 가장 높은 수준의 문장을 구사했다는 점이 그렇다.

삼묘三苗의 땅 후난

후난은 줄곧 중국 내륙 호수 중 최대였다가 2위로 물러난 '중국 5대 담수호' 중 하나인 둥팅후洞庭湖의 남쪽에 있어 붙은 이름이다. 즉 둥팅 호수湖 남쪽南에 있다는 의미다. 남쪽으로는 최남단에 속하는 광둥廣東, 동쪽으로는 장시江西, 서쪽으로는 충칭重慶 및 구이저우貴州와 접해 있다. 북쪽으로는 후베이湖北가 있다. 이곳의 대표적인 강의 이름은 湘샹이다. 그래서 후난의 약칭을 적을 때는 이 글자를 쓴다.

중국 문명의 여명기라고 부를 수 있는 춘추전국春秋戰國 시대의 지리 개념으로 치면, 이 후난은 북쪽의 후베이와 함께 초楚나라라는 강력하면서도 이채를 띠었던 남쪽 문명을 형성하고 있었다. 그러나 그보다 더 거슬러 올라가면 이 후난은 이른바 삼묘三苗, 백복百濮, 양월揚越의 땅이다. 三苗삼묘라고 적었던 초기의 후난 원주민은 아무래도 지금의 묘족苗族과 관련이 있다고 보인다.

百濮백복과 揚越양월은 지금 그 흔적을 찾을 수 없는데, 아무래도 중국 장강長江 이남에서 일찍이 거주하면서 쌀水稻을 재배하며 살았던 사람들로 보인다. 우리가 거쳤던 일부 강남 지역에서 이미 설명했듯이 이들 쌀 재배 민족은 인류학적인 용어로 Viet로 불렸는데, 한자로는 일찌감치 越월이라는 존재로 등장한다. 그 종류가 워낙 많아서 중국의 사서史書들은 그들을 통칭하는 용어로 百越백월을 만드는데, 百濮백복이나 揚越양월 모두는 이 범주에 들어가는 사람들로 간주할 수 있다.

물론, 이 三苗삼묘의 혈맥을 이었다는 묘족이나, 원래의 후난에 터전을 닦고 살았던 百濮백복 揚越양월 등의 흔적을 좇는 일은 쉽지 않다. 묘족은 그래도 어느 정도의 군체를 형성하며 아직 살아남았으나 중국 전체를 이루는 한족漢族에 비해 그 수가 아주 초라한 940여 만 명에 불과한 정도다. 묘족을 제외한 百濮백복이나 揚越양월은 그저 이름만 남아 있는 데 지나지 않는다.

그럼에도 이 후난에서는 예전에 이곳을 터전으로 삼아 살았던 사

한국인이 즐겨 찾는 장자제. 후난의 구석에 있는 이곳 또한 토가족 등 전통적인 후난 원래 거주민의 땅이다.

람들의 흔적을 살필 수 있다. 참고로, 토가족土家族은 830만 명 정도가 중국 전역에 흩어져 살고 있다. 그럼에도 불구하고 그들의 명맥은 현대 중국에서 '산문을 가장 잘 썼던 사람'으로 기억되는 선충원沈從文을 통해 이어지고 있다. 그의 빼어난 산문에 담긴 문장과 감성으로서 말이다.

선충원은 토가족과 묘족의 혈통을 이어받아 중국 문단에서 가장 빼어난 문장을 썼던 사람이었으니 중국 문명을 이루는 '바탕의 다양성'은 그렇게 오래 살아남아 역시 현대 중국 문명의 빼놓을 수 없는 자양분으로 작용하고 있는 셈이다. 선충원 외에 후난을 이야기해주는 사람은 아주 많다. 그들 또한 현대 중국을 이루는 아주 견고한 토대다.

수신제가치국修身齊家治國의 표본

후난의 인문적 전통을 이야기할 때 결코 빼놓을 수 없는 사람이 증국번會國藩 1811~1872이다. 그는 지금의 중국인들이 매우 존경하는 사람이다. 중국인들의 일반적인 가치관價値觀을 이야기할 때 거론하지 않을 수 없는 게 수신제가치국修身齊家治國이다. 제 몸을 닦고修身, 집안을 건사하며齊家, 나아가 이로써 나라를 다스린다治國는 생각이다.

중국인들은 현세적이다. 현세에서의 영달榮達을 가장 높은 가치로 둔다. 그 정점에 있는 것이 바로 수신제가치국修身齊家治國이다. 공자孔子가 주도한 유가儒家의 사유에서 나왔지만, 이는 역대 왕조의 삶을 거쳤던 수많은 중국 남성들이 가장 높이 쳤던 지향指向에 해당한다.

증국번은 그런 점에서 '표본標本'이다. 그는 부단한 노력으로 학업을 쌓고 덕업德業을 구축했으며, 아울러 집안을 일으킨 뒤 나라가 흥망興亡의 기로에 섰을 때 몸을 던져 나라를 구했던 사람이다. 청淸나라 260여 년의 왕조 역사에서 가장 두드러진 관료를 꼽는다면 그의 이름을 빼놓을 수 없을 정도다. 그는 몇 차례의 과거에 낙방했다가 시험에 합격해 관료의 길에 들어선다.

청나라 말기의 최고 명신 증국번(오른쪽)의 모습. 강렬하고 매서운 성격의 전형적인 후난 사람이다.

그의 이름이 중국 전역에 드러난 계기는 청나라 말기의 최대 민란, 태평천국太平天國의 난이 벌어졌을 때다. 중국 최남단 광둥과 광시廣西에서 불붙기 시작한 태평천국의 난은 요원의 불길처럼 번져 한 때 지금의 난징南京에 도읍을 세우는 지경으로까지 발전했다. 중국 남부를 석권했다고 봐도 좋을 정도였다.

중국인들은 증국번의 성격을 '倔强굴강'이라고 표현한다. 고집이 세서 남에게 굽히지 않는다는 뜻이다. 증국번의 실제 성격이 그랬던 모양이다. 제 자신의 뜻을 한 번 품으면 목에 칼이 들어와도 번복하지 않는 성격이다. 죽음으로써라도 제 뜻을 펼쳐나가는 사람이라는 얘기다.

그러면서도 증국번은 매우 용의주도用意周到했던 듯하다. 그는 고향 출신의 병사들을 이끌고 상군湘軍을 조직해 태평천국을 진압하는 데 나선다. 당시 청나라 조정의 군사적 대응은 보잘 것 없었다. 산해관山海關을 넘어 중국을 석권하던 무렵 보여줬던 여진족의 예기銳氣는 이미 사라진 지 오래였다. 그래서 아주 빠른 시일 내에 태평천국의 주동자들은 중국 남부를 점령할 수 있었다.

그 태평천국을 진압하는 데 있어서 가장 탁월한 역할을 한 사람이 바로 증국번이다. 아주 엄한 기율로 군대를 묶었으며, 강력한 훈련으로 장병들을 강군으로 육성했다. 중국 전역에서 태평천국의 군대와 맞붙어 싸움을 벌여 승리할 수 있는 군대는 증국번의 상군이 유일하다고 꼽을 정도였다.

결국 그의 지휘는 빛을 발해 거센 불길처럼 번지던 태평천국의 난을 평정할 수 있었다. 겨우 명맥만 유지한다고 해도 좋을 정도로 쇠망해가던 청나라 조정은 그의 활약으로 인해 조금 더 수명을 연장할 수 있었음은 물론이다. 이로 인해 증국번의 이름은 중국 전역에 떨쳤다. 따라서 사람들은 그가 일가一家를 이룬 뒤 벼슬자리에서 이름을 떨치고 마침내 거대한 민란으로부터 조정을 구할 수 있었던 이유에 주목하기 시작했다.

그는 군대와 상관이 없던 문인이었다. 그럼에도 그의 倔强굴강한 성격은 전란에서 아주 돋보였다. 우선 그의 군대는 지방 무력조직인 단련團練을 확대한 데 불과했다. 그러나 증국번은 병사를 모으면서 다른 지역의 세 배에 달하는 임금을 지불했다. 대신 엄정한 군기軍紀를 요구했다. 아울러 한 번 붙으면 죽을 때까지 싸우도록 만들었다.

태평천국의 병력과 처음 맞붙었을 때 그의 군대는 계속 패배를 면치 못했다. 그러면서도 증국번은 당시의 조정에 "계속 패배하지만 계속 싸운다屢敗屢戰"는 장계를 올렸다. 잇따른 패배에 직면하면서도 전의를 꺾지 않았던 것이다. 증국번은 훈련을 거듭하고 때를 기다리면서 태평천국 군대와 계속 맞서 싸워나갔다. 적진의 본거지인 난징南京을 점령했을 때는 문인답지 않게 그 안에 있던 태평천국 병력들을 몰살했던 것으로도 유명하다.

문인이지만 문인의 부드럽고 약한 면모가 전혀 드러나지 않았던 인물이다. 뜻을 품으면 그를 완성할 때까지 죽음으로라도 맞서는 성격의 인물이었던 셈이다. 그와 같은 증국번의 지휘는 당시 청나라 조정에서 아주 큰 이름을 떨쳤던 모양이다. 당시 조정에서는 "천하에

호남병사가 없으면 군대를 이룰 수 없다天下無湘不成軍"는 말이 나돌았다고 한다.

그는 철저한 가정 관리, 관직에서 사람을 알아보며 대응하는 법, 시세時勢를 알아 그에 올라서는 방도, 사회와 나라를 위해 일하는 공직자로서의 처신 등에 관한 여러 논설을 남겼다. 지금도 중국인들은 수신과 제가, 나아가 치국의 방도에서 해답을 줄만한 인물로는 그를 최고로 꼽는다. 요즘 중국 서점에서 그의 저작들은 다양한 해설을 붙여 지속적으로 팔려나가는 '스테디셀러'의 반열에 올라 있을 정도다.

현대 중국을 건국한 마오쩌둥毛澤東은 "근대 인물 중에 내가 감복할 수 있는 사람은 증국번"이라고 말했다. 그 말에는 진심이 있을 것이다. 그러나 우리는 정작 이 마오쩌둥이라는 인물에 또 주목하지 않을 수 없다. 그 또한 후난이 낳은, 중국 현대사에 정말 빼놓을 수 없는 사람이기 때문이다.

마오쩌둥과 후야오방胡耀邦

중국인 중 후난 출신의 사람을 언급할 때 마오쩌둥을 비켜갈 수 없다. 그의 고향은 후난 사오산韶山이다. 그곳에 가면 모든 중국인들은 현대 사회주의 중국을 건국한 마오쩌둥의 그림자를 강하게 읽는다. 거대한 동상이 서있고, 그의 생가가 복원돼 있다.

또 한 사람 있다. 후야오방胡耀邦 1915~1989이라는 인물이다. 그는 파란 많은 중국 공산당의 역사에서 역시 간과할 수 없는 사람이다. 그는 '비극적 영웅'이다. 공산주의 중국에 민주화라는 흐름을 만들려다 실패해 죽었고, 그로 인해 벌어진 또 하나의 비극이 1989년의 '6·4 천안문 사태'다.

청나라 말기에 태어나 왕조의 존망存亡이 걸려 있던 최대의 민란 '태평천국의 난'을 진압하는 데 성공한 사람이 증국번이다. 위에서 소개한대로 중국인들은 그의 성격을 倔强굴강으로 적는다. 그런 증국번의 성격을 이어받은 사람 중 우리가 이름을 알 수 있는 인물이 바로 마오쩌둥과 후야오방이다.

마오쩌둥에 관한 이야기는 긴 설명이 필요 없을 듯하다. 그는 가

현대 사회주의 중국 건국의 최고 주역 마오쩌둥(오른쪽)과 6.25전쟁 때 중공군을 이끌고 전선을 지휘했던 중국 10대 원수의 한 사람 펑더화이(왼쪽). 두 사람 모두 후난 출신이다.

난한 농부의 아들로 후난 사오산에서 태어나 길고 모진 혁명의 과정에 들어선다. 초기부터 열렬한 공산주의자는 아니었던 듯하다. 일설에는, 젊은 시절의 마오쩌둥은 공산당에 가입하기 전 '후난 독립주의자'였다는 말이 전해진다. 당시 다른 지역의 일반 사람들도 왕조가 몰락한 뒤 자신의 고향을 자치적 독립형태로 일으켜 세우고자 했던 흐름과 같다는 것이다.

그 진위여부는 나중에 확인키로 하자. 마오쩌둥은 그 뒤 베이징北京 대학 사서司書를 거쳐 초기 중국 공산당 창립 멤버로 활동하면서 공산주의 혁명에 뛰어든다. 그는 중국 공산주의 그룹 안에서 펼쳐졌던 다양한 투쟁, 그리고 중국 공산주의 혁명의 과정에 돌출했던 수많은 노선 투쟁에서 마침내 주도권 확보에 성공한다.

그 뒤 그는 장제스蔣介石의 국민당 정부에 맞서 내전을 벌인다. 그 과정이야 매우 잘 알려져 있다. 징강산井崗山에서 작은 소비에트 해방구를 구성했다가 막강한 장제스 국민당 군대에 쫓겨 고원高原과 설원

雪原을 지나는 피와 땀의 '대장정大長征'을 벌여 산시陜西성 북쪽의 옌안
延安에 밀린다. 그럼에도 마오는 옌안의 황토고원 동굴 속에서 줄기차
게 국민당 정부에 저항한다.

이어 벌어지는 게 제국주의 일본의 중국 침략이다. 그는 집요하게
항일抗日 공동전선 구축에 나선다. 장제스의 국민당 정부가 보인 입장
은 냉담했다. "먼저 공산당부터 없앤 다음에 항일에 나선다"는 입장
이었다. 그럼에도 마오쩌둥은 교묘한 국내 여론 선동, 지하조직의 치
밀한 운용 등으로 국민당에 맞서면서 결국 공동 항일전선 구축에 성
공한다.

그 뒤 벌어진 과정은 다 안다. 국민당은 빼어난 무력을 항일전선
에 투입하면서 결국 무너지고 만다. 공산당과의 싸움에 나서야 할 주
력을 항일에 돌림으로써 힘의 지속적인 구축에 실패했던 것이다. 그
와는 달리 국민당의 군사적 능력에 견줄 때 전혀 상대라고 할 수 없
었던 마오쩌둥의 공산당은 항일전선 구축으로 기사회생起死回生의 전
기를 마련해 마침내 국민당을 대만으로 쫓아낸 뒤 사회주의 중국을
건국하는 데 성공한다.

마오쩌둥의 성격에 관한 논설은 아주 많다. 음험하며 모략적이고,
술수와 권모에 매우 밝은 인물이라는 식의 평가도 많다. 그러나 우리
가 놓칠 수 없는 점은 바로 어느 경우에서든지 제 뜻을 꺾지 않고 목
표를 향해 집요하게 나아간다는 점이다. 혁명가로서의 기질이다. 그
런 마오쩌둥의 강한 성격이 뒷받침하지 못했다면 국민당 군대의 10
분의1에도 미치지 못하던 공산당 군대가 중국 전역을 석권하는 일은
애당초 불가능했을 것이다.

6·25전쟁 때 300만 명이 넘는 중공군을 이끌고 참전했던 펑더화
이彭德懷도 후난이 고향이다. 그 역시 강직한 성격으로 유명했다. 고향

의 선배인 마오쩌둥에게 정책 실패 등에 대해 직 언을 일삼다가 결국 그의 미움을 사 문화대혁명 기 간 중 모진 고생을 하다 비명에 죽는 인물이다.

후난이 낳은 또 한 사람의 위대한 정치인 후야오방.
순수한 열정으로 정치개혁을 꿈꾸다 실각한 뒤 사망했다.

후야오방 역시 마오 쩌둥보다 20년 정도의 연차를 보이는 '고향 후 배'다. 출생지는 후난의 류양劉陽이다. 그는 1930년대에 중국 공산당 에 가입했다. 역시 혁명의 대열에 끼어들어 마오쩌둥의 지도부를 따라 '대장정'에 참가했던 중국 공산당 원로다. 그 역시 대단한 사람이다.

후야오방은 덩샤오핑鄧小平의 개혁개방에 같이 뛰어들었다. 그러나 덩샤오핑에 비해 한 걸음 더 나아가려 했다. 덩샤오핑은 경제의 개혁 개방에 관한 틀만 생각했다. 공산당의 일당전제一黨專制의 견고한 구 도는 포기할 수 없다고 했다. 그의 막강한 의지에 도전을 한 사람이 바로 후야오방이다. 그는 경제적인 개혁개방만으로 중국을 발전시킬 수 없다고 봤다.

후야오방은 덩샤오핑의 발탁에 따라 공산당 총서기에 오른다. 1980년대 초반이다. 그럼에도 후야오방은 덩샤오핑의 개혁 의지에서 한 걸음 더 나아가야 한다고 했다. 생각에서 멈췄다면 후야오방은 큰 인물이 아니다. 그는 그런 의지에 따라 중국 공산당의 정치적 개혁개 방까지 언급하며 중국 사회 내에서 일어나고 있던 정치적 자유화를 부추겼다.

덩샤오핑이 추진했던 경제적 개혁개방은 세계가 찬탄을 금치 못했던 사회주의 국가의 커다란 반전反轉에 해당했다. 그러나 덩샤오핑은 그곳에서 멈췄다. 더 큰 반전을 노렸던 사람이 바로 후야오방이다. 현실 정치의 틀에서 볼 때 후야오방은 과격했다. 흐름도 잘 못 살폈을 수 있다. 그래서 덩샤오핑의 막강한 힘을 간과해 결국 덩에 의해 낙마했고, 실의失意로 인한 건강악화로 1989년 5월에 급서했다.

묘족과 토가족, 더 멀리로는 百濮백복과 揚越양월의 땅 후난-. 이미 종적이 없어졌거나 있다 하더라도 희미하게 존재하는 그들의 전통은 중국 최고의 산문가 선충원, 청나라 말엽의 최고 관료 증국번, 사회주의 건국의 영웅 마오쩌둥, 예견된 '비극적 서사敍事'에 주눅 들지 않았던 후야오방을 통해 면면히 이어졌으리라.

옛 후난 거주민들의 고운 감성은 선충원에게 전해졌을 것이다. 그러나 그들은 어쩌면 매우 강한 사람들이었을지 모른다. '수신제가치국'의 견고한 모범模範을 이뤘던 증국번, 국민당과 일본의 모진 공세 속에서도 결국 제 품은 뜻을 이루고 말았던 마오쩌둥, 공산당을 혁명적으로 발전시키기 위해 현실정치의 복잡한 타산打算적 속성을 벗어나 새로운 꿈을 펼치려 했던 후야오방을 두고 볼 때 그런 생각을 감출 수 없다. 후난은 倔强굴강한 사람들의 고향이다.

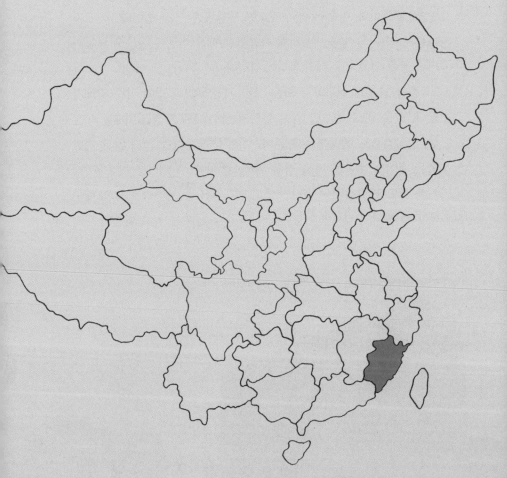

바다를 향하는 가슴의 소유자들

푸젠(福建)

중국의 허리를 가로지르는 장강長江의 남쪽에는 산과 구릉이 많이 발달했다. 지형적으로 장강 남부 지역이 다양하고 복잡한 혈통과 언어, 인문적 환경을 형성하는 이유는 대개가 다 그런 산지山地와 하천河川 때문이다. 아울러 산이 깊으면 물길 또한 거센 법이다. 높고 가파른 산과 거센 물줄기에 막혀 사람들은 때론 이웃에 사는 사람들과의 소통을 잊고 스스로의 환경에 갇힌다.

중국 남부의 언어와 문화는 그런 지형의 영향 탓에 아주 갈래가 많다. 산을 하나 넘으면 말이 통하지 않는 경우가 비일비재한 이유다. 전국적으로 통용되는 표준어, 즉 푸퉁화普通話를 쓰지 않고 지방 고유 언어로 대화를 나눌 경우 의사소통이 아주 어려운 지경에까지 이를 정도다. 요즘이야 널리 보급된 텔레비전 등 문명의 이기利器 때문에 그럴 까닭이 적지만 어쨌든 과거의 중국 남부는 높고 험준한 산지

푸젠의 정치 및 행정 중심인 샤먼의 길거리 모습. 경제적 활력이 넘쳐나는 곳이다.

중앙일보 조용철 기자

와 물줄기 탓에 다양한 언어와 문화를 만들어왔다.

중국 동남부에도 그런 커다란 산이 지나간다. 우리는 중첩한 산이 일정한 흐름을 형성하면 그를 산맥山脈이라고 부른다. 장강이 흘러지나 바다로 물길을 보태는 상하이上海에서도 다시 한참을 지나 남쪽으로 내려오면 닿는 곳이 푸젠福建과 장시江西다. 이 두 성省의 경계를 가르는 산맥이 있으니, 중국인들은 이를 우이武夷산맥이라고 한다.

길이가 550㎞, 면적은 995.7㎢의 산맥이다. 아열대의 식생植生이 가득 자라고, 습기를 잔뜩 머금은 운무雲霧가 늘 산맥 전체를 가득 에워싸 찻잎이 잘 자란다. 중국에서 자라는 찻잎의 종류는 많지만 혹자는 이곳을 일컬어 "중국 찻잎의 본향本鄉"이라고도 한다. 실제 이곳이 중국의 장구한 끽다喫茶 문화의 본향인지는 더 따져 볼 일이다.

그럼에도 불구하고 이곳은 크고 우람하며, 가파르고 험준한 우이의 산맥에 막혀 전통적인 중국인의 발길을 막았던 곳이다. 지금으로부터 3500여 년 전이면 진시황秦始皇이 중국의 판도를 정한 시점은 물론이고, 춘추전국春秋戰國의 시공時空 또한 감히 스스로를 '새벽의 여명'이라 내세우기조차 어려웠던 시절이다.

그런 중국 문명의 이른 새벽에 이곳에 살았던 사람들은 한족漢族이라고 부르는 지금의 중국인들과는 혈통 자체가 다른 군체群體였다. 앞에서도 언급했던 Viet비에트다. 중국 문명의 발아기發芽期에 이들은 일찌감치 벼를 지어 주식으로 삼았던 도작稻作의 주체였으며, 언어와 혈통으로 볼 때는 오늘날의 중국 문명을 일군 중원中原의 제족諸族보다는 인도차이나 반도 인근의 베트남과 태국, 또는 미얀마 사람들에 가까운 부류였다.

그 종류가 너무 많아서 중국 사서에서는 이들을 통칭하며 백월百越로 적는다고 앞에서 이미 소개했다. 중국인들이 '정말 셀 수 없이

많다'고 생각한 그 많은 Viet의 한 갈래 중 '민월閩越'이라는 존재가
있다. 이들이 바로 우이의 우람한 산맥 그늘 주변에 거처를 마련하고
살았던 본래의 토착민들이다.

중원의 시각에선 늘 '오랑캐 땅'

우리가 이 장에서 이해하고자 하는 대상은 지역적으로는 푸젠이라 일컫는 곳이다. 한자로 '福建'이라고 적지만, 이는 중국 문명이 새벽을 지나 해가 동천東天에 떠오를 무렵이던 당 나라 때 생긴 이름에 불과하다. 福州푸저우, 복주와 建州젠저우, 건주라는 곳의 두 행정구역 명칭 중 첫 글자를 각각 떼어내 합성한 결과에 지나지 않는다.

그 훨씬 전의 이곳은 중원 사람들이 경멸해 마지않던 오랑캐의 땅이다. '민월'이라는 이름 중의 '민閩'이라는 글자는 '집의 문門 안에 벌레虫를 키우는 사람'이라는 함의를 지니고 있다. 그 가운데 '벌레'는 다른 게 아니라 '뱀'이다. 이 지역 사람들은 원래 뱀에 관한 토템 totem이 있었던 모양이다. 뱀을 숭상하고, 또 그를 인체의 운영에 필요한 단백질의 주요 공급원으로 삼는 습속이 있었던 듯하다.

'머리를 짧게 자르고, 몸에 문신을 새긴다'는 표현은 중원의 문명이 자리를 잡기 시작할 무렵 그 지역의 사람들이 나 아닌 다른 사람들의 습속을 깔보면서 '남녘의 오랑캐南蠻'로 치부할 때 동원했던 형용이다. 우이의 산맥 이남에 살았던 사람들 또한 그런 형용에서 멀리 벗어나 있지 못했을 것이고, 거기다가 뱀을 귀히 여기며 그를 즐겨 잡아먹는 풍속까지 곁들였다는 이유로 이름 머리에 '閩민'이라는 글자를 얻었으리라.

이들이 남긴 유물이 아직 남아 있다. 사람이 죽으면 관에 담아 절벽 등의 틈에 올려놓는 이른바 '현관懸棺'이다. 이 현관이라는 풍속은 비단 푸젠 지역에서만 보이는 것은 아니다. 장강長江의 물줄기를 따라 들어선 험준한 협곡 등에서도 현관은 나온다. 그러나 그 오리지널은 푸젠의 우이 산맥 근처에 있다. 시기적으로 가장 앞선 현관이 이곳에서 나오기 때문에 그렇게 추정하고 있다.

그러나 우리로부터 아주 먼 이야기다. 그보다 우리가 중점을 둬야 할 대상은 현재의 푸젠을 형성하고, 오늘날 그곳에 살고 있는 사람들이다. 중국의 문명은 처음 중원에서 자리를 잡기 시작한 사람들이 세월이 지나면서 차츰 국체國體를 형성하고, 그를 뒷받침하는 힘을 축적해 사방팔방으로 세력을 뻗으면서 제 모습을 갖춰간다.

피를 머금은 바람이 시도 때도 없이 휘몰아쳤던 중원의 거센 역사 흐름은 사람들을 가만히 내버려 두지 않았다. 전란은 밥 먹듯이 벌어지고, 그에 따른 살육과 상쟁相爭이 도를 넘어서면서 사람들은 늘 그에 쫓겼다. 하루도 편할 날이 없는 곳, 걸핏하면 사랑하는 가족과 친척 그리고 이웃들이 싸움에 말려 죽어 넘어지는 곳이었다.

좀 더 살기 편한 곳으로, 또는 좀 더 살기가 안전한 지역으로 사람이 터전을 옮기는 일은 인류의 역사와 함께 벌어졌으리라. 그러나 전쟁이 늘 불붙어 자신과 가족의 생명을 보전하기 위해 많은 수의 사람들이 대거 이동하는 일은 얘기가 조금 다르다. 문물文物이 그에 묻혀 함께 이동하며, 제도가 그 뒤를 따르고, 문화가 다시 그 꼬리를 물고 옮겨간다. 풍속과 인문의 여러 가지 요소, 언어와 문자도 그 뒤를

따른다. 인구의 대거 이
동은 따라서 문화가 전
반적으로 확산하는 결
과를 빚는다.

중국의 과거 기록에
서는 그런 인구의 대거
이동에 따른 문화 전반
의 확산을 '의관남도衣
冠南渡'라고 적었다. 옷과
모자를 뜻하는 '의관衣

북부 중원의 수많은 사람들이 대거 남쪽으로 이주한 역사의 한
단면, 의관남도(衣冠南渡)의 모습을 그린 옛 중국 그림. 헤아릴
수 없이 많은 전란이 벌어졌던 중국 역사를 보여주는 상징적인
성어이기도 하다.

冠'이라는 단어는 일차적으로 문화의 역량을 갖춘 사대부 계급을 뜻
한다. 그러나 다른 의미에서 보자면, 문화의 역량을 갖춰 그를 옆의
사람에게 방사放射할 수 있는 사람이라는 뜻도 담고 있다.

어쨌든 그런 '의관'의 남쪽 이동은 전란을 피해 다른 곳으로 옮
겨 간 수많은 중원지역의 사람, 아울러 그들이 옮기는 '문화의 전이轉
移'를 가리킨다. 그 수많은 인구 이동 중에서도 중원지역이 유비劉備와
조조曹操가 등장하는 삼국시대를 막 거친 뒤 북방 이족異族의 침입으
로 거대한 혼란기에 접어 든 위진남북조魏晉南北朝의 이동은 유명하다.

위魏나라에 이어 등장한 진晉나라는 서기 311년의 회제懷帝 때인 영
가永嘉 5년에 들어서면서 북방 흉노와 선비鮮卑 등에 밀려 커다란 혼란
에 휩싸인다. 전란이 빗발치듯 다가서면서 중원의 인구는 대거 이동
의 길에 들어선다. 이른바 '永嘉之亂영가지란'이라고 불리는 일대 사건
의 여파다.

삼국시대를 마감하고 들어선 왕조가 서진西晉이다. 옛 낙양을 수
도로 삼았던 왕조다. 그 무렵에는 북방의 유목 민족이 이미 꽤 많이

중원지역에 들어와 살고 있었다. 흉노匈奴, 선비鮮卑, 갈羯, 저氐, 강羌 등이다. 이 다섯 종류의 사람들을 중원에서는 '다섯 오랑캐'라는 뜻의 五胡오호로 적는다. 전통적으로 키워왔던 중원 중심의 시선이자, 사고 방식이다.

이 '다섯 오랑캐'는 서진 왕조 앞에 들어섰던 한漢나라 이후에 중원 일대로 옮겨와 살기 시작했다. 독립적인 부락을 형성하고 자신들의 언어를 사용하며 살았을 이들 '오랑캐'들은 사실 멸시와 압박을 꽤 심하게 받았다고 한다. 문화적 자부심으로 인해 차별적 시선을 전혀 감추지 않았던 전통 중원의 사람들 밑에서 살아야 했으니 그랬을 것이다. 따라서 중원 주민들에 대한 이들의 불만도 나날이 커졌던 모양이다. 이들은 결국 저항을 넘어 본격적으로 힘을 쌓아 중원의 전통 왕조를 제압하기에 이른다.

그 뒤 이들은 중원을 135년 동안 석권한다. 단일 왕조는 아니었고, 이들 '다섯 오랑캐'가 주를 이뤄 모두 16개의 왕조가 들어섰다 무너지기를 반복한다. 서기로 따질 때 그 기간은 304~439년이다. 과거의 중국 역사서는 이 시기를 '다섯 오랑캐가 중화를 어지럽힌 기간'이라는 뜻에서 五胡亂華오호란화로 적었으며, 보다 덜 차별적인 표현으로는 五胡十六國오호십육국으로 적는다. 그렇다 하더라도 중원의 자부심으로 주변을 깔보던 글자 '오랑캐 호胡'는 반드시 들어간다.

西晉서진은 결국 흉노에 의해 망한다. 당시의 장면이 아주 처참했다고 한다. 10만의 병력이 무참히 섬멸당하고, 수 만 명의 왕실 및 귀족들이 죽는다. 당시의 서진 왕조 황제가 회제懷帝, 연호가 바로 영가永嘉다. 당신의 전란戰亂 상황을 그래서 永嘉之亂영가지란으로 적는다.

살아남은 사람들은 목숨을 부지하고자 남부여대男負女戴의 행렬을 지어 남으로 남으로 향한다. 서진에 이어 들어선 왕실이 동진東晉이다.

도읍지는 지금의 난징南京이다. 중원에 있던 전통적인 왕조가 중국의 허리를 가로지르는 거대한 강, 장강長江을 넘어 스스로 '오랑캐의 땅'이라 불렀던 곳으로 넘어가 그곳에 도읍을 정하는 첫 '사건'에 해당하는 역사적 사실이다.

중원에서 어느 정도 숙성한 문명의 과실이 남녘 '오랑캐'의 땅으로 퍼지는 계기이기도 했는데, 이로써 중원의 여러 문물과 문화적 요소는 장강을 넘어 드넓은 남부 지역으로 번진다. 왕실과 귀족 구성원들은 대개 당시의 수도였던 지금의 난징에 머물지만, 그곳에 뿌리 내리기 어려웠던 사람들은 더 남쪽으로 내려간다.

그런 사람들 가운데 여덟 가족이 우이 산맥의 남쪽인 푸젠에 들어섰다고 한다. 여덟 가족은 팔성八姓이라고 적으며, 이들이 푸젠에 들어섰다는 사건을 입민入閩이라고 부른다. 그래서 함께 병렬해 '八姓入閩팔성입민'이라고 적는데, 이 게 바로 중원 인구의 본격적인 푸젠 정착기를 알리는 신호탄에 해당한다. 여덟 가족이라고 풀었는데, 정확하게 이르자면 여덟 성씨姓氏다. 가족은 씨족氏族 집단이라고 봐야 마땅하겠다. 여덟 성씨는 林린 임, 陳천 진, 黃황 황, 鄭정 정, 詹잔 첨, 邱추 구, 何허 하, 胡후 호다.

그러나 이는 사서에서 정색을 하고 이르는 말에 불과하다. 사람의 발길은 분명 그런 큰 전란과 상관없이 부지런히 살 곳을 찾아 움직였을 것이다. 그보다 훨씬 전에 좀 더 평안한 곳과 안락한 곳을 찾아 사람들은 쉴 새 없이 이동했을 것이고, 낯선 곳을 찾아 든 그런 발길은 본래의 거주민들과 만나 나름대로 화학적 결합을 이루면서 독특한 인문을 낳았을 것이다. 그럼에도 불구하고, 북쪽으로부터 내려온 많은 중원의 인구와 본래 우이武夷의 산자락 밑에 살았던 재래의 Viet 사람들이 만나는 장면은 사서의 기록을 통해 짐작할 수밖에 없다.

이민移民 집단이 간직하는 속성

아주 오래 전, 그래서 '원래'라고 할 수 있는 푸젠의 주민들은 앞에서 잠깐 소개했던 대로 중원의 혈통과는 전혀 다른 사람들이다. 인류학적인 용어로는 그들을 비에트Viet라고 적는다는 사실도 앞서 언급했다. 이들에게 푸젠을 '이민의 고향'이라고 한다면 아마 상당히 불쾌할 수도 있을 테다.

그러나 중원 지역 사람들을 중심으로 보자면 푸젠은 이민 집단이 종국에 정착한 지역이랄 수 있다. 임林과 황黃, 진陳과 정鄭 등 이른바 '팔성八姓'이라고 부르는 거대한 집단이 먼저 발을 들여놓았고, 그 뒤에도 중원에서 벌어진 수많은 전란을 피해 그곳의 인구는 먼저 떠난 사람들과의 연고緣故를 찾아 늘 남쪽을 향해 발길을 옮겼을 테니 말이다.

그래서 푸젠의 언어는 꽤 복잡하다. 북쪽의 저장浙江보다는 못할지 몰라도, 푸젠 언어의 분포와 습속의 다양함은 꽤 유명하다. 푸젠에는 큰 강이 흐른다. 민강閩江이다. 이곳을 기점으로 언어는 남과 북, 동부와 중부 지역 등으로 나뉜다. 남쪽은 민남閩南, 북쪽은 민북閩北,

동쪽은 민동閩東, 중부는 민중閩中으로 부르며 나머지 다른 어계語系를 형성한 말이 포선蒲仙이다.

아울러 서남쪽 장시江西와의 접경 지역에는 북쪽에서 내려온 또 다른 거대 이동 집단이 정착했는데, 중국에서는 그들을 객가客家라고 부른다. 아울러 우이 산맥 자락에서 전통적으로 삶의 터전을 일궜던 것으로 보이는 소수민족 여족畲族도 존재한다.

중국의 다른 성省처럼 푸젠의 인구 구성은 매우 복잡하다. 그럼에도 푸젠은 이민 집단이 중국 역사 시기 초반부터 발을 들여 놓았으며, 그 이후로도 북쪽에서 유입하는 인구의 발길이 최근까지 늘 멈추지 않았던 곳이다. 따라서 이 지역 사람들의 기질은 엄숙함보다는 분방함에 가깝고, 체제에 순응하기보다는 자신을 억누르는 틀을 거부하는 성정性情이 더 발달한 듯 보인다.

먼저 소개할 푸젠의 인물 한 사람은 이지李贄다. 그 본명보다는 호號를 붙인 호칭이 더 유명하다. 이탁오李卓吾-. 그는 한 마디로 표현하자면 중국 사상계의 가장 격렬했던 이단아異端兒다. 공자孔子 이래로 펼쳐졌던 유학儒學의 관학官學 틀에서 자유와 해방을 부르짖었던 혁명적 기질의 사상가다.

그는 유학의 고답적이며 형식적인 논리의 틀을 부정한 심학心學의 대가 왕양명王陽明의 학통學統을 이어 받았지만, 그보다 훨씬 진보적인 성향을 보였다. 공맹孔孟의 전통적 굴레가 생성한 남존여비男尊女卑의 비인간적 굴레를 벗어던지고자 안간힘을 쓴 인물이다. 아울러 왕조의 이데올로기로 껍데기만 남은 유학의 틀을 혁파하고자 했으며, 순수한 마음

중국의 사상적 전통에서 가장 강렬하게 빛났던 반항아 이탁오의 문집

의 형태인 동심童心의 복원과 거짓을 끊고 참으로 돌아가자는 '絶假還眞절가환진' 등을 주장한다.

그는 공자와 맹자의 사상이 왕조의 질서를 유지하는 이데올로기로 중국의 모든 인구를 압박하던 시점에 나타난 '중국 사상계의 핵폭탄'에 가까웠다. 누구보다 격렬한 어조로 공자가 지닌 사상의 맹점을 지적했으며, 힐난에 가까운 어조로 유가의 법맥法脈을 마구 흔들었다.

공자의 기준은 그가 살았던 시절의 기준에 불과하다며 사상은 시대에 따라 그 기준을 달리 해야 한다고 주장했고, "하늘이 임금을 세운 것은 다 백성을 위하기 때문"이라며 엄혹했던 왕조명나라 시절에 철저한 민본民本의 사상을 펼치기도 했다. 그는 한 걸음 더 나아가 "관원은 백성을 잡아먹는 호랑이로, 옛 호랑이는 수풀 속에 살았지만 이제는 관아官衙에 버티고 있다"며 왕조 체제를 직접 비판하기도 했다.

그에 대한 사상계의 평어評語는 화려했다. "그의 뼈는 쇠붙이와 돌처럼 단단했고, 펼치는 기세는 하늘에 닿았다. 말을 함에 느끼는 바가 있으면 반드시 토하듯 내뱉었고, 그 뜻은 가서 펼치지 않는 경우가 없었다"는 식이다. 당연히 그의 책은 당대의 최고 베스트셀러였다. 관원들이 모두 수집해 불태워 없앨 정도로 단속이 심했으나 그의 서적은 사대부들이 몰래 집안에 숨겨 놓고 보는 최고의 소장품이었다.

그의 출생과 관련해 눈길을 끄는 대목이 있다. 그의 할머니 이야기다. 탁오의 원래 성은 林임이지만 나중에 개성改姓했다. 조부의 처, 즉 그 할머니는 아라비아 사람이라는 얘기가 전해진다. 그저 설說에 그치는 정도가 아니라, 고증을 통해 밝혀진 얘기다. 따라서 적어도 그의 조부祖父 대로부터 그에게 전해진 혈통의 절반은 '외제外製'라는 이야기다.

중국 전반의 사정으로 볼 때 이 점이 특이하다고 할 수는 있겠으나, 전란과 재난을 피해 이동했던 인구가 늘 유입했던 푸젠의 특성으로 보자면 그리 특이한 사항도 아니다. 푸젠은 그렇게 많은 사람이 섞이며 피와 살을 나누고, 제가 지닌 문화의 숨결을 남의 것과 뒤섞는 곳이었다. 따라서 이탁오의 혈통이 '아라비안나이트 식'의 꿈과 낭만을 상당 부분 이어 받았다고 해서 전혀 이상할 게 없는 셈이다.

푸젠은 긴 해안선을 지닌 곳이어서 예로부터 해상의 교역이 발달한 지역이다. 아주 오래 전부터 취안저우泉州는 국제 교역을 위한 항구로서 이름이 높았다. 그런 여건이라서 이탁오의 할머니가 아라비아 혈통을 지닌 인물이라는 점이 아주 특이한 사항이라고는 할 수 없다.

그만이 그렇지는 않았다. 전체적으로 보면 푸젠은 이민사회의 활력이 꽤 넘치는 곳이라는 인상을 준다. 이탁오가 푸젠이 낳은 중국 전통 사상계의 큰 이단아라고 한다면, 문학에서는 유영柳永이 그에 조응照應한다. 유영이라는 인물은 이탁오보다 앞선 시대의 사람이다. 송宋나라가 낳은 가장 뛰어난 대중가요의 작사자라고나 할까.

그는 사대부였으면서도 사대부 같지 않았고, 전통 시인이면서도 점잔만 빼는 시인이지 않았다. 술집의 기생들은 그의 작품을 달달 외웠고, 여염집의 규수와 젊은이들 또한 그의 작품을 줄줄 꿨다. 유영은 늦은 나이로 과거에 급제해 벼슬자리를 차지했음에도, 곧 그에 싫증을 내며 기생이 영업을 하는 청루靑樓를 찾아다니는 일탈逸脫과 방랑의 실천자였다.

천재적인 대중가요 작사가 유영. 틀에 얽매이지 않는 자유로운 정신세계의 소유자였다.

그의 전업은 관료, 그러나 부업은 작사자였다. 생활상의 주특기는 '기생집에서 뒹굴뒹굴'이었다. 그는 특히 기생이 있는 청루에서 살다시피 했는데, 그와 염문을 뿌린 기생 중에는 사옥영謝玉英이라는 여인이 있었다. 그의 작품을 흠모한 여인으로서, 몇 번의 만남과 헤어짐을 거쳐 둘은 부부처럼 살기도 했다.

그는 과거에 급제해 황제의 마지막 재가를 거쳐 진사進士에 오를 뻔한 적이 있다. 황제의 최종 검증 과정에서 당시 유행하던 사詞를 적어내는 대목이 있었는데, 그는 "뜬구름 같은 이름 좇느니, 차라리 술이나 마시고 노래나 하자忍把浮名, 換了淺斟低唱"고 적었다가 황제의 노여움을 사서 그만 탈락했다고 한다.

송나라 때 유행했던 사는 당나라 때의 시에 견줄 만한 위상을 지니고 있다. 중국 문학의 시가사詩歌史에 있어서 송사宋詞는 당시唐詩와 맞먹는다는 얘기다. 그 송사의 주옥같은 작품들 속에서 유영의 사는 단연 돋보인다. 시정市井의 생생한 감성을 작품에 녹여낸 점에서 그는 엄숙한 철리哲理, 자연 등을 노래한 다른 문인들과 커다란 차별을 보이고 있다.

당시 유행하던 사패詞牌 작사를 필요로 하는 곡조 '우림령雨霖鈴'에 그가 붙인 사의 한 대목은 이렇게 펼쳐진다.

다정한 이는 예부터 이별을 슬퍼한다고 했으니,	多情自古傷離別
어떻게 견딜까,	更那堪
싸늘한 가을의 계절을…	冷落淸秋節
이 새벽엔 어디서 술이 깰까?	今宵酒醒何處
버드나무 서있는 강가,	楊柳岸
아니면 새벽바람 속 이지러진 달?	曉風殘月

자유분방함이 낳은 해양海洋의 기질

중국 사상계의 이단아 이탁오와 북송의 천재적 문인 유영은 착안점은 달랐지만 귀결점은 마찬가지였다. 모두 자유로운 상상을 추구했고, 틀에 얽매이지 않는 일탈을 꿈꿨다. 비에트Viet 사람들의 거주지에 전란을 피해 도착한 수많은 지역 사람들이 섞이고 또 섞이면서 만들어낸 이민사회의 구성원들이 드러내는 특징일지도 모른다.

이탁오와 유영은 제 소회所懷를 풀어가는 방식에서 차이를 드러냈을지는 몰라도, 둘은 왕조의 엄혹한 체제에서도 결코 꺾이지 않는 자유스러움과 분방함을 드러낸다. 그러면서도 웬만한 유혹이나 관습으로는 허물 수 없는 굳건함도 그 속에 자리를 잡고 있다는 인상을 준다.

중국 근대사에서 푸젠 지역 출신자로 그런 굳건함을 선보인 대표적인 인물은 임칙서林則徐다. 그는 제국주의 열강이 '동아시아의 늙은 호랑이' 중국을 마구 유린하던 시절, 세계 최강 영국에 맞서 아편을 불살라 싸움의 의지를 내비쳤던 인물이다. 중국인들이 자신의 역사에서 '민족의 영웅'이라고 꼽는 몇 안 되는 사람이다.

푸젠이 낳은 중국의 민족영웅 임칙서(왼쪽)와 그의 영향으로 만들어진 〈해국
도지〉. 일본의 메이지 유신은 이로부터 아주 큰 도움을 받아 일어났다.

그로 인해 중국은 영국과의 아편전쟁을 벌였고, 참혹한 굴욕의
역사를 써가기도 했다. 아편을 불태운 그의 행위에 대한 평가는 다소
엇갈리지만, 그의 강렬한 충정은 지금까지 빛을 발한다. 그러나 임칙
서의 보이지 않는 공적이 있다. 그는 다른 어느 청나라 관료에 비해
한 발 앞서 제국주의 열강의 속내를 들여다본 인물이다. 제국주의의
힘을 알았고, 그 힘의 요체를 궁리한 사람이다. 그의 발의로 인해 제
국주의 열강에 관한 책자가 중국 최초로 번역된 사실을 아는 사람은
많지 않다. 굳건한 성정과 함께 바깥 세상에 대한 왕성한 호기심이
푸젠이라는 이민사회 출신인 임칙서의 가슴에 살아 있었던 것이다.

영국의 아편을 태워버린 그의 행동은 잘 알려져 있다. 그는 그리
면서도 영국을 비롯한 유럽 열강의 속내가 과연 무엇인지를 면밀하
게 탐구했다. 그는 결국 자신의 막료와 참모 등을 동원해 서구 열강
의 문물과 제도 등을 연구한 〈사주지四洲志〉를 펴낸다. 전체 분량은
약 9만자에 달한다. 그러니 책으로서는 결코 두껍지는 않은 편이다.

외국에 유학했거나 살았던 경험이 있는 사람을 불러들여 번역을

시키면서 책을 펴냈으니 임칙서는 이 책의 편역자編譯者에 해당한다. 그러나 임칙서의 공로는 거기서 그치지 않는다. 그는 자신의 동료인 위원魏源에게 더 많은 자료를 모아 서구 열강의 문물과 제도를 깊이 들여다 볼 수 있는 책자를 만들어달라고 부탁한다. 위원은 결국 임칙서의 간곡한 요청에 따라 훨씬 방대한 책을 낸다. 이름이 〈해국도지海國圖志〉다.

초반에는 50권卷 분량, 나중에는 더 내용을 증보하면서 결국 100권의 분량으로 책이 나온다. 이는 중국이 서구 제국에 굴욕을 당하면서 그 원인을 처음으로 진지하게 탐색한 결실이다. 문명사적으로 볼 때도 매우 중요하다. 그러나 이 책이 정작 빛을 발하는 곳은 일본이다. 일본에 위원이 펴낸 〈해국도지〉 60권이 흘러들어가 이 책으로 서방의 세계에 눈을 뜨고 마음의 문을 열었던 사람들이 바로 명치유신明治維新의 주역들이다.

역사는 그런 아이러니의 연속이다. 명치유신으로 흥성한 일본은 결국 제국주의의 야욕을 감추지 않고 한반도와 중국대륙 침략에 나서고 말았으니 말이다. 중국에서 편역한 방대한 분량의 백과사전이 정작 중국 본토에서는 제 값을 못했으나, 일본으로 건너가 열매로 맺어지고 말았다. 그런 흐름의 물꼬를 튼 사람이 바로 푸젠 출신이자 중국의 민족영웅이라 불리는 임칙서라는 점이 여러 상상을 자극한다.

어쨌든 강렬함과 함께 변화를 두려워하지 않는 개방성의 이민사회 특성이 두드러지게 발현發顯해 나타난 현상이 '바다로 나가자'였을지 모른다. 물론, 집단 구성원의 성격적인 특징이 그를 만들어낸 근본적 요인이라고 한다면 지나친 유심주의唯心主義적 관찰일 게다. 그러나 많은 요인 중에 이민사회의 문화적이면서도 심리적인 특징이 제법 큰 영향을 미쳤으리라고 하는 추정은 그리 과하지 않다는 생각이

든다.

무슨 이야기인가. 푸젠은 바로 수도 없이 바다 바깥으로 나가 낯설고 물 설은 타지를 개척한 '화교華僑의 본향本鄕'이다. 어림잡아 푸젠을 고향으로 두고 바다로 나아가 동남아 등 지역에서 돈을 벌어들인 화교는 1000만 명이 훨씬 넘는다. 특히 필리핀과 인도네시아, 태국 등지에 푸젠 출신의 화교는 다수를 구성하며 현지에서 막대한 부를 축적했다.

대만은 푸젠과 떼려야 뗄 수 없는 사이다. 대만 인구의 80% 가량이 푸젠 출신이기 때문이다. 말하자면 대만은 푸젠의 사람들이 새로 개척한 별천지였던 셈이다. 1949년 국민당 장제스가 대륙의 패권을 뺏긴 뒤 대만으로 옮겨가기 훨씬 전에 푸젠의 이민은 그 지역에 먼저 정착했다. 국민당이 대만을 통치하기 300여 년 전에 푸젠의 이민행렬은 바다를 건너 대만에 도착했던 것이다.

그 가운데 대만의 최고 재벌로 꼽히는 왕융칭王永慶 1917~2008 대만 플라스틱 전 회장은 매우 상징적이다. 한국의 삼성과 같은 대만 최고의 기업을 이룬 인물이다. 그 역시 푸젠 출신으로, 전형적인 자수성가自手成家형 이민사회 성공 스토리의 주인공이다.

사회주의 중국을 건국한 마오쩌둥毛澤東이 "화교사회의 깃발"이라고 추켜세운 인물이 천자겅陳嘉庚 1874~1961이다. 그는 지금의 푸젠 샤먼廈門시 지메이集美 출신으로 1900년대 초반에 고향을 떠나 싱가포르에 정착한 뒤 쌀과 파인애플 통조림 가공, 고무 생산 등으로 막대한 부를 축적했다. 그 뒤 그는 사회주의 건국과 함께 자신이 벌어들인 재산을 고향에 쏟아 부어 교육 사업에 헌신함으로써 마오쩌둥으로부터 그런 찬사를 얻었다. 푸젠의 최고 명문대학인 샤먼대학이 바로 그가 일군 고향 후배들의 교육 터전이다.

인도네시아 넘버원의 재벌 린사오량林紹良 1916~2012도 푸젠이 낳은 화교 인맥 중 특기할 인물이다. 그는 인도네시아 재계를 비롯해 현지 사회에서 아주 큰 영향력을 지녔던 사람이다. 1995년 기준으로 개인 재산은 184억 달러, 계열 기업은 640여 개의 대 재벌을 형성했다. 1990년대 세계 10대 부자로 꼽힌 인물이다.

푸젠 출신의 애국적인 화교의 모범 천자겅(왼쪽)과 마오쩌둥. 마오는 그를 "화교의 깃발"로 칭송하며 조국에 대한 그의 헌신을 기렸다.

홍콩의 유력 일간지 사우스차이나모닝포스트SCMP를 인수함으로써 한국 언론 등에 이름이 본격적으로 알려졌던 말레이시아의 최대 재벌 귀허녠郭鶴年 1923~ 도 마찬가지다. 그는 고향을 푸젠으로 두고, 현지 말레이시아에서 태어난 이민 2세다. 왕성한 비즈니스 활동으로 재벌을 이뤄 지금은 중국 전역에서 샹그릴라 호텔 계열을 운영하며, 수도 베이징에서는 월드트레이드센터 등 굵직한 부동산 개발에 손을 대 명망을 쌓고 있다.

중국을 대표하는 지식인 중 한 사람인 린위탕林語堂 임어당 1895~1976도 푸젠 출신이다. 그는 유머러스한 문장으로 중국을 바깥 세계에 알린 사람으로 유명하다. 자유분방한 이민사회인 푸젠 출신답게 그는 일찌감치 미국의 하버드 대학에서 유학해 서구인들이 이해하기 어려웠던 중국을 위트와 유머가 넘치는 문장으로 소개했다.

중국 5세대 지도부의 정점인 시진핑習近平은 비록 푸젠 출신은 아니지만, 초기 관료 생활의 대부분을 이곳에서 보냈다. 북부 산시陝西

출신인 그가 이민사회의 활력이 넘치는 푸젠에서 어떤 기질을 배우고 익혔을까 궁금하다. 그 5세대 지도부의 한 사람 장가오리張高麗 공산당 정치국 상무위원는 푸젠에서 태어나 명문 샤먼대학에서 수학한 인물이다.

장가오리는 성격이 내향적이어서 이민사회의 특성이 잘 드러나 보이지 않는다. 그러나 그는 강인한 정신력과 치밀한 집행력을 보여주는 사람이다. 이탁오와 유영의 자유분방함은 없을지 몰라도, 그 문화적 DNA에 숨어 있는 강렬함을 깊이 간직한 인물이다. 푸젠의 기질이 그를 통해 어떻게 구현될 수 있을까를 지켜보는 것도 우리로서는 매우 흥미 있는 대목이다.

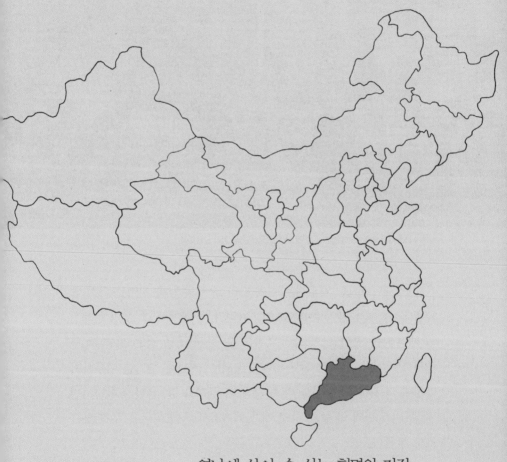

영남에 살아 숨 쉬는 혁명의 기질

광둥(廣東)

광둥의 분위기가 현대적 흐름으로 강하게 모여진 곳, 홍콩의 거리 모습이다.

아열대이면서도 기후적 특성에 따라 중국의 남쪽 지역은 다시 중
아열대中亞熱帶와 남아열대南亞熱帶로 나뉜다. 중국에서 그 둘의 분계선
에 해당하는 곳이 난링南嶺인데, 이곳은 동서東西로 뻗는 횡향橫向 구
조의 산맥이다. 거창한 산맥이 아니라, 산이 커다란 줄기를 이루다가
마침내 그 100%의 소임을 다 하지 못해 끊기고 만, 굳이 표현하자면
'산 무더기 형태'의 줄기 다섯 개가 이어져서 흔히 이곳을 우링五嶺으
로도 부른다.

지구를 종으로 횡으로 가르는 위도와 경도의 개념으로 표시하자
면 이 난링은 북위 24° 00′~26° 30′, 동경 110°~116°에 해당한다. 이곳
은 또 다른 분계선이기도 하다. 앞서 소개한 장시江西와 저장浙江등 중

국의 이른바 '강남江南 지역'이 이곳에서 발을 멈춘다는 얘기다. 이 다섯 줄기의 산이 동서로 지나는 곳 남쪽 너머에 있는 지역은 더 이상 중국의 '강남'이 아니라는 말이다. 중아열대의 은근한 기운이 사라지고, 더욱 강렬한 더위가 기승을 부리는 남아열대는 이 다섯 무더기의 산을 지나면서 본격적으로 펼쳐진다. 따라서 '강남'이라는 말은 사라지고 대신 '화남華南'이라는 말이 자리를 잡는다. 굳이 그 단어를 풀자면 '중국 대륙의 남단'이라는 뜻이다.

대한민국의 구역 명칭에 영남嶺南이란 게 있다. 경상도와 충청도 사이에 버티고 있는 문경의 새재, 즉 '조령鳥嶺' 이남을 가리키는 말이다. 그런 똑같은 이치로 이 다섯 무더기의 산줄기 남쪽을 중국에서는 전통적으로 '嶺南영남'이라고 적었다. 아마 중국에서 먼저 이런 이름을 달았을 것이고, 우리는 그를 차용했으리라….

우리가 이번에 들여다 볼 지역은 중국인들이 '嶺南영남'이라고 적는 곳, 바로 광둥廣東이다. 이곳의 행정 중심인 광저우廣州를 기점으로 남쪽 동편, 즉 광남동로廣南東路를 줄여 부른 것이 오늘날 廣東광둥의 이름이 생긴 유래다. 그 서편은 광남서로廣南西路라고 적어 오늘 날의 廣西광시다.

황제의 수도가 있던 오늘날의 베이징이나, 옛날의 장안長安 또는 낙양洛陽 등에서 볼 때 이곳 광둥은 장시 또는 저장 등 다른 남부 지역과 함께 분명히 같은 '남쪽'에 속했다. 그럼에도 불구하고 광둥이 주는 느낌은 사뭇 다르다. 다른 남쪽 지역에 비해 훨씬 더 멀고, 매우 험한 지역이라는 느낌을 준다. 거리로 볼 때 다른 강남지역에 비해 수도로부터 더 멀리 떨어진 점, 아울러 높지는 않으나 험준한 산이 동서로 600여㎞에 걸쳐 있어 뚜렷한 격절隔絶을 이루고 있다는 점 등 때문이다.

이질적인, 너무나 이질적인 광둥

광둥에도 약칭略稱이 있다. 푸젠福建을 '민閩'으로 적고, 저장浙江을 '절
浙'로 적으며, 산둥山東을 '로魯'로 적는 식이다. 각 지방마다 그를 간
략하게 적는 글자가 다 있다. 광둥은 '월粤'로 적는다. 이 글자는 중
국에 일찌감치 거주하다가 이제는 한족漢族이라는 문화 공동체에 흔
적 없이 섞여 들어간 무수한 이족異族 가운데 하나로서, 장강 이남 지
역에 숱하게 거주했던 비에트Viet족을 가리키는 '월越'과 같다.

이 역시 앞에서 자주 소개한 대목이다. 그 비에트 족의 갈래가 너
무 다양해 전통 중국 사서에서는 이들을 백월百越로 표기했다. 그 백
월이라는 존재를 현재의 우리가 중국 곳곳에서 체감하는 일은 거의
불가능하다. 아주 오래 전에 중국 남부를 터전으로 삼아 왕성하게
활동했던 그 비에트의 자취는 다른 어느 지역에서도 찾아보기 힘들다.

생김새를 따지기에는 서로들 너무 많이 섞이고 말았다. 부단한 이
주移住와 정착定着의 과정에서 원래 살던 사람과 새로 이곳으로 터전
을 옮긴 사람들이 살을 부대끼며 살다가 마침내 피까지 섞는 혼융의
길고 긴 과정을 거쳤기 때문이다. 그에 따라 웬만한 사람들은 모두

한족漢族의 타이틀을 취했다. 중국의 문화적 전통은 결국 한자漢字가 근간을 이루는데, 그 한자의 문화적 토대는 부계父系 중심의 적장자嫡長子를 우대하는 종법宗法의 영향에서 자유로울 수 없다.

그러니 아버지 계통의 성씨姓氏를 취하는 게 일반적이었고, 대개 중원에서 발원한 그 성씨를 중심으로 자신의 아이덴티티를 설정하다 보니 섞임의 긴 과정에 들어갔던 중국 구성원들은 자연스레 한족화漢族化의 길에 들어설 수밖에 없었을 것이다. 그러니 전통의 중원지역에서 멀리 떨어져 있다고 하더라도 어디든지 한족이 주류를 이룬다는 인상은 매우 일반적이다.

그러나 광둥은 조금 특이하다. 비에트의 사람들이 아직 제 정체성을 유지하고 있다면, 생김새는 적어도 이 정도이지 않겠느냐는 추측을 할 수 있는 곳이다. 옛 장강 이남의 중국에 널리 퍼져 살았을 그런 비에트의 전통적 맥락과 분위기를 어렴풋하게나마 느끼게 해주는 곳이 바로 이 광둥이라는 얘기다.

현대의 중국인들이 공식적인 이야기가 아닌, 일종의 '뒷담화' 성격으로 자주 꺼내는 말이 있다. "광둥 사람들은 진짜 못 생겼다"는 말이다. 실제 사람의 생김새를 일률적인 기준에 따라 판단할 수는 없는 노릇이다. 모든 지역의 사람들은 그 모든 지역의 지리적 환경과 인문적 환경이 만드는 조건에서 태어나 성장한다. 따라서 일반 중국인들이 "광둥 사람들은 못 생겼다"고 하는 말은 일종의 종족적, 또는 지역적 편견에 불과하다.

그럼에도 중국에서 이 광둥 사람들의 생김새는 자주 화제에 오른다. 비아냥거림이 90% 이상 섞여 있는 말이라 귀담아 들을 내용은 전혀 아니지만, 그렇게 화제에 오를 만큼 광둥 사람들의 생김새가 적어도 현대 일반적 중국인의 생김새와는 많이 다르다는 이야기일 수도

19세기 중반의 아편전쟁이 벌어지기 전후의 광둥 지역을 그린 그림

있다.

혹자는 이렇게 말한다. "광둥 사람 중 70% 정도는 한족이 아니다." 1990년대쯤인가, 어쨌든 그 무렵 한 연구 보고서에서 나온 말이라고 한다. 가뜩이나 생김새를 두고서 이러쿵저러쿵 많은 말을 쏟아냈던 중국인들이 광둥 사람들의 핏줄까지 들먹이기에 나섰던 것이다. 그 정도로 광둥은 사람의 생김새, 문화적 기질, 행동과 사고 등에서 두루 차별적 속성을 지녔다는 느낌을 주기에 충분하다.

그러나 광둥 사람이라고 해서 모두 같지는 않다. 이 광둥은 문화 또는 종족 및 언어에서 적어도 3개 지역으로 나뉜다. 우선 유사 이래 줄곧 행정적인 구심점이었던 광저우廣州 지역을 중심으로 펼쳐지는 곳, 그리고 차오저우潮州와 산터우汕頭를 중심으로 이뤄진 동부지역, 난링 산맥 이남의 산간 지대로 이어지는 서북부 지역이다.

광둥의 문화적 맥락을 고스란히 이어가는 곳은 사실 광저우를 중심으로 한 중부 지역이다. 이곳의 언어가 바로 중국의 대표적인 방언 중 하나인 광둥화廣東話다. 이 광둥의 언어는 중국 지방 언어 중에 제법 큰 대표성을 지닌다. 손문孫文 쑨원이 촉발한 1911년의 신해혁명辛亥革命으로 2500여 년 이어진 전통왕조의 명맥이 끊긴 뒤 새로 출범하는 국민 정부에서 표준어를 무엇으로 정할지 투표를 한 적이 있다.

마지막까지 경합한 게 현대 중국의 표준어인 베이징 중심의 푸퉁화普通話와 바로 이 광둥화라는 얘기가 있다. 그 경합에서 불과 '한 표 차이'로 떨어졌다고 하니, 자칫 현대 중국인들은 이 광둥의 언어를 표준어로 삼을 뻔 했던 것이다. 그만큼 사용 인구도 많았으며, 중국을 대표할 만큼 상징적이기도 한 언어였다.

사실이지, 이 말을 액면 그대로 믿기는 어렵다. 당시 베이징 중심의 방언, 광저우 중심의 방언과 함께 '푸퉁화'의 대상으로 오른 방언은 옛 왕조가 집중적으로 들어섰던 낙양洛陽과 장안長安이 있던 산시陝西 언어였다고 한다. 그러나 이마저도 정확하게 비정하기는 힘들다. 어쨌거나 신해혁명辛亥革命 2년 뒤인 1913년 전국 각 지역의 언어 전문가들이 모여 새 중국의 표준어를 무엇으로, 어떻게 정할지 고민했다는 점만은 분명하다.

거기서 투표가 벌어졌던 것은 아니고, 표준음을 정하는 문제를 두고 상당한 고민을 벌였던 적은 있다. 거기서 광둥의 언어인 광저우화가 중국 각 지역을 대표하는 언어의 하나로 올랐던 것은 맞는 모양이다. 그 정도에서 이를 정리하는 게 좋겠다. 광저우화, 즉 오늘날의 광둥의 언어는 어쨌거나 대표적인 지역 언어로서 상당한 상징성을 지녔던 점만은 맞다.

그럼에도 불구하고 현대 중국인들이 광둥 언어를 대하는 자세는 결코 우호적이지 않다. "사람들이 모두 못 생겼다"고 편견을 드러내듯이, 이 광둥의 언어에 대해서도 "꼭 새가 떠들어대는 소리鳥語처럼 들린다"고 비아냥거리기 일쑤다. 그러나 광둥은 한때 베이징보다 문화적 수준이 높았다. 특히 영국을 비롯한 서구의 문물이 마구 중국 땅으로 밀려들어오던 19세기 중후반의 이곳 사정은 베이징이나 상하이를 훨씬 웃돌았다.

중국에서 가장 일찍 영국 등 유럽의 문화적 충격에 직면했던 곳이 바로 광둥이었기 때문이다. 아편전쟁이 벌어진 곳도 바로 광둥이었으며, 영국과의 싸움에서 패해 가장 남쪽의 어촌이었던 홍콩을 내준 곳도 바로 광둥이었다. 영국을 필두로 한 제국주의 철선鐵船들이 가장 먼저 닻을 내려 정박한 곳도 광둥이었으며, 그 뒤 벌어진 아편과 중국 찻잎 및 비단의 교역이 가장 활발하게 벌어졌던 곳도 광둥이었다.

그래서 광둥의 문화는 전통 왕조 시절의 오지奧地와 유배지流配地에서 졸지에 가장 선구적인 수준으로 올라선다. 모든 중국은 그런 광둥을 따라 배우기에 여념이 없었다. 영어인 taxi가 광둥어 발음으로는 그와 매우 가까운 '的士이를 광둥어로 발음하면 '딕시', 베이징말로 발음하면 '디스' 다. 광둥어가 원음에 훨씬 가깝다'로 번역되고, 햄버거로 유명한 맥도날드를 '麥當勞광둥어 발음 '맥당라오', 베이징어 '마이당라오' 번역한 이유다. 말하자면 외국의 문물을 광둥 식으로 받아들인 게 나중에는 중국 전역의 표준으로 작용했다는 얘기다.

비에트의 요소가 많이 보인다

아무래도 광둥은 비에트의 뿌리를 많이 간직한 곳이다. 그래서 중원이나 강남 지역에서 보더라도 광둥은 퍽 기이하다는 느낌을 주는 구석이 많다. 약칭에서 드러나듯 장강 이남의 넓은 지역에 흩어져 살았던 그 많던 비에트 계의 원주민들은 북방에서 이주해 온 중원 지역사람들에 밀리거나, 한 데 섞이면서 자신의 원래 정체성을 아예 잃거나 놓쳤을지 모른다.

그런 비에트의 자취가 비교적 많이 남아 있는 곳으로 치자면 아무래도 광둥을 꼽지 않을 수 없다. 이 지역에서 쓰이는 광둥화는 말의 높낮이를 표현하는 성조聲調가 모두 9개다. 광둥으로부터 그리 멀리 떨어져 있지 않은 베트남 언어의 성조는 8개다. 둘을 잘 모르는 사람이 눈을 감고 두 언어를 들으면 '거의 비슷하다'는 느낌을 받는다.

광둥어는 이 지역이 진시황秦始皇에 의해 점령된 이래 무려 2000년 동안 중원문화의 지배를 받은 말이다. 따라서 현재 광둥 사람들이 사용하는 단어의 상당수는 모두 한자어漢字語다. 그러나 중원으로부터 내려온 문자의 영향을 받아 그에 속했다고는 하지만, 그 원래 바탕의 구어口語 중 한자漢字로 표기할 수 없는 단어의 비율은 거의 25%에 육박하고 있다.

오랜 세월 동안 중원을 중심으로 형성된 한족漢族 문화의 세례를 거쳤으면서도 아직은 완전히 그 안으로 몰려 들어가 자취마저 없어진 상태는 아니라는 의미다. 여전히, 또 은근하게 원래의 비에트 요소를 간직하며 유지하고 있는 게 광둥이다. 그 약칭이 수많은 비에트, 즉 백월百越의 의미를 띤 '粤'이라는 점은 그를 잘 말해준다.

그래서 광둥은 아무래도 다른 중국인의 입장에서 볼 때 이질적이랄 수밖에 없다. 말 자체가 베이징 및 상하이 등의 언어와 확연하게 다르고, 생김새도 어딘가 모르게 이국적이며, 풍속 등 다른 인문적 요소도 '수상하다' 싶을 정도로 매우 다르다. 오죽하면 광둥 사람들 발음이 너무나 이상해 "하늘도, 땅도 두렵지 않다. 오직 광둥 사람들이 표준말하는 게 제일 무섭다天不怕, 地不怕, 只怕廣東人講普通話"라고 했을까.

이런 표현은 중국어를 할 줄 아는 한국인이어야 제대로 알아듣는다. 광둥 지역 사람들이 베이징 발음이 주를 이루는 표준어, 즉 푸퉁화를 하는 모습이 아주 별나다. 발음이 이상하고 해괴한 경우가 많다. 서양인이 푸퉁화를 하는 것보다 발음이 훨씬 떨어지는 경우가 많다. 실컷 뭐라고 떠들어대지만 사람들은 광둥인이 하는 푸퉁화를 제대로 알아들을 수 없다. 그래서 나온 표현이 위의 내용이다.

그런 이질적인 요소가 이 광둥이라는 땅에 그대로 남아 있는 이유는 자명하다. 원래 간직한 비에트의 뿌리가 만만찮게 깊을 뿐만 아니라 길고 험한 다섯 개의 산줄기, 즉 五嶺오령이 그 북부에 버티고 있기 때문이다. 물리적인 거리도 한 몫 한다. 장안이나 낙양 등 전통 왕조에서 황제가 머물던 도읍으로부터의 거리로 따지면 광둥은 분명히 오지다. 따라서 황제의 권력, 그를 수행하는 중앙정부로부터의 간섭이 아무래도 적을 수밖에 없다.

이른바 황제나 중앙정부의 권력이 미치기에는 매우 먼 곳이라는 표현, 즉 '산고황제원山高皇帝遠 산은 높고 황제는 멀리 떨어져 있다'의 전형적인 예에 해당하는 곳이 바로 광둥이다. 그래서 이곳은 중앙정부가 추진하는 정책에 순순히 따르지 않는 경향이 있다. 광둥이 전형적인 반란, 또는 개혁과 혁명의 요람지搖籃地였다는 점에서 그는 분명히 드러난다.

광둥은 전통적인 중국의 정치 환경에서만 그런 성향을 드러낸 것이 아니다. 덩샤오핑鄧小平이 개혁과 개방으로 사회주의 중국에 대전환大轉換의 흐름을 만들어 낸 뒤 그 개혁의 첨병尖兵으로 선택한 곳이 바로 이 광둥이다. 영국에 할양한 홍콩과 바로 코를 맞대고 있는 선전深圳에 개혁 특구를 만들었고, 광저우를 포함한 주장珠江 삼각주 지역 모두를 외국에 개방했다.

그럼에도 광둥은 중앙정부의 말을 잘 듣지 않았다. 정부가 무슨 정책이라도 내놓으면, 그에 대한 대책對策을 내놓는 곳이 광둥이었다. '위에서 정책을 세우면, 아래에서는 대책을 세운다上有政策, 下有對策'는 말을 낳았던 곳이 바로 광둥이다. 정부의 지침에 따르지 않고 늘 자신에게 유리한 방향을 찾아 움직였다는 이야기다. 이 말은 나중에 중앙정부의 정책과는 다른 목소리를 내면서 자신의 발전을 꾀하는 지방정부의 이기적 속성을 말할 때 자주 쓰였을 정도로 발전했다.

어쩌면 이를 반골反骨의 기질로 설명해야 할지 모르겠다. 위에서 하자는 대로 고분고분하게 따르지 않는 점, 아울러 물리적인 거리는 매우 많이 떨어져 있어서 중앙정부의 권력과는 상관없이 제가 하고 싶은 대로 하는 점, 역사와 인문적인 전통이 북부의 그것과는 매우 다른 줄기를 형성한다는 점 등이 그렇다.

그나마 정부의 통제에서 크게 벗어나지 않으면 그 점이 다행이랄까. 광둥은 때로 그런 경계선 밖으로 치닫기 일쑤였다. 역시 먼 곳에 떨어져 있는 중앙정부의 간섭과 견제가 제 '약발'을 거둘 수 없었기 때문이다. 중국 근현대사에서 가장 큰 풍파를 일으킨 사건은 아무래도 '태평천국太平天國의 난亂'을 꼽지 않을 수 없다.

1851년 중국 남부에서 불붙어 들판을 태우는 불길처럼 급격히 세를 확장해 한때 지금의 난징南京을 점령함으로써 왕조의 출범까지 알렸던, 중국 근현대사에서 가장 규모가 컸던 최대의 농민 반란이다. 그 핵심 인물은 홍수전洪秀全과 양수청楊秀淸이다. 그 둘 모두 광둥 출신이다. 이들은 광둥 서북부의 산간 지대에 살았던 객가客家 출신이다. 나머지 태평천국의 최고 권력을 구성했던 지도자 대부분도 역시 객가客家의 피를 받은 사람들로서, 단지 차이가 있다면 출신지가 서쪽으로 인접한 광시廣西라는 점이다.

이 태평천국의 반란은 중국 전통 왕조의 명맥을 마지막으로 잇고 있던 청淸나라 정부를 심각하게 위협했다. 중국 남부 거의 모든 지역이 이들의 수중에 넘어가 마침내는 베이징에 근거지를 뒀던 청나라 왕조 자체가 존폐의 위기에까지 몰리기도 했다. 10여 년 넘게 이어진 태평천국 운동으로 중국 전체는 거대한 혼란으로 휩싸였다.

태평천국 세력이 장강 이북의 전장이라는 곳에서 전쟁을 치르는 모습을 그린 그림이다.

마침내 왕조를 무너뜨리다

홍수전은 그런 점에서 중국 근현대의 역사 중에서 단연 특기할 만한 인물이다. 그러나 홍수전은 결국 왕조의 마지막 명맥을 끊지 못했다. 거세게 그 운명을 흔들었지만 결국에는 반란에 이은 혁명으로까지 발걸음을 내딛지 못했던 것이다. 그러나 그의 고향 후배인 손문孫文 쑨원은 조금 달랐다.

대만에서는 국부國父로 추앙받고, 대륙을 석권한 공산당으로부터도 최고의 존경을 받고 있는 손문 역시 광둥 출신이다. 그는 기우뚱거리는 청나라의 마지막 운명에 날카로운 칼을 들이대 그 숨통을 끊어 놓은 풍운의 혁명가다. 그의 별명은 거침없이 말을 한다고 해서 '손대포孫大砲' 아직 왕조의 행정력이 엄존하고 있던 19세기 말에 그는 겁 없이 떠들어대기 일쑤였다.

"이제 왕조를 뒤엎고 새로운 정권을 세워야 한다"고 큰소리를 쳐대면서 중국 곳곳을 돌아다니는가 하면, 미국이나 일본 및 유럽 등을 여행하면서 혁명을 위한 조직 구성과 자금 마련에 어느 누구보다 열심이었다. 마침내 그의 분주한 활동으로 1911년 후베이湖北 우창武昌에서 기습적인 반란이 일었고, 이는 다시 청나라 정부의 권력을 결정적으로 무너뜨리는 계기로 발전했다. 우리는 그를 '신해혁명辛亥革命'으로 기록하며, 2500년 중국 왕조사를 허물었던 일대 사건으로 기억하고 있다.

1866년 광둥의 중산中山에서 태어난 그는 의학醫學을 전공하면서도 일찌감치 봉건 왕조를 뒤엎겠다는 뜻을 키웠다. 28세 때인 1894년에는 당대의 실권자였던 청나라 대신 이홍장李鴻章을 톈진天津으로 찾아가 개혁에 관한 제언을 내놨으나 문전박대로 뜻을 이루지 못했다. 그 후 미국과 일본 등을 여행하며, 모두 5차례 세계여행에 나서 해외에 있는 중국 화교들의 뜻을 모아 중국동맹회中國同盟會를 결성했다. 이를 바탕으로 끈질기게 중국의 반봉건, 반왕조의 혁명을 꿈꾸며 모두 10여 차례의 무장폭동을 주도한 뒤 신해혁명을 거쳐 중국 혁명의 리더로 발돋움했다.

홍수전이나 손문은 모두 지금의 광저우 인근에서 태어난 인물이다. 지금의 포산佛山이라는 곳도 광저우 인근, 넓게 말해서는 모두 주장珠江 삼각주에 해당하는 곳이다. 이 포산의 난하이南海현이라는 곳도 청나라 말엽 중국의 개혁을 꿈 꿨던 풍운의 인물 하나를 낳았다.

왕조를 뒤엎은 손문(왼쪽)과 그에 앞서 청나라의 마지막 개혁을 주창했던 강유위(중간)와 양계초.

그 이름은 강유위康有爲다.

그는 저서 〈대동서大同書〉로 한국인에게도 매우 잘 알려진 인물이다. 그 내용은 다양하지만, 한 마디로 그를 정리하자면 중국의 봉건 왕조 역사를 청산하고 헌정憲政을 도입해 중국을 근대 국가로 탈바꿈시키자는 것이다. 최초로 헌법憲法에 의한 정치체제를 역설했으며, 봉건 왕조의 압제를 끝내고 서양의 효율적이며 합리적인 정치사상을 끌어들이자고 주장했다. 방법에 있어서는 입헌군주제立憲君主制를 채택함으로써 비교적 온건한 노선을 드러냈지만, 2500년 이상 이어져 온 중국의 봉건 왕조 체제로서는 혁명적 제안이기도 했다.

청나라 광서제光緖帝를 등에 업고 변법유신變法維新 운동을 벌이다가 서태후西太后와 원세개袁世凱에 의해 좌절한 사건은 아주 유명하다. 그 밑의 제자 양계초梁啓超도 광둥이 낳은 유명 인물이다. 강유위가 1854년 출생이고, 양계초는 1873년생이다. 유신과 변법으로 의기가 투합한 양계초가 강유위의 문하에 들어감으로써 둘은 사실 상 사제師弟의 의리로 맺어진 사이다.

양계초 역시 스승 강유위를 따라 열심히 변법 운동을 펼치다가 결국 광서제의 실각에 따라 100여 일 동안 펼친 '유신 헌정'의 꿈을 접고 해외로 도피했다. 이들의 좌절을 중국 역사에서는 '백일유신百日維新'이라고 적는다. 양계초는 뛰어난 머리로 동서양의 학문을 섭렵해 〈음빙실문집飮氷室文集〉 등의 저작을 남겨 동양의 지식사회에 커다란 이름을 떨친 인물이다. 그 역시 광둥이 낳은 혁명가적 기질의 인물이다.

강렬함을 넘는 맹렬함

앞서 소개한 장시江西와 후베이湖北를 중국 강남 문화의 낭만적인 상상력이 낳는 굳고 매서움의 '강렬剛烈'함으로 표현한 점을 기억하실지 모르겠다. 그곳 강남 문화의 자유스러움이 한 곳에 몰릴 때 그런 강렬함이 나온다고 풀었는데, 광둥은 어떻게 보면 그런 강렬함을 조금 더 넘어서는 '맹렬猛烈함'을 간직하고 있는 곳인지 모른다.

홍수전에서 손문으로 이어지는 혁명가적 기질, 그리고 변법을 시도하며 왕조 체제의 커다란 변혁을 이끌려고 했던 강유위와 양계초의 개혁가적 기질이 다 그렇다. 난링 또는 우링이라는 길고 험준한 산맥 이남에서 만들어진, 초나라의 자유스러움과 낭만보다 한 걸음 더 나아가 발전시킨 숱한 비에트 계통의 일탈逸脫적인 문화바탕이 그를 부추겼을지 곰곰이 따져 볼 일이다.

무인武人도 많이 나왔다. 우리가 영화로 즐겨 봤던 황비홍黃飛鴻도 이곳 사람이다. 강유위가 태어난 지금의 포산, 정확하게는 난하이南海를 고향으로 둔 인물이다. 영화 '황비홍'에서처럼 그는 무예의 절대적인 고수였던 모양이다. 포산에는 그가 운영했던 무술관이 복원돼 숱

광둥이 낳은 무술의 고수들. 왼쪽부터 황비홍, 엽문, 브루스 리(리샤오룽)

한 관광객을 모으고 있다.

절세의 쿵푸 스타 리샤오룽李小龍의 원적지도 포산이다. 아울러 그를 가르쳤다는 요즘 중국 영화 '일대종사一代宗師'의 주인공 엽문葉問도 고향이 이 포산이다. 포산에서만 황비홍과 엽문, 나아가 리샤오룽이 나왔다. 이 포산은 중국 남부에서 알아주는 '무예의 고향'이었다고 한다. 그런 무예의 고수가 나올 만큼 이곳은 늘 싸움이 불붙었던 곳으로 봐야 한다. 그 싸움이 어떻게 번지며, 도대체 누가 누구를 상대로 싸워야 했는지는 나중에 더 따질 일이다. 어쨌거나 늘 싸움을 준비해야 하는 환경 속에서 광둥 사람들은 무예를 키웠고, 그런 환경 속에서 상당히 높은 수준에 오른 무인들이 나왔을 것이다.

참고로, 이 광둥 지역에 여기저기 흩어져 있는 전통 주택들이 눈길을 끄는 경우가 많다. 북부에서 전란과 재난 등을 피해 남쪽으로 이주한 후기 이민 그룹인 객가의 주택은 상당한 관심을 끈다. 대개 완연한 성채의 모습으로 지어진 데가 많다. 푸젠福建과 장시江西, 광둥의 경계가 합쳐지는 지점에 2만 4000여 채 들어서 있는 객가의 토루土樓가 대표적이다.

이곳 광둥에도 객가가 지은 전통 주택들이 많이 보인다. 후기 정

광둥 카이핑에 있는 '토치카 주택' 댜오러우 중 유명한 영원루의 모습.
크고 작은 싸움이 늘 불붙었던 중국의 옛 시절을 절감토록 하는 전통 주택의 모습이다.

착민이어서 이들의 주택은 대개 산간벽지에 들어선 경우가 많다. 씨족 구성원 전체가 들어갈 수 있는 집단 주택으로서, 외벽은 견고한 성벽으로 둘러싸여 있다. 이들 광둥 객가의 방어형 주택은 보통 圍屋위옥, 圍城위성, 圍樓위루 등으로 적는다. 아주 큰 집단 주택은 서울 구치소보다 더 큰 규모로, 외부의 벽이 더 견고하게 만들어져 있기도 하다. 반달 형태의 집단 방어형 주택은 半月圍반월위라고 적는다. 이 半月圍반월위는 앞에 조그만 호수를 끼고 있어 옛 도시 성벽을 둘러싼 해자垓子를 연상케도 한다.

광저우에서 자동차로 1시간 정도를 달리면 닿는 곳이 카이핑開平이다. 이곳에는 댜오러우碉樓라는 게 있다. 중국 전통 주택은 대부분 담이 발달해 있다. 공격과 방어를 전제로 만드는 성채를 닮은 형태다. 앞서 소개한 객가의 전통 주택은 특히 그렇다. 그보다 더 한 형태의 주택이 바로 이 댜오러우다. 한자로 풀면 이는 돌碉 조 집樓 루이다. 그러나 외관을 보면 우리는 바로 '토치카랑 똑같다!'는 느낌에 젖는다.

이 카이핑 일대에 7000여 채 남아 있는 전통 주택인데, 유엔이 주도하는 세계문화유산에 올라 있을 정도로 명소다. 그러나 우리는 그런 문화유산에 경도당하고만 있을 수 없다. 도대체 왜 이런 '토치카' 형 주택이 이곳에 들어섰는지를 살펴야 한다. 바로 늘 벌어졌던 싸움이다. 그 싸움이 주먹질 정도로 끝나면 이런 주택을 지을 리 없다. 목숨을 걸고 싸우는 싸움이 벌어졌기 때문에 이렇게 '중무장'한 집이 지어졌던 것이다.

그러니 이 광둥이라는 땅에 황비홍黃飛鴻이 살았고, 일대종사一代宗師로 유명한 영춘권詠春拳의 창시자 엽문葉問과 그의 제자 리샤오룽李小龍이 나오는 것이다. 그런 살벌한 싸움 전통에서 태평천국이라는 거대 반란을 일으킨 홍수전, 신해혁명의 주역 손문이 등장했다고 봐야 좋은 것이다. 그런 광둥의 전통을 이야기하는 사람은 적지 않다.

명明나라 장군으로서 청나라의 침입을 효율적으로 막다가 억울하게 죽은 원숭환袁崇煥, 중국 10대 원수元帥로서 문화혁명을 이끈 극좌의 사인방四人幇을 제거해 덩샤오핑鄧小平의 복귀에 결정적으로 기여했던 예젠잉葉劍英도 객가의 핏줄을 타고 이곳에서 태어난 무인이다.

그에 비해 광둥성 동쪽은 차오저우와 산터우가 대변하는 '차오산潮汕' 문화권을 이룬다. 이들의 어계語系는 광저우를 중심으로 하는 광둥어와 다르다. 광둥성 동쪽으로 인접한 푸젠福建의 민난閩南 어계에 더 가깝다. 말이 틀린 만큼 문화의 질도 다르다. 거센 광둥의 기질보다는 좀 더 치밀하고 노련하면서 대범한 기질을 보이는 경우가 많다.

그 대표적인 인물이 리카싱李嘉誠이다. 그는 중국 전체를 통틀어 '최고의 부자'로 꼽히는 사람이다. 젊은 시절 플라스틱 조화造花를 만들면서 차츰 성장한 리카싱은 홍콩에서 부동산에 눈뜨면서 중국 최고의 부자라는 타이틀을 얻기에 이르렀다. 그를 키운 '차오산'의 문화권은 동향 출신을 치밀하게 뒷받침해 거대한 상인으로 키우는 토양이 발달해 있는 것으로 유명하다. 아울러 싱가포르의 국부國父로 추앙받는 리콴유李光耀도 원적지가 광둥이다. 북부 객가 혈통을 지닌 사람이라는 설이 유력하다. 그 역시 강력한 리더십으로 오늘날의 싱가포르를 키운 정치인이다.

인접한 푸젠 못지않게 광둥 역시 '바다'의 꿈을 안은 해양성 문화다. 그래서 광둥 출신 화교의 수는 2000만 명에 달한다고 한다. 이들은 광둥 경제의 활력소다. 해외로 나갔다가 고향에 투자하는 광둥 출신 화교들을 '해외병단海外兵團'이라고 부를 만큼 이들의 힘은 막강하다. 해양의 특징이 무엇인가. 바닷길은 아무도 예측할 수 없는 천변만화千變萬化의 험로險路다. 그에 굴하지 않고 바닷길에 서야 했던 수

많은 광둥 사람들에게
싹튼 정신은 무엇일까.
모험이기도 하고, 수없
이 닥치는 변화에 대한
대응일 것이다.

광둥은 그런 점에서
우리가 지나온 푸젠福建 광둥이 고향인 중화권 최고 재벌 리카싱(왼쪽)과 싱가포르를 선
과 유사하다. 긴 해안선 진국 대열로 이끈 리콴유(오른쪽)
을 끼고 있으며 예전부터 바깥의 세계와 교류가 빈번했다. 아울러 힘
이 약했던 중국, 그리고 힘이 강했던 제국주의 열강이 부딪힐 때 그런
역사의 거센 풍파 속을 뚫고 밖으로 또 밖으로 나아가며 삶을 개척
했던 화교華僑들의 본향이라는 점에서도 마찬가지다.

그런 개척의 정신은 이곳이 중국 전역에서는 아주 드물게 해양의
기질을 지닌 사람들이 모여 사는 곳이라는 점을 말해주고 있다. 그런
점에서 광둥은 중국의 내륙과는 아주 이질적異質的이다. 그래서 개방
성 또한 다른 내륙의 어떤 지역보다도 강한 편이다. 그런 독특한 광
둥의 인문이 개혁과 개방, 그에 뒤이은 중국의 드라마틱한 '굴기崛起'
라는 과정에서 어떻게 펼쳐지며 또 어떻게 제 자신을 수렴하다가 다
시 발전을 꾀하는지 차분하게 들여다 볼 필요가 있다.

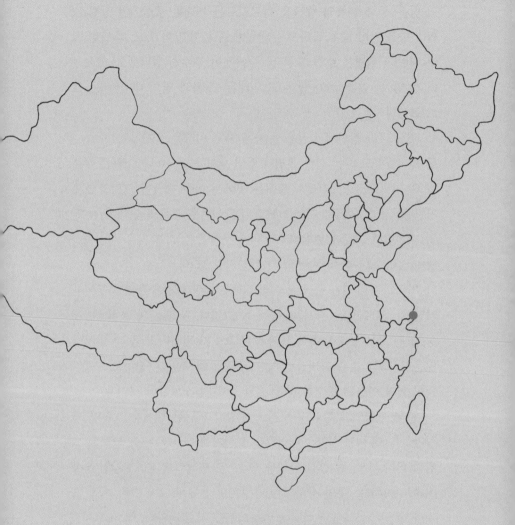

바다로 나가는 툭 트인 땅
상하이(上海)

지금으로부터 2700여 년 전. 당시의 초楚나라에 속했던 중국 남쪽의 땅은 중국 대륙의 중간을 가로지르는 거대한 물줄기인 장강長江의 영향을 받아 매우 습하고 무더웠다. 구름이 많이 끼고, 비 또한 많이 내린다. 길면서 수량 또한 많은 하천이 무수히 발달했고, 그로부터 생겨나는 운무雲霧가 많아 그 일대는 '구름과 꿈의 대지雲夢大澤'로도 불렸다.

　　옛 초나라 방언에서 꿈을 뜻하는 '몽夢'이라는 글자가 '호수湖水'를 의미했다고 하는 점은 우리가 깊이 새겨볼 대목이다. 어쨌든 무수한 하천이 흐르고, 그 물이 모이는 곳에는 아주 대단한 크기의 호수가 생겼다. 그 위에는 지척을 분간키도 어려운 구름과 안개가 늘 잔뜩 끼어드니 그곳에 발을 딛고 사는 사람들은 적지 않은 상상력과 낭만, 깊고 그윽한 유현幽玄의 사고를 키웠으리라.

　　지금까지 우리가 둘러 본 여러 지역은 이런 환경에 놓였던 곳이다. 저장浙江, 후베이湖北, 장시江西 등이 꼭 그렇다. 푸젠福建과 쓰촨四川, 광둥廣東은 그보다 더 남쪽에 있어 그런 요소가 덜하다고 볼 수 있지만, 인문지리적 환경을 따지자면 역시 동류同類에 속한다. 습하고 구름이 많이 끼며, 아울러 무수한 하천河川과 소택沼澤이 발달한 곳이다.

　　중국 대륙의 복판을 가로지르는 장강 이남은 대개가 그렇다. 그 장강 이남의 여러 지역을 대변하는 도시가 있다. 6300㎞에 달하는 장강의 머리 부분, 즉 장강 전체를 용龍으로 형상화할 때 그 앞인 용두龍頭에 해당하는 곳인 상하이上海다. 170년 전에는 그저 그런, 매우 한적한 어촌에 불과했던 이곳에 변화의 구름이 몰려왔다. 태생胎生 자체를 바꿀지도 모를 그런 비바람에 해당했다.

　　그로부터 이곳에서 벌어진 광경은 중국 현대사의 궤적과 같다. 아주 심하게 누군가에게 얻어맞아 신음이 절로 나올 정도였으며, 무수

20세기 초반 세계적으로 이름을 날렸던 상하이.
일찌감치 들어온 서구 문물과 중국이라는 동양 요소가 한 데 어울려 기묘한 조화를 펼치는 곳이다.

한 인명의 희생이 뒤따랐고, 그에 따른 아픔도 아주 깊었다. 그럼에도 불구하고 지금의 중국처럼, 조그만 어촌에서 출발했던 이 도시는 모험을 꿈꾸는 제국주의 열강의 탐험가들의 집산지, 이후로는 동양의 최대 도시, 다시 그 이후로는 세계적인 모험과 낭만의 도시로 성장했다.

그보다 훨씬 동쪽에 있던 조선과 구한말의 한반도 지식인들은 따라서 늘 이곳을 바라봤다. 동양에서 가장 세계화한 곳이 바로 이 도시였기 때문이다. 김옥균이라는 조선의 망명객은 이곳 어느 한 여관에서 조선의 왕조로부터 다가온 자객에 의해 숨을 거뒀고, 나라를 잃은 대한제국의 일부 뜻 있는 사람들은 이곳에 모여들어 임시정부를 세우기도 했다. 가수 현인은 일찌감치 이곳에 유학하다가 도시에서 유행을 탔던 '夢中人몽중인'이라는 대중가요를 번안해 한반도에 들여와 '꿈속의 사랑'이라는 노래로 히트시켜 이 도시가 지녔던 당시의 정서를 한반도 사람에게 전하기도 했다.

물고기 잡이 어살, 그리고 춘신군春申君

상하이上海가 지닌 이력履歷을 보여주는 작은 제목이다. 상하이의 약칭略稱은 '호滬'다. 이 글자는 대나무로 만든 어살을 뜻한다. 물이 흐르는 곳에 죽 늘어놓아 물고기를 잡는 도구다. 지금도 상하이의 자동차 번호판에는 이 약칭이 붙는다. 이 정도에서 우리는 상하이가 한적한 어촌의 하나였음을 미뤄 짐작할 수 있겠다.

상하이를 상징하는 강이 있다. 장강이 상하이를 상징하는 강이리라고 여기는 사람이 많지만 그렇지 않다. 지금도 상하이 시내 한 자락을 흐르는 쑤저우허蘇州河가 그런 강이다. 비교적 짧은 하천이다. 이 강은 황푸黃浦강으로 흘러들어 마침내 바다에 닿는다. 황푸 또한 상하이의 상징이기는 하지만, 쑤저우허가 원래는 쑹장松江이라는 이름으로 상하이를 상징했다. 따라서 상하이의 옛 이름을 적을 때는 이 강도 등장한다.

상하이의 또 다른 별칭은 '신申'이다. 이 이름은 2300여 년 전 전국시대戰國時代 초나라의 귀족이었던 춘신군春申君 BC 314~BC 238에서 유래했다. 그는 식객食客만 3000명을 거느렸다는, 인재의 등용에 관심이 많았던 사람으로 유명하다. 그의 원명은 황헐黃歇이다. 원래는 지금의 허난河南에서 출생했으나 초나라 귀족으로 상하이 일대를 봉지封地로 받아 활동했다고 한다.

이 춘신군은 우선 전국시대 4대 공자公子로 유명하다. 위魏나라의 위무기魏無忌, 조趙나라의 평원군平原君 조승趙勝, 제齊나라의 맹상군孟嘗君 전문田文과 함께 말이다. 모두들 뛰어난 정치력, 그로써 쌓은 두터운 경제력으로 문하門下에 수많은 식객들을 키웠는데, 그 중에서도 춘신군의 식객이 항상 많았다고 한다.

쑤저우허와 함께 상하이의 큰 상징인 황푸라는 강의 이름은 결국 그로부터 나왔다. 그의 성씨姓氏인 '황黃'이라는 글자를 따서 지은 이름이 황푸라는 얘기다. 따라서 그의 별칭인 춘신군의 '신申'과 함께 황푸 또한 상하이를 상징한다. 비록 이곳 상하이 출생은 아니지만 그가 이곳 일대를 봉읍지封邑地로 경영하면서 많은 일화를 남겼기 때문이다.

화정華亭이라는 이름도 있다. 삼국시대 조조曹操의 위魏, 유비劉備의 촉蜀나라와 대립각을 형성했던 나라가 오吳다. 이 오나라에는 유명한 장수가 여럿 있었다. 주유周瑜가 우선이고, 노숙魯肅과 여몽呂蒙이 뒤를 따른다. 촉나라 유비는 인생 막바지에 커다란 전쟁을 벌인다. 촉나라 군사를 대거 거느리고 장강의 三峽삼협을 빠져 나와 이릉夷陵 지금의 宜昌 동쪽이라는 곳에서 운명의 결전에 임한다.

유비를 맞이한 오나라 장수가 바로 육

黃歇

춘신군 황헐의 상상도.
상하이 지역 초기 발전사와 관련이
있는 인물이다.

손陸遜이다. 육손은 그 이릉의 대전에서 우선은 밀리는 척한다. 중요한 전략 거점을 먼저 내주고 유비의 막강한 군대가 처음에 지녔던 예기銳氣가 꺾이기를 기다린다. 그 다음에 유명한 화공火攻을 펼쳐 유비의 군대에 막대한 패배를 안긴다. 유비는 백제성白帝城으로 쫓긴 뒤 결국 자신의 아들을 제갈량에 맡긴다는 '탁고託孤'의 일화를 남기고 죽는다.

그 육손은 오나라 왕실에 의해 화정후華亭侯에 봉해진다. 육손이 자신의 봉읍封邑으로 거느렸던 곳이 바로 상하이, 또는 그 인근이다. 따라서 상하이는 별칭으로 '화정'이라는 이름을 얻었다. 상하이의 이름이 이렇게 많다. 한적한 어촌이라는 의미, 전국시대 화려하게 생활하며 수많은 식객을 거느렸던 춘신군, 유비를 절명케 한 전쟁의 주역인 육손의 그림자 등이 모두 어려 있는 곳이다.

그러나 상하이가 중국인들의 귀에 들어오기 시작한 때는 그런 춘신군과 육손이 활동하던 시절로부터 한참의 세월이 흐른 뒤다. 1843년 상하이는 문을 열었다. 스스로의 필요에 의해 문을 열었던 것이 아니다. 그 전에 벌어진 아편鴉片전쟁이 몰고 온 여파였다. 영국에 무릎을 꿇은 청나라 왕실은 전쟁에 진 대가로 1842년 영국과 '난징조약南京條約'을 체결했다. 이로써 영국이 지정한 5개의 항구를 개방했다. 그 가운데 하나가 바로 상하이였다.

그 이후의 상하이시 변천사는 알 사람은 다 안다. 영국을 비롯한 유럽 열강이 진출해 그 땅을 아예 차지해 버린 조차지租借地로서의 역사 말이다. 상하이는 그럼 굴욕의 도시인가? 꼭 그렇지만은 않다. 비록 힘에 의해 유럽 열강 등에 땅을 내줬지만 굴욕의 정한情恨만을 품고 있지는 않았다.

십리十里가 양장洋場이라

상하이는 제국 열강이 중국으로 몰려들면서 번성했던 곳이다. 초기에 영국 등 유럽 열강이 찾았던 곳은 광둥廣東이었다. 먼저 홍콩을 얻었고, 이어서 주룽九龍 반도, 또 광저우廣州를 비롯한 주장珠江 삼각주 지역을 드나들었다. 그러나 내륙으로의 진출을 위해서는 상하이가 더 필요했다.

길게 뻗어 내륙 저 깊숙한 곳까지 수운水運이 가능한 장강을 따라 중국 전역을 상대로 무역을 하기 위해서는 상하이가 안성맞춤이었다. 그런 이유로 상하이는 유럽 열강 등으로부터 각광을 받았다. 따라서 유럽과 미국 등의 백인이 끊임없이 몰려들었고, 상하이는 그런 흐름 속에 번창을 구가했다.

그런 모습을 형용한 말이 '십리양장十里洋場'이다. 거리의 모든 구석이 다 백인의 차지였고, 그들이 몰고 온 문명적 요소들이 도시 곳곳에 가득 들어찼다는 말이다. 여기서 '양洋'은 중국인이 흔히 백인을 일컬을 때 '양인洋人'이라고 했던 그 의미다. 거리 곳곳에 몰려다니는 백인들, 그리고 그들이 거느리고 온 수많은 서양의 문물들이 거리를

개항 뒤 서구문물을 흡수해 왕성하게 발전했던 20세기 초반 상하이의 와이탄 모습

메우면서 이 상하이는 '동양의 파리'라는 별칭도 얻었다.

　아울러 백인들 또한 이 도시의 매력에 흠뻑 빠져 들었다. '극동의 제1 도시'라고 부르거나, 심지어는 너무 매력적이어서 아예 '마술과 같은 도시魔都'로 부르기도 했다. 상하이는 백인들에게 장강의 꼭짓

점, 그로부터 중국 전역을 향해 뻗어갈 수 있는 '기회'와 '꿈'의 도시이기도 했다.

그렇듯 외국인만 몰려든 게 아니었다. 문물이 번창하고, 비즈니스의 기회가 많아지면서 중국 내륙의 수많은 인구들도 이 도시를 향해 모여 들기 시작했다. '도시화'는 요즘의 주제만이 아니었다. 문물이 번창한 곳으로 사람들은 꼬여 들기 마련이었고, 그런 현상은 예나 지금이나 같다. 19세기 중후반에 접어들면서 상하이는 급격한 도시화의 흐름 속 한가운데에 앉아 있었다.

전통 왕조의 통치 기반인 베이징北京에는 사합원四合院이라는 전통 주택이 발달했다. 동서남북의 네四 벽면이 가운데에 있는 뜰院을 향해 모여 있는合 형태의 주택이다. 우리 식으로 쉽게 말하자면 'ㅁ'자 모습의 집이다. 동서남북의 방위方位가 뚜렷하고, 남북을 잇는 축선이 발달했으며, 그런 방위와 축선에 따라 가부장적인 위계位階의 관념을 매우 엄격하게 강조한 주택이다.

이 사합원은 나중에 소개할 기회가 있겠으나, 어쨌든 중국 전역을 다스리는 황제皇帝와 그 왕조王朝의 통치적 질서를 그대로 소화했거나, 아니면 그에 고스란히 적응한 형태의 주택이다. 매우 권위적이며 안정적이다. 사방의 모든 벽면이 뜰을 향해 모여 있어 외부에서 완연한 성채를 연상케 하는 구조다. 따라서 개방형이라기보다 폐쇄형이다. 안을 향해 웅크리고 밖을 거부하는 몸짓의 사내를 연상하면 좋다.

그에 비해 십리양장의 번화한 곳에 들어선 상하이의 전통 주택은 컬러가 완전히 다르다. 중국인은 이 무렵 무수하게 들어선 상하이와 그 인근의 전통적 주택을 석고문石庫門이라고 적는다. 이 이름이 어디서 연유했는지는 정확히 고증하기 쉽지 않다. 단지 집 대문을 장식할 때 석재石材를 사용해 핵심 부위를 잇는 데서 나왔다는 설이 유력하다. 현지 방언 때문에 곳집을 뜻하는 '고庫'가 그런 의미를 얻었다는 얘기다.

'십리양장' '동양의 파리' '마술과 같은 도시'인 상하이에 몰려들었던 수많은 중국인들이 이 집을 짓기 시작해 이는 현재까지 상하이의 대표적인 민가民家 건축 양식으로 남아 있다. 지금까지 보존하고 있는 석고문을 보면, 우선은 중국 전통 양식과 서양 건축 양식의 혼용混用임이 분명하다.

일제 강점 시절 대한민국 임시정부가 머물렀던 상하이의 마당루馬當路 유적지를 가보면 이 상하이의 석고문 양식을 직접 살필 수 있다. 먼저 빽빽이 들어서 있는 2~3층의 연립주택 형태의 집들이 좁은 길

상하이 대한민국 임시정부 유지에 있는 석고문 형태 주택(오른쪽 빨간 벽돌 집)의 골목길

건국대 한인희 교수

양쪽에 들어서 있다. 그 각 주택의 문은 석재로 장식했다. 아울러 그 두 열列의 연립 주택에 들어서는 골목길 앞에도 커다란 대문이 있다. 대개는 둥그런 아치를 머리에 얹은 모습이다.

베이징의 전통 주택인 사합원이 엄격한 위계와 축선을 바탕으로 한 양식이라면, 이 상하이의 석고문은 뒤섞임을 상징한다. 섞여서 한데 어우러지는 모습의 혼용이다. 우선 건축 양식 자체가 중국 강남江南 지역의 여러 민가 양식을 바탕으로 서양의 구조를 섞었다. 중국과 서양의 양식이 어울린 형태다.

아울러 권문세가權門勢家의 극히 일부분 저택을 빼놓고는 이 석고문에는 여러 세대가 섞여 살았다. 도시로 밀려든 농촌의 수많은 인구들은 이 석고문의 연립 형태 주택 한 구석을 빌려 조그만 방에 여러 식구가 몸을 섞으며 살았다고 한다. 잠은 위의 조그만 방에서 가족들과 섞여 자고, 취사炊事와 세면 등은 공동의 구역에서 함께 해결하는 방식이었다.

황제의 성채인 자금성紫禁城이 있는 베이징 사합원이 엄격한 구획을 자랑하며 질서와 위계를 뽐냈다면, 상하이의 석고문은 양식 자체부터가 혼용이었고, 그 안에 사는 상하이 사람들의 삶 자체를 섞임과 어우러짐으로 몰아간 것이다. 상하이는 그렇게 모든 것을 섞는 데서 일정한 흐름을 유지한다. 한적한 어촌에 불과했던 상하이는 18세기의 어느 한 시공에서 그렇게 일어섰다. 세계의 이목을 모으는 혼용의 도시로서 말이다.

서광계와 마테오리치, 그리고 〈기하원본幾何原本〉

이 상하이를 대표하는 인물은 누구일까. 전국시대 춘신군을 논하자니 조금 개운치 않다. 춘신군의 태생지가 이곳이 아니기 때문이다. 단지 초나라 귀족으로 이곳을 봉읍으로 받았다는 점 외에 그가 오늘날의 상하이를 설명할 때 자신의 요소를 보탤 게 거의 없다. 그렇다면 유비의 군대를 무찔러 일약 중국 전쟁사에서 찬란하게 빛나는 '스타 장군'으로 발돋움한 육손은 어떨까.

그 역시 대표라고 하기에는 어딘가 개운치 않다. 육손 역시 상하이가 출생지는 아니기 때문이다. 그는 상하이에 인접한 쑤저우蘇州가 고향이다. 그가 오나라에서 쌓은 찬란한 전적으로 인해 화정후에 봉해져 상

마테오리치(왼쪽)와 서광계(오른쪽)의 역사적 조우를 그린 그림. 서광계는 마테오리치로부터 천문과 수학 등 핵심적인 서구문명의 요소를 익혀 중국에 전파한 인물이다.

하이와 인연을 맺은 점은 분명하나, 그 역시 오늘날의 상하이를 대표할 만큼 자격이 충분치는 않다.

중국인 스스로도 상하이를 대표할 만한 인물을 꼽으라면 망설인다. 중국 근현대사를 수놓은 많은 인물이 상하이를 기반으로 활동했지만, 순수하게 이곳에서 태어나 이곳의 요소를 자신에게 채운 뒤 이름을 얻은 경우는 많지 않기 때문이다. 그러나 상하이 출생으로 중국 근대사에서 결코 빼놓을 수 없는 인물 하나가 있다.

바로 서광계徐光啓 1562~1633다. 그의 직업은 무엇일까. 중국인이 정리한 자료에는 그가 '수학가, 과학가, 농학가, 정치가, 군사가'였다고 적혀 있다. '정치가'는 그가 옛 시절의 여느 중국 엘리트들과 마찬가지로 과거科擧의 길에 들어서 급제한 뒤 벼슬아치로서의 생애를 살았기 때문이다. 아울러 중요한 한 두 차례의 전쟁에서도 실력을 발휘했기 때문에 '군사가'라는 타이틀도 얻었다.

그러나 중국인들이 그의 이름 앞에 먼저 나열한 '수학가'이자 '과학가'의 타이틀에 주목할 필요가 있다. 그는 이 분야에서 탁월한 업적을 쌓았다. 수학이 발달한 전통의 중국이었지만, 그런 중국이 결코 보지 못했던 분야를 보도록 만들었던 인물이 바로 서광계다. 아울러 그런 수학적 업적을 토대로 중국의 과학을 업그레이드시킨 사람도 바로 그다.

그의 고향은 송강부松江府 상해현上海縣이다. 지금의 상하이가 바로 고향이라는 얘기다. 그때의 상하이는 '십리양장' '동양의 파리'라고 일컬어졌던 300년 뒤의 상하이와는 판이하게 달랐다. 사방에 논밭이 깔려 있고, 동쪽으로는 끝없는 바다만 펼쳐져 있던 한적한 농어촌이었다. 그는 상인이었던 아버지 밑에서 태어나 일찌감치 과거에 뜻을 두고 공부를 했다.

19세 때 지방 향시에 응시해 합격했으나, 중앙으로 진출할 수 있는 진사시에서는 거듭 고배苦杯를 들었다. 그는 그런 와중에서도 농지를 개간하고, 그곳에 물을 대는 수리에 골몰했으며, 그 둘의 토대를 이루는 천문天文과 수리數理에 깊은 관심을 기울였다고 한다. 사물의 실질을 중시하며 실생활에 도움이 되는 실사구시實事求是적 성향을 보인 셈이다.

그런 그가 1593년 무렵 처음 서양의 선교사와 접촉한다. 서양의 선교사는 카타네오ㄴCattaneo라는 인물이었다. 서광계는 그로부터 처음 세계지도를 봤다고 한다. 중국 외에도 드넓은 세계가 있다는 사실에 놀랐고, 포르투갈 출신의 스페인 항해사 마젤란이라는 인물이 지구를 돌아 항해함으로써 지구가 둥글다는 점을 증명했다는 사실도 들었다.

그로부터 다시 7년 정도가 흘렀다. 이번에도 그는 서양의 한 인물을 직접 찾아간다. 바로 마테오리치1552~1610였다. 마테오리치는 일찌감치 중국에 들어와 선교에 몰두하고 있었다. 중국어를 제대로 익혔고, 전통 학문의 바탕인 한학漢學에도 조예가 깊어 그는 당시 중국에서 이름을 높여가고 있었다. 그런 마테오리치를 난징南京으로 찾아간 서광계의 관심은 무엇이었을까.

마테오리치는 자연과학에 깊은 관심을 기울이던 서광계의 요구에 처음에는 응하지 않았다고 한다. 그 대신 마테오리치는 자신이 중국어로 번역한 〈천주실의天主實義〉 등 종교 서적을 건넸다고 한다. 그로부터 무슨 일이 벌어졌는지가 궁금하다. 그러나 어쨌든 3년 뒤에 서광계는 자신의 가족을 모두 데리고 마테오리치가 있던 난징으로 가서 천주교에 귀의했다고 한다.

그 점이 바로 '계기契機'였던 듯싶다. 1607년 마테오리치는 그 유명한 〈유클리드 원본〉의 내용을 서광계에게 전수한다. 나중에 서광계는 마테오리치와 함께 그 책을 한문漢文으로 번역해 〈기하원본幾何原本〉이라는 이름으로 출간한다. 이틀에 한 번씩 마테오리치는 서광계에게 그 내용을 강의했고, 일찌감치 실학實學의 취향이 농후했던 서광계는 마테오리치가 전하는 지식을 스펀지가 물을 빨아들이듯이 흡수한다. 그리고 둘은 마침내 책을 완역하기에 이른다.

문명사의 흐름에 관심을 둔 사람들은 알 것이다. 마테오리치를 만난 서광계로 인해 중국, 나아가 동양의 수학사에 기하학의 개념과 시각이 처음 옮겨졌다는 사실의 중대한 의미를 말이다. 그 전까지의 중국 수학은 대수代數가 주류를 이뤘다. 그것도 세계에서 으뜸이라고 꼽힐 정도의 대수 수준을 만들어낸 곳이 중국이다. 그러나 '평면' 지향의 대수가 '입체'의 기하학으로 발전하지 못한 점은 중국 수학, 나아가 동양 수학사에서는 일종의 미스터리다.

서광계의 번역을 거쳐 나온 평행선平行線, 삼각형三角形, 직각直角, 예각銳角, 둔각鈍角 등은 지금도 우리가 사용하는 기하학 개념이다. 아울러 기하幾何라는 단어 자체도 마테오리치가 들고 온 유클리드 원본 내용 중의 'Geo측량이라는 뜻의 라틴어'에서 나왔다는 사실을 아는 사람도 많다.

그의 업적은 다양하다. 나중에는 천문에 깊이 관여해 청나라 천문 역법에 관한 토대를 형성했고, 농법農法과 무기 및 화약 제조에도 발을 들였다. 왕조 시대의 문인 관료로 큰 공을 쌓은 것이다. 그러나 그것은 평범한 관찰에 불과하다. 그를 통해 서양 수리와 천문, 물리, 농법 등이 중국에 접목됐다는 사실을 간과할 수는 없다. 그 점은 어찌 보면 동양문명과 서양문명의 커다란 조우遭遇였던 셈이고, 서광계는 그 접점을 만든 사람일 것이다.

그 서광계가 태어나고 자랐던 터전은 지금의 상하이시에 쉬자후이徐家匯라는 이름으로 남아있다. 그가 지방 향시에서 급제한 뒤 진사 시험에 번번이 낙방하면서도 끊임없이 농법 개량에 골몰했던 현장이다. 그는 죽어서 이곳에 묻혔고, 그의 자손들이 대대로 이곳에서 번성했다고 전해진다.

수많았던 별들은 뜨고 지고

상하이는 낭만과 꿈의 도시다. 170년 전에 대문을 열어젖힌 대륙의 항구로부터, 제국 열강이 중국을 경략하기 위해 발을 들였던 국제적 도시로, 나중에는 다시 국민당과 공산당의 내전을 거쳐 중화인민공화국 성립 뒤 개혁과 개방의 선두 주자를 자임하며 중국의 경제적 활력을 대변했던 곳이다.

그렇게 이곳에 닥친 역사의 화려한 풍상과 함께 뜨고 진 별들이 무수히 많다. 중국 현대 문학의 아버지로 불리는 루쉰魯迅의 무대도 상하이였다. 그는 고향이 저장浙江의 사오싱紹興이지만 상하이를 배경으로 글을 쓰고 발표하면서 문단의 거두로 성장했다.

마오둔茅盾도 마찬가지다. 그 역시 중국 현대문학에서 결코 빼놓을 수 없는 인물이다. 노벨 문학상 후보로 심심찮게 오르던 중국의 문호 바진巴金도 같은 경우다. 영화 '색계色戒'의 원작 소설을 지은 장아이링張愛玲도 상하이에서 큰 이름을 떨쳤던 문인이다.

중국 1990년대 권력의 상징이었던 '상하이방上海帮'도 유명하다. 장쩌민江澤民, 쩡칭훙曾慶紅, 우방궈吳邦國, 황쥐黃菊, 주룽지朱鎔基 등으로 짜인 상하이방은 1980년대 후반 덩샤오핑鄧小平의 개혁 개방 방침을 충실하게 이어간 현대 중국 경제발전의 주역들이다.

　이념과 노선 갈등으로 반발이 심했던 중국 개혁개방의 역사에서 덩샤오핑이 개혁개방에 가장 선도적인 입장을 취했던 상하이 인맥에게 마침내 지속적인 중국 개혁개방의 대임大任을 맡겼다는 점은 여러 가지를 시사하는 대목이 아닐 수 없다.

　두위에성杜月笙 1888~1951이라는 인물도 특기할 만하다. 그는 중국 최고의 '주먹'이다.

　지금의 상하이 푸둥浦東에서 태어나 어린 시절 과일 행상 등으로 어렵게 생활하다가 빼어난 재간으로 중국 조폭組暴 세계에서 두각을 나타낸 뒤 승승장구했던 인물이다. 교활하면서도 대담하고, 잔인하면서도 때로는 은인자중隱忍自重하며, 간계奸計를 부리다가도 사람 사이의 의리를 따졌던 인물로 중국 조폭의 역사에서 크게 자취를 선보였다.

　상하이는 탄灘이다. 우리는 이 글자를 '여울' 또는 '여울목'으로 해석한다. 돌이 쌓이거나 고랑 등이 많아 물이 지나갈 때 소리를 많

상하이를 무대로 중국 최고의 '주먹'
으로 올라섰던 두위에성

이 내는 곳이다. 그러나 중국에서는 하천이 바다로 나가는 출구로 먼저 받아들인다. 긴 강의 흐름이 운반한 거대한 토사가 쌓여 새로 만들어지는 땅의 뜻이다. 그래서 상하이는 흔히 '상하이탄上海灘'으로 적는다.

　그 상하이는 길고 긴 장강이 바다로 흘러들면서 생긴 거대한 충적토沖積土 위에 세워진 도시다. 강은 자신이 지나온 흐름을 돌아보지 않을 것이다. 장강의 뒷물결은

앞물결을 밀어내는데, 그 강을 지켜본 사람들은 그 것을 자연의 섭리로 받아들일 뿐이다. 그런 강물의 장구한 흐름을 관찰한 사람들은 '과거'의 요소로 자신을 묶는 데 적극적이지 않다.

'탄'은 열려 있음의 상징이다. 게다가 그 앞에는 크기를 가늠조차 하기 어려운 바다가 놓여 있지 않은가. 그 점에서 상하이 사람들은 도전의 정신이 강하다. 서광계가 가족을 인솔해 마테오리치를 찾아가 천주에 귀의하고 마침내 그로부터 유클리드의 기하학 원본을 전수받아 중국인들로 하여금 그전까지 중국이 보지 못했던 수리적 세계의 다른 모습을 보게 만든 것과 같다.

앞에서 소개했던 강남과 영남, 그리고 쓰촨 등의 지역은 상하이의 배후지背後地이자 문화적 백그라운드에 해당한다. 중국 남부의 기질은 남과 섞이고 어울리는 문화에 익숙한 편이다. 과거의 전통에 자신을 옭아매며 완고한 기질을 보이는 경우와는 다르다. 상하이는 그 점에서 중국의 또 다른 상징이다. 그 상하이가 만들어내는 문화적 토양은 그래서 복합적이다. 개방적이며, 변화에 능동적이다. 실리적이면서도 상상력이 풍부하다. 그래서 상하이가 뿜어내는 열기는 항상 주목거리다.

그럼에도 상하이 사람들에 대한 평가는 다양하다. 우선 우리가 다음에 들를 곳인 베이징과 비교하는 경우가 많다. 베이징 사람들이 전통적으로 황제가 머무는 곳에 삶의 터전을 뒀던 사람들이라 정치적 성향이 농후한 반면에, 상하이 사람들은 정치적 관심보다는 경제적 관심이 훨씬 더 하다고 한다. 아울러 베이징 사람들이 큰 소리로 정치적 논설을 쏟아내길 좋아하는 데 비해 상하이 사람들은 조용한 음성으로 실리實利를 차분하게 따진다는 식이다.

상하이 사람들은 북방의 주민들에 비해 조심스럽다는 평도 듣는다. 특히 가정생활에서 남성들은 '마나님'을 잘 받들어 모시는 것으로도 정평이 나있다. 아내를 위해 쌀을 사오고買米, 아내를 위해 쌀을 일고淘米, 아내를 위해 밥을 짓는燒米 행위의 각 앞 글자를 현지 상하이말로 적어 '馬大嫂마다싸오, 마씨 형수님'라는 말로 상하이 남성들을 일컫기도 한단다.

그러나 정명精明함도 상하이 사람들의 커다란 특징이다. 섬세하면서精도 밝다明는 뜻이다. 따라서 계산력도 뛰어나다. 상황을 저울질해서 남에게 결코 손해를 보지 않는 성격이다. 그런 깐깐하면서도 치밀한 계산력, 게다가 바다를 끼고 있어 널리 나아가려는 진취적 성향이 어울린다면 어쩔까. 중국 개혁개방의 역사에서 커다란 자취를 남겼던 상하이방은 그래서 유명했다. 그냥 앞으로 나아가다가는 그저 큰 코 다치기 십상이다. 예상치 못한 땅의 굴곡과 늪지에 빠져 이러지도 저러지도 못하는 곤경困境에 빠질 수 있기 때문이다. 그러나 치밀하고 빼어난 계산력을 갖췄다면 길 앞에 놓인 여러 함정을 피해 제 목적지를 향해 순항順航할 수 있는 법이다. 그런 점에서 상하이는 매우 큰 잠재력을 지닌 곳이다. 집에서 아내를 위해 쌀을 일어 밥을 짓는 상하이 남성들을 우리가 얕잡아 보면 큰 탈이 나는 이유다.

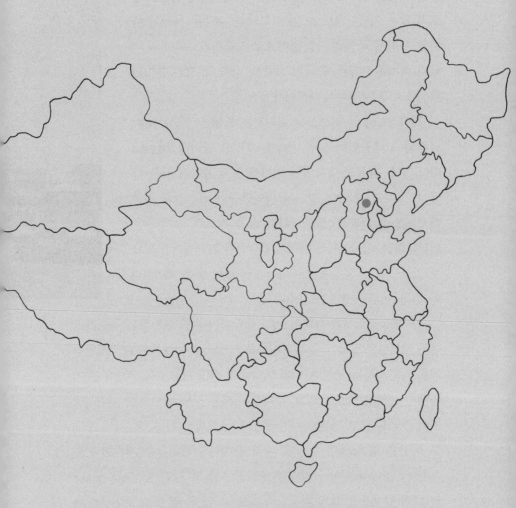

제왕의 엄혹한 기운이 서린 곳

베이징(北京)

중화인민공화국의 수도는 베이징北京이다. 한반도의 평양과 비슷한 위도緯度에 놓여 있는 이곳은 달리 설명이 필요치 않은 지역인지도 모른다. 한국의 수많은 사람이 다녀왔고, 이제 국력을 키워 바야흐로 지구촌의 슈퍼파워 미국과 어깨를 겨루는 중국의 정치 및 사회 등 모든 분야의 핵심을 이루는 곳이기 때문이다.

베이징-. 우선 떠오르는 이미지는 드넓은 천안문天安門 광장과 고색창연한 자금성紫禁城, 그리고 만리장성萬里長城이다. 조선 왕궁의 경복궁에 비해 훨씬 웅장하게 지은 자금성, 그리고 그 앞에 걸린 중화인민공화국의 건국 영웅 마오쩌둥毛澤東의 초상, 기이하다 싶을 정도로 크게 지은 인민대회당, 아울러 '이 자리에 꼭 이 건축이 들어설 필요가 있었느냐'는 물음을 자아내는 만리장성 등은 베이징의 이미지를 이루는 중요한 요소다.

앞 회에서 소개한 상하이上海가 개방과 진취를 표방하는 곳이라면 이곳 베이징은 엄격한 구획과 질서를 바탕으로 대일통大一統의 제왕적 기운을 과시하는 곳이다. 따라서 상하이 식의 자유로움, 개방성은 이곳에서 좀체 찾아보기 힘들다. 대신 어깨를 짓누르는 듯한 구획성에 거대 중국을 끌고 가는 정치적 무게가 더 느껴진다.

이곳은 황제皇帝의 도시다. 따라서 베이징의 인물을 거론한다면, 우선 이 곳에서 태어나 방대한 중국을 이끌고 갔던 명明대와 청淸나라 때의 황제들을 먼저 떠올리지 않을 수 없다. 명 태조 주원장朱元璋의 아들인 영락제永樂帝 주체朱棣 뒤로 태어난 모든 명나라 황제, 그리고 산해관山海關을 넘어와 베이징을 차지한 뒤 중국을 호령했던 청나라 순치제順治帝 뒤의 청 황제 등이 모두 이곳에서 태어났다.

베이징의 상징인 천안문. 제왕의 기운이 가득한 곳이다.

　그 전의 원元나라 황제 여럿도 이 베이징을 출생지로 두고 있으니, 어쨌든 이곳은 황제의 기운과는 떼려야 뗄 수 없는 관계에 있다. 그 황제의 기운, 즉 제기帝氣는 사람이 뿜어내는 기운 중에 가장 강력하다. 이른바 '억조창생億兆蒼生'의 생사를 한 손에 쥐고 농락할 수 있으니 그 얼마나 대단할까.

　그러나 그런 기운은 그것을 손에 쥔 사람에게는 지고至高의 쾌락이요 복락福樂일 수 있으나, 그 기운에 눌려 몸을 굽히면서 살아야 했을 사람의 입장에서는 내 발과 손을 묶어두려 채우는 차꼬와 수갑, 즉 질곡桎梏의 다른 이름이었으리라.

동서로 길게 난 통제 지향의 도로

한 도시에 이르러 우리는 먼저 어떤 '인상印象'을 받기 마련이다. 베이
징에서 조금 오래 머문 사람들에게 뚜렷하게 하나의 상징으로 다가
오는 곳이 있다. 위에서 말한 자금성과 만리장성도 분명 그러하지만,
이곳은 베이징에서 머물며 일정 기간 생활하는 외지의 사람들에게
'도대체 여기는 뭐냐'라는 의문을 품게 만든다. 천안문 광장을 동서
로 가로지르며 지나가는 창안제長安街다.

　이곳은 중국인들이 '중국 최고의 거리神州第一街'라고 자부하는 거
리다. 베이징 시단西單에서 둥단東單까지 왕복 12차로의 넓은 도로가
4㎞ 이어지며, 그 연장은 옛 왕조시절 대운하大運河의 북쪽 종착지인
동쪽 끝 퉁저우通州에서 서쪽 끝의 스징산石景山까지 38㎞에 이른다고
자랑한다.

　베이징에서 한동안 살아봤던 사람은 이 창안제의 특징을 잘 안
다. 중국 공산당 당 대회나 전국인민대표대회全人大 등 중요한 정치적
행사가 열리는 시기에 이 도로가 얼마나 가혹할 정도로 정부의 통제
에 드는지 말이다. 물 샐 틈 없는 정부의 통제가 이뤄지면서 이 도로

천안문 앞을 동서로 관통하는 창안제의 모습. 물 샐 틈 없는 통제로 유명한 도로다.

는 민간의 차량이 함부로 드나들 수 없는 길로 변한다.

　아울러 이 드넓은 도로에서는 함부로 샛길로 새는 일이 허용되지 않는다. 아주 긴 구간 동안 좌회전을 아예 허용하지 않을 뿐 아니라 우회전으로 간선 도로를 비켜갈 수도 없다. 한 번 올라서면 일정하게 정해진 구간까지 앞만 보고 진행할 수밖에 없는 도로다. '통제'라는 행위가 가져오는 엄밀함과 답답함의 극치를 맛볼 수 있는 곳이다.

　조금 있다가 소개를 하겠으나, 이 도시에는 거대한 축선軸線이 팔팔하게 살아 있다. 이 창안제는 베이징 도심 전체를 동서東西로 구분하는 살아 있는 도시 축선이다. 축선은 곧 중심이다. 그 중심은 중국의 공산당일지 모른다. 드넓은 중국 전역을 이끌고 있는 공산당 말이다. 13억 인구의 방대한 중국 대륙은 그 공산당의 빈 틈 없는 통치에 의해 이제 세계의 강국으로 도약하고 있다.

중심을 휘어잡고, 중심에 올라타, 중심으로 주변을 아우르는 통치술의 한 장면을 우리는 이 베이징에서 목격하려고 준비 중이다. 그 '중심'과 '주변'의 강한 대비는 이 도시의 아주 큰 특징이다. 가장 중요한 것에서 다음 아래의 것, 그리고 그 다음, 다시 그 다음…. 이런 순열順列을 미리 정해놓고 그 차례에 따라 행위의 순차順次를 정하는 게 어쩌면 드넓은 국토와 방대한 인구를 일사불란하게 이끌고 있는 공산당의 통치 요령일지도 모른다.

아니 그것은 어쩌면 현대의 중국 공산당에 그치지 않는다. 과거의 여러 중국 통일 왕조가 그랬다. 역시 드넓은 국토와 방대한 인구를 이끌기 위해서는 웬만한 크기의 나라에서는 볼 수 없는 강력한 통치의 축선이 필요했을 것이다. 옛 중국 왕조의 정통적 기운이 아직도 흐르는 곳은 바로 이 베이징이다. 우리는 그곳에서 그런 옛 왕조, 아울러 현대 중국 통치의 핵심인 공산당의 '축선'을 그냥 지나칠 수 없다. 창안제라는 길면서도 광폭廣幅인 도로는 우선 '축선'과 '통제', 나아가 강력한 통치의 인상을 주기에 충분한 곳이다.

엉겅퀴의 고향

누르는 자와 눌리는 자의 이분법적인 구조는 여기서 걷어치우자. 억압의 행위자와 그 피해자라는 단순한 구도에서 베이징을 본다면 우리는 얻는 것보다 잃는 것이 더 많다. 그보다는 방대한 중국의 국토와 그 수많은 인구를 끌고 가는 황제의 통치행위, 그에 딸려 있는 많은 방략方略을 읽는 게 우리에게는 더 필요한 일이다.

이곳은 엉겅퀴가 잘 자랐던 곳인가 보다. 베이징의 옛 이름은 꽤 많다. 그러나 처음의 지명은 어쩐지 이 엉겅퀴를 뜻하는 '薊계'라는 글자로 시작한다. 지금의 베이징 근처에도 이 글자를 사용한 현縣이 있지만, 어쨌든 역사 속에서 등장하는 베이징의 첫 이름은 이 글자를 썼다. 그만큼 베이징의 토양에서 잘 자랐던 식생植生이었으니 엉겅퀴는 이곳을 대표하는 꽃으로 봐도 좋을 것이다.

그 엉겅퀴의 꽃말은 '엄격함'이다. 꽃에 말을 붙이는 관행이야 서양의 발명이겠으나, 어쨌거나 가시가 달린 엉겅퀴는 그런 '엄격'의 이미지와 잘 어울린다고 할 수 있다. 아울러 엉겅퀴의 엄격함과 황제의 기운 역시 서로 어울리는 조합이다. 원래 그 엉겅퀴가 제철을 맞아 흐

드러지게 피어나는 점을 보고 왕조의 운영자들이 이곳을 황제의 터전으로 잡았으리라고는 보지 않는다.

지정학적인 필요에 의해서 왕조의 수도로 선택을 받은 것이겠으나, 아무튼 이 베이징의 원래 이름은 엉겅퀴와 관련이 있었고, 아울러 그 꽃은 제법 삼엄하다 싶은 이미지를 우리에게 준다는 점도 사실이다. 그렇게 베이징은 원래부터 황제의 엄혹한 통치와 맞아 떨어지는 지역이었던 모양이다.

이 베이징은 공중에서 보면 뚜렷한 축선軸線을 가운데 안고 있다. 천안문 광장의 남쪽에는 옛 베이징 성채의 남문南門이 있고, 거의 정북正北 방향을 따라 마오쩌둥 시신이 놓인 기념관, 광장 한 복판의 인민영웅기념비, 국기 게양대, 마오쩌둥 대형 초상이 걸린 천안문, 오문

1930년대의 베이징 천안문 근처 모습이다. 옛 성곽의 남문에서 천안문~자금성~고루까지 이어지는 축선의 윤곽이 뚜렷하다. 아직 천안문 광장이 만들어지기 전의 모습이다.

午門, 황제의 집무 장소인 태화전太和殿, 황궁의 북문인 신무문神武門, 왕조 시절 수도의 신민臣民들에게 시각을 알려주던 종루鐘樓와 고루鼓樓가 있다.

자금성 안의 건축들은 모두 옛날 황제만이 거닐 수 있는 황도皇道 위에 얹혀 있으며, 그 종루와 고루의 한참 북쪽으로 올라가면 베이징 북녘을 병풍처럼 가로지르는 옌산燕山 산맥이 있다. 중국의 옛 도성은 남북으로 이어지는 축선을 중심으로 짓는다. 풍수의 관점에서는 북쪽의 산으로부터 내려오는 지기地氣를 설정하는데, 이 맥이 이른바 '용맥龍脈'이다.

이를 테면, 베이징의 풍수 상 주산主山은 옌산 산맥이며 저 멀리 곤륜산崑崙山으로부터 꿈틀대며 남하하는 용맥은 이 옌산의 산맥에서 큰 또아리를 틀었다가 곧장 남하해 베이징 자금성으로 이어진다. 그 용맥이 흐르는 곳에 자금성을 비롯한 황제의 상징 일체가 들어선 것이다. 황제의 기운이 바로 이 용맥이며, 이 용맥은 바로 베이징 도시 설계에서의 축선이다. 중국은 이를 '中軸線중축선'이라고 적는다.

이 축선의 개념은 역대 중국 왕조가 들어섰던 도성에는 반드시 등장한다. 베이징에 앞서 더 많은 왕조가 들어섰던 장안長安 지금의 시안도 마찬가지며, 낙양洛陽도 예외가 아니다. 대부분 장방형長方形으로 지어지는 왕조의 도성 한가운데에는 반드시 이 축선이 들어서며, 그 축선은 황제의 상징이자 드넓은 중국 대륙을 이끄는 왕조 통치의 근간으로 작용한다.

베이징의 축선은 약 7.3km다. 세계의 대도시에는 나름대로 축선이 있다. 서울의 예를 보더라도, 북악산에서 흘러나온 용맥은 경복궁에 이어져 남대문까지 뻗는다. 그러나 그 길이는 베이징에 비견할 수 있을 정도는 아니다. 베이징의 축선은 세계의 여느 도시들이 설정했던 그것보다 훨씬 길고 웅장하다. 지금은 사라졌지만 베이징에 앞서 많은 왕조가 들어섰던 지금의 장안지금의 西安은 8km가 넘는 축선을 자랑했다고 한다.

이런 축선은 세계의 모든 도시 발전사에서도 찾을 수 없는 수준이라고 한다. 중국의 옛 도시만이, 그리고 현대 중국의 베이징만이 이런 길고 웅장한 축선을 지닌다고 한다. 조선의 수도인 서울은 그런 중국의 도시 건설 제도를 조금 흉내만 내고 그친 데 불과하다. 일부 유럽 등의 도시에서도 축선의 흔적은 찾아볼 수 있으나, 중국의 옛 도시들처럼 길면서도 정치적 지향이 뚜렷이 담긴 축선을 찾아볼 수는 없다는 것이다.

베이징 여행을 시작하면서 잠시 언급했던 창안제는 동서로 난 축이다. 그것은 옛 중국 도시에서 발달한 남북의 축선과는 다르다. 그럼에도 현대 중국을 이끌고 있는 중국 공산당이 드러내는 통제와 통치의 한 측면을 들여다 볼 수 있다는 점에서 창안제를 먼저 소개했다. 동서로 그어진 그 축선도 결국 중국의 통치방식과 관련을 지어 한 번 진지하게 들여다봐야 한다는 이유 때문이다. 그렇게 베이징은 남북으로, 그리고 동서로 난 축선이 아주 뚜렷하게 발전한 곳이다.

중국의 정치적 행위가 벌어지는 곳에서는 그런 축선이 고루 눈에 들어온다. 유형과 무형의 축선으로서 말이다. 때론 그런 축선이 아주 팔팔하게 숨을 쉬며 움직일 때도 있다. 우리는 그런 특징에 자세한 관심을 기울일 필요가 있는데, 얼마 전에도 사실 그런 장면을 목격할 수 있었다.

살아 숨을 쉬는 축선

중화민족의 부흥을 알리는 신호탄이었을까. 적어도 중국의 많은 이들은 2008년의 베이징 올림픽을 중화민족의 커다란 경사로 보는 수준을 넘어, 중국이 제대로 일어섰음을 세계만방에 알리는 민족의 쾌거로 간주했다. 당시의 올림픽에서 중국인들은 제대로 알아차렸지만, TV를 통해 이를 지켜보던 세계인들은 제대로 알아차리지 못한 점이 있다.

앞에서 소개했듯이, 베이징의 옛 도시 축선은 약 7.3km로 천안문 광장과 자금성을 지나, 북쪽의 종루와 고루로 이어지는 데 불과했다. 중국 공산당은 이 축선을 연장했다. 종루와 고루의 북쪽으로 다시 12km를 연장해 지은 건축이 바로 올림픽 메인스타디움과 공원이다.

새집을 닮았다고 해서 냐오차오鳥巢라고 불렸던 메인스타디움과 물이 흐르는 큐브 모습의 수영장 수이리팡水立方, 그리고 올림픽 공원 등은 베이징 자금성 정북 방향 12km에 있다. 옛 황제의 용맥을 연장해 지은 이 올림픽 공원과 메인스타디움은 과연 무슨 의미를 우리에게 일깨우는 것일까.

2008년 베이징 올림픽이 열린 메인스타디움 냐오차오. 촬영자가 선 곳이 전통적인 베이징 축선을 정북방으로 12km 연장한 황제의 선, 나아가 풍수상의 용맥이다. 중국 역대 수도는 모두 이 축선의 개념을 활용해 지었다.

축선은 황제를 상징했고, 그 황제는 전 중국을 대표하는 인물이었다. 따라서 축선은 바로 정통正統과 적통嫡統의 상징이다. 중국 공산당은 황제만이 거닐었던 그 축선을 과거의 유물로 그냥 두지 않고 길이를 늘였다. 이어 그곳에 메인스타디움 등을 지어놓고 베이징 올림픽을 치렀다. 공산당은 그 축선을 다시 활용함으로써 찬란했던 과거 중국의 정통 계승자가 자신이라는 점을 국내와 국외에 알리고자 했던 것이다.

그에만 그칠까. 결코 아니다. 중국을 통치하는 공산당의 사고에도 그런 축선은 생생하게 살아 숨을 쉰다. 중국 공산당의 강령은 당헌黨憲에 해당하는 당장黨章에 다 들어있다. 그 중국 공산당 당장은 이렇게 시작한다.

'마르크스 레닌주의, 마오쩌둥 사상, 덩샤오핑鄧小平 이론을 근간으로….' 그 뒤를 다시 장쩌민江澤民의 '3개 대표론', 후진타오胡錦濤의 '과학발전관'이 잇는다. 앞의 셋이 중국 공산당 당헌의 핵심이다. 공산주의 근본적 이념과 그를 활용해 중국 건국에 성공한 마오쩌둥의 사상에, 개혁과 개방을 이끈 덩샤오핑의 이론을 접목한 구조다. 거기다가 덩샤오핑 이후의 중국 지도자 장쩌민과 후진타오의 정책적 지향을 다시 이었다.

마르크스와 레닌으로부터 후진타오까지 이어지는 게 바로 중국 공산당의 통치 근간이다. 덩샤오핑까지가 핵심 골조를 이루고, 장쩌민과 후진타오는 콘크리트로 녹슬거나 느슨해진 부분을 보완한 모습이다. 이는 중국이 사회주의의 노선을 결코 포기하지 않으면서도 개혁과 개방으로 커다란 전환을 이뤄낼 수 있었던 사상적인 토대에 해당한다.

베이징을 방문하는 한국인들은 이 점에 주목할 필요가 있다. 자금성 한 바퀴 휙 둘러보고 "옛날 황제들이 제법 그럴 듯하게 살았군!"이라며 단순한 감탄만을 할 대목이 아니다. 통치의 근간을 초장超長의 축선으로 세우고 정통의 근간을 만들어 명분을 제대로 일으킴으로써 드넓은 대륙을 이끌려고 했던 축선의 설계, 또는 그 안에 담긴 방략方略의 무게를 느끼는 게 필요하다.

축선은 결코 옛날의 일만은 아니다. 중국 공산당은 마오쩌둥이 세상을 뜬 뒤 그 시신을 축선의 '포장재'로 활용하고 있다. 천안문 광장 남쪽에 있는 마오쩌둥 기념관이 바로 그 포인트다. 왜 세상을 떠난 지도자의 시신을 이 축선의 복판에 올려놓았는지를 알아야 한다는 얘기다. 천안문 광장에 덩그러니 걸려 있는 그의 초상은 또 어떤가.

마오쩌둥에 관한 시비는 오늘의 중국에서도 뜨거운 이슈다. 그는 과격한 좌파주의 실험인 문화대혁명을 일으켜 재난에 가까운 상황을 중국 전역에서 연출했다. 그에 앞서서는 더 극좌적인 실험인 '대약진운동大躍進運動'을 벌여 적어도 3000만 명의 인구를 굶주림에 시달리다 죽게 만들었던 인물이다.

그럼에도 그의 대형 초상은 오늘도 천안문 가운데에 걸려 있고, 그의 시신은 '죽어서는 흙에 들어서야 편안해진다'는 중국 전통의 '入土爲安입토위안'식 관념을 외면한 채 광장의 남단인 기념관 복판에 놓여 있다. 왕조 시절 황제의 권위와 정통성을 상징했던 전통의 축선에 그의 초상이 걸리고, 다시 그의 시신까지 놓인 이유는 무엇일까.

중국 공산당은 공산당이다. 공산당이 공산주의 이념을 무시해서는 더 이상 공산당이 아니다. 그럼에도 중국은 경제적 발전이 필요했다. 사회주의 종주국 옛 소련은 먼저 무너지고 말았다. 여러 관점의 분석과 해석이 등장할 수 있지만, 현실적인 토대를 그대로 유지하면서 새로움으로 나아갈 수 있는 여러 조건의 '수용受容'과 '응용應用'에서 옛 소련이 실패했다는 측면도 있다.

그런 옛 소련이 경제적 발전을 위해 변화를 꾀했다면 어떤 방향이 있을 수 있었을까. 제 몸체를 유지하면서 자본주의적 요소를 받아들이는 일 말이다. 어쨌거나 옛 소련, 지금의 러시아는 그런 '변용變容'을 꿈꾸지 못했다. 꿈을 꾸지 못했으니 실행을 할 수도 없었을 것이다.

그러나 중국은 그런 일이 가능했다. 사회주의 몸체를 유지하면서 자본주의적 시장경제 요소를 접목하는 일이었다. 그렇게 체질을 바꾸면서도 얼굴은 그대로 가져가는 '변신變身'에서 중국은 성공했다.

여러 가지 이유가 있겠으나, 필자의 눈에는 중국이 정치적 축선을 제대로 지키면서 활용하는 방안을 알았기 때문이라고 보인다.

축선이 뚜렷하면 자신이 지닌 가장 중요한 토대를 잃지 않는 법이다. 핵심이 분명하면 주변의 여러 가지 환경들을 현실에 맞게 변형하면서도 틀을 유지할 수 있다. 기초가 튼튼해야 건축의 외형이 번듯해지며, 아울러 초석礎石이 든든하면 다른 여러 가지를 환경에 맞게 변형할 수도 있다. 중국은 그런 기초와 초석의 다지기에 모두 능한 편이다. 나라와 국가의 지향이 분명한 정치적 축선이 발달했기 때문이다.

보다 실용주의적이며, 보다 현실주의적이다. 중국의 면모가 그렇다. 현실에서 자신의 지향을 펼칠 수 있는 강력한 중심지대를 먼저 확보한 뒤 그를 통해 주변의 여러 변수變數를 수용하는 전략의 틀이 그들에게는 보인다. 아마 그런 장치의 으뜸이 어쩌면 베이징에서 우리가 목격할 수 있는 축선일지도 모른다.

전통주택에서 읽는 질서와 위계

베이징의 대표적 전통 주택은 사합원四合院이다. 동서남북의 네 벽四 또는 건축물들이 주택 가운데의 뜰院을 향해 모여 있는合 꼴이라는 뜻이다. 어렵게 이해할 필요 없이, 이는 우리 한옥의 'ㅁ'꼴 형태의 주택을 떠올리면 좋다. 가운데 만들어진 뜰을 향해 사방의 벽면이 모여 있는 'ㅁ'꼴이어서 이 집은 안에 들어서면 우선 조용하고 은밀하다는 느낌에 빠져든다.

벽 외면에는 원래 창 하나도 내지 않았던 주택이다. 따라서 사방의 벽은 마치 성채의 성벽과 같은 느낌을 준다. 모든 벽과 건물 구조가 가운데에 있는 뜰을 향해 있으니 밖에서는 완연한 폐쇄형 구조다. 내밀하면서 은밀함을 좋아하는 사람에게는 매우 적합한 건축형태다.

다른 뚜렷한 특징은 남북의 축선이 분명하다는 점이다. 사합원이 많이 생겨나면서 때로는 남북의 축선 구도를 살리지 못한 건축도 등장했지만, 원래의 전통적 사합원은 남북의 축선에 동서의 횡적인 축선이 분명하다. 남북의 축선을 기점으로 가족 구성원의 서열이 분명해진다. 가장 큰 어른이 북쪽의 축선에 거주하고 그를 중심으로 동서

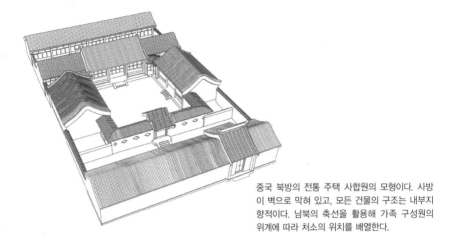

중국 북방의 전통 주택 사합원의 모형이다. 사방이 벽으로 막혀 있고, 모든 건물의 구조는 내부지향적이다. 남북의 축선을 활용해 가족 구성원의 위계에 따라 처소의 위치를 배열한다.

양편으로 나뉘어 짓는 건물에 서열을 맞춰 가족 구성원들이 방을 차지한다.

이 사합원은 베이징의 또 다른 상징이다. 그 사합원 주택 양식의 기원은 지금으로부터 훨씬 전으로 거슬러 올라간다. 2000여 년 전의 서한西漢 시대 무덤에서 'ㅁ'자 형태의 사합원 초기 모형이 출토되고 있으니 그 역사는 매우 장구한 편이다. 중국 북방의 대표적 민가 형태라고 볼 수 있지만, 베이징의 사합원이 그 중에서도 가장 두드러진다.

남북의 축선이 명료한 이 주택은 '질서와 위계位階'의 관념을 자랑한다. 번듯한 구획區劃의 의미도 강조하고 있다. 이는 베이징 사람들의 인문적 의식을 보여주는 한 단면이기도 하다. 질서와 위계에 관한 의식이 분명한 만큼 사람들은 정치적 소양이 매우 발달해 있다. 아래위를 가르는 게 권력을 사이에 두고 사람들이 벌이는 이른바 '정치적 행위'의 근간이니 그럴 수밖에 없다는 얘기다.

아울러 적장자嫡長子 중심으로 서열과 위계를 매기는 전통적 종법

宗法 사회의 틀에 딱 들어맞는 구조이기도 하다. 중국 사회가 오랜 농업의 역사를 지녔고, 그런 흐름 속에서 적장자 중심의 종법제도를 발전시켜왔다는 점은 잘 알려진 사실이다. 그런 종법사회 전통에 가장 잘 맞는 주택이 사합원이요, 그 사합원이 대표적인 민가 형태로 자리를 틀었던 곳이 바로 베이징이다.

사실, 이 축선의 구조와 그를 현세의 생활에 제대로 구현해 활용하는 중국의 전통적 사유형태는 더 차분하고 깊게 들여다 볼 주제다. 중국 역사에 등장하는 이 축선의 개념을 지닌 장치는 매우 많다. 그러나 이 글에서 그 면모를 충분히 들여다 볼 여유는 없다. 그저 베이징이 세계에서 유례를 찾아볼 수 없는 아주 긴 도시의 축선을 지닌 곳이고, 전통의 주택마저 그 축선의 개념을 매우 발전시켰다는 점을 우선 말해두기로 하자.

단지 하나 부연할 게 있다. 축선은 중요한 것과 중요하지 않은 것의 경계다. 정통과 비非정통을 구분하는 경계선이기도 하며, 중심과 주변을 가르는 구획의 선이기도 하다. 그로부터 귀한 것과 귀하지 않은 것이 나뉘지면서 누가 높고 누가 낮은가의 존비尊卑에 관한 관념도 모습을 드러낸다. 일종의 배열排列이며, 이는 사물과 현상을 보는 철학적 사유를 대변하기도 한다.

따라서 축선은 정치적이며, 사회적이다. 아울러 세상을 어떻게 다룰지에 관한 경세經世의 근간이기도 하다. 베이징 사람들이 대개 정치에 매우 민감하다는 평이 나오는 것도 어쩌면 이런 축선과 관련이 있는 대목일지 모른다. 베이징 택시 기사들은 낯선 손님을 태우고서도 천안문 광장 근처의 중국 권력층에서 벌어지는 정치 '뒷담화'를 즐겨 입에 올리는 것으로 매우 유명하다.

아울러 축선은 전략의 기초다. 중요한 것과 그렇지 않은 것을 구분하며, 준비해야 할 일의 순서를 매기는 것이 바로 전략의 토대다. 중요하지 않은 것은 뒤로 미루고, 우선 중요한 사안을 먼저 정리한 다음에 그 자리를 잡아두는 것이 전략의 기초다. 따라서 축선이 발달한다는 점은 전략의 사고 또한 매우 풍부하다는 점을 말해준다.

옌산 산맥으로부터 뻗어 내려오는 풍수상의 용맥을 살려 그 위에 황궁을 짓고, 황도를 건설해 통치의 근간을 삼았던 전통 왕조의 '방략'은 오늘날의 중국 공산당 통치술에도 그대로 전해지고 있다. 중국 공산당은 천안문 광장의 넓은 대지를 그대로 버려두지 않았다. 그곳에 광장을 만들어 사회주의 중국을 건국할 때 희생당한 많은 사람들을 기념하기 위한 인민영웅기념비를 만들었다. 고색이 창연한 자금성도 그냥 두지 않았다. 천안문 가운데에 마오쩌둥의 거대 초상화를 걸었고, 그의 시신을 광장 남쪽의 기념관에 '모셨다'.

공산당의 당헌에는 마르크스-레닌주의를 맨 앞에 세운 뒤 마오쩌둥과 덩샤오핑을 이어서 배열했다. 중심축이 분명한 건축의 구조와 꼭 닮았다. 덩샤오핑이 사회주의의 토대 위에 자본주의적 요소를 갖다 붙이는 개혁과 개방에 성공한 이유도 다 예서 나온다. 거대한 혼란을 불러올 수 있었던 실험임에도 축선의 바탕을 그대로 살리면서 현실적 측면에 자본주의의 요소를 도입하는 절충의 방식으로 그 위기를 극복했다.

이는 '배열'에 관한 매우 두드러진 사유의 형태이자, 내가 얻어야 할 것과 잃지 말아야 할 것을 분명하게 가르는 전략적 사고의 특징에 해당한다. 정치적으로 민감하며, 아울러 전략의 마인드가 풍부하다는 것은 아무래도 이 축선의 사고와 연관이 깊어 보인다. 베이징의 인문적 분위기는 대개가 그렇다. 정치적이며 전략적이다.

베이징의 인문 풍경

관개운집冠蓋雲集이라는 중국 성어가 있다. 관冠은 벼슬아치들이 머리에 쓰는 사모紗帽를 의미한다. 개蓋는 벼슬아치들이 즐겨 탔던 수레 위에 올린 양산 또는 우산과 같은 장치다. 맑은 날에는 햇빛을 가리고, 비가 올 때에는 비를 막기 위해 수레 위에 올린 장치다. 사모관대紗帽冠帶의 벼슬아치, 그리고 그들이 타고 다니는 수레의 우산과 같은 장치들이 사나운 비 내리기 전의 구름처럼 새카맣게 몰려있다는雲集 상황을 형용한 말이다.

베이징은 그 '관개운집'의 전형이다. 우리말에도 '서울 가서 벼슬 자랑하지 말라'는 말이 있다. 베이징은 더 그랬던 모양이다. 수도에 거주하며 공직에 다니는 벼슬아치, 즉 경관京官이 수를 헤아릴 수 없을 정도로 많았을 게 분명하다. 아울러 황제 밑의 왕후장상王侯將相이 즐비하고, 총리를 비롯한 장관급의 벼슬아치들이 줄을 이었으니 함부로 제 관직의 위계를 자랑하다가는 큰 코 다치기 십상이었다는 얘기다.

이 글이 중국 각 지역의 인문적 특성과 그 고장이 배출한 인물을 소개하는 마당이지만, 베이징이 낳은 인물을 꼽자니 매우 막연해진다. 앞에서도 잠시 언급을 했지만, 명대와 청나라 때의 황제들이 사실은 다 베이징 출생이다. 몽골이 통치한 원나라 때부터 많은 황제들이 이곳에서 태어나 중국을 다스렸다.

아울러 비록 이곳을 출생지로 두지는 않았지만, 명대와 청나라 때의 수많은 수도首都 벼슬아치인 경관들도 베이징의 인문적 특성을 거론할 때 빼놓을 수 없는 인물들이다. 너무 많아서 딱히 몇 명을 특정해 거론하기가 힘든 곳이 바로 베이징이다. 그럼에도 베이징이 낳은 인물을 이야기하려면 이들을 거론해야 하는데, 결국은 베이징에 뚜렷하게 모습을 간직하고 있는 축선과 그 의미 등으로 베이징의 인문을 소개하고 말았다.

명나라와 청나라 시기 500여 년 동안 왕조의 수도였던 베이징은 황제들의 기운이 넘쳐나는 곳이기도 하다. 청나라를 견고한 발전의 토대로 올린 두 주역, 강희제(위쪽)와 그의 손자 건륭제(아래쪽)

베이징은 그 자체보다, 앞 회에서 소개한 상하이와 비견할 때 특징이 두드러진다. 중국에서 흔히 남북의 문화적 차이를 이야기할 때 즐겨 등장하는 대표선수가 바로 베이징과 상하이다. 베이징은 북녘의 인문을 대표한다고 해서 京派경파라고 적고, 상하이는 남녘의 인문 전체를 대표한다고 해서 海派해파라고 적는다.

이 경파와 해파의 구분은 사실 문학에서 비롯했다. 1930년대 중국 문단의 유파流派적 논쟁에서 시작해 한 때 중국의 문학 독자들에게 많이 회자됐던 용어다. 그러나 나중에는 인문적 차이에 관한 논설들이 쏟아지면서 각자 남북을 대표하는 상징으로 떠올랐던 용어다.

상하이는 앞에서 소개한대로 전통 주택인 석고문石庫門의 예에서 볼 수 있듯이 혼융의 개념을 문화 바탕에 깔고 있다. 베이징은 그에 비해 전통 주택 사합원이 말해 주듯이 질서와 위계의 관념이 매우 두드러진다. 아울러 남들과 섞이고 뭉치는 혼융의 개념보다는 사방을 가리는 벽에 갇혀 내밀함과 은밀함을 추구하는 쪽에 가깝다.

전통주택인 사합원이 남북의 축선에 따라 위계의 관념을 발전시켰듯이, 베이징의 일반인들도 그 위계에 따른 처신이 매우 발달해 있다. 아울러 지고지존至高至尊의 황제를 정점으로 해서 그 밑에 수를 헤아리기조차 힘든 수도 벼슬아치들이 살고 있었다. 황제 아래 사는 신민臣民이라는 자부심이 매우 강했고, 매일 부딪치는 사람들이 동료 벼슬아치들이다. 따라서 정치적 또는 사회적 서열에 민감하며, 관본官本의 사고 취향도 뚜렷하다.

사람의 성향으로는 대개 충후忠厚함을 꼽는다. 상하이 사람들이 변화에 능동적으로 대응하는 취향이 강한 것과는 달리, 변화에 둔감하며 행동 등에서 명분 찾기를 즐긴다. 좀 더 정치적인 계산을 하는 까닭에 행동이 그렇게 재빠르지 않은 편이라는 평가도 있다. 혼자 즐기기를 좋아하며, 한적한 공원에서 홀로 산보를 하는 취향도 강하다고 한다. 세련된 정치의식으로 남과의 말싸움을 즐기는 편이라는 말도 듣는다.

그런 인상에 관한 평은 아주 많다. 2000만 명이 넘는 베이징 인구의 문화적 바탕을 그렇게 인상에 관한 소개로 다 정리할 수는 없다. 그보다는 베이징 천안문 광장에 과거에도, 그리고 지금에도 여전히 살아 있는 그 축선을 연구하는 게 더 마땅하다는 생각이 든다. 세계를 향하는 중국의 전략적 바탕은 베이징에서 나온다. 그럼에도 중국 전역을 통치하는 공산당은 워낙 은밀해 그 속내를 잡아내기 참 힘들다. 중국을 통치하는 그룹의 구체적인 사고를 읽어내기가 쉽지 않은 이유다.

그러나 과거의 중국 통치자, 그리고 현재의 중국 통치자들이 그 사고의 여러 요소를 바깥으로 표출해 만들어 낸 축선에서는 중국을 크게 읽는 일이 가능할 것이다. 이 번 글에서는 그런 베이징의 축선이 지니는 인문적 요소를 먼저 소개했다. 이제 그 베이징이 대표하는 중국 북부지역의 문화와 인물들을 찾아 다시 길을 나서보자.

동이(東夷)의 맥박이 느껴지다

산둥(山東)

"태산 아래 뫼이로다…"라는 시조가 생각난다. 중국 산의 으뜸, 산둥 태산에서 바라본 경치다.
산둥은 공자 등을 배출함으로써 중국 문명사에서 중요한 위상을 얻었다.

중국의 문명적 요소는 아주 다양한 갈래를 보인다. 흔히 중국을
'황하黃河 문명'이라고 하는데, 이는 일종의 '무단武斷'이다. 이 무단이
무엇인가. 조심스럽고, 차분하며, 이지적으로 사물이나 현상 등을 바
라보지 않는 자세다. 칼로 무 베어내듯, 일도양단一刀兩斷으로 앞뒤 위

아래를 뚝 잘라내고 한 면만을 강조하거나 내세우는 일이다.

'중국'이라는 곳에 숨어 있는 다양한 갈래를 단칼에 자른 뒤 그 중의 일부분인 '황하'만을 내세워 "중국은 황하문명의 소산"이라고 한다면, 이는 정말 터무니없는 재단裁斷에 해당한다. 끊을 때 끊더라도, 전후좌우前後左右의 맥락을 잘 살펴야 한다.

중국은 보는 이에 따라 다소 차이는 있으나, 적어도 몇 개 이상의 요소들이 모여 만들어진 문명체다. 우선 많은 이들이 주장하는 황하의 요소가 있고, 이 시리즈의 1회에서 소개했듯 삼성퇴三星堆의 발굴 결과가 말해주는 서남西南, 장강長江 이남의 강남권에 속하는 초楚, 동남부 연안에 발달한 오월吳越 등이 있다.

장강 이남이나 중부 지역의 그런 다양성에 비해 북방은 다소 갈래가 단순하다. 그 중에서 황하의 문명적 요소는 서북부에 편중해 있고, 동쪽에는 이른바 '동이東夷'라고 하는 또 다른 요소가 존재했다. 우리가 이 번 회에서 탐구할 대상은 바로 이 동이다. 그런 동이의 문명적 요소를 잘 간직해 이를 중국이라는 시공時空의 무대에 화려하게 펼친 곳이 바로 산둥山東이다.

천재가 즐비하다

이 산둥은 어쩐지 우리와 매우 친숙하다. 6공 정부의 노태우盧泰愚 전 대통령은 중국에서 매우 좋은 대접을 받는 한국 정치인이다. 그가 대통령으로 재임할 당시 한국은 중국과 수교를 했다. 한반도 분단의 비극적 상황을 딛고 냉전의 대립적 구도를 넘어서 '죽의 장막'을 헤치고 나온 중국과 국교를 텄으니, 친구 사이의 의리를 세심하게 따지는 중국의 입장에서 노 전 대통령은 '정말 좋은 친구', 즉 '라오펑여우老朋友'가 아닐 수 없다.

그래서 퇴임한 노태우 전 대통령이 중국을 방문하면 현직의 국가원수 못지않은 대접을 받았다. 그런 중국의 극진한 대접에 마음을 놓았던 것일까. 노태우 전 대통령은 퇴임 뒤에 중국을 방문했을 때, 한 가지 미묘한 행동을 한 것으로 알려졌다. 이는 국내 언론보다 중국 언론에 많이 알려진 내용이다.

연원은 이렇다. 노 대통령 재임 중 한국에 온 산둥의 책임자가 청와대로 노 대통령을 예방했을 때 대통령은 그에게 "산둥이 사실은 우리 할아버지의 고향"이라고 발언했다. 그런 발언을 듣고 산둥성의 책임자는 귀국 뒤 바로 부하 직원들을 동원해 산둥의 노씨盧氏에 관한 자료를 모두 찾으라고 지시했다고 한다.

노 전 대통령의 '노씨盧氏'는 '강씨姜氏'에서 떨어져나간 갈래로 여겨진다. 그러니까 두 성씨의 뿌리는 같다는 얘기다. 중국의 강씨 중에서 '강태공姜太公'으로 우리에게 잘 알려져 있는 강상姜尙은 그 뿌리에 해당하는 인물이다. 노태우 전 대통령은 그런 점을 언급한 것이다. 그에 맞춰 중국 산둥 관리는 모든 힘을 동원해 노 전 대통령의 뿌리 찾기에 나섰던 듯하다.

노 전 대통령은 퇴임 뒤인 2000년 6월 중국을 방문하고, 급기야 "내 조상의 뿌리"라고 했던 산둥성을 찾아간다. 중국 언론 보도에 따르면 이 날 산둥성 창칭長淸현을 찾은 노 전대통령 내외는 노씨의 시조始祖라고 알려진 강태공, 즉 강상의 유적을 참배하고, 산둥에 대대로 뿌리를 내리고 살았다는 중국 노씨의 사당에도 들려 예를 올렸다고 한다.

아울러 그곳에서 마침 열리고 있던 전 세계 노씨 종친회 연구모임에 들러 격려사와 함께 소감을 털어놓았다고 한다. 그 연설 내용은 찾아보았으나, 제대로 찾을 수 없었다. 이 관련 소식은 중국의 검색 포털을 두드리면 아주 풍부하게 내용이 뜬다. 중국인의 입장에서 볼 때는 아주 재미도 있으면서 묘한 상상력까지 자극하는 내용이 아닐 수 없기 때문이다.

중국과는 엄연히 다른 국체를 형성하고 있는 대한민국의 전직 국가원수가 중국 땅에 발을 딛고서 "내 뿌리가 여기 있다"라고 하니, 동아시아의 정치적이며 문화적 맹주盟主임을 내세우는 중국인들이 얼마나 기뻤겠는가. 중국은 늘 그랬다. 중화中華로서의 자부심이 대단했으니, 인접한 국가들을 '주변'으로 인식하는 것은 당연했다.

산둥의 강태공 기념관 전경이다. 성씨가 같다고 해서 한국인이 중국인을 같은 핏줄을 나눈 형제로 여기는 경우가 많다. 신중을 기해야 하는 일이다.

사실 중국에 파견을 나가 그곳에 주재하고 있다 보면 이런 일은 제법 많이 일어난다. 한 때 청와대의 수석비서관을 지냈던 사람이 중국의 같은 성씨 종친회에 나타나 "몇 백 년 만에 조상의 고향을 찾아와 기쁘다"면서 연설을 하는가 하면, 일부 대기업 총수의 일가친척은 배를 통째로 빌려 중국 남부의 '조상 마을'을 단체 방문하는 장면도 연출한다.

그에 관한 시비는 자세히 논하지 않겠다. 단지 우리가 한자漢字를 차용하고, 나중에는 성씨까지 차용했다는 점만은 기억하자. 진짜 그곳으로부터 한반도로 이주한 사람들의 후예도 있겠으나, 한반도를 구성하는 주민들은 혈연이 직접 중국과 닿는 사람은 많지 않다.

한반도가 한자를 본격적으로 차용하는 시기는 고려 초다. 그 때 행정적 필요에 의해 아주 많은 한자 성씨를 한반도 사람들이 차용했고, 왕실은 부지런히 수많은 사람에게 성씨를 내려 주는 사성賜姓을 실시했다. 그런 점을 안다면, 우리가 쓰는 성씨와 중국의 성씨가 글자만 같다고 해서 바로 같은 혈연이라고 여기는 일은 신중에 신중을 기해야 한다.

그 점은 그렇다고 치더라도 산둥은 어딘가 우리에게 익숙하다. 한반도의 태안반도와 중국의 산둥 반도는 지리적으로 매우 가깝다. 오죽하면 서산이나 당진에서 건너편 산둥의 닭이 울음 우는 소리가 들린다고 허풍까지 났을까. 지리적으로 근접하면 사람의 발길도 잦아진다. 산둥은 한반도와의 인접성 때문에 고래로 한반도 사람들의 발길이 부지런히 이어진 곳이기도 하다.

또 다른 의미에서 산둥이 어딘가 모르게 한반도 사람들에게 친숙해 보이는 요소가 있다. 바로 '동이東夷' 때문이다. 한반도의 혈계血系를 문명적 요소로 이야기할 때 등장하는 분류 개념의 하나다. 동북아시아의 원래 민족 구성을 설명할 때 이 동이는 반드시 등장한다. 중국 화북華北의 동쪽 지대, 그리고 만주가 펼쳐지는 동북東北, 나아가 한반도를 구성하는 주민들의 대개가 여기에 속한다는 설이 있다.

중국의 문명적 요소를 이야기할 때 등장하는 이 동이의 문화는 그 구성 상 매우 중요한 위상을 지닌다. 중국 문명의 새벽에 활동했던 여러 세력 중 이 동이의 활동과 기여는 중국이라는 문명 발전사를 이야기할 때 결코 빼놓을 수 없는 부분이기 때문이다.

산둥은 천재의 고향이다. 호칭 뒤에 '~자(子)'가 붙는 사람이 여럿이다.
대표적인 사람이 왼쪽부터 순서대로 공자, 맹자, 손자다.

지금으로부터 5000~7000년 전인 신석기新石器 말의 여러 흔적들은 그 이후 등장해 지금까지 이어지고 있는 현재 중국 구성체의 직접적인 뿌리다. 그 신석기 시대에 산둥에서 활동했던 사람들이 남긴 흔적은 '대신大辛 문화' '대문구大汶口 문화' 등의 고고학적 발굴로 우리에게 알려져 있는 상태다.

그러나 너무 먼 이야기다. 그보다는 시기를 조금 더 우리 쪽으로 앞당겨서 이야기를 이어가자. 결론적으로, 중국 문명사 속에서 산둥이 뿜어낸 빛줄기는 휘황찬란하다. 우선 중국 문명의 여명기라고 할 수 있는 춘추春秋 BC 770~BC 476시대의 시야에서 볼 때 이 산둥은 동이의 문화적 토양으로부터 성숙한 나라 제齊와 노魯나라가 있던 곳이다. 이 점 때문에 산둥의 문화권을 이야기할 때 현대의 중국인들은 '제로齊魯문화'라는 말을 쓴다.

이 제로문화의 특징은 무엇일까. 여러 가지를 들 수 있을 것이다. 그러나 한 마디로 요약하자면 중국의 중요하고 의미 깊은 문화적 맥락은 상당 부분이 바로 이곳에서 만들어졌다는 점이다. 우선 꼽아볼까. 먼저 공자孔子다. 이 사람이 어떤 인물인가를 다시 늘어놓는다면 독자들은 금세 식상해할 것이다. 그 계통을 이어 중국 사상사에서 큰 점을 찍었던 맹자孟子도 있다. 그 맹자에 앞서 공자의 후손으로 유학의 사유체계를 튼튼한 궤도에 올린 증자曾子도 빼놓을 수 없다.

산둥은 그럼 유학만을 키웠을까. 아니다. 사람 사이의 싸움과 경쟁의 긴장관계를 치밀하게 관찰해 병법兵法과 병략兵略, 나아가 전략戰略을 체계화한 희대의 군사사상가軍事思想家 손자孫子도 이곳 사람이다.

이처럼 호칭에 '자子'를 붙이는 경우에 주목하자. 이런 호칭은 아무에게나 주는 게 아니다. 어느 한 분야에서 일가一家를 이루는 것은 아주 최소한의 '기본'이다. 그 일가를 이룬 데 이어 사방팔방으로 그

산둥의 취푸에 있는 공자의 묘. 공자와 맹자 등 기라성과 같은 사상가들을 키운 곳이 바로 산둥이다.   건국대 한인희 교수

영향력을 뻗쳐야 함은 물론이고, 시대를 초월해서 영원토록 다른 사람들이 그 업적을 인정해야 붙는 호칭이다.

공자는 중국을 대표하는 가장 상징적인 사상체계, 즉 유교 철학의 창시자다. 맹자 또한 그 법맥法脈을 이어받아 유학의 사상을 키웠다. 증자는 그 중간에서 유학적 사고를 제대로 자리 잡도록 이끈 인물이다. 손자는 또 어떤가. 그는 중국 병법을 최초로 체계화한 인물로 꼽힌다. 아울러 중국의 병법 사상은 그로써 완성을 이루는 단계에까지 이른다.

모두 '희대의 천재'에 해당한다. 그런 사람에게나 겨우 붙일 수 있는 호칭이 바로 그 '자'다. 산둥의 제로문화가 배출한 또 하나의 '자급子級' 천재는 바로 묵자墨子다. 유학의 법통에 섰던 사람들은 그를 비난하지만, 그 역시 박애博愛의 개념인 '겸애兼愛'의 논리를 펼치면서 중국 사상사에 활력을 불어넣었던 인물이다.

비록 그 '자급'의 천재는 아닐지라도, 우리에게 너무나 친숙한 제갈량諸葛亮도 산둥이 낳은 인물로 알려져 있다. 손자본명 孫武의 '진짜 손자孫子'인 손빈孫臏도 조상 할아버지 못지않은 병법을 선보인 천재로, 당연하게 역시 산둥 출신이다. 강태공 역시 뛰어난 정치사상가로 활동하며 산둥에 빛을 더했던 인물이다.

이렇게 산둥은 천재의 고향이다. 천재는 머리만 뛰어난 사람이 아니다. 하늘이 그에게 무엇인가를 주었다고 보일 만큼 시대를 초월한 예지력과 사물 또는 현상의 전후좌우를 꿰뚫을 수 있는 통찰력을 갖췄으며, 자신의 사고가 시대의 한계를 뛰어넘게끔 완결성에까지 이른 초인적인 능력과 의지력의 소유자다.

공자 20대 손 공융孔融과 산둥 사람

춘추시대의 개념으로 따지자면 산둥이 '제로齊魯 문화'의 권역에 있다는 점은 앞에서 이야기한 대로다. 이 문화가 중국의 역사마당에서 차지하는 위상은 아주 특별하다. 관중管仲을 부하로 거느리고 부국강병富國强兵의 꿈을 실현해 춘추시대의 가장 큰 패업을 달성한 제나라 환공桓公은 지금까지 강대한 국가의 건설을 꿈꾸는 중국 정치인들의 표상이기도 하다.

그런 제나라의 전통과는 달리 노나라는 몰락한 천자天子의 주周나라 전통을 이어받아 사상적 기반을 닦은 나라다. 춘추라는 시공 속 구심점을 이뤘던 주나라의 예악禮樂이라는 전통을 이어받아 이를 더욱 발전시킨, 단단한 철학적 기반과 문화적 풍토를 지닌 나라였다.

제나라는 강하고 실력 있는 나라 건설과 그 경영의 표본을 제시했고, 노나라는

공자의 후손으로 강직한 성격에 물불을 가리지 않는 독설로 유명했던 공융

"우리가 어떻게 하면 점잖게, 멋지게 살 수 있을까"를 진지하게 고민해 결국 중국 사상사에서 가장 중요한 흐름인 유학의 전통을 빚어낸 곳이다.

따라서 산둥은 지역적으로 광대하거나, 물산이 특히 풍부하다는 특징을 갖추지 못했으면서도 중국 정치, 경제, 문화적 맥락 속에서는 매우 독특하며 대단한 매력을 뿜는 곳이다. 이런 점이 동이의 특징이라고 꼭 집어서 말할 수는 없을지라도, 어쨌거나 서북의 황하 문화권 속에서 자란 사람들과는 기질적으로 조금 다르다는 느낌을 준다는 점만은 분명하다.

그런 산둥 사람들은 어떤 기질의 소유자일까. 물론 한반도 전체 인구에 맞먹는 그 많은 산둥 사람들의 기질을 몇 마디 언설言說로 정의하는 일은 어렵고, 또는 불가능하며, 때로는 무모하기까지 하다. 그러나 중국에서 통용되는 나름대로의 정평定評은 있다. 우선 강직剛直하고 매서우며, 싸움에 나설 때 물러서지 않으며, 많이 먹고 많이 마신다 등이다.

'산둥의 멋진 사내'라는 중국식 표현이 있다. 한자로 적으면 '山東好漢산둥호한'이다. 사람 사이의 의리를 중시하며, 불의不義를 보면 참지 못하며, 누르면 일어서고, 한 대 맞으면 두 대로 갚는 그런 성격을 지닌 사람이다. 대개 기질이 강해서 남에게 업신여김을 당하면 참지 못하는 사람이기도 하고, 호방한 기질로 약한 사람을 돕는 의협義俠의 행위를 보이는 사람도 이에 속한다. 그래서 산둥 사람에 대한 중국 내의 전체적인 평가는 아주 좋은 편이다.

물론 실제와는 차이가 있지만, 그런 멋진 사내들이 모여 로망을 펼쳤던 이야기를 담은 책이 있다. 우리에게도 친숙한 〈수호전水滸傳〉이다. 108명의 두령이 양산박梁山泊이라는 곳에 모여 의적義賊으로서 활동했다는 이야기가 큰 줄거리다. 그 배경이 바로 산둥이다. 이점 때문에 '산둥→수호전의 양산박→좋은 사내'라는 이미지가 박혔는지 모르겠다.

그런 산둥의 기질을 잘 보여주는 사람이 있다. 공융孔融이라는 인물이다. 그는 우리에게 다소 낯설지는 몰라도 중국인들에게는 매우 잘 알려진 인물이다. 그는 〈삼국지三國志〉속의 조조曹操와 동시대 사람으로, 둘은 사실 매우 깊은 악연惡緣으로 맺어졌던 사이다.

공융은 또한 공자의 20대 후손이기도 하다. 역시 태어난 곳은 산둥이다. 먼 할아버지인 공자의 핏줄을 이었음은 물론이고, 공자가 활동했던 노나라의 예악적인 전통도 매우 강하게 간직했던 인물이다. 그의 성격은 중국 식 표현을 따르자면 '작은 것에 구애를 받지 않으며不拘小節, 자신의 재능을 믿어 자신감을 보이며恃才負氣, 강직한 성격으로 아부하지 않는다剛正不阿'다.

그에게 따르는 일화는 꽤 많다. 먼저 어릴 적 이야기다. 열 살 소년이었던 공융이 당대의 이름난 명사를 찾아간 일이 있다. 이응李膺이라는 이 유명한 고관 집에 도착한 공융은 다짜고짜 "이응 선생의 친척이 찾아왔다고 알려라"고 한다. 그러나 공융을 문에 들인 이응은 "네가 왜 내 친척이냐"고 묻는다. 그러자 공융은 "선생의 먼 조상인 노자老子와 제 조상인 공자가 서로 스승과 제자로써 맺어졌으니, 당신과 나는 조상 대대로 친분을 맺은 사이 아니겠느냐"고 대답한다. 열 살짜리 소년의 배포와 기지機智가 대단해 보이는 대목이다.

어이가 없었겠으나 참을 수밖에 없었던 이응은 그 때 찾아온 한 손님에게 공융의 이런 면모를 전했다. 역시 당대의 이름난 사대부였던 이 손님은 픽 웃으며 이렇게 말했다. "어릴 때 똑똑한 사람이 커서는 꼭 잘 되지 않는다." 그러자 이 말을 들은 공융이 "아, 그러니 선생

께서는 어렸을 때 매우 똑똑했겠군요"라고 되받는다. 보통의 재치가
아니다. 그러나 입이 너무 빠른 게 단점일까.

당시의 조조는 한漢나라 헌제獻帝의 최고 권신權臣이었다. 세상의
사람들은 그런 조조를 두고 "곧 한나라 황실을 잡아 내리고 황제에
등극할 야심가"라는 평가를 내리고 있었다. 조조는 실제 황실의 최고
신하 정도가 아니라 천하의 대권까지 넘볼 수 있는 위치에 있었다. 따
라서 조정의 수많은 대신과 관료들은 그의 말에 복종할 수밖에 없는
상황이기도 했다.

그러나 공융만은 달랐다. 그는 조정의 회의에서나, 일반 정책을
논의하는 자리에서나 그런 야심가이자 최고 권력에 한 발짝만 남겨
두고 있던 조조를 그냥 내버려두지 않았다. 아는 체를 하면 그 지식
의 천박함을 조롱하며 면박을 주기 일쑤였고, 무슨 결정이라도 내리
기만 하면 조목조목 근거를 들이대며 반박을 해댔다.

조조는 이를 갈았다. '저 놈을 언젠가는 죽여야지…'라는 생각이
움트지 않았다면 오히려 이상할 정도로 공융의 비아냥과 날선 비판
은 멈추지 않았다. 그러나 공융에 손을 대기는 어려웠다. 그의 명성
이 지극히 높았기 때문이었다. 공융은 당시 기울어가던 한나라 황실
의 권력 강화를 위해 충성을 다했고, 그 점은 조정의 대신과 일반 사
람들에게도 잘 알려져 있었다. 더구나 그는 그 누구도 부정하기 힘든
중국 최고의 지성, 공자의 20대 후손 아니던가.

그러나 결국 조조의 분함은 극도에 달했고, 마침내 공융의 제거
에까지 이르렀다. 한나라 황실의 보호를 위해 수도 1000리 안에 제후
를 봉하지 말아야 한다는 공융의 건의는 결국 조조의 살기殺氣를 키
웠다. 최고의 권력자로 떠오르던 조조의 세력은 시비만을 일삼는 공
융을 제거함으로써 자신들이 품어왔던 천하 권력의 장악에 도달코자

했던 것이다. 결국 공융을 포함해 그 일족一族 모두가 처형대에 오른다.

그 때 남긴 마지막 일화가 있다. 공융에게는 두 아들이 있었는데, 일족이 모두 죽는 멸문滅門의 화를 피하도록 하기 위해 주변의 어떤 이가 아들들에게 "어서 도망쳐라"고 길을 터줬다. 그러나 그 아들이 하는 말이 걸작이었다. "새 둥지가 뒤집히는데 그 안에 있는 알이 온전하겠습니까"다. 한자로 적으면 "覆巢之下, 復有完卵乎"다.

그 아버지에 그 아들이다. 어렸을 적 이응이라는 고관의 집을 찾아가 당돌하게 기지를 펼쳤던 공융이나, 일가 모든 친족이 죽는 마당에 저만 도망칠 수 없다는 그 아들이 꼭 같은 기질이다. 날이 시퍼런 조조의 권력에 조금도 굽히지 않으며 최고의 권력자 앞에서 조롱과 비판을 주저하지 않는 공융의 면모가 생생하다.

우리는 이런 공융과 그 아들의 상징적인 면모에서 산둥의 인문人文 한 자락을 펼쳐 읽고 가야 한다. 산둥의 훌륭한 사내라고 하는 중국어 '山東好漢산둥호한'은 분명 거저 나온 표현은 아니겠다. 울분을 마음속으로 가둬 새겨서 있는 듯 없는 듯 삭혀 버리는 기질은 결코 아니다. 할 말은 하는 성향이 강하며, 그냥 빠져 있어도 아무렇지도 않을 일에 나선다. 그리고 싸움이 붙으면 죽을 줄 알면서도 덤비는 성정이다. 공융과 그 아들의 기질이 그 점 하나는 분명히 이야기하고 있다.

한국 화교華僑의 뿌리

우리에게 '중국인'하면 먼저 떠오르는 사람들이 한국에 거주하는 화교華僑다. 대개 '중화요리中華料理' 집의 카운터에 커다란 몸집을 하고 앉아서 다소 굼뜨게 행동하며 바람 많고 빗줄기 거셌던 한국 현대사의 흐름 속에서 한국인과 희로애락喜怒哀樂을 함께 했던 사람들 말이다. 그들의 출신지가 대개는 산둥이다. 99%라고 해도 좋을 만큼 한국에 거주하는 화교의 고향은 대개가 산둥이다.

말수가 많지 않고, 굼뜨게 움직이지만 매우 실속이 있는 행동거지, 거칠어 보이지만 뭔가 의리를 생각하는 듯한 심모원려深謀遠慮 식의 말투…. 화교들에 대해 한국인들이 지니는 인상이다. 산둥의 기질은 중국인이 만들어내는 중국의 문화 마당에서도 조금 각별하다. 실리를 지나치게 따지는 다른 지역 중국인들에 비해 산둥 출신들은 의기義氣를 많이 앞세운다는 점에서 조금 다르다.

아울러 몸집이 큰 편이다. 남방의 중국인들보다 평균적으로 키가 크며, 서북의 황하 문화권에서 자란 사람들보다도 굵고 길다는 인상을 준다. 이들에게는 슬픈 역사가 있다. 19세기 말엽과 20세기 초반에 산둥 지역을 모질게 휘감았던 가뭄과 홍수의 재난을 피해 다른 지역으로 이주할 수밖에 없었던 역사 때문이다.

이들의 당시 이주는 아주 큰 규모였다. 중국에서는 이 산둥 사람들의 대규모 이동을 '闖關東'이라고 적고 '촹관둥'이라고 발음한다. 앞의 '闖틈'이라는 글자는 한 곳에서 다른 곳으로 몰려 나가는 행위를 뜻한다. 제법 빠른 속도로 몰려나가는 일이다. 우리도 이 한자를 사용해 '틈입闖入'이라고 적는데, '뭔가 왕창 밀려온다'는 뜻이다.

뒤의 '關東관둥'은 만리장성 동쪽 끝을 가리키는 산해관山海關의 너머를 말한다. 그러니까 대규모의 중국인들이 산해관 동쪽으로 이주한 현상을 '闖關東'이라고 적는 것이다. 이 현상은 여러 세대에 걸쳐 반복적으로 이어졌다고 한다. 산둥의 많은 사람들이 남부여대男負女戴의 전란을 피하는 심정으로 모든 가솔을 이끌고 산해관을 넘어 그 동쪽으로 넘어갔다는 얘기다.

그 '동쪽'이란 지금의 중국 동북3성, 즉 랴오닝遼寧과 지린吉林 및 헤이룽장黑龍江을 가리킨다. 청나라 만주족의 발원지였던 동북 3성은 당시 인구가 적었지만, 청나라가 다른 중국인의 이주를 막는 봉금封禁 정책을 실시해 놓고 있던 경작지가 많았으며 자원도 풍부한 곳이었다. 산둥과 함께 인근 허베이河北의 많은 인구들도 이곳으로 이동했는데, 그럼에도 다수는 역시 산둥 사람이 차지했다.

그래서 지금 중국 동북3성의 거주민 중 대다수는 산둥이 고향이다. 랴오닝의 대 도시인 다롄大連의 경우 도시 거주민의 85%가 산둥을 원적지로 두고 있는 사람들이다. 그래서 지금의 동북지역은 산둥 사람이 사실 상 개척했다고 해도 좋을 정도다. 이 대목은 우리가 랴오닝遼寧 지역을 살필 때 다시 언급할 작정이다. 어쨌든 그 일부가 역시 남부여대의 심정으로 이주한 곳이 한국일 것이다.

한국 화교들이 왜 굼뜬 행동으로 신중함을 보일까, 그리고 두터운 의지력으로 역시 살기가 만만치 않았던 현대 한국의 생활환경에서 어떻게 잘 살아남을 수 있었을까 등에 대한 해답의 실마리를 조금이나마 찾을 수 있을지 모르겠다. 그들은 모질고 힘겨운 이주민의 아픈 역사 기억을 문화적 DNA에 담고 있는 사람들이다.

그럼에도 공융의 예에서 볼 수 있듯이 이들의 기질은 매우 굳세다. 앞의 일부 지역을 지나면서 쓴 표현이지만 한자로 적으면 '강렬剛烈'함이다. 이는 우리가 자주 쓰는 '강렬强烈'과는 다르다. 앞의 강렬함은 사람의 의지가 매우 견고해 바깥으로 그를 표출하는 기운도 강함을 표현한다. 뒤의 강렬은 봄에 피는 벚꽃처럼 한꺼번에 우르르 몰려왔다가 역시 한꺼번에 와르르 몰려나가는 짧은 박자拍子의 '세기'만을 나타낸다.

산둥의 그런 강렬함은 공융의 뒤에도 이어졌다. 산둥이 자랑하는 또 하나의 영웅이 있다. 바로 척계광戚繼光이다. 그는 명나라의 장수로서 당시의 중국인이 가장 골머리를 앓았던 왜구倭寇 퇴치에 혁혁한 공을 세웠던 인물이다. 아울러 중국의 역대 명장名將 가운데 가장 잘 싸웠던 사람의 하나로 꼽힌다. 그 역시 대단한 기개와 빼어난 지혜로 당대를 풍미했던 영웅이다.

그는 10여 년 동안 중국 동남 해안의 왜구 격퇴에 힘을 기울여 상당한 공적을 쌓은 뒤 이어진 10여 년 동안에는 북방으로 진출해 당시 명나라를 위협하던 몽골 세력과 싸움을 벌여 전선을 안정시켰던 사람이다. 역시 중국이 자랑하는 민족영웅이다. 아울러 그는 북방 유목 세력의 남하를 저지하기 위한 만리장성 축조, 화포火砲를 비롯한 다양한 무기 체계의 연구와 개발에도 상당한 공헌을 했던 사람이다.

그는 산둥의 좋은 기질이 좋게 발현한 경우다. 비교적 좋지 않은 모습으로 그 산둥의 기질을 이어받고, 표현한 사람으로는 장칭江青이 있다. 그는 현대 중국의 건국 영웅 마오쩌둥毛澤東의 후처後妻다. 우리에게 비교적 친숙한 인물이다. 그 역시 산둥이 지닌 강렬함의 계승자다. 그러나 그 강렬함으로 어느 곳에 불을 지폈을까. 1966~1976년 동안 중국을 초대형의 재난으로 몰고 갔던 이른바 '문화대혁명文化大革命'이었다. 결국 그는 감옥에서 비참한 죽음을 맞이한다.

마오쩌둥의 후처이자 산둥 출신인 장칭. 그녀의 강한 성격은 중국을 10년 동안 재난의 국면으로 몰아간 문화대혁명의 막전막후에서 도저하게 드러났다.

　중국은 이 문화대혁명을 거치면서 혹심한 피해를 입는다. 지금까지 이 기간 벌어진 극좌적 실험에 대한 평가는 최종적으로 내려지지 않았다. 정치적으로 민감한 사안이어서 총체적 평가가 어려웠기 때문이다. 그러나 공산당 고위 관료뿐 아니라 지식인, 일반 중국인에게도 이 문화대혁명은 거대한 재난이었다. 중국에서는 이를 '十年大浩劫십년대호겁'이라고 적어 당시의 잔인했던 폭력을 기억하고 있다. 장칭은 그 극좌적 실험의 가장 선두를 달렸던 산둥의 강렬한 성격의 인물이다.

　현대 중국에서 이 산둥 사람들은 여러 모로 두각을 나타낸다. 가장 큰 영역은 군대다. 산둥 출신 군인들이 중국 인민해방군의 주축을 이룬다는 이야기는 오래전부터 우리 귀에 들려왔다. 이른바 인민해방군 안의 산둥방山東幇이다. 강렬한 기질을 가장 잘 발휘할 수 있는 곳이 어떻게 보면 군대다. 이것저것 다 따지는 성격은 군대에 맞지 않는다. 중국 국방을 오랜 동안 휘어잡았던 장완녠張萬年, 츠하오톈遲浩田 전 국방부장이 대표적인 산둥 출신 군인이다.

장쩌민江澤民의 3세대 권력그룹, 그리고 후진타오胡錦濤의 4세대에 이어 시진핑習近平의 5세대 권력이 올라섰다. 그로부터 10년 뒤면 제 6세대 권력 그룹이 등장한다. 그 선두에 서 있는 사람이 쑨정차이孫政才다. '정치에 재주가 있는 사람'이라는 뜻의 이름을 지닌 이 사람은 다음 세대 중국 공산당 총서기, 아니면 국무원 총리 정도를 맡을 수 있는 인물이다. 최고위에 진입할 차세대 최고 우량주다. 그 역시 산둥 출신이다.

산둥의 강렬함은 그에게서 어떻게 발현할지를 지켜봐야 한다. 공융 식의 배짱과 기지로 나타날지, 아니면 척계광 식의 천재적 전략 및 전술가로 나타날지 모른다. 마오쩌둥의 처 장칭 식으로 나타난다면 중국에는 재앙이다. 그저 우리는 조용히 그를 지켜볼 뿐, 다른 방법이야 있을 수 없겠지만….

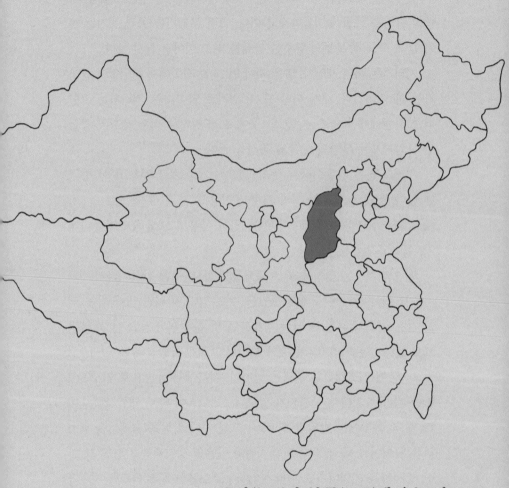

호마(胡馬)가 북풍(北風)에 우는 땅

산시(山西)

"胡馬依北風호마의북풍 ㅡ."

북녘에서 태어난 말은 북쪽으로부터 불어오는 바람에 반응한다. 우리는 그를 '그리워한다'라고 푼다. 저 태어난 곳에 대한 그리움, 사람의 감정을 동물에 이입한 관찰이다. 그런 분위기를 물씬 풍기는 곳이 있다. 중국 중북부의 험준한 산세를 타고 이어진 산시山西다.

기러기는 어떤 새인가. 열을 지어 먼 하늘 저쪽에서 하염없이 날아가는 게 기러기다. 내가 디딘 땅 저 멀리로 날아가는 기러기는 고향 떠난 사람에게는 향수鄕愁를, 한 곳에 오래 정착해 너른 세상이 궁금한 사람에게는 무한의 상상과 동경을 준다.

기러기 넘는 관문이라는 뜻의 '雁門안문, 옌먼'으로 적는 곳이 중국에 있다. 이곳의 험준한 산악 지형을 이용해 만든 게 '雁門關안문관, 옌먼관'이다. 이 관문은 중국에서 흔히 '천하 아홉의 요새 중 으뜸天下九塞之首'이라고 일컫는 곳이다.

왜 기러기라는 명칭을 이 요새에 썼을까. 험준한 산악이라서 기러기조차 쉬어 간다는 뜻에서 붙였을 수도 있다. 아니면 내가 발을 딛고 사는 이곳의 하잘 것 없는 경계를 훌쩍 뛰어 넘어 멀고 먼 저 바깥으로 날아가는 기러기의 존재가 부러워 그렇게 불렀을 수도 있다.

이 장에서 소개하는 지역은 산시. 서북에서 동남으로 약 400여 km를 지나는 거대한 산줄기가 있으니, 그 이름이 바로 태항산太行山이다. 중국 북부에서 발달한 황토黃土 고원 지대의 동쪽 경계선을 형성하는 곳이어서, 중국의 각 지역 지리와 인문의 생김새를 가늠할 때 항상 중시하는 지역이기도 하다. 우선 누르스름한 황토의 고원지대와 산줄기의 동쪽 너머에 있는 푸른 화베이華北 평원이 이 산을 경계로 갈라지기 때문이다.

이 태항산의 서쪽에 있는 땅이 '산의 서쪽'이라는 뜻의 '山西산서'

산시의 안문관 모습이다. 험한 요새로 유명하다.

산시성 여유국

다. 이 산의 서쪽 땅 북부에 있는 요새가 앞에 적은 '기러기도 쉬어 넘
는 관문'인 '雁門關안문관'이다. 기러기의 이미지를 담고 있는 이 관문
이 상징하는 바는 바로 전쟁과 전란, 그리고 사람끼리의 다툼과 부딪
힘일 것이다.

　지역 북쪽에 '천하 아홉 요새의 으뜸'이라는 최고의 관문을 지니
고 있다는 점이 일단 새겨 볼 만한 대목이다. 그 상징처럼, 이 산시에
서는 늘 전란이 일었다. 중국이 문명의 덩어리로 뭉치면서 그 외피를
채 굳히기도 전에 이곳은 북방 유목민족의 침략 루트였다. 늘 전쟁의
북소리가 번지고, 말들이 일으키는 자욱한 먼지에 휩싸였으며, 무기
를 손에 쥐지 않은 사람들은 그 소리와 모습에 놀라 늘 갈팡질팡했
던 곳이다.

천고마비天高馬肥의 '두려움'

서쪽 멀리의 칭하이靑海에서 발원한 황하는 여러 번 굽이를 치지만 가장 크게 꺾여 북상하는 구간이 이 산시와 옆 산시陝西의 경계를 이룬다. 거의 90도 가까이 꺾여 북으로 물줄기가 향하면서 이 발음 비슷한 두 성의 경계가 만들어지는 것이다. 지금은 그렇지 않지만, 과거 시절의 전쟁에서는 항상 그 경계선 북단이 문제였던 모양이다.

우리는 그와 연관이 있는 성어를 '천고마비天高馬肥'라고 한다. 하늘이 높아지고, 말이 살찐다는 가을을 노래하는 성어다. 우리에게는, 더구나 그 안에 담긴 함의를 잘 알지 못하는 사람에게는 그저 아름다운 가을을 예찬하는 말이다. 그러나 그 말의 원천을 따져보면 성어가 가리키는 내용은 차라리 재앙에 가까웠다고 해야 옳을지 모른다. 하늘이 높아진다는 것은 가을의 기운이 깊어져 날씨가 맑아진다는 뜻 외에 기온이 내려감을 의미한다.

기온이 내려가면 우선 강이 얼어붙기 시작한다. 그러면 북방의 초원에서 한 여름에 자라난 무수한 풀들을 먹고 몸집을 키운 말들이 얼어붙은 강 위를 지나 황토 고원을 넘어선다. 전쟁의 북소리는 그래서 울린다. 이어 수많은 말들이 엉키며 뒹구는 땅에서는 황토의 먼지가 허공을 메운다.

하늘이 높아지고 말이 살을 찌우는 그런 계절, 즉 앞에서 적은 '천고마비天高馬肥'라는 성어에 관해서는 조금 더 부연이 필요할 듯싶다. 이 말을 함께 사용하는 한반도 사람들은 뒤에 성어 하나를 더 붙였다. 바로 '등화가친燈火可親'이다. 등잔의 불燈火을 가까이親 할 만可하다는 식의 구성이다. 우리는 이 말을 함께 병렬했다. '천고마비, 등화가친天高馬肥, 燈火可親'으로 말이다.

무더운 여름의 기운이 가셔지고 말이 저절로 살 찔 정도로 좋은 계절인 가을이 왔으니, 등잔불을 가까이 해서 책을 읽으라는 이른바 '독서 권장'의 멘트다. 책 읽기에는 더 없이 좋은 시절이니 그 시간 놓치지 말고 공부와 수양에 힘을 쓰라는 권유다. 참 낭만적이라고 하지 않을 수 없다. 한반도는 그렇게 가을이 다가오면 책을 읽고 마음의 수양에 힘을 쏟는다.

그러나 이 말의 중국 원전原典은 '秋高馬肥추고마비'다. 북송의 명신名臣 이강李綱이라는 인물이 북쪽의 여진족인 금金나라의 침략 가능성을 황제에게 아뢰면서 나온 말이다. 그는 당시 황제인 휘종徽宗에게 "가을 날씨가 서늘해져 말이 살찌면, 오랑캐가 다시 닥쳐와 예전의 책임을 물으려 할 것"이라는 취지로 이 말을 했다고 한다.

당시 북송의 상황은 아주 위급했다. 동북에서 발흥한 여진족 금나라가 북송의 수도를 직접 위협하고 있었기 때문이다. 북송이 이후에 맞이했던 운명은 잘 알려져 있다. 결사항전決死抗戰보다는 투항投降을 택하려 했던 문약文弱함이 지배적인 분위기를 이루고 있었기 때문이다. 결국 나라 모두가 망한 뒤 남쪽으로 쫓겨 내려가 남송南宋을 세우고 말았다.

산시성 북쪽의 황하 유역 중 가장 유명한 후커우 폭포. 북쪽의 강이 얼어붙기 시작하면 북방의 유목민족들이 살찐 말을 타고 강을 건너 침략을 벌인다. 산시는 그런 북방 유목의 침략 루트에 해당했던 곳이다.

이 '가을 하늘 높아지고 말이 살찐다'는 말은 결국 전쟁이 임박했음을 알리는 성어로 발전했다. 이 말에 우리가 자주 갖다 붙이는 '등화가친燈火可親'의 성어는 전혀 어울리지 않는다. 전쟁에서 한참 비켜서 있던 '비교적' 평화롭고 안정적이었던 한반도의 환경과, 수시로 전쟁의 불길이 번지는 중국 대륙의 환경은 이렇게 차이가 컸다고 봐야 한다.

중국인에게 '서늘한 날씨의 가을, 북녘의 말이 살을 찌우는 가

을'은 곧 공포의 계절이었다는 뜻이다. 특히 산시 지역의 북단에 있는 황하의 물은 그런 가을이 깊어질 때 곧 얼어붙기 시작한다. 그리고 그로부터 더 북쪽에 있는 유목민의 말은 왕성하게 자란 여름 한철의 풀을 뜯어 먹고 이미 힘을 키운 상태. 그 뒤에 일어나는 일은 북쪽 유목의 중원을 향한 침략 행위다.

그러니 북방의 중국인들에게 청명한 가을 하늘과 쌀쌀해지는 날씨는 수확과 풍요로움만을 의미하지 않았다. 곧 닥칠지도 모를 전쟁에 대비해 곡식을 거두고, 심한 경우에는 짐을 싸서 남쪽으로 도망칠 채비를 서둘러야 하는 계절인 경우가 많았다. 그러니 등불에 책을 가까이 대고 교양을 쌓는 한가로움은 없다. 자칫 잘못하면 목숨을 내놓아야 하는 다급함이 묻어 있는 계절이기도 했다.

그래서 천하 아홉 요새 중 으뜸의 요새를 간직하고 있는 산시는 전쟁의 땅이다. 중국 문명의 새벽, 춘추전국 시대의 초반에 불붙기 시작했던 전쟁은 명나라 말엽까지 줄곧 이어진다. 북쪽의 유목 민족은 이 산시의 기러기 관문을 늘 넘나들었다. 초기 흉노부터 돌궐, 달단, 몽골 등 주체를 달리하면서 유목 민족은 문물이 발달했던 중원지역을 공략한다.

북부의 기러기 관문과 함께 산시 남부 홍둥洪洞이라는 곳에는 커다란 홰나무가 있다. 중국인들은 이를 '洪洞大槐樹홍둥다화이수'라고 적고 부른다. 이는 인구가 원래 정착했던 곳을 떠나 다른 곳으로 삶의

산시 훙둥에 있는 거대한 홰나무의 뿌리.
이는 전란과 재난으로 인해 벌어진 중국 역사 속 끊임없는 인구 이동의 상징이기도 하다.

산시성 여유국

터전을 바꾸는 '이민移民'의 상징이다.

몽골이 다스리던 원元나라가 패망한 뒤 중국은 명나라의 차지로 변했다. 당시 화북과 장강 일대는 인구 또는 물산이 피폐해졌던 모양이다. 참고로, 명나라 건국 주역인 주원장朱元璋은 지금의 안후이安徽에서 발흥해 점차 주변의 세력을 제압하면서 결국 명나라 건국에 이르렀다.

따라서 장강 북부에 해당하는 화북과 동남 일대는 거대한 전쟁터로 변한 지 오래였다. 전쟁은 피비린내 물씬 풍기는 살육을 동반한다. 따라서 그 일대는 그런 전쟁의 회오리에 말려 이미 많은 인구가 없어졌거나 살던 곳을 버리고 멀리 도망친 뒤였다. 따라서 명나라를 세운 주원장은 인구가 많았던 산시의 남쪽 지역 사람을 인구 부족 지역으로 옮기기로 했다. 왕조의 강제적인 명령에 따라 삶의 터전을 옮겨야 했던 수많은 산시의 사람들이 이민 출발지로 모여 들었던 곳이 바로 훙둥이었다.

　그들이 훙둥을 떠날 무렵 그곳에는 아주 커다란 홰나무가 있었다고 했다. 고향지역을 떠나는 사람들이 각기 헤어져 먼 곳으로 떠나 만나지 못한 채 살더라도 그 고향의 홰나무를 기억하자고 했단다. 슬픈 이민의 행렬이었다. 수 십 만 명이 이곳에 모여들어 다시 만날 기약조차 할 수 없이 먼 곳을 향해 뿔뿔이 흩어졌다고 한다.

　그들 이민 그룹 중의 일부는 아주 먼 남쪽으로까지 진출했다고 하는데, 실제 장강 이남의 강남 지역에 사는 사람들과 해외로까지 진출한 화교 중에는 이곳을 뿌리로 두고 있는 사람들이 적지 않다고 한다. 가끔 나이가 제법 지긋한 중국 노인네들에게 이 '홰나무' 이야기를 하면 눈가부터 벌겋게 달아오르는 경우도 있다.

　지금 산시 훙둥에는 그를 추념하는 몇 개의 기념물이 있다. 당시의 홰나무 그대로였을지는 몰라도, 아주 오랜 수령樹齡의 거대한 홰나무가 있고, 중국 정부 당국은 다른 오랜 홰나무의 뿌리를 다듬어 기념물로 내세우고 있다. 이곳에서는 매년 '뿌리 찾기' 행사가 열리는데, 중국 국내외 사람들과 해외 화교 등 20만 명이 몰려들어 성황을 이룬다고 한다.

　이렇게 태항산 서쪽의 황토 고원 문명을 대표하는 산시의 북과 남에는 독특한 상징이 두 개 존재한다. 하나는 기러기도 쉬어 넘어갈 만한 험준한 요새 '雁門關안문관', 그리고 전란 때문에 고향을 떠나야 했던 이민의 상징인 '훙둥의 홰나무'다. 둘의 인과관계는 잘 성립하지 않는다. 그럼에도 둘의 공통점은 전란과 그로 인해 생겨난 극도의 피폐함, 그리고 헤어짐, 낯선 곳으로의 이주移住 등이다.

중원의 울타리

중원中原은 중국 문명의 새벽에 들어섰던 원래 중국인들의 쉼터이자, 장터이며, 삶의 터전이다. 이번에 소개하는 산시를 비롯해 그 옆의 산시陝西, 허베이河北와 허난河南 등을 가리킨다. 이곳에서 춘추전국시대가 막을 열고 닫았으며, 그 이후에 들어선 통일 왕조들은 자신의 세력을 그보다 훨씬 더 키우거나 때로는 줄이면서 중국이라는 정체성을 형성했다.

그 중국 문명의 새벽 무렵인 춘추시대 때 이 산시 지역에 들어섰던 왕조는 진晉나라다. 종주권宗主權을 지닌 주周나라 밑에서 제후국 형태로 명맥을 이어갔던 나라다. 이 진나라에서 가장 유명했던 인물을 꼽으라면 단연 진나라 문공文公이다. 그 이름은 중이重耳다.

그는 진나라 세자로 태어났으면서도 왕위에는 한참 뒤에 오르는 인물이다. 정변政變이 발생해 부득이 고국을 떠난 뒤 19년 동안 국외로 망명했거나 타국에 얹혀사는 신세로 전전하다가 62세의 나이에 임금의 자리에 올랐다.

제법 오랜 기간 천덕꾸러기 신세로 다른 여러 나라를 떠돌았지만 그는 참고 또 참고, 인내하고 또 인내했던 모양이다. 아주 꿋꿋하게 버텼으며, 가끔 방황하는 모습도 보였지만 역시 의연하게 진나라 세자 출신으로서 언젠가는 고국에 돌아가 왕위를 차지한 뒤 선정을 베푼다는 본연의 의지를 잃지 않았던 사람이다.

그는 한 때 남녘의 초楚나라에 머물며 그곳 왕실로부터 신세를 진 적이 있는데, 당시 초나라 왕이 "나중에 그대가 고국에 돌아가 왕위를 차지한다면 지금의 신세를 어떻게 갚을 작정인가?"라는 질문을 던진다. 그때 진문공은 "전쟁을 벌여 두 나라 군대가 맞선다면, 우리 쪽이 먼저 90리를 물러나겠다"고 대답했다.

그 후 중이는 문공이라는 호칭으로 진나라 왕위에 오르고, 이런저런 경로를 거쳐 결국 초나라 군대와 전쟁을 벌인다. 진 문공은 초나라 군대에 맞서 싸우기 전 초나라 왕실에 약속한 대로 90리를 물러난다. 곤경에 처했을 때 남과 한 약속을 끝까지 지킨다는 점이 눈에 띈다. 적어도 '화장실 갈 때와 나올 때'가 서로 다르지 않았던 사람인 것이다.

유명한 '성복城濮 지금 山東의 한 지역 전쟁'이다. 이 전쟁에서 진문공은 약속을 지켰으나 제 실력을 과신하고 깊숙이 들어온 초나라 군대를 물리친다. 이 스토리는 현재까지 '퇴피삼사退避三舍'라는 성어로 전해진다. 여기서 '舍사'는 당시의 거리 개념으로 30리를 뜻한다.

진문공은 아주 유명한 중국 역사 속 인물이다. 그는 춘추시대 패권을 차지

진나라 문공 중이가 국외를 떠돌던 상황을 상상해서 그린 그림. 그는 유명한 춘추시대 다섯 패왕의 한 사람으로 성장했다.

했던 이른바 다섯 패주, 즉 오패五覇의 한 사람이다. 아울러 지금의 중국이 중원 지역을 중심으로 자신의 정체성을 형성하는 초기의 과정에서 혁혁한 공로를 쌓은 인물이기도 하다. 그 사람됨의 몇 면면은 이렇다.

곤경에서도 결코 자신의 의지를 접지 않으며, 남들과 맺은 신의信義는 끝까지 지키려고 노력하며, 예절과 형식도 중시하지만 실질을 더 따지는 스타일이다. 그는 결국 그런 덕목과 함께 실력을 발휘해 진나라를 춘추시대 숱하게 명멸했던 나라 중 으뜸 강국으로 키운다. 그러나 그런 개인적인 역량보다 더 주목할 항목이 있다. 진나라가 중국 중심 권력의 울타리 노릇을 했다는 점이다.

진 문공을 비롯해 진나라 여러 임금의 치적은 북쪽으로부터 수없이 중원을 치고 내려왔던 이민족을 제대로 막아 중원의 정체성이 장기간에 걸쳐 제 모습을 갖추도록 하는 데 기여했다는 점이다. 이른바 '존왕양이尊王攘夷'에 해당하는 업적이다. 여기서 '王왕'은 중원의 구심점이다. 주나라가 미리 형성한 중원의 권력 체계, 나아가 중원 전체의 정체성을 이루는 핵심 요소다. '夷이'는 북녘의 '기러기도 쉬어 넘는 관문'을 통해 들어와 중원의 물자를 약탈하고 인명을 살상했던 유목 제족이다.

춘추시대 다섯 패권자, 즉 오패를 따질 때 이 '존왕양이'로써 중원의 정체성을 수호한 군주는 제나라 환공桓公과 진나라 문공이 으뜸이다. 나머지 패권자들의 업적은 그저 힘을 모아 춘추시대 시공에서 강력한 힘을 행사했던 게 거의 전부다. 따라서 중국의 정체성에 관한 한 이 두 사람의 업적은 지대하다고 할 수 있겠다.

법가法家의 전통

춘추시대 패권을 잡았던 진나라는 나중에 위魏와 조趙, 한韓의 세 나라로 나뉜다. 춘추 이후인 전국시대에 접어들 무렵 생겼던 일이다. 강력했던 진나라가 세 나라로 나눠지니, 산술적으로도 그 힘의 분산은 피치 못할 상황이었을 게다. 그렇지만 이 나뉜 세 나라도 결코 만만치 않은 국력을 쌓아 기르며 전국시대 시공을 누볐다.

인물의 개성을 살펴 그 지역이 지닌 인문적 환경의 이모저모를 들여다본다는 점에서 우리가 주목해야 할 대상이 바로 조나라의 무령왕武靈王이다. 그는 '호복기사胡服騎射'라는 성어를 낳았던 인물이다. 당시의 중원은 남방의 초나라, 동북지역의 연燕나라 등이 세력권에 들어오면서 판도가 크게 넓어진 상태였다. 그럼에도 중원의 전통은 강했다.

이른바 '오랑캐'로 표현하는 동이東夷와 서융西戎, 북적北狄과 남만南蠻 등의 이족에 대한 멸시가 여전했다. 그 멸시를 낳았던 문화적 자존심은 주나라 이후 형성된 예제禮制가 핵심이었다. 그 예제라는 것은 매우 복잡한 콘텐츠를 담고 있지만, 의복으로 말하자면 소매가 넓은

유목의 장점을 받아들여 일대 개혁을 벌였던 조나라 무령왕의 '호복기사'. 그를 상상해 그린 그림이다.

웃옷에 치마 형태의 하의를 입는 모습이었다.

전쟁을 치를 때도 중원의 전통적 방식인 전차戰車가 등장해 규모와 형식 등으로 상대를 압도하는 스타일이 유행했다. 그러나 중원의 전통은 정착과 농경, 예제와 학문을 논하기에는 적합했을지 몰라도 전쟁에서는 맞지 않았다. 소매 좁은 웃옷에 몸에 붙는 바지를 입고 나타나, 날렵하게 말 한 마리 등에 올라탄 채 활을 쏘아대는 북방 유목족의 기병騎兵을 당해 낼 재간이 없었던 것이다.

전국시대에 들어 이런 중원의 전통에 아주 거세게 반기反旗를 든 사람이 있으니, 그가 바로 조나라 무령왕이다. 그는 북방 유목족의 기병에 맞서기 위해서는 군대의 복장을 혁신하고, 전법을 전차전 아닌 기병과 보병 위주의 형태로 고쳐야 한다고 주장했다. 1978년에 나온 중국 덩샤오핑鄧小平 식의 개혁과 개방에 맞먹는, 당대의 이념적 굴레를 생각할 때 어쩌면 그 이상의 혁신이랄 수 있었다.

무령왕의 개혁은 보란 듯 성공했다. 조나라는 그 덕분에 국력을 신장하고 중원의 강자로 다시 부상할 수 있었다. 우리가 정작 주목할 점은 그의 '실질'에 관한 중시重視다. 형식보다는 실질에 더 무게를 두는 그런 자세 말이다. 춘추시대 진나라가 펼쳤던 문화적 맥락을 우리가 제대로 살피기 위해서는 이 조나라 무령왕을 이해하는 게 중요하다.

거추장스러운 예복을 벗어버리고 전쟁에서는 역시 전투복으로 갈아입는 현실성, 무엇보다 형식과 겉치레를 따지지 않으며 실질을 소중하게 여기는 자세가 그의 특징이다. 이는 중국 사상사에서 법가法家의 사고에 아주 가까운 형태다. 그런 점에서 조나라 무령왕과 중국의 법가 전통은 같은 맥락을 형성하고 있다.

우선 법가 사상의 토대를 이루는 사람은 이괴李悝와 신도慎到, 상앙商鞅, 신불해申不害, 이사李斯, 한비자韓非子 등이다. 이 가운데 이괴는 진나라에서 갈라져 나간 위나라, 신도는 역시 진나라의 후예인 조나라, 신불해 또한 마찬가지의 한나라 출신이다. 여기에 법가의 사유 체계를 완성한 한비자가 한나라 출신이다.

또 한 사람을 여기에 추가해야 한다. 바로 순경荀卿, 즉 순자荀子 BC 313~238다. 그는 전국시대 마지막을 장식하는 유가儒家의 대표적 사상가다. 그에 앞서 등장한 맹자孟子와는 달리 사람의 본성本性이 원래 악하다는 성악설性惡說을 주창했으며, 하늘天이라는 존재를 도덕의 주재자인 인격체로 간주한 공자 및 맹자의 정통적 흐름과는 달리 그 하늘을 자연적인 존재로 인식한 사람이다.

그런 맥락에서 순자는 자연주의 철학의 선구이기도 한 인물이다. 냉정한 관찰자인 그 순자로부터 배움을 통해 세상에 나선 사람이 바로 한비자와 이사다. 따라서 세상

한비자와 이사 등 중국 법가사상의 토대를 구축한 그 둘의 스승 순자. 실용적인 사고로 문물제도 개혁에 앞장섰던 무령왕과 같은 조나라 출신이다.

이 돌아가는 이치를 권력 사이의 역학적 구도로 보면서 틀을 짰던 법가 사상의 시원始原은 이 순자가 차지한다. 그 역시 진나라 전통을 이어받아 무령왕의 개혁정신을 낳았던 조나라 출신이다.

이 정도면 대강의 그림이 그려진다. 법가의 사상적 토대를 이룬 대표적 철학자, 또는 경세가들이 대부분 진나라 전통을 이은 위·조·한의 이른바 '삼진三晉 진나라로부터 갈라진 세 나라를 후세에 일컫는 말' 출신이라는 점, 게다가 법가의 최종 완성자인 한비자의 직접적인 스승 순자가 역시 조나라 출신이라는 점 말이다.

따라서 이 장이 소개하는 산시라는 지역은 법가의 전통을 낳고 기른 곳에 해당한다. 그 전통은 진나라 문공에서 조나라 무령왕, 나아가 이괴라는 법가 초기 사상가에서부터 한비자까지 유장하게 이어진다. 법가를 자세히 설명할 여유는 없겠으나, 그 본체는 유가의 사상과 비교할 때 현저하게 드러난다.

맹자가 사람의 본성本性을 착하다고 간주하는 성선설에 입각해 의義라는 덕목을 설파한 데 비해, 순자는 사람의 본성을 악하다고 하는 성악설을 논리의 출발점으로 삼는다. 하늘 자체를 인격화한 유가의 정통 논리에 비해, 순자는 하늘을 객관의 실체로 다룬다. 따라서 공자孔子의 어짊, 즉 인仁이나 맹자의 의義 등 이상적이며 추상적인 가치보다는 객관적이며 보다 현실적 통제 시스템인 법法을 강조한다.

이괴와 신도, 상앙이나 신불해, 나아가 이사와 한비자의 사고 구조는 나름대로 차별성을 보이지만 그 맥락은 순자가 주장하는 이런 틀을 따르고 있다. 보다 현실적이고 직접적이며, 추상보다는 구상을, 의리보다는 실질을 숭상하는 경향을 보인다. 이런 법가의 사상적 경향을 그보다 한참 먼저인 진나라 문공, 중간의 조나라 무령왕과 연결시키는 작업은 어쩌면 매우 자연스러워 보인다.

관우關羽를 낳은 전쟁의 고장

법가의 전통이 이곳에서 나와 자랐다는 점을 인정한다면, 산시는 고래로부터 이상보다는 현실을 더 따지는 지역이었으리라. 유가의 사유가 현실 속에서도 이상을 추구하는 경향이 강하다면, 법가는 현실 속에서 현실적인 답을 찾아내는 데 더 착안하는 편이다. 우선 이곳에서 오래전부터 불붙었던 전쟁이 그런 전통을 낳았으리라 추측할 수 있다. 전쟁은 눈앞에서 벌어지는 피비린내 물씬 풍기는 살육이다. 따라서 눈이 현실에 가 있지 않다면 큰 일이 벌어지게 마련이다.

산시의 지형을 이야기할 때 중국인들이 자주 입에 올리는 표현이 있다. '표리산하表裏山河'라는 말이다. 전체의 80% 정도가 산악인 데다가 황하라는 거대한 하천이 바깥을 둘러 싼 채 흐르는 모습에 관한 형용이다. 아울러 동서 양측이 모두 높고, 중간의 허구河谷 분지가 북쪽은 높고 남쪽은 낮은 북고남저北高南低의 형태다.

따라서 북쪽을 점령한 채 남쪽으로 내려치면 직접적으로 남쪽의 낙양洛陽이나, 그 인근인 베이징北京의 인후咽喉를 죌 수 있는 곳이기도 하다. 따라서 이 산시 지역은 북방의 유목 제족이 남방의 중원을 직

산시가 자랑하는 인물 관우. 〈삼국지〉의 영웅으로 유명하다.
후대 중국인들은 그의 절개와 무공을 기려 관우를 신으로 떠받드는 상황으로까지 발전했다.

접적으로 위협할 수 있는 전략적 요충이다. 이 같은 지리적인 환경을
생각하면 산시가 중원과 북방의 세력이 늘 부딪히는 거대한 싸움의
현장이었다는 점은 더 이상 설명이 필요 없을 것이다.

더구나 산시의 특산 또한 소금鹽과 철鐵이다. 중국에서 소금과 철
은 염철鹽鐵로 흔히 붙여 읽고는 한다. 염철은 이를 테면, 국가가 생산
하는 모든 물산物産의 상징과 다름없기 때문이다. 오죽하면 왕조의
정치·사회·문화·군사·산업 등을 모두 다룬 고전의 명저, 〈염철론鹽
鐵論〉이라는 책까지 나왔을까.

산시는 그런 소금과 무쇠가 많이 나기로 유명했던 곳이다. 지형적
인 이유로 인해 고대의 거대한 전쟁이 수 없이 일었던 곳인 데다가, 이
렇게 생활의 필수품이자 무기의 원재료인 철이 많이 나는 까닭에 산

시는 역사의 현장에서 늘 크고 무서운 싸움터로 붐볐을 것이다. 게다가 산시 중부와 남부는 고대 전쟁의 전략 물자인 말馬이 많았던 지역이기도 하다. 이래저래 산시는 사람 사이의 싸움이 거세게 불붙을 수밖에 없었던 지역이었다고 할 수 있는 셈이다.

이 지역에서 나는 소금은 바닷물을 증발해 만드는 천일염이 아니라 내륙의 소금이다. 산시 남부에는 옌츠鹽池 염지라는 곳이 있다. 바로 막대한 소금을 생산하는 거대 호수의 이름이다. 소금은 인류 생활의 필수품이다. 소금 없이는 사람이 살지 못한다. 이 거대한 소금 호수 때문에 중국인들은 이곳이 중국 문명의 발상지일지도 모른다는 추론을 내놓기도 한다.

실제 요堯와 순舜, 우禹 등 전설 속의 고대 임금이 이룬 왕조의 역사 무대가 바로 이곳 산시라는 얘기는 중국인이 일반적으로 내놓는 가정이기도 하다. 그러나 실재했던 역사의 기록이라고 보기에는 아직 무리가 많다. 그보다 우리 눈을 자극하는 인물은 바로 관우關羽다.

그는 산시 남부의 윈청運城 출신이다. 그에 대한 설명은 달리 필요가 없을 정도다. 역사서 〈삼국지三國志〉에서 두드러지는 무장武將, 소설 〈삼국지연의三國志演義〉에서는 뛰어난 무공과 절개의 소유자로 유비를 보필하다가 죽은 인물이다. 그가 중국 왕조에 의해 추앙받는 계기는 고향 인근의 소금 호수, 염지와 관련이 있어 보인다.

북송北宋 때의 황제가 이곳 염지에서 생산하는 소금이 줄어든다는 보고를 받은 뒤 고민에 빠졌다고 한다. 내륙의 거대한 소금 생산지에 물이 불어 염도가 낮아지면서 소금의 생산량이 줄어들자 조정의 수입이 큰 폭으로 감소했기 때문이다. 그러던 어느 하루 밤 황제의 꿈에 관우가 나타나 "먼 옛날 이곳에서 황제黃帝 중국인들이 자신들의 조상이라고 간주하는 신화 속 제왕와 싸움을 벌이다 패한 치우蚩尤가 일을 벌이고 있으니, 내가 그를 몰아내겠다"고 했단다.

꿈속에서 한 관우의 장담대로 그 다음부터 호수에 유입하는 물이 줄어들면서 염도가 높아지고, 소금 생산량도 많아졌다는 보고를 들은 황제가 그를 신격화하기 시작했다는 내용이다. 이런 이유 때문인지는 몰라도 북송 이후 관우는 역대 왕조가 모두 떠받드는 인물로 변했다. 공자가 역대 왕조의 정신적 지주인 문성文聖이라면, 관우는 청나라 때까지 역대 왕조가 떠받들었던 무성武聖이었다.

아울러 지금까지 기술한 역대 산시 출신 유명 인물들의 후예로 꼽을 수 있는 사람들이 있다. 명나라 시절부터 이름을 얻어 청나라 말까지 중국의 비즈니스 분야를 장악했던 산시 상인 그룹이다. 이들은 옛 산시 이름을 빌려 흔히 진상晉商이라고 불렸던 사람들이다.

만리장성을 쌓는 데 필요한 물자 동원에 앞장서면서 그 대가로 소금 판매 및 유통권을 쥐면서 발흥해 은행업과 무역업으로 거대한 부를 쌓았던 사람들이다. 그들이 남긴 대저택 교가대원喬家大院과 왕가대원王家大院 등은 요즘 중국 내국 관광객들을 끊임없이 불러들이는 관광명소다.

서한西漢의 명장 위청衛靑과 그의 외조카 곽거병霍去病이 이곳 출신이고, 성어 '완벽完璧'의 주인공이자 조나라의 명재상이었던 인상여藺相如도 산시가 고향이다. 문인으로는 백거이白居易 등이 눈에 띄고, 국민당 시절 권력자 장제스蔣介石의 동서로서 막대한 부를 거머쥐었던 쿵샹시孔祥熙도 이곳 태생이다. 2012년 중국 공산당 정치국원이자 충칭重慶시 당서기로서 집단지도체제에 반발했다가 낙마해 무기징역형까지 받은 보시라이薄熙來와 그의 부친이자 공산혁명 원로 보이보薄一波도 산시 출신이다.

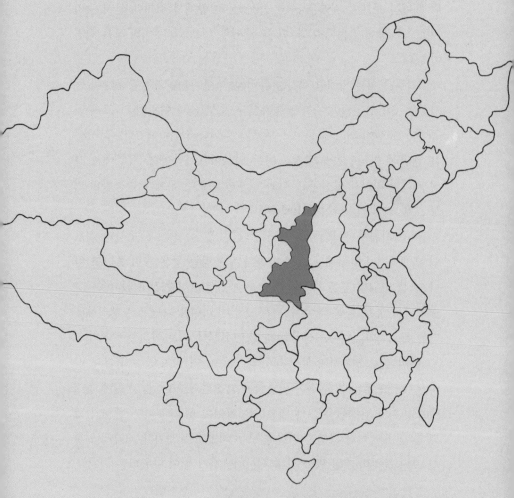

대일통(大一統)의 전략가들을 낳다

산시(陝西)

"미즈米脂의 여인, 쑤이더綏德의 남자"라는 말이 있다. 중국어로 적으면 '米脂婆姨, 綏德漢'이다. 미녀와 미남을 일컫는 중국 속어다. 이번 회에서 소개할 지역은 중국 산시陝西. 앞에서 소개한 산시山西의 서쪽으로 붙어 있는 곳이다. 이 곳 산시에 '미즈'와 '쑤이더'라는 지명이 있다.

이 두 곳이 유명해진 계기는 유비劉備와 관우關羽, 제갈량諸葛亮이 등장하는 〈삼국지三國志〉에서 만들어졌다. 초선貂蟬과 여포呂布가 그 주인공이다. 초선이 미즈 출신이고, 여포가 쑤이더에서 출생했다. 두 사람은 웬만한 한국인이면 대개가 아는 인물이다. 〈삼국지〉 무대에서 가장 빼어난 미녀가 초선이고, 그와 결혼한 여포는 무예가 출중하며 외모 또한 뛰어났던 남성이기 때문이다.

이곳 사람들은 요즘도 "잘 생겼다"는 말을 듣는다. 초선과 여포의 후예들이니 아무래도 그럴 만하다. 미즈라는 곳은 물이 좋다고 한다. 황토 고원의 깊은 계곡에 해당하는 곳에 자리를 잡고 있어 수질水質이 아주 좋은 물을 마실 수 있는 조건이 미녀를 다량으로 생산해냈다는 분석이다. 물론, 초선이 실재했던 미녀였는지는 아직 논란거리다.

쑤이더는 그에 비해 산시 북쪽의 요로要路에 놓여 있는 곳이다. 따라서 고래로부터 늘 전쟁이 빗발치듯 닥쳤던 곳이다. 늘 전란에 놓이다보니 이곳 남성들은 그에 대응하며 살아야 했을 것이다. 풍채가 크고, 굳센 의지력과 강인한 기질을 모두 지녔다는 것이다. 그래서 외모가 그럴 듯하며 기질 또한 사내다운 미남자가 많이 나왔다는 얘기다.

삼진=秦의 지역

이곳에는 우리에게 친숙한 장안長安이 있다. 지금도 '수도'의 대명사처럼 여겨지는 그 '장안'이다. 현재는 그 이름이 시안西安으로 바뀌었지만, 그 장안이 들어섰던 지역이니 만큼 아무래도 우리의 눈길은 그를 향하지 않을 수 없다. 그래서 요즘의 한국인들도 이곳을 부지런히 찾는다.

옛 장안, 그러니까 지금의 시안에는 볼 만한 구경거리가 제법 많다. 당나라 현종玄宗이 절세의 미인 양귀비楊貴妃와 로맨스를 뿌렸던 화청지華淸池를 비롯해 한漢나라와 당唐나라 황제들의 거대한 무덤 등이 다 그렇다. 중국 역사의 초기를 장식했던 주周나라를 비롯해 모두 11개 왕조의 핵심 터전이 다 이곳에 있었으니 구경거리가 적다고 하면 그만한 거짓말도 없을 것이다.

아울러 중국인들이 지금까지 자신의 조상이라고 주장하는 황제黃帝의 터전도 이곳이다. 게다가 지금 중국의 문명적 시원始原에 해당하는 주周나라가 자신의 기반을 형성했던 곳도 바로 이 산시다. 그런 연고로 산시는 중원의 정통성을 상징하는 지역이다. 따라서 중국인

산시 시안의 유명 관광지 화청지. 당나라 현종과 양귀비가 로맨스를 뿌렸던 곳이다.
산시는 역대 왕조의 수도가 가장 많이 들어섰던 곳이기도 하다.

들이 산시를 두고 '우리의 정체성이 만들어진 곳'이라고 자부해도 이
의를 제기할 수 없다.

그러나 전설이나 신화에 가까운 황제와 염제를 여기서 거론할 생
각은 없다. 지금도 그 둘에 관한 상징이나 건축을 만들어 놓고 중국
인들은 그들에게 제사를 올리지만, 그들이 실재했다는 확실한 근거
는 어디에도 없다. 따라서 황제와 염제에 관한 이야기는 건너뛰자.

중국의 새벽을 열었던 거친 손길은 누구의 것이었을까. 아직 그에
관한 정설은 없다. 주나라에 비해 시기적으로 앞섰던 은殷, 또는 商이라고
도 적는다이 그 주체라고 할 수도 있다. 그 은나라의 주체는 이 산시 지
역의 동쪽이거나, 아니면 동북쪽에서 왔다. 산둥山東이거나 둥베이東北
에서 중원으로 진입한 그들의 족적 때문이다.

그 은나라를 패망시킨 뒤 일어선 주나라는 분명 이 산시에서 발

흥했다. 주나라는 예치禮治에 관한 제도의 틀을 확정했고, 춘추전국 BC 770~BC 221 시기 내내 중원지역 정치체제의 핵심으로 작용했다. 비록 실재하는 역량은 없었다 할지라도, 춘추전국 시대 550여 년 동안 주나라가 중원의 '얼굴'로 행세했던 점만은 확실하다.

그 주나라의 이야기도 건너뛰기로 하자. 주나라 문왕文王과 무왕武王이 등장하고, 낚싯대를 강에 드리웠으나 '물고기 속여 낚아 올리기'에는 전혀 관심이 없었던 강태공姜太公의 이야기도 그냥 넘어가자. 그보다는 이곳을 중국인들이 '三秦삼진'으로 적는다는 점에 유의하자.

적어도 우리는 이 '秦진'이라는 글자를 통해 중국의 문명이 처음 통일적인 모습을 드러냈다는 점에 주의를 기울여야 할 필요가 있다. 그렇다, 이곳은 바로 중국 최초의 통일제국을 이뤘던 진시황秦始皇의 진나라가 명맥을 이었던 곳이다.

이 진나라 왕실의 유래는 많이 알려져 있다. 산시로부터 서쪽인 지역, 지금은 간쑤甘肅라고 하는 곳이다. 그 간쑤의 동남부에 있는 톈수이天水라는 곳이 진시황의 할아버지들이 대대로 자리를 잡고 활동했던 곳이다. 따라서 이들은 중원의 족계族係라고 볼 수 없다. 중원의 서쪽에 있던 오랑캐, 즉 서융西戎으로 불렸던 사람들이라고 하는 게 적절하다.

'서쪽 오랑캐'인 서융, 진나라 왕실이 지금의 산시로 진입한 이유 또한 잘 알려져 있다. 춘추시대 주나라가 중원의 중심에 있을 때 그 왕실을 위해 말馬을 잘 돌보고 길러준 덕분에 진시황의 할아버지들이 간쑤의 톈수이 인근을 봉지封地로 하사 받았다는 설이 있다. 그러니까 진나라 왕실의 먼 조상은 간쑤 톈수이보다 더 서쪽에 있었다는 추정이 가능해진다.

아무튼 간쑤의 톈수이를 봉지로 받으면서 진나라 왕실 사람들은 점차 중원을 향해 다가선다. 춘추에 이어 전국시대에 접어들면서 그들은 지금의 산시 지역에 확실히 뿌리를 내리고 이곳을 자신의 터전으로 삼는 데 성공한다.

진시황의 진나라 기원에 관해서는 다른 이설異說도 있다. 주나라 앞에 들어섰던 은殷나라의 한 부족이었다는 설이다. 은나라 왕실이 썼던 '亞아' '中중' 글자 형태의 묘제墓制를 그대로 답습하고 있다는 점, 은나라가 토템으로 내세웠던 검은 새, 즉 현조玄鳥를 똑같이 토템으로 하고 있다는 점 때문이다.

따라서 진나라 왕실의 혈통을 은나라의 한 갈래라고 보는 사람들은 오히려 이 진나라 왕실이 동쪽인 지금의 산둥山東에 터전을 뒀으리라고 추정한다. 그에 따르자면 이 진나라는 은나라와 함께 중국의 동북쪽에서 발흥했던 동이東夷의 계통이라는 결론이 내려진다. 은나라가 주나라에 패배해 망하면서 노예의 신분으로 주나라에 의해 지금의 간쑤 일대로 끌려왔다는 얘기가 그 뒤에 따라 붙는다.

진나라 기원에 관한 위의 두 주장 가운데 어느 쪽이 맞는지는 아직 더 지켜봐야 한다. 그럼에도 진나라의 기원은 서북쪽의 오랑캐인 융戎과 적狄이리라는 가정이 압도적이다. 진시황이 태어나기 전에 활동했던 그 조상들의 집단 무덤이 산시 서쪽인 간쑤에서 드러나는 점, 그리고 관련 기록 등에서 진시황 조상의 여러 인물들이 각기 융과 적이라는 오랑캐의 호칭으로 등장한다는 점에서 그렇다. 어쨌거나 진나라 왕실은 서쪽의 오랑캐 출신일

중국 전역을 처음 통일한 진시황의 상상도다. 산시를 대표하는 상징적인 인물이다. 서쪽에서 중원으로 진입한 서융계의 인물로 추정할 수 있다.

가능성이 크며, 백보를 양보한다 해도 동북쪽에서 지금 산시로 진입한 동이족의 한 갈래다. 이들이 최소한 정통 중원의 사람들은 아니라는 점만은 100% 확실하다.

그런 진나라는 서쪽 간쑤에서 점차 동쪽으로 진출해 지금의 산시에서 견고한 터전을 닦아 나라의 볼륨을 키웠다. 그런 과정을 거쳐 성장한 진나라에 진시황이 등장해 전국시대의 여러 대국을 차례로 쓰러뜨린 뒤 중국 전역을 통일하는 스토리는 우리가 잘 아는 내용이다. 그 뒤의 역사도 제법 잘 알려져 있다. 초패왕楚覇王 항우項羽가 등장해 또 다른 실력자 유방劉邦과 천하의 패권을 두고 다투는 역사 말이다.

주지하다시피 유방은 싸움 초기에 항우의 적수가 아니었다. 병력과 물자 면에서 모두 항우에게 도전할 만한 역량을 갖추지 못했다. 항우는 이곳을 먼저 제 세력으로 끌어안은 뒤에 산시 지역을 삼등분해서 부하 장수 셋에게 분봉分封을 하는데, 옛 진나라 땅을 삼등분했다고 해서 '三秦삼진'이라는 이름을 붙였다는 것이다.

그런 점에서 보면 이 산시의 땅은 '秦진'이라는 글자와 떼려야 뗄 수 없는 관계에 있다. 물론 지금도 우리는 시안을 찾아갈 경우 반드시 진시황이 남긴 어마어마한 유물, 진시황 병마용兵馬俑을 감상한다. 시안을 비행기로 찾아갈 경우 도착하는 공항은 셴양咸陽이라는 곳에 있다. 이 셴양이 바로 진시황이 제국의 수도로 삼았던 곳이다.

그 점에서 이 산시의 기운은 주나라로부터 여러 곡절을 거치면서 진시황에게 내려와 진의 제국 성립으로 인해 찬연한 결실로 맺어졌다고 볼 수 있다. 그 전의 역사적 발자취들은 이 진나라의 등장으로 큰 단락을 맺고, 그 이후로는 통일 왕조의 시대가 열린다. 그 과정이야 매우 복잡하고 다단했을지는 몰라도, 우리가 적어도 중국의 문명을

지금의 시안에 있는 진시황 병마용의 장관이다.

'완성체가 이뤄진 시점이 언제냐'의 시각에서 바라볼 때는 진의 등장에 갑절의 의미를 부여하지 않을 수 없다는 얘기다.

　따라서 우리는 이 대목에서 산시의 정체성이 비록 황제와 염제, 그 뒤를 잇는 주나라의 전통과 불가분의 관계이긴 하지만 역시 진이라는 제국이 이 땅에서 흥기해 이후의 통일 왕조 시대를 열었다는 점에 주목하지 않을 수 없다. 중국 문명은 주나라에서 초기의 정형定型을 이루지만, 진시황이 중국 전역을 하나의 통일체로 묶음으로써 불안정했던 중국 문명의 초기 모습이 훨씬 더 안정적으로, 더 넓고 확실하게 자리를 잡기 때문이다.

중국이라는 '문명'을 생각게 하다

중국의 기본적인 컨셉트는 융합이다. 섞이고 섞이다가 때로는 그 상황이 뒤죽박죽으로 흐르기도 하지만, 마침내는 큰 흐름으로 한 데 또 섞인다. 융합이라는 말이 그에 어울리는 단어일 테고, 혼융混融이라는 단어도 그에 잘 어울린다. 남부 중국을 지나오면서 이 말을 자주 썼다. 남쪽은 남쪽대로 섞이고 또 섞인다. 북방의 전란과 재난으로 인구가 남하하는 과정에서 남쪽의 원주민이 북쪽으로부터 이동한 인구와 섞이면서 그곳은 왕성한 융합과 혼융의 과정을 겪는다.

북방도 마찬가지다. 서북과 동북의 이족異族들이 중원을 침략하거나, 아예 중원을 자신의 터전으로 삼는 과정이 비일비재했다. 새로 유입한 서북과 동북의 이족은 남쪽으로 이동하지 않고 현지에 그대로 남았던 중원의 주민과 또 섞인다. 그 섞임의 과정은 부단하게 번지고 또 번진다. 그러니 중국의 역사를 관통하는 커다란 개념이 바로 이 섞임, 즉 융합과 혼융이라고 볼 수 있는 것이다. 그 섞임의 도저한 흐름이 진나라라고 하는 최초의 통일제국이 등장한 이 산시 땅에서도 예외일 리는 없다.

황제黃帝가 실존했던 인물이라면 이들은 산시 일대가 고향일 확률이 높다. 그 뒤를 이었다는 주나라 역시 마찬가지다. 이 나라는 춘추전국 시대 줄곧 이 산시와 동남쪽의 허난河南을 오갔으나, 그래도 원산지를 따지자면 간쑤 동남부 또는 산시 일대라고 할 수 있다. 춘추전국의 혼란기를 마감하고 역사 무대에 첫 통일 제국을 세운 진나라는 그 연원이 앞에서도 얘기한 것처럼 서쪽이거나 동쪽이다. 그러나 편의상 이 자리에서는 서쪽 기원설을 따르기로 하자.

서쪽의 오랑캐, 즉 서융으로 치부되며 멸시의 대상에 지나지 않았던 진나라가 차츰 동진東進을 시작해 결국에는 중국 최초의 통일 제국을 세웠다는 점은 여러 가지 면에서 우리의 상상력을 자극한다. 그 뒤에 왕조의 최고 권력자로 등장한 이는 유방이다. 그는 한漢나라를 세워 중국의 문명적 토대를 매우 확고하게 다진 인물이다.

이른바 한고조漢高祖라고도 불리는 유방은 어느 곳 인물일까. 우리 한국인들의 대다수가 그냥 지나치는 대목이지만, 유방은 중원의 정통적인 핏줄을 이어받은 사람이라고 보기 힘들다. 그는 지금의 중국 판도에서는 한족漢族일 수 있으나, 2500여 년 전 춘추전국의 시공時空에서는 조금 달리 볼 인물이다. 그는 중원의 정통성과는 거리가 멀었던 남부의 초楚나라를 고향으로 둔 사람이다. 따라서 그의 정체성은 당시의 기준으로 볼 때 남쪽의 오랑캐, 즉 남만南蠻에 속한다고 할 수 있다.

그의 출생지로 알려진 곳은 지금의 장쑤江蘇 쉬저우徐州시 인근이다. 그 말에 틀림이 없다면 유방은 정통 중원의 사람이라고 볼 수 없다. 춘추시대 내내, 그리고 전국시대에 접어 들어서도 유방의 고향이라는 장쑤는 오월吳越의 문화권에 속한 곳이었다. 오나라와 월나라의 활동 무대로, 이들 역시 전국시대를 거친 뒤 중원의 판도로 섞이지만

산시 시안의 옛 성과 주변 야경.
산시는 수많은 이질적 요소가 한 데 섞이면서 중원의 정체성을 형성하는 모습이 아주 역연했던 지역이다.

그 전까지는 완연한 '이족 오랑캐'의 땅이었다.

유방과 천하의 패권을 다퉜던 항우 또한 초나라 사람이다. 어떻게 보면 항우는 유방과 동향同鄕의 인연을 지닌 사람이다. 항우의 고향도 지금의 장쑤 쑤첸宿遷이다. 그 둘은 최소한 '장쑤'라는 지연地緣을 지니고 있으며, 아울러 둘 모두는 정통 중원 사람의 입장에서 볼 때는 머리를 짧게 자르고 몸에 문신을 하는 남만南蠻의 오랑캐 후예다.

한 왕실에 이어 역사의 무대에 등장했던 혼란의 시기는 삼국시대와 서진西晉 및 동진東晉, 나아가 북방에서 이주해 온 이민족 통치의 시대였던 오호십육국五胡十六國으로 이어진다. 그 뒤를 이은 수隋와 당唐은 산시의 장안에 뿌리를 내리면서 견고하게 중국의 정체성을 형성한다.

오호십육국에 이어 등장한 수와 당의 왕실은 선비鮮卑라는 이민족의 피를 물려받은 족보를 지니고 있다. 산시의 정치적 핵심인 장안은 당나라에 접어들어 세계 최대의 제국 도시로서 영화를 누리다가 당의 몰락과 함께 그 성세盛世를 마감한다.

산시는 당의 몰락 이후 그 때 만큼의 전성기를 구가한 적이 없다. 그러나 산시는 진시황의 통일 제국 이래 당나라 때까지 중국이라는 정체성을 형성하는 데 혁혁한 공로를 세운 곳이다. 원래 중원의 구심 점이었던 주나라, 서쪽으로부터 동진해 온 진나라, 남쪽에서 치고 올 라간 유방과 항우의 초나라 세력, 이어 북방의 혼란기를 마감하고 진시황 때의 규모를 넘어서 중국의 극성기를 열었던 동북지역 선비족 의 수와 당나라….

산시는 이 모든 세력이 피바람을 뿜어내며 천하의 권력을 노렸던 곳이다. 그 과정이야 이루 헤아릴 수 없는 인명의 희생을 바탕으로 삼고 있지만, 어쨌든 진시황의 통일 이후 수와 당나라까지 내려오면 서 산시는 '중국'이라는 어엿한 정체성을 만들어 냈다.

이는 이질적인 요소가 한 데 뭉치는 매우 역동적인 과정이라고 하 지 않을 수 없다. 말도 달랐을 테고, 복장도 서로 닮지 않았으며, 문 화적 바탕이 달라 툭하면 시비가 벌어졌을지도 모를 일이다. 정체政 體를 형성해 천하의 권력을 탐하는 자리를 두고서는 '너 죽고 나 살 기' 식의 피비린내 물씬 풍기는 싸움이 번지지 않을 수 없었을 일이고, 그렇다면 이곳은 생지옥을 방불케 하는 격전장이 아니었을 수 없다.

진시황의 분서갱유焚書坑儒를 되새길 때, 그가 왜 문화적 전통까지 모두 말살하는 정책을 펼쳤을까라는 의문이 들기도 한다. 분서갱유 라는 사건은 많은 학자, 그리고 문물의 상징이었던 현지의 책을 모두 불살라 없앤 일이었다. 어떤 이는 "진시황이 원래 중원의 문화바탕을 지닌 사람이라면 그렇게까지 했을 리 없다"고 말한다. 권력을 두고 전쟁이 벌어졌을 때, 상대가 자신과는 다른 이족異族이라면 그 증오와 멸시는 극에 달하기 마련이다.

'서쪽 오랑캐' 출신인 진시황이 그 경우일지 모른다. 그는 이족 출신으로서 중원에 들어와 패권을 잡은 인물이다. 그가 종족적인 편견에 휩싸였다는 가정은 나름대로 충분한 설득력이 있다. 책을 불태우는 '분서'와 선비들을 생매장해 없애버리는 '갱유'는 그 전까지 존재했던 중원의 문화와 문물을 없애려는 시도였기 때문이다.

추정에 불과하지만 진시황의 분서갱유를 또 다른 시각에서 보자면 그럴 수도 있다는 얘기다. 융합과 혼용이 결국은 '한 데 뭉침'을 전제로 벌어지는 역사의 과정일 것인데, 그 안에는 이질적인 요소가 한 데 어울리며 벌어지는 분열과 반목, 나아가 심각한 살생이 따랐을 것이라는 얘기다.

그럼에도 그 과정은 큰 흐름을 이루면서 중국의 역사 전반에 등장한다. 그 초기의 길목을 놓은 사람은 누구일까. 어떤 이들이 이런 통합의 거친 과정을 설계했을까. 원래부터 그렇게 융합하도록 짜인 것은 아닐까. 뭐 이런 의문들이 줄을 이을 것이다. 우리는 이런 물음에 대한 답을 찾아 볼 필요가 있다.

중국 문명의 아침이 펼쳐질 무렵에 그런 설계자들이 등장한다. 황제와 염제의 전설이 이곳저곳을 떠다니고, 주나라 왕실의 전통이 그대로 살아서 숨을 쉬며, 진시황이 제국의 꿈을 실현했으며, 남부 초나라 세력의 인물들이 천하의 패권을 잡았던 바로 이 산시의 땅에서다.

대일통의 사유에 대하여

중국에는 '대일통大一統'의 사유형태가 일찌감치 등장한다. 공자孔子의
사고 맥락에서도 이는 분명히 존재했고, 춘추전국 시대를 거치며 등
장한 여러 사상가의 사유 형태에서도 이 점은 드러난다. 어려운 말은
아니다. 글자 순서를 조금 바꾸면 우리는 이를 쉽게 이해할 수 있다.
여러 가지 다른 요소들을 한 데 섞어 하나의 정체성을 만들어 내는
'대통일大統一'의 작업이다.

　'대일통'의 사유를 정치체제에 섞어 일찌감치 그 꿈을 펼치려 했던
인물로는 춘추시대 오패五覇 가운데 가장 빛을 발하는 제齊나라 환공
桓公과 그를 보필했던 관중管仲을 꼽을 수 있다. 이들은 부국강병富國强
兵의 강력한 실천자로서, 제나라를 일약 춘추시대 최고의 패권국가로
성장시킨 인물이다. 아울러 변방 이족 세력의 침입을 막아 중원의 정
체성 유지에 크게 기여했다.

　춘추시대가 끝나고 전국시대가 열린 뒤 그 제나라에는 '직하학궁
稷下學宮'이라는 낯선 기관이 등장한다. 중국인의 표현에 따르자면 이
는 '세계 최초의 대학'이다. 유가儒家와 도가道家를 비롯해 춘추전국

시대에 화려하게 꽃을 피웠던 각종 학파의 학자들 1000여 명이 모였다는 곳이다. 제나라의 부국강병을 실현하기 위해 설립한 이 직하학궁의 출신 학자는 부지기수다.

우선 맹자孟子의 이름이 눈에 띄고, 그와 성선설性善說이냐 성악설性惡說이냐를 두고 다퉜던 순자荀子의 이름도 들어 있다. 음양가陰陽家의 대표인 추연鄒衍을 비롯해 다수의 사상가들이 모두 망라돼 있다. 그 중에서도 특기할 사람은 순자다. 그는 성악설을 주장했던 유가에 속해 있으나, 그의 제자들은 법가法家을 낳았다. 한비자韓非子가 우선이고, 진시황을 도와 통일 제국의 판도를 기획했던 이사李斯가 대표적이다.

순자는 제나라 수도 왕성의 문인 직문稷門 인근에 세운 직하학궁의 좨주祭酒를 세 번 역임했다. 요즘 식으로 말하자면 직하학궁의 '총장' 격이다. 그를 통해 법가의 초기 사상적 토대가 만들어졌다고 많은 학자들은 추정한다. 그 법가의 핵심적 개념은 권權과 세勢, 술術을 활용한 왕권의 강화지만, 다른 한편으로는 국가 통치의 근간을 세우는 방법에 관한 모색이기도 했다.

어쨌거나 그런 순자와 함께 신불해申不害와 신도愼到 등 법가의 초기 인물들도 직하학궁을 대표했던 학자였다. 아울러 공자는 춘추시대의 역사를 엮어 〈춘추春秋〉를 짓는데, 그에 관한 주석서가 세 종류다. 〈춘추좌씨전春秋左氏傳〉, 〈춘추공양전春秋公羊傳〉, 〈춘추곡량전春秋穀梁傳〉이다.

이 가운데 〈춘추공양전〉은 '대일통'의 관념을 역설했던 책으로 유명하

'대일통'의 사유를 가장 극명하게 드러내는 문제의 〈춘추공양전〉

다. 이 책이 나온 곳이 바로 제나라, 특히 직하학궁의 학파였을 가능성이 매우 높은 것으로 알려지고 있다. 정리하자면, 부국강병을 모토로 하는 국가 이념이 가장 일찍 발달해 현실로 영글기까지 했던 곳이 춘추전국 시대의 제나라고, 그곳에 세운 직하학궁이 순자 이후의 법가 사상을 낳았으며, 공자의 〈춘추〉를 주석하면서 '대일통'이라는 논리의 틀을 만들었을지 모른다는 얘기다.

그러나 이런 이야기는 '대일통'의 관념과 이념적 지향을 다루는 철학적 주제다. 이는 나중에 기회가 닿으면 다시 다룰 내용이다. 우리의 관심은 누가, 언제, 어떻게 그런 대일통의 관념을 끌어다가 왕조의 통치 기반으로 만들었느냐 하는 점이다. 이는 중국이라는 문명의 형성 과정이 끊임없이 융합과 혼융의 '섞임'을 경험하면서도 어떻게 제법 그럴듯한 정체성을 이어갈 수 있었느냐를 따질 때 매우 중요한 대목이다.

그 설계자들은 유방의 후예인 한나라 무제武帝 시기에 등장한다. 주인공은 바로 사마천司馬遷과 동중서董仲舒다. 사마천은 〈사기史記〉로 우리에게 매우 잘 알려진 인물이다. 생식기를 잘리는 궁형宮刑을 당하고서도 초인적인 노력으로 중국 최초의 정통 역사서를 집필한 사람이다. 그는 지금의 산시 한청韓城시에서 태어났다고 알려져 있다.

그는 황제와 염제를 적통嫡統으로 삼아 당시의 황제였던 한나라 무제까지 그 줄을 연결한다. 자유로운 문체와 진지한 모색으로 정평이 난 그의 저서는 결국 저자 사마천으로 하여금 '중국 역사의 아버지'라는 거창한 타이틀을 거머쥐도록 한다. 그러나 그런 문체나 역사의 진지한 기록보다 더 대단한 점이 하나 있다.

바로 사마천의 〈사기〉로 인해 중국의 역사 줄기, 즉 '강綱'을 세울 수 있었다는 점이다. 좀 달리 말하자면, 사마천의 이 역사 서술로 인

해 중국의 통일적인 '족보族譜'가 만들어졌다는 얘기다. 줄기를 바로
잡아 나머지의 것들을 일으켜 세운다는 점, 앞의 '베이징 편'에 집중
적으로 소개했던 '축선軸線'의 개념이다.

사마천은 그런 역사의 축선을 만들어 자신의 저서에 적음으로써
이후 중국 역사 서술의 토대를 잡은 사람에 해당한다. "중국인 모두
는 황제와 염제의 자손…"으로 시작하는 요즘 중국인들의 자랑과 자
부심은 여기에서 기인하는 바가 매우 크다.

마침내 등장한 '천하'

사마천과 그의 저작 〈사기〉에 관해서는 상술할 필요가 있다. 이로써 중국의 역사적 흐름은 커다란 전기轉機를 마련했기 때문이다. 쉽게 말하자면, 중국은 이로써 지금까지 이어지는 '족보'를 만들었다. 중원의 조그만 영역에 불과했던 '중국'이 사방팔방에 있던 모든 이들을 자신의 판도에 끌어들일 수 있는 '테크닉', 나아가 시야視野를 확보했다고 할 수 있는 것이다.

사마천이 태어난 시기는 한 무제가 거대한 정복욕으로 강력했던 흉노를 물리치고 이어 서역西域과의 교통로를 확보했으며, 아울러 주변의 여러 이족異族들을 제압한 뒤였다. 그런 당시의 한나라에는 전통적인 중원의 시야로는 볼 수 없는 '먼 곳' '나와는 다른 여러 사람'이 생겼다. 이들을 어떻게 통합하면서 이미 넓혀진 판도를 끌고 갈 수 있느냐에 관한 고민이 생겼다는 얘기다.

그런 고민을 처음 시작한 사람이 사마천은 아니다. 춘추전국 시대의 흐름에서 명멸했던 적지 않은 사상가와 정치가들이 벌써 고민했던 주제다. 중원의 제족諸族과 주변의 이족을 어떻게 통합해 거대한 판도로 발전시킬 수 있느냐는 고민이었다. 공자의 〈논어〉에서도 그런 고민이 엿보이며, 〈맹자〉에서는 '천하天下'라는 개념이 자주 등장함으로써 그런 고민이 아주 오래 전부터 존재했다는 점을 보여준다.

공자가 엮은 것으로 알려진 고대 역사서 〈춘추春秋〉도 마찬가지다. 그를 주석한 책, 〈춘추공양전春秋公羊傳〉은 그런 흐름의 가장 앞에 서있는 대

산시가 낳은 중국 역사의 아버지 사마천. 궁형을 당하면서도 초인적인 의지로 중국 역사를 기록했다. 중국인의 '족보'를 기록하면서 주변의 제족을 아우르는 대일통의 역사관을 드러낸 것으로 유명하다.

표적인 저작이다. 앞에서 설명한 내용이다. 전통적 중원 사람을 일컫는 화하華夏와 주변의 '오랑캐'를 일컬었던 이적夷狄을 혼합하고 한 데 섞으려는 논지가 분명히 드러나는 책이다.

이로부터 큰 영향을 받은 사람이 동중서董仲舒로 알려져 있다. 그는 〈춘추공양전〉의 이 같은 논조를 발전시켜 정치적 틀을 만들어냈다. 역시 위에 적은대로다. 정치적 마당에서 통합의 틀을 만들어 화하華夏와 이적夷狄을 한 데 섞으려 했던 인물이다. 사마천은 그 문하門下에서 수학했다고 알려져 있다. 이를 테면, 사마천은 공자와 맹자, 〈춘추〉와 〈춘추공양전〉, 다시 동중서로 이어지는 맥락을 승계한 인물인 셈이다.

게다가 한나라의 무제가 벌인 거대한 정복으로 판도는 이미 크게 넓혀진 터였다. 대일통의 꿈이 현실로 다가왔던 상황이었다는 얘기다. 그런 무렵에 사마천은 자신의 저작 〈사기〉를 통해 그 꿈을 담을 만한 그릇을 만들어낸다. 화하와 이적을 섞는 통합의 틀이다. 그는 우선 역대 황제의 맥락을 모두 잇는 본기本紀를 짓는다. 아울러 중원

의 주변을 형성했던 여러 제족들의 군왕君王 등을 위한 세가世家와 열전列傳을 쓴다.

이로써 만들어지는 게 바로 중국의 '족보族譜'다. 황제와 염제로부터 한나라 무제까지 이어지는 제왕帝王의 큰 줄기, 그로부터 종횡縱橫으로 뻗어가는 그물망이다. 그를 동일한 맥락으로 파악해 중원과 주변의 모든 이족들을 한 데 섞는 장치였다. 이는 결국 한나라 이후 등장해 중원을 위협하다가 결국 그 땅으로 진입하면서 왕조의 권력을 쥐는 이족들에게 중원의 흐름에 스스로 합류할 수 있는 '논리'와 '명분'을 제공했다. 아울러 전통적 중원에 속한 주민들에게도 외부에서 진입한 이족을 받아들이는 틀을 제공했다.

아주 조그만 지역, 중원에서 뿌리를 내렸던 중국이 거센 역사의 회오리를 헤쳐 오면서도 지금의 중국 판도와 비슷한 크기와 부피를 늘 지닐 수 있었던 이유는 〈사기〉를 지은 사마천의 역사적 시야 덕분이다. 그런 사마천의 앞 시대에도 분열과 반목의 엇갈림 못지않게 '대일통'의 판도를 꿈 꿨던 중원, 또는 그와 근거리에 있던 주변의 정치가와 사상가들이 있었다는 점도 잊지 말자.

그러니 사마천의 〈사기〉가 지니는 무게가 자못 크다고 할 수밖에 없다. 중국이 오늘 날의 중국일 수밖에 없는 이유의 상당한 부분은 어쩌면 판도를 크게 개척한 한나라 무제라기보다 사마천이자 동중서다. 당대의 권력에서는 한 무제에 의해 생식기를 잘리는 하찮은 존재였던 사마천은 중국이라는 시공에 아주 크고 담대한 역사적 시야를 선사한 인물이다. 동중서는 역시 같은 맥락의 사고로써 중원과 주변을 아우르는 견고한 정치적 틀을 창안했다.

사마천이 확립한 그런 역사적 시야는 후대에도 줄곧 이어진다. 뒤에 등장한 여러 역사가들은 결국 사마천의 역사적 시야를 계승하고 발전시킨다. 사마천의 바로 뒤를 잇는 중국 역사가가 또 한 명 있다. 〈한서漢書〉를 지은 반고班固다. 그는 정교한 역사 기술 체계를 만들어, 그런 점에서는 사마천보다 더 높은 평가를 받는 인물이다. 그는 한 나라의 역사를 장중한 필체로 엮었고, 정교한 기술記述 체계로 완성했다. 사마천에 비해 한 걸음 더 나아가, 공자를 '성인聖人'으로 치부하며 정통과 비非정통을 가린 인물로도 유명하다.

동중서라는 인물은 산시 출신이 아니라고 보인다. 그럼에도 그가 활동한 무대는 산시에 세워졌던 유명한 도시 장안이다. 이 사람 역시 정치 체제에 정통의 근간을 내세우는 장치를 설계함으로써 이후 중국 왕조의 정치 체제에 막대한 영향을 미친 인물이다. 산시 사람들은 그를 고향의 인물로 치부하고 있다. 유가의 사상을 정통으로 삼아獨尊儒術 천하를 사상적인 체계로써 묶는 시도를 보였다. 중화와 오랑캐를 가르는 화이華夷의 전통적 경계를 넘는 시도에 해당했다. 아울러 음양가와 법가, 도가 등의 사상을 유학의 밑에 불러들여 천하를 어떻게 경략할 것인지를 치밀하게 강구한 인물이다.

이들은 전략가들이다. 사마천과 반고는 역사적 측면에서의 전략가, 동중서는 정치적으로 거대한 판을 짠 전략가다. 이들은 그러나 어찌 보면 참모에 불과하다. 역사의 서술에 관해서, 정치 운영의 컨셉트에 관해서 제 위의 군주였던 '황제'를 모셨던 참모에 지나지 않는다는 얘기다.

사마천은 역사가로서의 대일통이라는 역사적 시야를, 동중서는 정치가로서의 대일통이라는 체제를 만들어낸 인물이다. 동중서를 통해 중화와 주변의 구별, 나아가 이를 다시 한 데 섞는 틀이 견고해진다.

그러나 이들이 미친 영향은 제가 당대에 받들었던 황제들을 초월하고도 남는다.

산시는 그러나 황제의 기운이 매우 강한 곳이다. 북부의 골칫거리였던 흉노를 정복해 한나라의 판도를 크게 확장하며 성세盛世를 구가했던 한 무제는 중국인들이 지금까지 '영웅 중의 영웅'으로 꼽는 황제다. 그 역시 산시의 정기를 이어받고 태어난 인물이다. 아울러 중국인에게 '황제 중의 황제'로 꼽히는 당나라 태종 이세민李世民 역시 장안의 제기帝氣를 한 손에 움켜잡고 천하를 호령한 인물이다.

앞서 소개한 진시황은 또 어떤가. 그 역시 장안의 인근인 셴양에서 아방궁을 지어놓고 중국 전역을 처음으로 통일한 위업의 황제다. 그렇게 따지자면 끝이 없겠다. 그렇다. 산시는 베이징에 비해 역대 왕조가 수도로 삼았던 기록이 더 많은 곳이다. 그곳의 황제 기운이 얼마나 대단할까. 미뤄 짐작만 해도 알 일이다.

장안은 당나라의 몰락 이후 전통적 왕조의 수도라는 위상을 잃는다. 명나라 때 들어오면 이름마저 서북 변경의 안전을 도모하는 곳이라는 뜻의 '西安서안'으로 바뀐다. 서북의 침입 세력이 이미 중국으로 들어와 중국 판도에 다 섞인 결과다. 나중의 중국 '수도권'은 베이징으로 옮겨진다. 그럼에도 산시의 황제 기운은 여전했던 모양이다.

1949년 중국 공산당이 중국 전역의 판도를 통일할 때 그 직전까지 머물렀던 곳이 옌안延安이다. 산시는 북쪽인 산베이陝北, 중부인 관중關中, 남부인 산난陝南으로 나뉜다. 옌안은 황토고원 지대에 속하는 산베이에 있다. 이곳에서 마오쩌둥毛澤東을 비롯한 공산당 지도부가 국민당과 내전을 벌이다가 결국 장제스蔣介石를 몰아내고 중국을 통일하는 스토리는 우리가 잘 아는 내용이다.

산시의 마지막 황제 기운은 그렇게 마오쩌둥의 공산당으로 이어

겼을지 모른다. 그들은 죽의 장막을 펼치고 내공을 키우다가, 이제는 덩샤오핑의 개혁과 개방으로 미국과 힘을 겨루는 세계의 강대국으로 발돋움했다. 그 저력은 어디서 나오는 것일까. 황제의 기운이라고만 하기에는 어딘가 석연치 않다. 산시가 낳은 위대한 역사의 전략가 사마천, 시대의 변화에도 흔들리지 않는 정치적 틀의 건립자 동중서의 안목으로부터 그런 중국의 힘을 읽는다는 게 그리 허황한 일은 아닐 듯싶다.

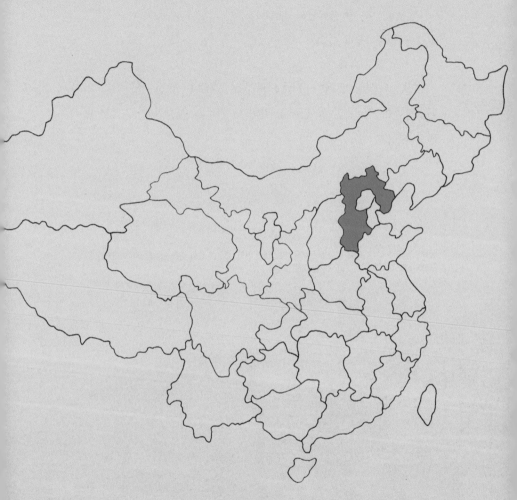

검은 새, 현조(玄鳥) 설화의 옛 연(燕)나라 터

허베이(河北)

"북녘에 아름다운 이 있으니,

세상과 떨어져 홀로 서있네.

그 이가 한 번 돌아보니 성이 기울고,

다시 돌아보니 나라가 흔들거리네."

이런 노랫말이 있다. 지금으로부터 2000여 년 전 만들어진 가사
다. 제목은 첫 구절 그대로다. 위의 노랫말을 원전인 한문으로 옮기
면 이렇다.

허베이 산해관에서 바라본 연한 붉은색을 띠는 옌산 산맥. 험준한 산을 따라 만리장성이 이어지는 곳이다.
허베이는 옛 연나라의 역사적 맥락을 이은 곳이다.

北方有佳人,

絶世而獨立.

一顧傾人城,

再顧傾人國.

이 내용이 한국에는 잘 알려져 있지 않다. 그러나 그 노랫말 안에 들어 있는 단어들은 어딘가 심상찮아 보인다. '경국지색傾國之色'이라 는 성어를 연상할 수 있기 때문이다. 그렇다. '다시 돌아보니 나라가 흔들거리네再顧傾人國'라는 말에서 '경국지색'이라는 성어가 탄생했거 나, 적어도 커다란 유행을 탔으리라 보인다.

어느 미녀의 애잔한 이야기

따라서 노래는 우리에게 꽤 큰 관심거리다. '경국지색'이라는 성어의
함의는 대개가 다 안다. 나라를 말아먹게 만들 정도의 아주 빼어난
미모를 지닌 여자를 지칭한다. 도대체 얼마나 예쁘길래 이런 표현이
가능했을까.

그 점이 우리는 궁금할 수밖에 없다. 이 노래는 유방劉邦이 세운
한漢나라가 초기의 혼란을 수습하고 절정으로 치닫던 무제武帝 때 등
장했다. 무대의 한 주인공이 무제였으니, 스토리의 전개가 정말 궁금
해진다.

무제는 중국 초기의 통일 왕조인 한나라 역사에서 가장 강성했던
황제다. 북방 흉노의 침략을 막기 위해 벌인 정벌에 성공했고, 각종
문물을 크게 일으켜 황실의 통치기반을 공고하게 다진 사람이다. 그
를 보필하는 여러 신하가 있었음은 물론이지만, 그 가운데서도 음률
에 뛰어난 악사樂師 한 사람이 있었으니 이름이 이연년李延年이다.

이연년의 여동생은 이름이 불상不詳이다. 그저 나중에 황제의 총애
를 얻어 궁첩宮妾의 한 자리를 꿰찬 까닭에 '이 부인李夫人'으로만 불린

다. 그러나 바로 그 '이 부인'이 위의 노래
에 등장하는 '경국지색'의 미인이다.

이연년은 절세의 미인인 자신의 동생
이 그 미모에도 불구하고 어려운 지경에
처하자 결심을 한다. '황제가 직접 동생
을 보기만 한다면….' 굳이 표현하자면
이런 마음이었을 것이다. 그는 이어 위의
노랫말을 짓는다. 아울러 자신의 빼어난
음악성으로 곡까지 붙인다.

황제를 위해 음악을 연주하는 게 자

한 무제에게 자신의 누이를 절묘하게
소개했던 이연년

신의 직업이었다. 이연년은 그 중 하루를
노려 이 노래를 부른다. 무제는 점점 그 노랫말에 흥미를 느낀다. 무
심코 듣다가 귀가 점점 그쪽으로 향한다. 들으면 들을수록 궁금증만
커진다.

마침내 무제는 노래를 부르고 있던 이연년에게 묻는다. "그런 미
인이 정말 있기는 있다는 얘기냐?"였다. 그러자 이연년은 기다렸다는
듯 말을 꺼낸다. "사실은 제 동생이 그 정도의 미모를 지니고 있습니
다." 그 다음은 달리 설명이 필요 없겠다.

무제는 이연년의 동생을 보자마자 그 자리에서 넋이 빠진다. 첫
눈에 반했던 것. 그의 동생은 결국 무제의 여자로 변신한다. 황제가
가장 사랑하는 여인이 됐으니, 그 정황의 반전이야 얼마나 눈이 부셨
겠는가. 이 점에서 보면 이연년은 희대의 '광고 기획자'다. 동생, 나아
가 자신의 출세와 영달을 위해 아주 과감한 '광고 기법'을 동원했으
니 말이다.

그러나 좋은 일에는 늘 마가 끼어드는 법이다. '호사다마好事多魔'

라는 말이 그냥 나오지는 않았을 터. 황제의 여인으로 변신해 궁중의 비빈妃嬪 직함인 '부인夫人'이라는 칭호를 얻고, 무제의 아들까지 낳았으나 그녀에게 찾아온 것은 이름을 알 수 없는 병마病魔였다.

절세의 미인을 얻은 것까지는 정말 커다란 복락이었으나 시름시름 앓는 이 부인을 마냥 애처롭게 지켜봐야 했던 사람이 무제다. 문제는 더 있었다. 이 부인이 "얼굴이나 한 번 보고 싶다"는 무제의 청을 거듭 거절했다는 점이다. 간절한 애원이었으나 이 부인은 결코 그에 응하지 않았다고 한다.

방문 앞에서 거듭 발길을 돌려야 했던 무제는 결국 화가 치밀고 말았다. 급기야 방안으로 성큼 들어섰지만 이 부인은 이불을 뒤집어쓴 채 얼굴을 보이려 하지 않는다. 무제는 "그래도 당신 얼굴이나 한 번 보자"고 했지만 이 부인은 끝내 얼굴을 돌리고 흐느낀다.

그녀는 자신이 죽거든 아들과 오빠를 잘 대접해달라는 '유언' 비슷한 간청만 할 뿐 결국 얼굴을 보이지 않는다. 그런 이 부인을 남겨둔 채 무제는 방을 나왔고, 결국 그녀는 병을 앓다 죽는다. 무제는 그녀가 세상을 뜬 뒤 이 부인의 모습을 그린 초상화를 걸어놓고 깊은 시름에 잠겼다고 한다. 누군들 그러지 않았을까.

백이와 숙제의 기질

미인, 그것도 절세의 미인이 나오는 이야기라 제법 길어졌다. 우리가 생각해 볼 점은 이 부인의 완강함이다. 그녀는 병으로 앓아 초췌해진 용모를 무제에게 결사코 보여주지 않았다. 이유는 간단하다. '예뻤을 적 모습만을 그대로 간직하시라'는 주문이었다. 그녀는 앓아서 볼품없이 망가진 모습을 황제에게 보일 경우 무엇이 가장 큰 문제인가에 대해서도 예민했던 듯하다.

그녀가 낳은 아들, 그리고 자신을 황제에게 '기획해서 광고'한 오빠에게 생각이 미쳤던 것이다. 젊고 예뻤던 미모만을 황제에게 기억토록 한 것은 애정이 끊어질까 염려했기 때문이고, 자신이 죽어서라도 실낱같은 애정이 있다면 황제가 아들과 오빠를 잘 거둬줄 것이라 생각했기 때문이다.

그 점에서 보면 자신의 동생을 무제에게 추천해 눈에 들도록 기획한 오빠, 그리고 죽은 후에도 황제로 하여금 자신을 그리도록 만들었던 이 부인 모두 대단한 사람들이다. 우리가 이번 회에서 이야기하는 중국 허베이河北의 역사적인 유명 인사를 꼽을 때 시간상으로 비교적 앞에 등장하는 사람이 이 둘이다.

허베이는 면적이 약 18만8800㎢로 한반도에 비해서 조금 작다. 베이징北京에 수도가 들어선 이후로는 황도皇都를 둘러싼 지방이라는 의미에서 '경기京畿'에 해당한다. 태항산太行山을 사이에 두고 동쪽으로 앉아 있는 형국이다. 전통적으로 중국의 중원을 이루는 지역이었으나, 엄밀히 말하자면 중원의 핵심을 이루는 서쪽의 산시陝西 및 산시山西, 허난河南과는 조금 차이가 있다.

이 지역 북쪽으로는 燕山연산 산맥이 동서로 지나간다. 동쪽 끝인 허베이 산해관山海關에서 시작해 서쪽의 먼 지역으로 뻗어나가는 만리장성萬里長城의 길고 긴 담의 행렬은 이 산맥의 흐름을 타고 이어진다. 북쪽을 병풍처럼 두른 이 산은 허베이 이북인 랴오닝遼寧과 경계를 형성해 중국의 화베이華北 평원과 랴오닝, 지린吉林, 헤이룽장黑龍江 등 동북 3성을 나눈다.

춘추전국 시대의 지역적 분포라는 점에서 허베이를 다루자면, 이곳은 연燕나라의 땅이다. 아울러 산시山西에 있던 진晉이라는 나라에서 셋으로 갈려나간 삼진三晉 가운데 하나, 즉 조趙나라가 이 허베이 남부에 터전을 두고 활동했다. 아울러 허베이 중부에는 전국시대까지 중산中山이라는 나라도 있었다.

연은 우리의 역사와도 자주 겹치는 나라였다. 요동 지역에 진출한 고구려와 늘 접전을 펼쳤던 나라로, 중국의 전통적인 중원 개념과는 다소 거리가 있다고 볼 수 있는 곳이었다. 지금의 베이징과 그 북부 지역을 무대로 활동하며 중원의 국가들과 자주 전쟁을 벌였던 주체이기도 하다.

이 연나라의 명칭인 '燕'이라는 글자는 많은 점을 시사해준다. 우선 베이징 북부 지역을 동서로 횡단하는 燕山연산이라는 산맥 이름에서 연유했다고 볼 수 있겠으나, 그 연원은 사실 그보다 훨씬 오래 전으로 거슬러 올라간다. 중국 문명을 이룬 주체 중 하나인 은殷과 관련이 있다. 이 은나라는 지금의 중국 문명 모체에 해당하는 주周보다 앞선 왕조다.

우리가 지금 사용하고 있는 한자漢字는 은때론 商으로도 표기한다의 발명품에 해당한다. 이들이 만들어 썼던 상형문자인 갑골문甲骨文이 지금 한자의 원형인데, 따라서 이들이 중국 초기 문명의 창조자 중 하나라고 해도 이의를 제기할 사람은 없다. 그러나 이들의 혈통은 전통의 중원과는 좀 다르다. 굳이 덧붙이자면, 은나라 핵심을 이루는 민족인 동이東夷에 해당한다고 볼 수 있다.

현재의 중국인은 이런 동이족까지 모두 섞여 들어가 큰 몸집을 이룬 집단임이 분명하지만, 어쨌거나 중국 문명의 새벽 무렵에 이들은 서쪽의 사람들과는 여러 모로 구별이 가능한 집단이었다. 동북쪽에서 발원한 동이족이 세운 나라가 은나라고, 그 은나라의 시조에 해당하는 설契의 탄생설화에는 검은 새, 즉 현조玄鳥가 등장한다. 설의 모친이 검은 새가 날아와 떨어뜨린 알을 먹고 그를 낳았다는 내용이다.

이른바 조류鳥類가 등장하는 난생卵生 설화의 한 줄기다. 이 점에서 보면 같은 맥락의 탄생 설화를 지닌 우리와의 연관성도 찾을 수 있을 것이다. 그러나 여기서는 이를 생략키로 하자. 어쨌든 산맥의 '燕연'이라는 글자가 가리키는 조류는 제비다. 그리고 은나라 시조인 설의 탄생설화에 등장하는 검은 새, 즉 현조玄鳥도 여러 가지 정황으로 볼 때 제비라는 추정이 가능하다. 따라서 연나라와 은나라를 직접적으로 연결하는 중국인 학자가 제법 많다.

그 연나라와 한 때 같은 지역에 머물렀던 중산국의 정체도 궁금하다. 그 연원을 따져보면 중산국은 중원의 사람이 아닌 백적白狄으로 불리는 사람들이 세운 나라라고 한다. 서북지역 '오랑캐'의 한 갈래라고 볼 수 있는 사람들이다. 그 원류는 그렇다 치더라도, 중산국의 일반 사람들은 오래 전부터 그곳에서 터전을 닦고 살아왔을 게다.

그 중산국은 매우 강성했던 흔적을 보이고 있다. 발굴로 나오는 청동기 등도 규모가 아주 큰 게 등장하는 점을 보면 국력도 컸을 뿐만 아니라 사람들의 스케일도 대단했으리라고 추정한다. 그러나 역시 강성했던 힘을 오래 이어갈 능력은 부족했던 모양이다. 두어 차례 망한 뒤 다시 나라를 세웠다가 또 주변의 강국에게 패배하는 운명을 이어가다 결국 역사의 무대에서 아주 사라진다. 한 때 번영을 구가하던 중산국은 결국 허베이 남부 지역에까지 진출했던 조나라에게 망하고 만다.

역시 많은 이야깃거리가 나오겠으나, 지면의 한계 때문에 중산국에 관한 이야기는 다음 기회로 미루자. 그보다는 연나라의 뿌리라고 여겨지는 은나라에 관한 이야기를 조금 더 덧붙이는 게 좋겠다. 우리에게 잘 알려진 백이伯夷와 숙제叔齊의 스토리다. 이 둘은 은나라 왕실의 후예다. 지금의 허베이 동북쪽에 있는 친황다오秦皇島 일대에 그들의 나라 고죽국孤竹國이 있었다. 은이 나중에 발흥한 주周나라에 밀리던 무렵이었다.

이 둘은 고죽국의 왕위를 계승할 위치에 있

절개를 굽히지 않고 수양산에 들어가 고사리로 연명하다가 죽은 백이와 숙제의 상상도

었으나, 형인 백이와 동생인 숙제가 서로 양보를 하다가 결국 은이 주나라에 패망하는 순간을 맞이한다. 주나라가 은나라를 정복했다는 소식을 들은 두 사람이 주나라와 상종치 않으려 수양산에 들어가 숨어살며 고사리로 연명하다가 끝내 절명한다. 백이와 숙제는 곧은 절개의 상징으로 한 때 조선왕조가 거의 성인聖人 급의 인물로 떠받들던 사람들이다.

허베이의 문화적 맥락을 이루는 또 하나의 주체는 조나라다. 이 조나라의 전통에 관해서는 앞에서 소개한 산시山西 편에 이미 언급한 적이 있다. 조금 덧붙이자면, 산시에서 발원한 진晋에서 갈라져 나와 중원의 나라로서는 어마어마한 개혁인 호복기사胡服騎射의 '태풍'을 만들었던 곳이다. 중원의 전통적 복장을 모두 걷어치우고, 야만시하던 북쪽 유목민족의 짧은 소매 상의와 홀쭉한 바지를 도입했던 나라 말이다. 이 조나라의 뿌리는 산시라고 해도, 그들이 터전을 잡고 활동했던 무대는 허베이 남쪽이다.

따라서 허베이라는 땅 안에는 동북쪽에서 기원했으리라 보이는 동이족의 은나라 전통, 역시 그 방계 정도로 보이는 중산국, 중원의 전통을 이어받아 동쪽으로 진출한 조나라의 전통이 다 숨을 쉰다고 볼 수 있다. 왕조의 수도인 베이징을 머리에 이고 살아야 했던 처지라 허베이 사람들 역시 정치적으로 매우 민감한 편이라는 소개가 있다. 그럼에도 불구하고 이들은 어딘가 '씨알이 굵다'는 인상을 준다. 허베이가 낳은 유명한 인물들의 행적을 좇다보면 그런 생각이 많이 든다.

자객, 의협, 영웅과 호걸

중국 희대의 '기획 광고' 전문가 이연년과 그의 누이동생이 펼쳤던 애잔한 드라마는 앞서 소개한 대로다. 그보다 조금 전에 이곳에서는 뭔가 심상찮은 일이 벌어지고 있었다. 중국 최초의 통일제국을 만든 진시황秦始皇을 겨누는 칼끝이 이곳에서 벼려지는 중이었다.

베이징 인근의 허베이 땅 한 곳에 '易水역수, 중국 발음으로는 이수이'라는 곳이 있었다. 이곳에 흰옷을 차려 입은 여러 명의 사내들이 모였다. 칼을 품고 제국의 심장, 진시황을 죽이러 떠나는 용사와 그를 배웅하는 사람들이었다. 자객의 임무를 맡은 사람은 형가荊軻, 지금의 허난河南에 있던 위衛나라 출신이다. 제국의 심장에 칼을 겨누자는 뜻에 의기가 부합해 연나라에 와있던 인물이다. 당시 연나라는 형가라는 자객을 보내 진시황을 죽이려했고, 그 책임을 지고 형가가 길을 떠나려던 참이었다.

연나라 태자 단丹이 자리를 주재했고, 연나라 사내들이 모여 길 떠나는 형가를 배웅하는 모임이었다. 막강한 진나라의 위세에 눌리지 않고 마지막까지 그에 저항하려는 몸부림의 자리이기도 했다. 형가는 술을 마신 뒤 이렇게 노래했다고 한다.

바람이 소슬하니,
역수의 물은 차갑도다.　風蕭蕭兮易水寒.
큰 뜻 품은 사내 길을 떠나니,
장사는 한 번 가면 돌아오지 않으리.　壯士一去不復還

 일대 거사擧事를 앞에 둔 사내의 심정을 이야기할 때 이 구절은 자
주 쓰인다. 싸늘한 날씨, 바람이 불어대는 광경, 차가운 물결, 그리고
흰옷 입고 자객을 떠나보내는 사람들의 모습이 눈에 생생하게 그려
진다. 그리고 '한 번 가면 돌아오지 않으리'라는 비장悲壯의 결의가 사
람의 마음을 울린다.
 형가는 허베이가 낳은 인물은 아니다. 그러나 그런 거사를 획책
해 마지막까지 제국의 심장부를 겨냥하며 흰옷 차려 입고 자객을 떠
나보냈던 연나라 태자 단과 그 모임 속 사내들은 모두 지금의 허베이

진시황을 살해하려는 뜻을 품고 그를 실행에 옮겼던 자객 형가의 거사 장면

사람들이다. 연나라의 암살 계획은 결국 실패로 끝난다. 다 아는 이야기지만, 형가는 지도 속에 칼을 숨기고 진시황 면전에 섰으나 종국에는 암살에 실패한다. 형가가 두려움에 떨었다는 설이 있으나 정확한 내용이야 알 길이 없다.

그러나 형가를 비롯해 역수에 흰옷 입고 몰려든 사내들의 기개에서 우리는 이 허베이라는 곳의 문화적 전통이 굳세고 강한 사람들에 의해 만들어졌으리라는 짐작을 할 수 있다. 영웅과 호걸의 컨셉트로 우리에게 강한 인상을 남긴 사람은 〈삼국지三國志〉에 등장하는 유비劉備다.

유비가 같은 고향 출신인 장비張飛, 서쪽의 산시山西 남부 출신인 관우關羽와 함께 의형제의 서약을 하는 장면은 아주 유명하다. 복숭아 꽃 피는 뜰에서 의형제로서 맺어지는 세 사람의 맹세가 '도원결의桃園結義'다. 그 무대가 베이징 인근의 허베이 줘저우涿州다.

유비의 고향이자, 푸줏간을 운영했다는 장비의 고향이다. 유비는 잘 알려진 대로, 한漢나라 황실의 핏줄을 몸에 지닌 사람이다. 나중에 제갈공명諸葛孔明을 초빙해 그가 내놓은 천하삼분지계天下三分之計의 전략에 따라 쓰촨四川에 들어가 촉한蜀漢을 세워 조조曹操, 손권孫權 등과 천하를 다툰 인물이다.

허베이 출신인 유비

장비야 별도의 소개가 필요 없을 듯하다. 소설 〈삼국지연의〉에 등장하는 그의 캐릭터는 사납고 용맹하며, 때로는 물불을 가리지 못하는 성미 급한 장수다. 우둔할 정도로 강직한 성격의 사람이다. 조자룡趙子龍 역시 빼놓을 수 없는 인물이다. 그의 본명은 조운趙雲으로 지금의 허베이 정딩正定이 출생지다. 30여 년 동안 유비의 곁을 지킨, 무공武功으로 따질 때 관우와 장비에 못지않거나, 일부에서는 다른 모든 이의 수준을 넘어선다고 평가하는 인물이다.

중국의 다른 지역처럼 허베이가 배출한 유명인은 부지기수다. 밤하늘에 명멸하는 별처럼 많다. 헤아릴 수 없이 많은 그 인물들을 모두 열거할 수는 없는 노릇이겠다. 자고로 이 허베이는 '비분강개悲憤慷慨하는 장사壯士의 고향'이라고 불렸다. 백이와 숙제가 남긴 족적이 그렇고, 제국의 심장을 향하는 칼끝을 날카롭게 벼르던 연나라 궁정이 그랬다. 그 전통을 이어받은 사람은 더 있다.

위징魏徵과 한유韓愈

당나라 태종 이세민李世民은 지금의 중국인이 꼽는 역대 최고의 황제다. 국운을 크게 일으켜 당나라를 세계적인 제국으로 발돋움하게 만든 공로 때문이다. 그 이세민의 옆에는 중국 역사에서 가장 강직하다고 꼽히는 신하가 있었다. 바로 위징魏徵이다.

그는 이세민을 보필하면서 모두 50여 차례의 간언諫言을 올렸다. 글자 수로는 수십만 자에 해당하는 분량이었다. 그러나 간언의 빈도와 수량이 문제가 아니었다. 그 내용이 가혹하기 이를 데 없을 정도로 예리하고 날카로웠으며, 억조창생의 생사여탈 권력을 쥔 황제가 좌불안석으로 몰릴 정도로 엄격했다.

그 정도가 얼마나 심한지를 알게 하는 일화가 하나 있다. 당 태종이 누군가 진상한 매를 얻고서는 매우 즐거워했다고 한다. 용상에 앉아 그 매를 품에 안고 어루만지면서 감상하다가 "위징이 곧 도착합니다"라는 전갈을 들었다. 황제의 안색이 창백해졌다. 이어 위징이 대전에 들어섰다. 눈치가 빨랐던 위징은 황제가 품에 무엇인가 숨기는 장면을 봤다.

당나라 태종을 보필했던 천고의 명신 위징(왼쪽)과 굳건한 기상으로 후대 문단에 절대적인 영향을 끼친 한유(오른쪽)

위징은 "자고로 군왕은 조그만 즐거움에 탐닉해서는 안 된다"며 장황한 언사를 늘어놓았다. 위징에게 들켜 혼쭐이 날까봐 매를 품속에 감춘 황제는 답답했다. 아니, 그보다 더 답답한 쪽은 품안에 숨은 매였다. 숨을 못 쉴 정도로 황제의 품에 갇혔던 매는 결국 일부러 시간을 끌면서 장황한 간언을 해대는 위징 때문에 죽고 말았다.

위징은 황제의 면전에서 물러났고, 자신의 품속에서 죽은 매를 본 황제는 급기야 화가 치밀어 소리를 지르고 말았다. "저 늙은이를 반드시 죽여 버리고 말 것이야!" 황제를 '열 받게' 할 정도로 위징의 간언은 그토록 거침이 없었고, 가혹했다. 그 앞에서 늘 기가 눌리던 황제는 위징에게 매번 이를 갈 정도였다.

그러나 위징이 병을 얻어 죽음에 직면했을 때 태종은 자신의 아들인 태자를 데리고 두 차례나 위징의 집을 직접 찾아간다. 위징이 죽자 황제는 통곡했다. 위징이 묻힌 무덤을 바라볼 수 있는 조그만 언덕에 올라가 비통함에 젖어 늘 울었다고도 한다. 태종은 결국 위징을 그리워하다가 옆에 있던 신료들에게 "사람의 모습을 비추는 게 거울이라면, 위징은 내 모습을 낱낱이 비춰주는 진정한 사람 거울이었소. 나는 그로써 얻음과 잃음得失을 살필 수 있었어…"라면서 회고했다는 기록이 전해진다. 당나라를 세계적인 제국으로 올린 황제와 그를 제대로 보필한 충신忠臣이자 현신賢臣의 스토리다.

위징의 이력을 살피면 눈에 띄는 점이 전란戰亂의 참혹함을 거치면서 자신이 모시는 군주君主를 여러 번 바꿨다는 사실이다. 수隋나라가 망할 무렵의 큰 혼란기를 거치면서 여러 장수와 권력자의 참모를 지내다가 결국 막바지에 태종 이세민의 라이벌이었던 친형 이건성李建成의 막료로 자리를 잡았다. 그러나 이건성은 위징의 말을 듣지 않고 행동하다가 결국 동생 이세민에게 죽었다. 정치적 라이벌의 막료였던 위징을 자신의 신하로 거둔 당 태종 이세민은 결국 즉위한 뒤 그를 중용한다.

사람을 알아보는 안목이 이세민에게는 있었던 것이다. 위징이 여러 권력자의 수하로 전전하는 행동은 당시가 극심한 혼란의 시기였던 점이 한 이유일 테고, 아픈 충언忠言을 정말 아프게 해대는 그의 성격도 이유로 작용했을 것이다. 왕조가 망하고 다른 왕조가 일어서는 극심한 전란의 시기에서 그는 현명한 군주를 만나지 못하다가 결국 이세민이라는 걸출한 인물을 만났던 것이다.

위징은 당나라 앞에 들어섰던 수隋나라가 전쟁과 대역사大役事를 벌이느라 황폐화시킨 민생의 고단함을 제대로 알아 이세민으로 하여금 내치內治에 주력토록 이끌었다. 본인이 겪은 극도의 혼란기에서 체감한 정치적 식견 때문이라고 보인다. 그는 중국 왕조사에서 특기할 만한 명신名臣이다. 그의 강직한 간언, 흔들림 없는 자세는 지금도 많은 사람들의 입에 회자되고 있다.

태종 이세민과 위징의 이야기는 아주 풍부하게 전해진다. 특히 태종 이세민이 조금이라도 사치에 기우는 조짐을 보이면 가차 없이 간언에 나섰다. 공주를 시집보낼 때 이세민이 앞서 시집보낸 공주에 비해 혼수婚需를 훨씬 많이 보태려고 하자 역시 위징이 나서 간섭할 정도였다고 한다. 거침없는 간언은 위징이 보이는 가장 뚜렷한 특징이다. 원리와 원칙에 철저한 그의 자세는 결국 이세민의 가슴 깊은 곳을 울렸다고 한다.

고구려를 치려고 원정에 나섰던 이세민의 일화는 우리에게 매우 잘 알려져 있는 내용이다. 그는 고구려 정벌에 결국 실패하고 만다. 아주 많은 병력을 잃었으며, 그를 뒷받침하는 재정의 소모도 대단했다. 고구려 원정에 나섰다가 실패하고 돌아온 이세민의 심경은 어땠을까. 황제는 그런 말을 남겼다고 한다. "위징이 살아 있었다면 끝내 이번 원정을 말렸을 텐데…"라고 말이다.

위징은 지금의 남부 허베이에서 출생한 사람이다. 그 핏줄의 연원은 잘 알 수 없으나, 어쨌든 수나라 양제 때의 혼란기에 활동하다가 당나라 태종을 보필해 중국 역사상 정말 보기 드문 치세治世를 이루는 데 혁혁한 공로를 세운 사람이다. 민생民生이 왕조 권력의 가장 튼튼한 토대라는 점을 누구보다 잘 알았다는 점에서 그의 지혜는 돋보인다. 그런 바탕 위에 어떠한 위세威勢 앞에서도 굽히지 않는 소신과 강직함, 가슴에 품은 아주 커다란 뜻 등이 합쳐져 그를 중국의 장구한 왕조 역사에서 단연 돋보이게 만들 수 있었다.

인물의 캐릭터 상에서 그런 위징과 같은 맥락을 보이는 사람이 또 하나 있다. 역시 조상 대대로 거주해 온 고향이 바로 허베이다. 그는 문장이 가장 흥성했던 당나라와 송宋나라 때의 여덟 문장가를 일컫는 당송팔대가唐宋八大家의 으뜸으로 꼽힌다. 바로 한유韓愈다.

그의 고향은 허베이 동북쪽인 창리昌黎 창려다. 그래서 세상에서는 그를 한창려韓昌黎라고도 부른다. 그의 출생지는 허베이 서남쪽인 허난河南이지만, 조상 대대로 머물렀던 고향이 창리여서 허베이의 핏줄로 분류할 수 있다. 그는 당나라 이전까지 유행하던, 수식修飾이 풍부하며 낭만적 기풍을 보였던 문장의 흐름을 크게 뒤로 꺾어 놓은 인물에 해당한다. 이를 테면, 당나라 이전까지 수 백 년 동안 유행하던 문장의 기풍氣風을 엄격하며 소박한 옛 문체로 돌려놓은 사람이다.

아울러 문장에도 이치를 실어야 한다는 '문이명도文以明道'의 관념을 발전시켜 송대에 이르러 같은 개념인 '문이재도文以載道'의 학풍이 나오게 만드는 주역이다. 군이 표현하자면 문학적 내용에도 옛 성현聖賢의 도리를 옮겨 형식보다는 내용을 중시해야 한다는 흐름이다. 중국문명이 지닌 거대한 '바다'가 있다. 바로 한문漢文의 세계다. 그 '바다'에서 한유는 위와 같은 내용의 혁신적인 운동을 벌여 큰 조류潮流를 만들어낸다.

이로써 중국의 산문은 일대 혁신을 꾀한다. 지나치게 수식에 의존하는 화려한 틀을 벗고, 졸박하면서도 내용이 있는 문장으로 탈바꿈하는 계기를 만든다. 꾸밈에만 능하지 별 내용도 없는 과거의 문장들은 그로써 자리를 비켜 물러난다. 한유는 애증이 분명했다. 정치적으로는 지방 세력의 난립을 불허하는 대통일의 국면을 주장했고, 종교적으로는 당대에 성행했던 불교의 흐름을 정면으로 반박하며 유학의 법통을 내세웠다.

후세 문단에 끼친 그의 영향력은 지대하다. 소박하면서도 내용이 깊은 옛 문장체를 복원하자는 그의 '고문운동古文運動'은 후세에도 줄곧 큰 흐름을 형성하면서 흘러와, 나중의 문인들은 그에게 '문장거공文章巨公' '백대문종百代文宗' 등의 별칭을 붙였다.

그 또한 강직剛直함의 미덕으로 빛을 내는 인물이다. 위징과 한유

외에 더 꼽을 인물로는 북송北宋을 세운 송태조宋太祖 조광윤趙匡胤이 눈에 띈다. 그 역시 허베이를 고향으로 둔 사람이다. 아울러 〈수호전水滸傳〉에서 호랑이를 때려죽인 의협의 인물 무송武松도 허베이 출신이라고 전해진다.

영화 '곽원갑'으로 잘 알려진 무술의 고수 곽원갑의 실제 모습

영화 '곽원갑霍元甲'으로 우리에게 친숙한 청나라 말엽 무예의 고수 곽원갑도 이곳 출생이다. 그와 동시대 인물로서 큰 칼을 잘 쓴다고 해서 '대도大刀'가 별명인 왕오王五도 허베이 태생이다. 특히 왕오는 현금 수송업체인 표국鏢局을 운영하다가 청나라 말 정치혁신 운동인 변법유신變法維新에 참여했다 형장의 이슬로 사라진 중국 근대의 대표적 의협義俠이다.

백이와 숙제의 절개, 악사의 동생으로 한나라 무제의 비빈으로 간택됐다 병에 걸린 뒤 끝까지 얼굴을 보여주지 않았던 이 부인, 유비와 장비에 '헌 칼도 잘 쓰는' 조자룡, 당태종 이세민을 날카로운 간언으로 몰아간 천고의 명신 위징, 고문운동을 벌여 중국 문단의 혁신을 이끌었던 한유. 아울러 조광윤과 곽원갑, 대도 왕오 등으로 허베이의 인문을 살폈다.

이 정도면 허베이가 절개와 강직함, 그런 덕성을 품고 세상에 나온 영웅과 의협의 고장이라고 해도 좋을까. 독자의 판단에 맡길 일이지만, 그럴 개연성은 충분해 보인다. 허베이의 모든 이가 그런 기질의 계승자라고는 할 수 없지만, 적어도 그런 인문적 전통이 이곳에 숨어 있다는 점만은 분명하다.

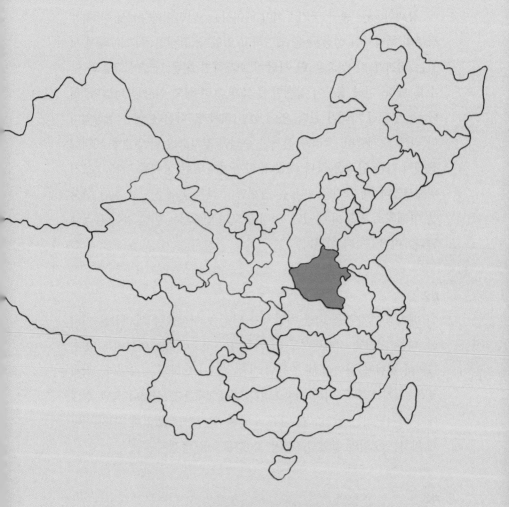

지혜와 우직함의 엇갈림,
중국 문명의 속살

허난(河南)

#1

    장쩌민江澤民 중국 국가주석이 베이징北京 인민대회당에서 각 지방
정부의 책임자인 성장省長을 접견하고 있었다. 장쩌민 주석은 옆에 서
있는 비서가 각 성장을 한 사람씩 소개하면 손을 내밀어 그들과 악
수를 했다. 여러 성장이 장쩌민 주석과 그런 식의 인사를 나눴다. 허
난河南 성장의 차례가 왔다. 옆에 섰던 비서가 "다음은 허난 성장입니
다"라고 소개했다. 그러자 장쩌민 주석이 걸치고 있던 안경을 벗더니
품에서 다른 안경을 하나 꺼냈다. 가까이에 있는 상대를 자세히 보기
위해서였다. 새 안경을 꺼내 쓴 장쩌민 주석은 앞에 서있는 허난 성장
을 아래위로 찬찬히 살폈다. 마침내 그의 입에서는 이런 말이 흘러나
왔다. "이건…가짜 아닌가?"

#2

    베이징 기차역을 떠난 기관차가 남행을 시작했다. 베이징을 거치
고, 다른 지역을 지나면서도 이 기차의 기적소리에는 이상이 없었다.
그러나 허난을 들어설 때 조금씩 기적 소리가 변하기 시작했다. "칙칙
폭폭~칙칙폭폭~." 이런 기적소리가 이상해지는가 싶더니 허난 경내
에 들어서면서는 완연하게 사람의 말을 닮아가고 있었다. 마치 이렇
게 외치는 소리와 같았다. "용용 죽겠지, 용용 죽겠지~."

#3

    중동의 한 국가에서 프랑스 무기 전시회가 열렸다. 프랑스의 첨
단 무기를 빌려와 전시해서 인근 중동의 여러 나라들에게 무기를 팔
기 위해서였다. 그 중에 가장 눈에 띄는 무기는 세계적으로도 첨단을
자랑하는 프랑스제 '엑조세 미사일'이었다. 그러나 문제가 생겼다. 개

막을 며칠 앞두고 누군가가 철통과 같은 경비망을 뚫고 전시장에 잠입해 엑조세 미사일을 훔쳐간 것. 비상이 걸렸다. 주최 측은 프랑스에 알릴 수도 없었다. 누군가가 조언을 했다. "빨리 중국 허난에 연락해 보라"고 말이다. 주최 측은 급히 허난의 한 업체에 전화를 했다. "프랑스 엑조세 미사일을 만들어 보내달라"는 내용이었다. 개막에 맞춰 허난의 업체는 도난당한 엑조세 미사일을 만들어 보내왔다. 전시는 탈 없이 끝낼 수 있었다. 그러나 그 엑조세는 겉만 같은 가짜 엑조세 미사일이었다.

이런 우스개가 중국에서는 1990년대 말, 그리고 2000년 들어 그 초반 무렵까지 제법 도저하게 흘러 다녔다. 허난이 중국 내 가짜 물건 생산의 '메카'이고, 그곳 주민들이 다른 지역 사람들을 사기와 기만으로 골탕 먹이며, 아울러 세계의 짝퉁 시장을 주무르는 주역이라는 지적과 함께였다. 그래서 국가주석 장쩌민이 허난 성장을 접견할 때 "이건 가짜 아닌가"라고 했으며, 기차의 기적소리도 허난 경내에 들어설 때는 이상하게 사람 소리로 둔갑한다는 것이며, 가짜 프랑스제 엑조세 미사일도 거뜬히 만들어 낸다는 주장이었다.

이 정도면 허난이, 그리고 허난의 사람들이 정말 억울하겠다. 그래서 나왔던 책이 〈허난 사람이 뭘 잘못했길래河南人惹誰…?〉였다. 주로 베이징 사람들 위주로 퍼지던 허난과 허난 사람들에 대한 '악랄한' 우스개를 집중적으로 모았고, 그에 대해 허난 출신 저자가 항변을 펼치는 내용의 책이었다.

허난이 공격당했던 이유? 간단하다. 가난하면서도 인구가 많았기 때문이다. 전통적 농업기반의 경제 모델이라 개혁개방 뒤의 흐름에 늦게 올랐고, 대신 인구는 중국 전역에서 제일 많은 곳이 바로 허난이다. 이 허난이 가난을 탈피하려 가짜 제품 생산에 열을 올렸고, 헐벗고 굶주린 대중은 인접한 베이징 등지로 떠나 대도시 주민들이 회피하는 가장 힘든 일에 종사했다. 그로써 생겨난 '깔봄' '천시' '멸시' '편견' 등이 급기야 위에서 소개한 우스개들의 탄생 배경이라는 설명이다.

이는 경제적인 요인에 따라 생겨나는 별 볼 일 없는 편견에 불과하다. 허난은 오히려 다른 지역이 감히 깔볼 수 없는 중국 문명의 요람이다. 예전 중국의 상징과도 같았던 이른바 '중원의 얼굴'에 해당하며, 아주 많은 중국 역대 왕조가 이곳에 수도를 두고 명맥을 이어왔다. 이곳이 배출한 인재는 중국의 문명사 상당 부분을 채우고도 남을 정도로 많다. 따라서 허난은 중국 문명의 장구한 발전과 지속이라는 관점에서 볼 때 가장 뛰어난 우등생이다.

중국이라는 문명의 첫 중심

그렇다. 허난은 바로 중원의 복판이다. 앞서 소개한 산시山西와 산시陝西도 중원의 권역임에는 틀림이 없지만, 그 중심을 거론할라치면 아무래도 이 허난이 먼저다. 내용을 먼저 볼까. 우선 중국 문명의 핵심 중 핵심을 형성하는 한자漢字의 바탕이 이곳에서 만들어졌거나, 적어도 숙성熟成의 과정을 거쳤다.

한자의 시원에 해당하는 갑골문. 거북이 등, 또는 소의 견갑골로 점을 친 뒤 그 내용을 새긴 것이다. 허난에서 대량 발굴됨으로써 이곳이 중국 문명의 중심이었음을 알렸다.

한자의 초기 형태인 갑골문甲骨文은 허난의 안양安陽이라는 지역에 수도를 뒀던 은殷 왕조의 유적지인 은허殷墟에서 대량으로 쏟아져 나왔다. 따라서 허난에서 중국 문명의 핵심인 한자가 만들어졌거나, 문자 체계로서 나름대로 숙성의 과정을 거쳤다는 점은 누구도 부인하기 어렵다.

중국인의 초기 우주관을 형성했던

수리數理, 그에 바탕을 둔 세계관과 우주관, 더 나아가 그로써 사람의 운명까지 내다보려는 철학의 기초인 〈역경易經〉의 탄생지도 역시 허난이다. 이곳에 흐르는 중요한 두 하천, 즉 황하黃河와 낙수洛水에서 신기한 도형이 출현했다. 하나는 황하를 이르는 하河, 다른 하나는 낙수를 이르는 낙洛에서였다. 황하에서 나온 그림을 하도河圖라고 불렀고, 낙수에서 나온 문양을 낙서洛書라고 했다.

하도는 강에서 올라온 용의 모습에 말의 모습이 섞인 용마龍馬의 몸에 그려진 그림, 낙서는 역시 낙수에서 올라온 거북이 등에 새겨진 부호를 일컫는다. 그 용마와 거북이가 지니고 나온 초기의 도형圖形에서 사람들은 우주와 자연의 순환 모습을 짐작했고, 이는 곧 중국인의 우주관과 세계관을 형성했다. 그 뒤로 이어진 유교와 도교, 정치체제, 예제禮制의 핵심을 이룬 〈역경〉의 철리哲理가 이를 바탕으로 발전했음도 물론이다.

우리는 이를 '하락河洛'의 문명이라고 부르는데, 이 단어가 곧 중국의 중심인 중원을 일컬었던 단어이기도 하다. 황하와 낙수를 일컫는 '하락'은 따라서 중국 문명의 핵심을 가리킨다. 실제 중국인들이 중국 문명의 토대라고 생각하는 중원의 문화, 그리고 황하의 문명은 대개 이 지역을 중심으로 발전했다. 황하와 낙수가 흐르는 곳, 낙양 일대로부터 서쪽으로는 산시陝西, 북쪽으로는 산시山西까지 이어지는 지역이다.

이곳에서 태어났거나 혹은 출생지는 아니더라도 이곳을 배경으로 활동한 역사의 인물은 너무나 많다. 그런 경우에 우리가 사용하는 성어 역시 '부지기수不知其數'다. 이 말은 과장이 결코 아니다. 허난에서 태어나 이곳을 배경으로 활동한 춘추전국 시대의 사상가, 정치가, 경세가, 문장가, 학자 등이 정말 수두룩하다. 일일이 이름을 거론하기에

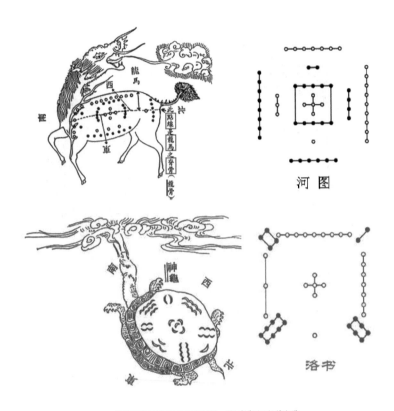

〈주역〉의 구성 원리에 해당하는 하도(위)와 낙서(아래)

도 버거울 정도로 많다.

　도가道家 사상의 근저를 이뤘던 노자老子와 장자莊子가 허난에서 태
어났다고 알려져 있으며, 중국 사상가로서는 보기 드물게 박애博愛의
사상을 펼쳤던 묵자墨子도 이곳 출신이라는 설이 있다. 법가사상의 토
대를 구축한 한비韓非를 비롯해 그와 함께 진시황秦始皇의 제국 통일에
앞장섰던 이사李斯도 허난 사람이다.

　야사野史에서 진시황을 낳은 실제의 아버지라고 알려진 여불위呂不韋
도 이곳 허난 사람이다. 그는 면밀한 꾀를 동원해 진시황의 부친을

중국 시문학에서 가장 높은 경계에 도달한 시인 두보(왼쪽)와 〈서유기〉의 실제 주인공 현장법
사 동상(오른쪽)

진나라 권력 복판에 진입시킨 뒤 그 아들인 진시황을 실권자로 등극
하도록 주도한 책략가이자, 모략가에 해당한다.

　병법의 대가로 이름을 떨친 귀곡자鬼谷子도 허난을 배경으로 활동
한 인물이다. 그는 허난의 雲夢山운몽산이라는 곳에 중국 최초의 '육군
사관학교'를 세웠다. 중국인들이 '최초의 육군사관학교'라고 일컫기
는 하지만, 실제 운몽산에 세운 강습소에서 귀곡자는 병법과 상대를
기만하는 방법 등을 집중적으로 가르쳤다고 한다.

　그가 실재했던 인물인가를 두고 논란은 있으나, 어쨌든 그의 문
하에서는 일세를 풍미한 사상가와 경략가들이 나왔다. 그런 전언으
로 볼 때 귀곡자는 당대의 모략적 사고의 틀을 형성한 실재 인물이거
나, 적어도 그를 상징하는 그룹의 명칭이었을 것이다. 전국시대 마지
막을 장식하는 종횡가縱橫家 소진蘇秦과 장형張衡이 그 중국 최초의 사
관학교 출신이라고 한다. 아울러 〈손자병법〉의 저자 손자孫子의 혈통
을 이어받은 손빈孫臏도 그로부터 병법을 익혔다.

문장가로 따져도 멀리 돌아갈 필요가 없다. 우선 중국 전통 시단 詩壇에서 가장 높이 솟아올랐던 별, 두보杜甫가 이곳 출신이다. 허베이 河北를 원적지로 뒀으나, 이곳에서 태어나 중국 최고 문장가로 성장한 한유韓愈도 마찬가지다. 염세주의厭世主義적인 아름다움을 노래했던 중국 시단의 최고 탐미주의자 이상은李商隱도 허난이 고향이다.

안양에서 무르익은 갑골문의 초기 한자 전통은 급기야 중국 최초의 자전인 〈설문해자說文解字〉로 이어져 이후 한자 발전의 견고한 토대를 이뤘는데, 그 저자 허신許慎 또한 허난이 낳은 인물이다. 〈서유기西遊記〉에 등장하는 현장玄奘 또는 三藏법사도 이곳 출신이다. 소설에서 다뤄졌지만, 그는 당나라 때 들여온 인도의 불경을 해역解譯하는 데 있어서 결정적인 역할을 했던 실재의 인물이다.

이런저런 인물이 정말 즐비하다. 너무 많아 다 거론하기 힘들며, 아울러 다양한 분야와 영역에서 천재적인 빛을 발한 사람들이 역시 다수를 이루고 있어서 하나의 맥락으로 잡아내기도 힘들다. 그럼에도 이 지역의 인문적 전통을 대변하거나, 적어도 그 맥락이 어떤 경로를 통해 발전했는지를 보여주는 사람을 꼽지 않을 수 없다. 필자의 주관이 개입하는 영역인데, 어쩔 수 없지만 여기 몇 사람을 적기로 한다.

"정말 무서운 사람", 정나라 장공

춘추시대는 중국 문명의 새벽이다. 그 춘추시대의 서막을 장식하는 인물이 있으니, 바로 정장공鄭莊公이다. 진짜 이름은 따로 있고, 정鄭나라 임금 장공이라는 얘기다. 그는 기원전 757년 출생이니 지금으로부터 약 2770여 년 전의 인물이다.

그가 태어난 정나라는 결코 대국이 아니었다. 수 백 개의 나라가 존재하던 춘추시대 초기여서 정나라는 주변의 덩치 큰 나라에게 잠시 방심한다면 언제라도 '한 방' 세게 얻어맞을 수 있는 위치에 있었다. 그럼에도 정나라 장공은 이름을 크게 떨친 춘추시대 초기의 최고 강자였다. 그는 지금의 허난 신정新鄭에 자리를 잡고 있던 정나라의 3대 군주로 있으면서 내정을 훌륭히 다져 발전의 기틀을 만들었고 기원전 701년 삶을 마감했다.

그에 관한 인물평은 제법 많지만, 우리에게 관심이 가는 대목은 중화인민공화국의 건국자 마오쩌둥毛澤東이 그에게 "(중국 역사상) 정말 무서운 인물"이라는 평을 붙였다는 점이다. 마오쩌둥 본인 자체가 권모와 술수, 책략과 그 운용, 극단적인 정치실험 등으로 중국 현대사를 공포로 얼룩지게 했던 사람이다. 그런 그가 "정말 무서운 사람"이라고 평했으니 속내가 궁금하지 않을 수 없다.

정장공은 이야깃거리가 제법 많은 사람이다. 세상에 나올 때부터 사람들의 입방아에 올랐다. 출생, 그리고 직후의 과정이 범상치 않은 스토리의 연속이었기 때문에 그렇다. 우선 그의 생모는 언제 그를 낳았는지 잘 모르는 모양이다. 잠을 잘 때 갑자기 고통이 밀려와 낳았다는 얘기가 있고, 아침에 잠을 깨보니 나와 있더라는 설도 있다.

어쨌든 범상치 않은 출산이었음이 분명하다. 그의 생모는 보통 이상의 극심한 고통에 시달리다가 장공을 낳았으리라고 보인다. 생모 무강武姜은 그런 이유 때문인지 장공을 끔찍이도 싫어했다. '싫어하는' 정도가 아니라, 아예 원수처럼 여겼던 모양이다. 그래서 이름도 '자다가 낳은 아이'라는 뜻의 '오생寤生'이라고 했단다.

생모는 '괜히 싫은' 자식 오생보다는 그 동생 공숙단共叔段을 훨씬 더 챙겼다. 아주 노골적으로 형을 싫어하고 동생을 사랑했다. 그 점은 정장공이 부친의 죽음에 이어 정나라 군주의 자리를 차지한 뒤 본격적으로 불거지기 시작했다. 여전히 동생만을 아끼던 무강은 끊임없이 큰 아들 장공에게 공숙단이 세력을 뻗을 수 있는 곳을 달라고 요구했다. 결국은 인구도 많고 땅도 비옥하며, 성곽까지 번듯하게 쌓인 정나라 제2의 도시 경京이라는 지역을 얻어냈다.

생전의 마오쩌둥이 "정말 무서운 사람"이라고 평했던 정나라 장공의 상상도.

그곳은 지금 중국의 허난 정저우鄭州 인근이라고 추정한다. 어머니와 동생은 장공에 대한 원망을 감정 차원에서 더 키워나갔다. 공숙단은 성곽을 더 높게 쌓고 급기야 모반을 꿈꿨다. 왕실의 대신들은 그런 정황이 알려지자 "이제 제재를 가해야 한다"고 간언했다. 그러나 장공은 어머니와 공숙단의 이어지는 요구에 양보만을 거듭할 뿐이었다.

둘은 결국 한 걸음 더 나아가 모반을 벌이기로 한다. 공숙단이 힘을 쌓은 뒤 공격을 해오면 안에서 이에 호응해 성문을 열어 그를 돕는 계책까지 꾸민 것이다. 이런 정황들이 속속 장공의 귀에 들어오고 있었다. 그럼에도 장공은 얼굴빛 하나 바꾸지 않았다고 한다. 대신들의 간언에도 "나쁜 짓하면 벌 받는다多行不義, 必自斃"면서 대수롭지 않게 넘기는 분위기였다.

그가 임금에 오른 지 22년째이던 기원전 722년 드디어 공숙단이 움직였다. 모친인 무강의 종용에 따라 1만여 병력을 거느리고 도성을 공격했다. 무강은 공숙단의 군대가 도착하는 대로 성문을 열고 안에서 그에 호응呼應할 생각이었다. 장공은 그들이 움직이는 시점을 정확하게 알고 있었다.

장공은 공숙단의 모반 날짜가 정해지자 일부러 그 시기에 맞춰 군대를 이끌고 도성을 떠났다. 동생을 돕는 어머니 무강에게는 "주周나라 천자를 만나러 간다"고 거짓으로 알렸다. 무강은 공숙단에게 이 사실을 전했고, 방심한 공숙단은 장공이 거짓으로 비운 도성을 향해 진군하다가 장공의 군사에게 꺾이고 말았다.

공숙단이 머물던 정나라 제2의 도시인 경 또한 장공의 사전 계략에 따라 공숙단이 성을 비운 사이에 점령당했다. "주나라 천자를 만나러 간다"며 도성을 비운 장공의 군대가 발길을 돌려 경을 점령했던 것으로 보인다. 공숙단은 결국 스스로 목숨을 끊고 말았다. 모든 과정이 장공의 면밀한 책략에 의해 움직였다. 한 치의 착오도 없었다.

정장공의 스토리 가운데 이 내용이 지금까지 중국인, 나아가 동양인들이 즐겨 이야기하는 대목이다. 무섭도록 인내하며 때를 기다렸던 장공, 그 속내도 알아채지 못한 채 반란을 꿈꾸다가 모반을 행동으로 옮긴 생모 및 동생과의 대비가 극적이다.

그는 춘추시대의 막을 여는 첫 패업의 군주였다. 주변지역을 힘과 책략으로 어르고 달래는 첫 패자覇者였다는 얘기다. 크고 작은 나라들이 이리저리 힘을 합치거나 흩어지고, 대오를 섞거나 바꿔가며 벌이는 '피바람 거센 춘추시대'라는 길고 어두운 중국 드라마의 첫 주인공이 바로 정 장공이다.

중국 문명의 새벽을 장식하는 정장공의 가장 큰 컨셉트는 '모략'이다. 내 것을 감추고 남의 것을 훤히 드러내는 '도광양회韜光養晦'의 연원은 이렇게도 깊다. 그런 맥락에서 병법의 대가 손자孫子도 나타났고, 마침내 삼십육계三十六計도 출현했다. 그 점에서 허난이 낳은 정장공은 매우 상징적인 사람이다. 현대 중국의 마오쩌둥이 그를 "정말 무서운 사람"이라며 외경의 마음을 품었다는 점에서도 더욱 그렇다.

문명의 그늘에 선 우직함

또 한 사람이 여기 있다. 역시 허난에 터전을 뒀던 춘추시대 송宋나라의 임금 양공襄公이다. 이 사람에 관한 성어로는 '송양지인宋襄之仁'이라는 말이 있다. '송나라 양공의 어짊'이라는 뜻이다. 전쟁과 관련이 있는 내용이다.

송은 남쪽에서 발흥해 점차 세력을 키워 북쪽으로 진출하려는 초楚와 늘 다툼을 벌여야 했다. 결국 큰 싸움이 벌어질 상황이었다. 송나라 왕실은 마침내 군대를 이끌고 쳐들어오는 초나라 군대를 홍수泓水에서 무찌르기로 했다. 초나라 성왕成王의 군대가 드디어 홍수 건너편에 도착했다. 실력은 모든 면에서 초나라 군대가 압도적이었다.

홍수 건너편의 상황을 살피던 신하가 급히 건의를 했다. "지금 초나라 군대가 강을 건너려는데, 이 시점에 쳐야만 우리가 이길 수 있다"는 내용이었다. 그러나 송양공의 대답은 엉뚱했다. 그는 옆에 세워둔 큰 깃발을 가리켰다. 그곳에는 '어짊과 바름'이라는 뜻의 '인의仁義'라는 글자가 새겨져 있었다.

"우리가 인의를 내세우는 군대인데, 아무리 적이라고는 해도 강

성어 '송양지인'을 낳았던 춘추시대 송나라와 초나라의 싸움, 홍수지전(泓水之戰) 상상도

건너는 군대를 친다면 우리가 내건 명분이 옳게 서겠느냐?" 송양공의 이 같은 지적에 신하는 속으로 끌탕을 쳐야 했다. '이기느냐 지느냐를 다투는 전쟁에서 무슨 인의냐'는 생각이었을 것이다.

이어 초나라 군대가 홍수를 건넜다. 이제 막 본격적인 싸움을 벌여야 했다. 신하가 또 나서서 제안했다. "다행히 초나라 군대가 강을 건넜으나, 아직 진陣을 갖추기 전입니다. 지금이 마지막 공격기회입니다"라고 말이다. 그러나 송양공의 대답은 그대로였다. "위기에 놓인 상대와 싸우는 것은 인의를 내세우는 군대가 할 일이 아니다"라는 내용이었다. 결과는 불문가지다. 초나라 군대는 막강한 병력으로 송나라 군대를 유린한다. 송양공은 쫓기다가 다리에 심한 부상을 입은 뒤 시름시름 앓다가 죽는다.

이 '송나라 양공의 어짊'이라는 고사와 성어는 매우 유명하다. 그러나 어떻게 유명한가를 따지는 게 중요하다. 송양공은 중국 문명사에서 '가장 어리석은 사람'의 대명사다. 그도 그럴 것이, 목숨을 걸고 싸우는 전쟁터에서 명분과 의리를 따지고 있었으니 그럴 수밖에 없다. 문제는 그가 매를 맞아도 너무 심하게, 일방적으로 맞았다는 점이다.

중국의 지성사는 그를 통렬하게 욕한다. 바보와 멍청이, 어리석은 당나귀, 현실에 둔감해 패배를 부르는 리더의 전형典型… 등이다. 따라서 그가 주인공으로 등장하는 '송양지인'의 속뜻은 위에 열거한 욕설과 동의어다. 이 점에서는 조금의 오차도 없다. 중국인들은 송나라 양공이 보였던 전쟁터에서의 격식과 예절은 아랑곳하지 않은 채 지금까지 거의 2500년 동안 그에게 몰매를 가하고 있는 형국이다.

중국 문명사의 '빛'을 보려는 사람들은 정나라 장공 식의 '지혜'에 주목한다. 허난은 앞에서 잠시 소개한대로 중국 문명의 요람이다. 그곳에서 한자의 전통이 쌓였고, 우주와 세계를 관찰하는 수리적 관념이 《역경》의 현란한 연산演算으로 자리를 잡았다. 그런 맥락을 보여주는 인물이 어쩌면 정나라 장공이다.

그는 제게 닥쳐오는 위기에도 끝까지 자신의 속을 보이지 않은 채, 끊임없는 계산과 준비로 상대를 꺾었다. 정치판에서 드러나는 음모와 술수로 따지면 현대 중국의 1인자라고 해도 좋을 마오쩌둥마저 찬탄을 금치 못할 정도의 수준이다. 그런 점에서 정나라 장공은 중원 문명의 복판인 허난이 빚어낸 '지혜'의 전통을 대변할 인물임에 분명하다.

그 지혜는 '모략'의 다른 말이다. 아울러 모략은 '전략'의 동의어다. 상황에 따라 이름을 달리 하지만 사실 지혜와 모략, 그리고 전략이 크게 다를 수는 없다. 이는 상대를 먼저 상정해 그와의 싸움을 전제로 해 생기는 말일 수도 있다. 단지 '지혜'라는 단어가 종교의 색채를 띨 때 다소 어의가 달라지는 경우가 있지만, 현세의 처세處世를 거론할 때는 마찬가지다. 영악함, 꾀의 동의어다.

그에 비해 중국 문명의 '그늘'을 살피는 사람에게는 송나라 양공의 행위가 다른 의미로 눈에 들어온다. 송나라 양공의 행동은 어리석지만, 한편으로는 우직愚直함을 상징한다. 현세의 잇속을 제대로 가늠하지 못해 상대에게 늘 패배하지만, 곧은 것을 향해 마냥 내딛는 그런 스타일은 우직함과 솔직함의 동의어다. 그 양공 역시 허난이 낳은 인물이기는 하지만, 그런 우직함의 항목 때문에 2500년 동안 중국 지성사에서 줄곧 몰매를 맞았던 사람이다.

중국이 낳고 쌓은 오늘날의 문명에는 그 둘에 관한 '선택'이 뚜렷이 드러난다. 전체적인 속내를 보면 중국은 정나라 장공을 선택한 모양새다. 어제 오늘의 일은 아니고, 지난 2500여 년 동안 줄곧 그런 문명의 행보를 보였다. 현실의 어려움을 헤쳐 갈 '지혜'를 숭상하고, 아울러 지금 사는 세상인 현세의 가치를 높이 친다. 인의예지仁義禮智의 명분적인 틀을 만들었으면서도, 그는 지난 오랜 세월 동안 왕조의 통치술에 복무하는 도구 이상도 이하도 아니었다. 한자의 틀이 품고 있는 문명의 코드에는 그런 지혜와 모략, 나아가 전략의 속성이 가득하다.

그에 견줘볼 때 중국 문명 속의 '송나라 양공 식 요소'는 매우 드물다. 아니 거의 없다고 해도 좋을 정도다. 우직함은 지혜의 빛에 늘 가렸고, 심지어 중국인들은 그런 항목을 거칠고 풍파 많은 현세를 살아가는 데 있어서 가장 멀리 해야 할 것으로 치부했다. 개인적인 표현인데, 필자는 이를 '당나귀의 실종'이라고 부르고 싶다.

고집이 강해 제 하고 싶은 대로, 아울러 잇속 등을 따지지 않은 채

제 갈 길을 가는 '당나귀' 말이다. '당나귀'는 어찌 보면, 신의 형벌을 받아 끊임없이 올림푸스산 정상으로 바위를 밀어 올리는 시지프스, 인간에게 신의 불火을 전달한 죄로 역시 끊임없이 심장을 독수리에게 파 먹히는 프로메테우스 형 인간이다. 아울러 이상과 현실을 오가며 풍차를 향해 달려드는 돈키호테의 이미지도 떠올리게 한다.

　문명의 빛과 그늘을 꺼내다니 … 이야기가 너무 거창해졌다. 그럼에도 허난은 중국 문명의 복판에 해당한다. 그 지역의 인문적 전통을 거치면서 한자와 〈역경〉이 품은 문명의 의미를 생각지 않을 수 없다. 아울러 정 장공의 빛나는 지혜를 떠올리지 않을 수 없고, 오랜 세월 욕만 먹었던 송나라 양공의 이야기도 꺼내지 않을 수 없다. 지혜와 그 반대에 서 있는 우직함의 묘한 대비, 오늘의 중국을 읽는 강력한 코드라고 생각해서다.

묵자墨子에 대한 생각

사실이지, 이 허난의 인문은 매우 상징적이다. 정장공과 송양공의 대비에 치중하느라 아주 중요한, 그래서 매우 상징적이기도 한 인물 하나를 빠뜨렸다. 바로 위에서 잠깐 적은 묵자墨子다. 그의 출생지에 관한 논란은 아직 현재 진행형이다.

　이곳 허난에서 태어난 사람이라는 설, 옆의 산둥山東에 기반을 뒀던 노魯나라 출신이라는 설이 오간다. 아울러 인도인印度人이라는 설도 있으며, 특히 이슬람 계통의 사상을 지닌 사람이라는 설도 있다. 그러니 묵자의 출생지를 특정하기가 매우 곤란하다. 매우 뛰어난 학자들이 그 고증에 덤벼들었으나 아직 정설을 세우지 못한 점을 보면 더 그렇다.

　그러나 앞서 소개한 송양공과 관련해서 유추할 만한 흔적이 보인다. 송양공이 홍수泓水에서 초나라 대군을 맞이해 싸울 때 양공에게 "저들이 강을 건널 때 반드시 쳐야 한다"고 건의한 사람이 있다. 이름은 目夷목이라고 적는다. 송양공의 이복형이자, 송나라 왕실의 한 구성원으로서 양공 밑에서 신료를 지내던 사람이다.

이 목이라는 인물과 묵자가 이어지는 고리가 있다. 두 사람이 활동했던 연대로 따지면 목이가 훨씬 앞이다. 그 목이라는 사람은 目夷國목이국을 운영했는데, 그 터전이 지금의 산둥이다. 목이국은 작은 나라였던 듯하다. 송나라 사람이 터전을 닦았다가 나중에 세가 줄어들어 결국 강성했던 노나라에 섞여 들었다고 보인다.

묵자가 그곳 산둥에 있던 목이국 지역에서 태어났다는 설은 유력하다. 이미 없어진 나라였으니 그곳을 실제 지배하고 있던 노나라 출신으로 알려질 수 있다. 그 작은 나라의 이름, 또는 송나라 양공을 돕던 인물 명칭 目夷목이와 묵자의 본명을 함께 이어보려는 사람이 적지 않다. 묵자의 본명은 墨翟묵적으로 고대 발음으로 칠 때 目夷목이와 통한다는 점에 주목하는 사람들이다.

그래서 묵자를 산둥에 있는 노나라의 땅에서 태어나 활동한 사람이기는 하지만, 혈통을 거슬러 올라가면 송나라 양공의 이복형 목이와 통하고, 결국 그런 점에서 묵자는 송나라 왕실의 핏줄을 지닌 사람이라고 보는 시각이 있다. 따라서 송나라의 인문적 맥락을 묵자가 펼친 사상의 흐름과 연결해 보려는 노력이 존재한다.

묵자를 그린 상상도

송나라 전통이란 게 특정할 수는 없지만, 양공이 보여준 미련하면서 우직한 기풍氣風만큼은 빼놓을 수 없다. 춘추시대의 살벌한 다툼과 경쟁에서 미련하게 '어짊과 의로움'의 인의仁義를 내세운 그 분위기 말이다. 그러나 춘추전국의 시대상에서 이는 빼놓을 수 없는 점이다. 나름대로 최선을 다하려는 성誠과 믿음의 신信, 즉 성신誠信의 정신세계다.

그 가치의 중심은 우직함이다. 미련할 정도로 곧은 그런 태도다. 그런 맥락에서 묵자의 겸애兼愛를 살필 필요가 있다. 묵자는 겸애의 틀을 펼치면서 "큰 나라는 작은 나라를 침략하지 말고, 있는 사람은 없는 사람을 욕보이지 말며, 귀한 사람은 천한 사람을 깔보지 않아야 한다"는 주장을 편다. 아울러 임금에서부터 일반 백성에 이르기까지 그 근본은 모두 평등하다고 주장했다.

"모두 함께 사랑하자"는 이 주장은 유가의 정신과는 대척점에 선다. 유가의 주장은 군주로부터 신하, 백성 등을 차별적으로 본다. 엄격한 위계를 설정해 그 신분에 맞는, 나름대로의 합리성을 지닌 교류와 소통을 주장한다. 그에 비해 묵자는 그런 차별 자체를 혁파해 없애자는 논리다.

한 때 이 묵자의 사상은 커다란 흐름을 타고 발전했던 흔적은 있지만, 역시 통일왕조 시기에 접어든 이후 유가사상의 지속적인 상승에 따라 하강下降을 반복한다. 송양공의 어리석어 보이는 듯하지만, 우직함의 미덕을 지닌 사유思惟 형태가 2500여 년의 중국 지성사에서 줄곧 타기唾棄와 질타叱咤의 대상으로 변했던 운명과 아주 흡사하다.

묵자가 진짜 목이의 후예로서 송나라 왕실의 혈통을 이었는지에 관해서는 정설이 없다. 그러나 생각의 흐름, 남을 다툼과 경쟁의 시선으로만 보지 않으려는 태도, 이어 나름대로 구축한 가치價値 체계 등을 두고 볼 때 그는 송양공이 나타냈던 사유의 흔적과는 어딘가 비슷해 보인다. 송나라 전통은 그렇게 묵자에게 이어졌을 수도 있다. 그러나 둘이 구축한 정신세계는 중국의 인문세계에서는 열패劣敗를 면치 못하고 말았다.

설령 둘의 혈연적 관계가 이어지지 않는다고 하더라도 우리는 송양공과 함께 묵자의 겸애를 살펴 볼 일이다. 중국 문명사에서 이런 겸애는 매우 드물다. 거의 없다고 해도 좋다. 혈연을 중심으로 펼쳐지는 엄밀한 종법宗法, 그를 외벽으로 삼아 벌이는 외부와의 교섭과 경쟁, 나아가 조화 등이 주류를 이룬다.

그런 겸애는 서양 문명의 큰 축인 기독교의 박애博愛와 같은 맥락일 수도 있다. 어쨌거나 조짐만을 보였던 중국의 초기 박애주의博愛主義는 묵자의 전락과 함께 무대에서 사라진다. 송양공의 행적이 성어의 형태로 남아 '미련함'과 '우둔함'의 직접적인 지칭으로 2500년 동안 바닥을 기어 다닌 현상과 이는 참 닮았다. 중국의 문명성이 드러내는 아주 뚜렷한 특징의 하나다.

허난 사람 자오쯔양趙紫陽

자오쯔양이라는 인물을 한 차례라도 언급하고 지나야 할 곳도 허난이다. 그는 1989년 이른바 '6·4 천안문天安門 사태'의 와중에서 당시최고의 실권자였던 덩샤오핑鄧小平에 의해 낙마한 사람이다. 당시 그의 직위는 중국 공산당 총서기. 당내 최고의 서열에 해당했지만, 상황上皇에 해당했던 막후의 실력자 덩샤오핑에 의해 자리에서 쫓겨났다.그 이유야 제법 잘 알려져 있다. '6·4 사태'를 끝까지 평화적으로 해결하려고 노력했기 때문이었다.

덩샤오핑은 당시 그의 측근에 해당했던 두 인물을 낙마시켰다.한 사람은 후야오방胡耀邦, 다른 한 사람이 바로 자오쯔양이다. 후야오방은 자오쯔양의 전임 총서기, 그 뒤를 이어 받았지만 자오쯔양 역시 덩샤오핑에 의해 자리에서 쫓겨나 사망할 때까지 자택 연금 상태에 들어가는 비운의 주인공이다.

자오쯔양의 환로宦路는 순탄하기만 했다. 1919년에 허난 화셴滑縣에서 태어나 1932년 중국 공산당에 가입했다. 사회주의 건국 뒤 크고작은 지방관을 역임하다가 쓰촨四川에서 개혁적인 정책을 선보여 일

현대 중국 정치사에서 비운의 길을 걸었던 두 사람. 전 공산당 총서기 후야오방(왼쪽)과 자오쯔양(오른쪽)

약 중앙무대의 큰 별로 올라섰다. 이어 국무원 총리를 지내다가 전임 공산당 총서기 후야오방이 덩샤오핑에 의해 "과격한 정치 개혁을 서두른다"는 이유 때문에 낙마하자 뒤를 이어 공산당 총서기에 올랐다.

그의 이름은 중국 현대 정치사에서 '우직愚直함'의 대명사로 쓰일 만하다. 후야오방의 대타代打로 공산당 최고 직위에 올랐지만, 그 역시 실권자인 덩샤오핑의 노선에 복종하지 않았다. 덩샤오핑은 우리가 잘 알고 있듯, 1978년 죽의 장막에 가려진 중국을 일거에 개혁개방의 한 복판으로 끌고 들어간 인물이다. 그러나 덩샤오핑은 경제적인 개혁개방을 추구했지, 일당전제—黨專制의 완고한 틀을 갖춘 중국의 정치를 본질적으로 개혁할 마음은 없었다.

그에 반대의 흐름을 형성한 두 주역이 바로 후야오방과 자오쯔양이다. 후야오방의 그런 정치적 역정은 우리가 후난湖南을 지나올 때 미리 살폈다. 따라서 여기서 다시 그를 풀어갈 필요는 없다. 어쨌든 그런 후야오방의 정치적 낙마, 여전히 기세등등한 상황上皇 덩샤오핑의 권력 등을 지켜보면서 중국 정치무대의 최고 정점에 오른 자오쯔양은 어떻게 처신했을까.

그러나 자오쯔양 역시 후야오방과 같은 길을 걸었다. 1989년 '6·4 사태'가 번질 무렵의 중국은 과거 어느 때보다 정치개혁에 관한 갈망이 아주 거센 기운으로, 뚜렷한 흐름마저 형성했다. 공산당이 이끄는 정치무대에서라기보다, 젊은 대학생을 중심으로 한 일군의 학자와 지식인 사이에서였다.

그러나 사태는 걷잡을 수 없이 커졌다. 6·4 사태의 전개 과정이야 매우 잘 알려져 있다. 수많은 학생들과 지식인들은 베이징 한복판인 천안문 광장에 모여들어 자리를 비키지 않았다. 덩샤오핑과 보수적인 원로 그룹은 결국 무력 진압을 결정했다. 끝까지 대화와 타협을 통해 사태를 해결하려던 자오쯔양의 노력은 결국 수포로 돌아가고 말았다.

시위 학생 대표들과 만나 평화적 타결을 약속하면서 눈물로 해산을 요구하던 자오쯔양의 사진은 아직도 남아 있다. 그가 작은 메가폰을 손에 쥐고 광장에서 연설을 하던 장면은 아직 사람들의 기억에 생생하다. 적지 않은 사람들이 "자오쯔양의 허난河南 사투리가 잔뜩 묻어나는 발언"을 떠올리고 있기도 하다.

중국 공산당 내 기류와는 반대를 향했던 사람, 우직하면서도 정직한 성품으로 대중의 인기를 끌어 모았던 사람, 정치의 막후에서 벌어지는 치열한 다툼보다는 당시의 중국인에게 무엇이 가장 필요한가를 보려고 노력했던 사람, 그러나 현실정치의 가혹한 상쟁相爭의 구도에서 덧없이 밀려난 사람…. 자오쯔양에 대한 일반 중국인들의 인상이다.

그런 자오쯔양의 면모 어딘가에서 괜히 그와 동향 출신인 송양공宋襄公과 묵적墨翟이 떠올려지는 이유는 무엇일까. 베이징의 인근 대도시 사람들이 아무리 허난의 사람들을 비꼬고 헐뜯어도 허난의 기상은 그리 굳센 측면이 많다. 흐름을 거슬러 올라가 무엇이 진정 옳고 그른가를 따지는 자세 말이다. 그곳의 땅이 그곳의 사람을 길러 낸다고 한다. 1억에 육박하는 인구 대성의 허난에 이런 사람, 저런 사람 다 있다. 그럼에도 그 땅의 기운 속에는 굳고 우직한 사람의 기개도 함께 흐른다는 점은 우리가 잊지 말아야 할 대목이다.

만주벌판에 담긴 꿈과 눈물

랴오닝(遼寧)

이제 만주滿洲다. 고구려 할아버지들이 거칠게 말을 몰면서 바람처럼 휘몰아쳤던 곳, 그래서 이곳은 우리의 영원한 마음속 역사 무대의 하나다. 그러나 지금은 중국 땅–. 그 만주라는 곳은 한반도의 한 뿌리, 나아가 중국이라는 명칭의 문명적 집합이 실제 어떤 구성을 보이는지를 모두 보여주는 곳이다.

그 '만주'라는 명칭은 아주 나중에 생겼다. 그 전의 이곳을 부르는 이름은 아주 많았다. 복잡하고 다단하다. 그래서 여기서는 그 명칭들에 대한 소개는 생략하자. 만주는 큰 하나의 덩어리다. 우선 지금의 행정구역으로 볼 때는 중국의 동북 3성이 모두 이에 든다. 랴오닝遼寧과 지린吉林, 헤이룽장黑龍江이다.

이곳은 그러나 지리적 환경으로 인해 白山黑水백산흑수라는 이름으로 잘 알려져 있다. 백두산을 상징하는 흰 산, 그리고 검은 물빛의 북녘 하천 때문에 생긴 이름이다. 그 가운데 먼저 시작하는 곳은 랴오닝이다. 우리에게는 고구려 할아버지들의 맥박이 뛰었던 요동遼東이라는 이름으로 가슴을 울리는 그곳 말이다.

중국은 나라라기보다 문명이다. 그 구성의 속내가 원래 그렇다. 중국인들은 중국을 그저 '중국'이라고 부르면서 그 자체를 왕조 형태의 국가라는 흐름의 연속이라고 파악하지만, 실제 그가 걸어온 역사의 발자취는 수많은 이질적 요소끼리의 다툼과 융합이라는 질기고 모질었던 과정에 다름 아니다.

그 뾰족점의 하나가 바로 랴오닝이다. 뾰족점이라고 한 이유는 그런 다툼과 융합의 속내를 가장 극명하게 보여주는 곳의 하나이기 때문이다. 결론적으로 말할까. 이곳 역시 부정할 수 없는 현대 중국의 영토이고, 현지에 살고 있는 사람들 모두가 다 중국인이다. 그러나 아주 먼 옛날부터 비교적 가까운 시기까지 이곳에는 전통적 중국인

선양에 있는 만주족의 고궁 전경이다.
누르하치가 이곳에서 발흥한 뒤 그의 아들 청 태종 홍타이지에 들어서면서 중원을 직접 위협하는 세력으로
성장했다.

이라고 할 수 있는 사람들보다 그렇지 않은 사람들의 발길이 더 많
이 그 땅을 밟고 다녔다. 그 과정에서 일부는 현대 중국의 정체성 형
성이라는 역사적 흐름에 강력한 자취를 남김으로써 현대 중국의 이
면을 깊이 있게 들여다보도록 하는 특징도 지녔다.

울타리 너머의 땅

현대 중국의 정체성은 어디에서 올까. 물론 초기 한자인 갑골문甲骨文의 주역 은殷나라로부터 춘추전국 시대를 거쳐 역대의 왕조를 다 늘어놓으면 그것이 오늘날 중국인이 이야기하는 이른바 중국의 정체성이다. 그러나 어디 그로써 간단하게 결론을 낼 수 있는 일일까. 그러기에 중국의 본 모습은 너무 다양하고, 땅은 그야말로 드넓다. 인구는 아주 많았으며, 그들이 각기 지닌 문화적 요소도 천차만별이었다. 따라서 말처럼 중국의 정체성을 한 마디로 정리하는 작업은 결코 간단하지 않다. 그 안에 밴 수많은 이질적 요소들을 중국인들은 어떻게 정리할까.

이번에 우리가 탐방하는 만주 지역, 좁게 잡아 랴오닝이라는 곳은 적어도 500여 년 전 명나라 왕조의 입장에서는 '울타리 너머'의 땅이었다. 이른바 '관외關外'라고 했던 지역이다. 만주 전체가 당시 중국인 입장에서는 울타리 밖 세상이었다는 얘기다. 그 접점을 이루는 곳이 곧 동북 3성이 시작하는 곳 랴오닝이다.

500여 년 전의 중국인이 '울타리'라고 상정했던 그 '관關'이라는

만리장성의 동쪽 끝인 산해관의 웅장한 성채. 이곳을 넘어 북쪽으로 가면 만주벌판이 펼쳐진다.

곳은 명나라에서 쌓기 시작한 만리장성萬里長城의 동쪽 끝인 산해관山海關을 가리킨다. 이렇게 이야기하면 중국인들은 크게 화를 낼 수도 있다. 그들의 영역 자체를 부정코자 하는 이야기는 물론 아니다. 역사의 형성과 그가 남긴 인문人文의 축적을 좇다보면 그 안에서 다양한 갈래를 발견할 수 있다는 점에서 그렇다는 얘기다.

지금 이곳에 발을 딛고 사는 사람들은 대개가 랴오닝 남쪽 지역인 산둥山東과 허베이河北 지역 출신들이다. 물론 그 외의 지역 출신들도 이곳에 살고 있다. 그러나 다롄大連시와 같은 경우는 시 인구의 80% 이상이 원적지原籍地를 산둥에 둔 사람들이다.

그런 현상이 벌어진 것은 최근이다. 19세기, 그리고 20세기 초까지 산둥과 허베이의 수많은 사람들이 대거 이곳으로 이주해 왔다. 가뭄에 이은 혹심한 흉년, 그에 뒤이은 기아에 직면했기 때문이다. 최소 3000만 명 이상의 인구가 이곳으로 이주했다고 하는데, 중국에서는 이를 '闖關東틈관동'이라고 적는다. 산둥을 지날 때 잠깐 언급했던 내용이다. 闖틈이라는 글자는 '(갑자기)뛰어들다' 혹은 '끼어들다'의 새김이다. 關東관동은 위에 적은 '울타리 너머'라는 뜻인 關外관외의 다른 말인데, 산해관 동쪽이라고 해서 만주 지역을 중국인들은 關東관동이라고도 했다.

중국인들이 울타리라는 의식을 지녔던 산해관의 바깥, 그 드넓은 동쪽의 땅에는 원래 누가 살았던 것일까. 전통적인 중국의 영역은 커졌다 작아졌다를 반복한다. 아주 넓어졌다가도, 때로는 극히 좁아지기도 했다. 통일왕조의 부침을 따라가다 보면 그렇다. 물론 이 만주 전역에도 중국 중앙 통일왕조의 힘은 오래 전부터 미쳤다. 그러나 역시 때로는 사라졌고, 꽤 오랜 동안 종적을 감추기도 했다.

중국 통일 왕조가 꽤 많이 터전을 잡았던 곳을 우리는 중원中原이라고 하는데, 그곳에 모인 권력이 강력할 때는 그로부터 뻗어 나오는 힘의 방사放射 범위가 컸고, 움츠러들 때는 그 범위가 매우 작았다. 만주는 그런 중원의 부침浮沈에 따라 늘 반비례의 형태로 역사 속에 출몰한다. 이 점은 중원을 중심으로 볼 때 변방을 이루는 곳이 다 그랬다. 그러나 그 중에서도 만주는 그 경우가 더 심했다.

랴오닝에 전통적으로 뿌리를 내리고 살았던 만주족滿洲族이 누군가. 우리는 이 만주족에 대해 일정한 편견을 버리지 못하고 있다. 다 역사적 경험 때문이다. 조선이 500년 넘는 긴 역사를 지니고 있다고는 하지만, 적어도 필자의 관점으로 볼 때는 그 수명이 너무 길었다. 임진왜란壬辰倭亂을 거치면서 한 번은 왕조의 주인이 바뀌었어야 좋았던 것 아니냐는 의문을 품게 만들 정도로, 일본이 침략함으로써 벌어진

청나라의 건국조 누르하치(왼쪽)와 그의 아들이자 병자호란의 주역 태종
홍타이지(오른쪽)

임진왜란 이후의 조선은 형편이 나날이 기울었다.

그 다음에 벌어진 전쟁이 정묘호란丁卯胡亂과 병자호란丙子胡亂이다.
조선과 후금後金 사이의 전쟁인데, 말이 전쟁이었지 사실은 일방적으
로 얻어맞은 데 불과했다고 해도 좋을 정도다. 당시 조선의 임금 인
조仁祖가 남한산성에 몰렸다가 종내는 삼전도라는 곳에서 적진敵陣의
군주인 청나라 태종 홍타이지皇太極에게 세 번 무릎을 꿇고 아홉 번
머리를 땅에 찧었다는 점은 잘 알려진 사실이다.

그 때문일지는 몰라도 이후의 조선, 나아가 그 혈통을 계승한 우
리는 만주족에 대해서는 일종의 괘씸함을 품고 살았다. '오랑캐 녀석
들에게 우리 군왕이 무릎을 꿇었다니…'하는 식의 민족적 울분 때문
이다. 그래서 만주족, 삼전도에서 조선의 임금에게 무릎을 꿇린 청나
라 태종 홍타이지에 대한 적개심은 좀체 없어지지 않았다.

그런 우리의 분노와 수치, 나아가 적개심과는 상관없이 이들 '청
나라 오랑캐'는 급기야 중국인들이 쳐놓은 울타리, 산해관을 넘어 중
국 전역을 석권했다. 그리고 그 뒤의 일은 우리 모두 잘 알고 있지 않

은가. 260년 동안 중국 전역을 다스렸고, 그 전까지 중원의 사람들이 펼친 영역보다 훨씬 '광대역'의 중국 판도를 만든 사람들이 바로 그들 '청나라 오랑캐'다.

이들 '청나라 오랑캐'에 대한 중국인 특유의 편견도 있다. '그들이 잠시 우리를 다스렸지만, 결국 우리는 그들을 용광로처럼 흡수해 버리지 않았던가.' 이런 특유의 중국식 자위自慰 말이다. 정말 그럴까. 중국은 원래 위대했던 그들의 중화中華적 틀로 잠시 자신을 통치했던 '청나라 오랑캐'들을 결국은 흡수했던 것일까.

그곳에는 '여신女神' 있었다

거듭 부연하는 내용이지만, 중국이라는 문명의 구성은 그렇게 간단하지 않다. 중국은 원래의 주류 민족이 있어 스스로 문명의 몸집을 키웠다가 주변의 모든 요소를 흡수해 통일함으로써 만들어진 나라라고 보기에는 의문의 여지가 너무나 많다. 중국인들은 그렇게 주장하고, 그렇게 믿어왔지만 실제 중국이 지금까지 걸어온 발자취를 보면 그런 주장과 믿음의 근거는 매우 박약하다.

그보다는 중국이라 딱 꼬집어 말할 수 없는 다양한 문명적 요소가 끊임없이 합쳐지고 분열했다, 다시 합쳐지는 과정 속에서 지금의 중국이 만들어졌다고 봐야 한다. 그런 점은 우리가 이번 회에서 이야기하는 만주에서도 충분히 확인할 수 있다. 랴오닝은 먼 옛날의 문명적 시원始原을 이야기할 때 '여신女神'이라는 존재가 등장하는 곳이다.

랴오닝의 서부 지역, 초원이 펼쳐지는 내몽골과 접경을 이루는 곳에 츠펑赤峰이라는 도시가 있다. 그 인근에 홍산紅山이라는 지명이 있다. 이른바 뉴량허牛梁河라고 부르는 유적지가 이곳에 있는데, 신석기

만주와 내몽골에서 발굴된 홍산 문화
유적의 대표적 유물인 여신상

후기 문물이 많이 나왔던 곳이다.

고고考古는 말 그대로 옛날 것古을 이리저리 살피면서 연구考하는 일이다. 아주 오랜 옛날의 문물을 고구考究하다 보니 재미는 꽤 떨어지는 일일지 모른다. 그러나 그 옛것을 제대로 알아야 오늘의 것을 진정하게 이해할 수 있다. 따라서 고리타분하다고 여겨질지 모르지만 우리는 나름대로 고고학적인 발굴 자료를 토대로 삼아 이 만주지역을 제대로 고찰할 필요가 있다.

흔히 '황하黃河 문명'이라고 부르는 중국인의 문명에 관한 본류本流 의식은 허위虛僞에 불과하다. 그럴 이유도 없고, 그렇게 단정할 만한 증거도 없다. 언제부턴가 그런 황하 문명의 본류 의식은 중국인의 정체성을 뚜렷하게 형성했는데, 아무래도 그 근원은 서한西漢 시기에 토대를 이룬 화이華夷적 세계관에서 찾아야 하지 않겠나 싶다. 중국의 중원지역을 문명의 종주宗主인 華화로 설정하고, 주변의 나머지는 모두 오랑캐인 夷이로 설정한 그 구도 말이다.

그 황하문명의 고고학적 토대로 일컬어지는 것이 앙소仰韶문화다. 지금의 서북 지역 황하 일대에서 대량으로 발굴한 채색도기彩陶가 뿌리인데, 이 앙소문화가 황하문명의 토대를 이뤘다는 점은 누구나 받아들이는 정설이다. 중국인들은 그 앙소문화를 바탕으로 해서 사방팔방으로 그 영향력이 뻗어나가 오늘날의 중국이라는 문명의 토대를 형성했다고 본다.

그러나 그런 중국인의 자부심과는 상관없는 이야기가 요즘은 많이 나온다. 문명의 흔적을 좇아 땅을 파 본 결과 때문이다. 그 대표적인 경우의 하나가 바로 이 만주지역, 조금 더 좁혀서 보자면 랴오닝 서부지역과 내몽골 경계에 해당하는 홍산紅山 지역이다.

이곳에서 나온 대표적 유물의 하나가 바로 여신상女神像이다. 높이 22.5cm, 너비 16.5cm의 둥근 얼굴 모습에 두 눈에는 담청색淡靑色의 옥玉이 박혀 있는 여신의 형상을 한 마스크다. 이는 좀체 다른 고고학 발굴의 현장에서는 볼 수 없었던 모습의 형상이어서 발굴 직후 대단한 관심을 끌었던 유물이다.

결론부터 먼저 소개하는 게 낫겠다. 너무 길어지면 고고학 이야기는 따분해지기 때문이다. 이 여신은 황하의 앙소문화 바탕보다 시기적으로 앞선다. 적어도, 앙소문화의 바탕이 "내가 너보다 더 먼저"라고 우길 만한 근거는 이 여신의 문화유적을 상대로 할 때는 결코 성립하지 않는다는 얘기다.

중국 고고학계의 연구 결과에 따르면 이 곳 홍산 문화의 바탕은 약 8000년 전까지 거슬러 올라간다. 황하문명의 바탕을 이룬 앙소는 6000~7000년 전이다. 아울러 여신상의 발굴 의미는 그에 그치지 않는다. 여신상은 이곳 문화가 일종의 모계母系 중심의 사회를 형성했으리라는 짐작을 가능케 하지만, 그 여신과 함께 발굴된 제단祭壇과 제기祭器 등 유적과 유물을 두고 가늠해 볼 때 이곳은 '여신'이 주도한 대규모 제사 의례儀禮가 펼쳐질 정도의 '권력 집중'이 가능했던 곳이다.

따라서 다소 늦은 시기에 출발한 앙소에 비해 먼저 고도의 권력 집중 체계가 만들어졌고, 대규모 인력 동원이 가능한 정치 시스템이 가동하고 있었다고 볼 수 있다. 이런 여러 가지 특징 때문에 시기적으로나 문물 또는 문화, 나아가 문명적 요소의 발전 단계에 있어서도 홍산이 앙소에 비해 꽤 앞섰던 주체였으리라고 중국 학계는 보고 있다.

그 이후의 랴오닝과 더 나아가 만주 지역에 둥지를 틀고 문명의 새벽을 개척한 사람들은 부지기수다. 중국 관련 학계의 연구에 따르면 전체적으로 볼 때 이곳의 주역은 두 갈래로 정해진다. 우선 숙신肅愼이다. 우선 고구려의 초기 주도 세력을 형성한 부여夫餘 계통의 민족, 그리고 넓은 지역에 고루 퍼져 생활했던 말갈靺鞨 계통의 모든 부족, 지금의 만주족을 이룬 여진女眞 등이 모두 이에 속한다.

그 전의 여러 민족 명칭인 읍루挹婁와 물길勿吉도 이에 든다. 읍루와 물길이 더 오랜 명칭인 점을 감안하면 말갈과 여진 등은 그로부터 뻗어 나온 갈래였으리라 봐도 무방하다. 어쨌든 이들 다양한 만주 일대 옛 민족들의 활동력은 대단했다. 중국의 중심인 중원 세력이 이곳에 늘 영향력을 미쳤다고 주장하지만, 실제 그런 흔적은 찾아보기 힘들다.

다음은 동호東胡라고 적는 존재들이다. 여기에는 나중에 수隋와 당唐의 대제국부터, 그 전의 오호십육국五胡十六國이 들어섰던 시절의 많은 주체들이 포함된다. 먼저 중국 한漢나라 무렵에 북방의 흉노匈奴와 패권을 다퉜던 오환烏桓이라는 갈래, 나아가 대흥안령大興安嶺산맥에 거점을 두고 활동하며 종내는 수나라와 당나라 등 중국의 통일제국 판도에 막대한 영향력을 끼쳤던 선비鮮卑, 요遼라는 왕조를 세워 한동안 중원의 통일 왕조를 모질게 유린했던 거란契丹, 그와 맞붙으며 강력한 경쟁력을 보였던 실위室韋 등이 있다.

아울러 이 동호의 계통에 드는 민족이 몽골족이다. 이들을 앞에 적은 실위의 한 갈래로 보는 설이 있는데, 어쨌든 중국의 판도를 넘어 세계적인 대제국을 건설한 몽골의 뿌리도 어쩌면 이 홍산일 수도 있다.

부여의 맥락을 이어 받아 국력을 키워 마침내 만주 일대를 호령하

중국 룽징에서 바라본 두만강과 그 너머의 북한.
두만강 유역은 한반도 계통의 예맥과 만주 일대의 숙신 등이 함께 호흡하며 역사적 공동체를 형성하던 곳이다.

던 고구려와 한반도 갈래의 예맥濊貊까지 포함하면 이 만주 일대에는 아주 오랜 옛 시절부터 '중국'이라는 단일의 문명 잣대로는 측량하기 힘든 다양성이 숨어 있었다고 봐야 옳다.

만주 일대의 이런 다양성의 구현을 가능케 한 존재는 누굴까. 이 대목에서 우리는 아무래도 랴오닝 서부 지역의 홍산에서 나온 '여신상'에 주목하지 않을 수 없다. 그 여신상을 만든 문명의 모태母胎는 그저 지금의 많은 중국인들이 주장하듯이 중원으로 빨려 들어가지만은 않았다. 다양한 갈래의 민족을 키웠으며 그들은 때때로 중원, 나아가 중국 전역을 집어 삼키기도 했다.

만주족을 보는 새로운 시각

누르하치-. 그는 건주建州 여진 출신이다. 여진은 크게 누르하치를 낳은 건주 여진, 헤이룽장과 지금의 러시아 연해주 일대에 흩어져 살았던 해서海西 여진, 헤이룽장 북부와 내몽골 동부에 이르는 지역의 야인野人 여진 등이 있다. 명나라 때의 기준으로 보자면 그렇다는 얘기다.

그보다는 여진족이 보이는 구성은 아주 다양하다. 옛 숙신肅愼 계통에 속해 역시 다양한 갈래를 형성했던 말갈靺鞨과도 떼려야 뗄 수 없는 민족이다. 그 중 건주 여진이 살았던 곳은 두만강이 흐르고 있는 백두산 일대다. 그곳의 혈통을 지니고 태어났지만 누르하치는 나중에 랴오닝에 진출해 제국의 기초를 다진다.

그에 관한 설화는 제법 풍부하다. 특히 건주 여진이 터전으로 삼았던 두만강 일대, 백두산 인근, 나아가 지금의 우리 함경북도 경성과 경원 등이 그 배경이다. 그 조상의 족적을 좇아 올라가다 보면 우리 조선의 맥락과 접점을 형성하는 곳이 한둘이 아니다. 그러나 대개는 좋지 않은 인상으로 등장한다. 예를 들어 누르하치가 두만강 근처에 살았던 젊은 여인과 그녀를 밤에 몰래 찾아와 잠자리에 들었던

청나라의 흥성을 이끌었던 건륭제(왼쪽)와 만주군 팔기병 궁중 호위무사의 모습. 만주족은 초기의 매우 강성한 전력으로 중국 전역을 수중에 넣었다.

수달水獺 사이의 소생이라는 이른바 '노달치老獺稚 전설' 등이 대표적이다.

그러나 그의 몇 대 위 할아버지라고 하는 인물과 조선을 건국한 태조 이성계 또는 그 할아버지들은 두만강 유역에서 역사적 호흡을 함께 하면서 성장했던 인물들임에는 틀림없다. 그 전으로 거슬러 올라가면 고구려 시대에 이미 두만강 유역에는 백산白山 말갈이 활동하면서 고구려 근기根基의 한 구석을 지탱했으며, 이후 발해와 고려를 거치는 동안 서로 부침을 거듭하면서도 때로는 일체一體로, 때로는 분체分體로 역사의 무대를 오갔다.

같이 살다 보면 애증愛憎이 서로 섞이지 않을 수 없다. 여진은 결국 누르하치 대에 이르면서 대륙을 향해 나아간다. 큰 발걸음에 해당했다. 만주의 한 구석에서 때로는 변변찮은 군체를 이루면서 한반도의 정권에 압박을 당하거나, 중원의 세력에 눌리기도 했지만 누르하치 때에 이르러서는 자신이 활동할 무대를 아주 크게 설계하면서 앞을 향해 나아간다.

누르하치는 중원 왕조의 권력을 겨냥해 행보하지만 결국 뜻을 이루지 못하고 죽는다. 그러나 그에게는 후대後代의 전략가들이 버티고 있었다. 누르하치에 이어 여진, 만주족의 거창한 꿈을 펼친 사람이 바로 병자호란丙子胡亂 때에 조선을 돌풍처럼 휩쓸었던 그의 아들 홍타이지다. 그 뒤를 다시 잇는 제왕은 순치順治 황제다.

그는 삼촌인 도르콘 등의 도움을 받아 마침내 산해관을 넘어 베이징北京을 공략함으로써 260년 역사의 찬란한 청나라 제국의 기틀을 만들었다. 그 뒤의 전개는 다시 설명할 필요가 없다. 강희康熙와 옹정雍正, 다시 건륭乾隆의 3세 치세治世를 이뤘으며 중국의 판도를 과거 어느 왕조에 비해 넓게 다졌다.

우리는 이 만주족의 발흥과 전개에 대체로 어둡다. 병자호란의 후유증 탓이라고 치부할 수도 있지만, 한반도 주변에서 벌어지는 역사의 전개 자체에 둔감하다는 지적을 피할 길이 없다. 단지 우리는 이 정도로 만주족의 쇠망을 인식하고 있다. '미련한 만주족이 쓸데없이 중원을 탐하다가 민족도 없어지고, 그 언어도 없어졌다'는 식의 내용 말이다.

그렇다. 지금 만주족은 중국 전역에 1030만 명 정도가 살아남아 전국 각지에 흩어져 살고 있을 뿐이다. 그들의 언어는 20여 명의 전문가 외에는 제대로 구사하는 이 없는 사어死語로 변했다. 13억 인구에 1000만 명 정도, 게다가 고유의 언어는 소멸의 지경에 처했으니 그 민족의 입장에서 볼 때는 쇠망임이 분명하다.

그러나 달리 볼 수도 있다. 현대 중국을 구성하는 하나의 뚜렷한 갈래로서 말이다. 중국을 한족漢族과 중원中原, 나아가 황하라는 문명이 중심을 형성하는 구도로서 볼 때 만주족은 이미 망했다. 그러나 다양한 요소가 결합한 문명이라는 시각에서 중국을 바라볼 때 만주족은 망하지 않았다. 오히려 현대 중국의 구성에 매우 강력한 요소를 보탬으로써 그의 형성과 발전에 기여했다고 볼 수 있다.

현대 중국의 표준어는 베이징 말이 근간을 이루는 '푸퉁화普通話'다. 영어로는 mandarin으로 적는다. 옥스퍼드 영어 사전의 정의에 따르면 mandarin은 '만주滿洲 대인大人'의 뜻이다. '만주 대인'은 곧 '만주 귀족'이다. 한자로는 '滿大人'으로 적을 수 있는데, 그 발음이 '만다런'이다. 이 만주 귀족들이 사용하는 말, 곧 관화官話이자 official language가 결국 mandarin이라는 얘기다.

실제 현대 중국 표준어는 중국 전역을 다스렸던 만주족이 제 말에 당시 일반 중국인이 사용하던 한어漢語, 그리고 자신과 밀접한 관계를 형성했던 몽골족의 몽골어를 합성해 만든 공식 언어가 발전한 형태다. 따라서 만주족의 언어가 그들이 세운 제국의 몰락과 함께 사라졌다고 하면 논란의 여지를 아주 많이 남기는 꼴이 된다.

랴오닝은 저 멀리서부터 이야기하자면 여신의 땅이었고, 그로부터 번졌을 수많은 민족 가운데 막바지에 산해관을 넘어 중국 전역을 석권한 만주족의 땅이다. 그들이 보인 중국 점령 시기의 우수한 전통은 이미 정평이 나 있다. 강력한 통치 시스템과 초기에 보인 빼어난 전투력, 중국 땅에서 생성한 한자 문명의 토대를 절묘하게 활용해 자신의 통치 근간을 세운 기민함 등이다.

한반도 시야의 사각지대

우리는 랴오닝이라는 지역에서 두 가지를 살필 필요가 있다. 우선 중국이라는 문명의 기반이 결코 황하와 한족, 중원 위주의 구성이 아니라는 점이다. 그 바탕에는 수많은 이질적 요소들이 합쳐지는 과정이 숨어 있다. 따라서 '황하와 한족'이라는 단일한 맥락에서 중국을 살피면 커다란 오류를 피할 수 없다는 점을 인식해야 좋다.

아울러 그렇게 섞여 들어간 수많은 민족 중에서 만주족이 보였던 수월秀越함이다. 그들은 병자호란으로 한반도를 마구잡이로 짓밟은 '오랑캐'가 아니다. 아주 탁월한 전략과 안목으로 막바지에 힘이 다해 기우뚱거리던 명나라 왕조를 손쉽게 무너뜨렸으며, 그 배짱과 포부로 중국을 석권해 방대한 중국 대륙의 주인이라는 자리에 오르기도 했다.

따라서 우리는 랴오닝을 탐방하면서 이 두 가지를 집중적으로 읽으면 좋다. 중국 문명의 다원성과 그 안에 또 하나의 강력한 주체로 자리매김했던 만주족의 역사를 통해서 말이다. 그런 점에서 보면, 랴오닝에서 제대로 행세를 할 수 있었던 근세의 주인은 만주족이다. 지금은 산해관을 넘어와 정착하면서 이 땅의 주인이 된 허베이와 산둥의 수많은 사람들이 살고 있지만, 이 지역의 본래적인 면목을 이야기하려면 그 만주족을 배놓을 수 없다.

아쉽게도 우리는 누르하치와 홍타이지를 잘 모른다. 그들은 소수로써 아주 많은

일본의 만주 침략, 만주국 건립 역사를 전시한 중국 박물관 안의 만주국 내각회의 모습 모형

다수를 점령했고, 260년 동안 중국이라는 대륙을 그야말로 '기가 막히게' 경략한 주체다. 요동벌을 내달렸던 고구려 할아버지에 대한 상념은 늘 품으면서도, 우리는 그와 달리 정작 중국 대륙을 휘어잡았던 만주족에 대한 연구를 하지 않는다.

그들은 어떻게 성공할 수 있었을까, 어떤 방법으로 대륙을 넘보고 결국 손에 넣었을까, 그들의 어떤 문화바탕이 그런 거대한 업적을 남기게 했을까 등에 우리는 무지하거나 관심을 두지 않는다. 중국이라는 막강한 G2 파워를 새삼 넘보자는 얘기가 아니다. 우리에게는 그럴 필요도 없고, 그럴 만한 능력도 없다. 그저 세계를 향해 더 큰 무대에서 활약을 펼치고자 한다면 우리는 최소한 만주족의 역사를 주의 깊게 살펴야 하지 않을까라는 생각이다.

한 가지 덧붙일 내용이 더 있다. 바로 만주국滿洲國이다. 청나라 마지막 황제 푸이溥儀를 끌어들여 일본 제국주의 세력이 만주에 세운 나라다. 우리는 이를 괴뢰국傀儡國으로 알고 있다. 중국인이 부르는 명칭 그대로다. 정말 그 말 그대로 만주국은 괴뢰의 나라에 지나지 않았

을까.

만주국 건립은 제국주의 일본이 중국 대륙을 어떻게 살폈는지 잘 이해할 수 있게끔 만드는 대목이다. 그들은 이곳을 점령해 단순한 식민지로 경영하는 방식을 포기하고, 만주국이라는 독특한 형태의 국가 건설에 주력했다. 그들이 중국 대륙을 향해 전면적인 침략을 벌이기 전의 일이다.

만주국 건설에 나선 제국주의 일본은 중국의 문명적 구성에 주목했을지 모른다. 그 다양성의 복잡한 속내를 읽었을지 모른다는 얘기다. 만주는 앞에서 설명한 대로 중국의 엄연한 구성 부분이면서도, 문명의 시각에서 볼 때는 충분히 '이질적'이다. 따라서 제국주의 일본은 그 이질성, 나아가 분리 가능성에 주목하지 않았느냐는 게 필자의 생각이다.

그러나 제국주의 일본이 놓친 게 있다. 중국문명의 이질성과 함께 생각해야 할 정합성整合性이다. 중국의 문명성은 그 깊이가 대단하다. 한자 문화의 태산 같은 축적은 그 문명을 정합하는 접착제로 작용한다. 이질적 요소들을 한 데 아울러 통합으로 이끄는 매커니즘이다. 그런 점을 제국주의 야욕의 주체가 살폈을 리 없다.

하지만 우리는 그런 제국주의 일본이 세운 만주국의 성공과 실패 그 자체에도 관심이 없다. '괴뢰는 역시 괴뢰일 뿐'이라는 인식이 전부다. 중국 대륙의 문명적 속내를 살피는 대한민국 사람들의 지적인 시선은 사실 딱 그 정도에 불과하다.

조선의 소현세자 옛 거처를 찾아서

한국과 중국의 수교 20주년을 돌아보는 기획으로 필자가 중앙일보에 재직하고 있던 2012년 4월 경 랴오닝을 살펴본 적이 있다. 이곳은 우리의 역사적 발자취가 도저하게 흐르는 곳이었다. 그럼에도 여러 가지를 다 살필 수 없어, 우선 조선 소현세자昭顯世子의 자취를 좇기로 했다. 그는 우리 역사 속의 아주 두드러진 '슬픔'이었다. 그러면서도 역사의 흐름 속에서 늘 강대국의 판도에 섞여 지내야 했던 한반도의 주민들이 생존과 번영을 위해 무엇을 어떻게 취하고 버려야 할지를 일깨우는 표징이기도 했다. 이하는 랴오닝 관련 기사 전문이다.

고려가 팍스 몽골리카의 지배 아래에서 힘겹게 사대와 자주의 길을 오고 간 자취는 베이징北京에 만권당萬卷堂을 차려놓고 원나라 왕실과 외교 교섭에 주력했던 고려 충선왕忠宣王과 익재益齋 이제현李齊賢을 통해 느낄 수 있다. 그 뒤로 다시 300여 년이 흘렀을 때 한반도는 역시 비슷한 운명에 놓여 있었다.

명나라와 청나라 사이에서 줄타기 외교를 벌이던 광해군을 몰아내고 반정反正에 성공한 인조는 만주 지역에서 흥기하던 여진족의 청나라와 충돌한다. 1627년 정묘호란을 맞았고, 1636년에는 병자호란을 겪는다.

전쟁의 광풍이 휩쓴 한반도 전역은 가족과 친지를 잃어야 했던 수많은 사람들의 호곡號哭 소리로 들끓는다. 그런 당시의 국운이 상징하듯, 역사의 무대에 거대한 슬픔 덩어리로 등장하는 사람이 있으니 바로 인조의 장남 소현세자다.

그에게서 오늘날의 한반도에 사는 우리가 느끼는 감정은 비애悲哀다. 남들보다 멀리 내다봤으나 현실의 땅에서 기승을 부렸던 세속적인 권력에 꺾이고, 마침내 8년 동안의 인질 생활을 청산하고 돌아온 고국에서 '귀와 콧구멍 등 모든 혈穴에서 피를 뿜고 피부가 새카맣게 변한' 상태로 죽음을 맞이했던 것. 그를 독살한 사람은 다름 아닌 부친 인조였다는 게 정설이다.

그 스토리는 제법 잘 알려져 있다. 따라서 그를 다시 거론하는 일은 덧없다. 중국과의 수교 20주년을 맞아 '한반도의 강대국 외교와 사대事大'라는 주제에 착안한 본지 취재팀은 우선 그가 인질로 살았던 중국 선양瀋陽을 찾아가 보기로 했다.

고려 충선왕이 세운 연경燕京의 만권당이 700년 전 고려의 국운을 부지코자 했던 고려의 주중駐中 대사관이었다면, 전쟁에서 패한 조선의 소현세자가 인질로 끌려 온 뒤 멸시와 냉대를 이겨내며 새로 일어서는 청나라와 관계를 트고 유지하려 했던 선양의 거소居所는 조선 판 청나라 주재 대사관이었을 테다.

취재팀의 안내서는 <조선의 지식인들과 함께 문명의 연행길을 가다>(김태준·이승수·김일환 저, 푸른역사)다. 한국학 전공의 세 저자가 직접 조선의 중국 사절 루트를 답사한 기록이다. 저자들이 노력을 기울여 찾아낸 소현세자의 옛 선양 거소는 지금의 선양시 선허瀋河구 차오양제朝陽街 131

병자호란의 여파로 선양에 인질로 끌려갔던 조선의 소현세자가 머물렀던 옛 터. 일제 침략 때는 만주철도 사무소, 지금은 선양시의 아동도서관으로 바뀌었다.

호 '소년아동도서관'이었다.

제법 유서가 깊은 건물이었다. 비록 380여 년 전의 소현세자가 남긴 자취는 오간 데 없으나, 이 건물은 1921년 만주 경략을 노리며 들어온 일본의 '만주철도 주식회사滿鐵'가 원래 그곳에 있던 도교 사원을 헐어버린 뒤 세웠다고 한다.

이 건물이 만주철도의 옛 사무소였다는 점은 정문 옆에 있는 팻말로 알 수 있었다. 그러나 그보다 훨씬 전 이곳이 굴욕의 인고忍苦를 감내하면서 휘청거리는 조선의 운명을 부여잡기 위해 소현세자가 처절한 노력을 기울인 곳이라는 표지는 찾아 볼 수 없었다. 취재팀의 심사는 착잡하기만 했다.

1637년 인질로 잡혀와 8년을 머물렀다는 소현세자는 사실 상 외교 사령탑이었다. 청나라와 전쟁 끝에 붙잡혀 온 수많은 인질의 석방 및 귀환, 즉 속환贖還의 문제를 청나라 조정 대신들과 끊임없이 협의했다. 아울러 산해관 너머의 명나라를 치기 위해 군비와 식량 조달을 요구하는 청나라의 압력에 시달리며 협상에 임해야 했다.

소현세자의 외교적 노력과 일상의 행동을 담은 방대한 기록 <심양장계瀋陽狀啓>와 <심양일기瀋陽日記>에는 그런 사정이 잘 드러나 있다. 두 책을 통해 드러나는 소현세자의 면모는 매우 적극적인 외교관이었다. 병자호란을 주도한 청 태종 홍타이지와 자주 식사를 했으며, 청 권력가 도르콘, 병자호란의 선봉장 룽쿠타龍骨大 등과도 자주 만나며 외교적 협상에 임했다.

급기야 청나라 조정은 이런 소현세자를 신임하기 시작했으며, 우정을 드러내기에 이른다. 소현세자가 귀국한 해는 1644년이다. 볼모로 끌려간 지 8년 만이다. 그는 청 태종의 사망에 이어 등극한 순치順治제 때 명나라를 멸망시킨 청나라 조정을 따라 잠시 베이징北京으로 가서 머문다.

이곳에서 8개월 간 체류하던 소현세자는 독일 출신의 가톨릭 신부 아담샬중국 명 湯若望과 조우한다. 명나라에서 활동하던 아담 샬은 나중에 청나라에서 천문天文을 주관하는 흠천감欽天監까지 맡는 인물이다. 천문 등 과학지식으로 무장해 청나라 조정의 신임이 아주 높았다는 얘기다. 그는 아담 샬과의 교우를 통해 서양의 천문, 자연과학, 종교에 관한 지식을 축적한다.

소현은 인질생활을 마감하고 귀국한 지 두 달 만에 죽는다. 그 뒤로 다시 그의 부인인 강빈姜嬪이 죽고, 4년 뒤인 1648년에는 제주도로 귀양 간 아들 석철石鐵도 죽는다. 그 석철이 제주도로 귀양 갔을 때 병자호란의 청나라 선봉장 룽쿠타는 조선을 방문해 "석철을 내가 키우겠다"고 제안했다.

인조실록仁祖實錄에서 석철의 죽음을 적은 사관史官은 "그에 앞서 룽쿠타가 (조선에) 와서 석철을 데려다 기르겠다고 말했을 때 사람들은 '석철이 (제 몸을) 보전할 수 없겠다'고 했는데 이에 죽었구나"라고 적었다.

조선을 침략한 군대의 선봉장이 소현의 아들을 입양코자 했다는 사실에서 우리는 소현과 청나라 조정의 사이가 어땠는지를 미뤄 짐작할 수 있다. 아울러 그런 룽쿠타의 언급에 결국 그 아들마저 죽이고 마는 조선 조정의 협량狹量함도 차갑고 옹졸하게 느껴진다.

아담 샬과의 조우, 그리고 천주상天主像을 비롯해 서양 종교에 관한 정보와 문물을 품에 안고 돌아온 소현의 자세에서는 열린 지식인의 시선이 한껏 느껴진다. 청나라와의 적극적인 교섭에서는 국제적인 흐름을 읽는 면모도 드러난다.

병자호란은 우리에게 그 경과가 잘 알려져 있다. 청나라와 "끝까지 싸우겠다"고 주장했던 이들이 주전파主戰派, 그 반대가 주화파主和派였다. 김상헌金尙憲과 최명길崔鳴吉은 두 진영의 대표였다. 취재팀이 안내서로 삼았던 <…문명의 연행길을 가다> 저자들은 흥미로운 대목 하나를 소개하고 있다.

김상헌과 최명길이 모두 인질로 끌려와 갇혔던 곳은 남관南館이라는 곳이다. 이곳에서 벽을 사이에 두고 두 사람은 시를 주고받았다. 서로 격려하는 내용이었지만 정치적 입장은 달랐다. 주고받았던 시문에서 김상헌이 내세운 논리의 핵심은 '경經', 최명길이 대응한 논리의 축은 '권權'이었다.

'경'은 명분과 원칙, '권'은 수단이나 방편이었다. 곧 망할지도 모를 명나라와의 의리를 앞세우는 논리와 국익을 위해 부상하는 청나라와의 관계를 조율하자는 현실적이면서 실용적인 논리가 마치 교차점을 찾지 못한 두 가닥의 철로처럼 나란히 뻗고 있다.

취재팀은 선양의 곳곳을 둘러봤다. 청 시조 누르하치와 병자호란을 주도했던 홍타이지의 능역陵域과 그들이 집정했던 고궁故宮 등이다. 청나라 고궁 서문이 유독 관심을 끌었다. 이 서문의 바깥쪽 어딘가에서 청나라와의 화의和議를 거부했던 홍익한·윤집·오달제 등 삼학사三學士가 참수형을 당했다. 그 서문 밖은 아주 평범한 선양의 시가지 모습으로 남아 있었다.

이들은 충절忠節과 애국의 표상으로 지금까지 전해진다. 이들을 기념하기 위해 만들었다는 비석은 한 때 부러진 채 모습을 다시 드러내기도 했고, 한국의 독립기념관 측은 이를 복제해 기념비로 세웠다.

김상헌과 삼학사의 충절이 진짜 충절이었는지, 사세事勢 읽기에 실패해 국가를 존망의 위기로 이끌어간 시대착오적 명분론이었는지는 제대로 따져볼 일이다. 국가와 국가 사이의 관계는 철저한 이해관계가 지배한다. 섣부른 명분을 따지는 일은 어리석다. 380여 년 전의 명분론은 명의 멸망, 청의 부상으로 당시에 이미 사형선고를 받았다.

그러기에 우리는 조선의 존망이 걸렸던 병자호란 직후의 시공時空에서 국제정치의 흐름을 타며 조선이라는 나라를 보전코자 했던 '조선 판 청나라 주재 대사관', 소현세자의 선양 거소에 기념 팻말이라도 달아야 옳다.

덧붙일 말이 하나 있다. 인조는 소현이 죽은 뒤 그에게 내릴 시호를 고르라고 신하들에게 명령한다. 신하들이 올린 세 시호 중에 인조가 택한 게 '소현'이다. "덕을 밝혀 공로가 있었음을 소昭라하고, 행실이 중외中外·나라 안팎에 드러난 것을 현顯이라 한다"는 뜻이었다.

그 시호로만 본다면 그 아비 인조와 조정의 대신들은 소현이 기울인 노력과 품은 재능을 알았다는 뜻이다. 그럼에도 그를 죽이거나, 최소한 죽게 내버려 둔 셈이니 조선조가 그로부터 전체적인 내리막길 주행을 벌여 250여 년 뒤 패망의 길로 들어선 것은 어쩌면 역사의 필연적 귀결일지 모른다.

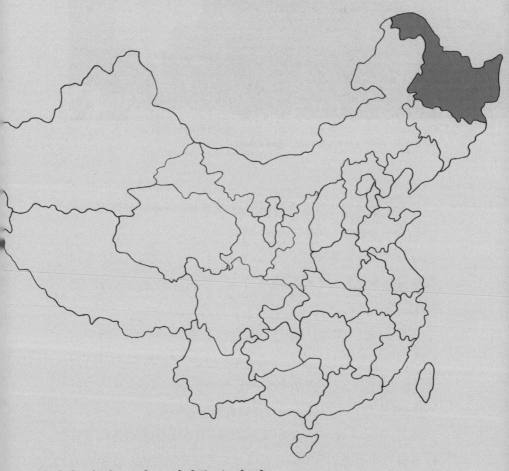

부여와 발해, 그리고 여진족 金의 땅

헤이룽장(黑龍江)

하얼빈 시내에 남아 있는 러시아 정교회 유적지. 러시아의 입김이 강한 곳이다. 이에 앞서 하얼빈, 나아가 헤이룽장 전체는 다양한 민족의 숨결이 서로 섞였던 지역이다.

건국대 한인희 교수

　이곳은 중국에서 가장 북방에 있는 지역이며, 아울러 가장 동쪽에 있다. 중국인들이 헤이룽장黑龍江이라고 부르는 곳이다. 전통적인 중원中原의 경계에서 볼 때 '북방'이라는 곳은 사막과 초원의 지질 형태가 발달한 오르도스다. 이는 대개 지금의 내몽골 일대를 지칭하는 곳이기도 하다.

　지금의 중국 지도에서 보면 내몽골의 동북부는 헤이룽장과 거의 같은 위도를 형성하고 있다. 오르도스가 지금으로부터 더 먼 과거의 중원을 위협하는 지역이었다면, 이곳 헤이룽장을 기반으로 성장한 '이족異族'은 그보다 가까운 과거의 중원을 위협했다.

　물론, 지금의 중국은 그런 중원의 거주민에 수많은 이족이 부단한 융합의 과정을 거쳐 이뤄진 문명체가 국가적 형식으로 발전한 공동체라고 해야 한다. 그 연원과 이후의 전개를 여기서 다 설명할 필요는 없을 듯하다. 그 보다는 이곳에서 발흥해 중원의 왕조를 위협한 몇 주체를 살피는 일이 더 낫겠다.

북송의 숨통을 쥔 금나라

중원에 머물던 통일 왕조가 외족의 침입을 받아 그 앞에 무릎을 꿇었던 일은 비일비재하다. 그런 과정에서는 반드시 피를 부르는 전쟁이 벌어질 수밖에 없었는데, 그런 싸움과 굴복의 여러 장면 중에서도 중국인들이 잊지 않고 기억하는 가장 극단적인 패배의 기록이 있다.

바로 '정강의 변靖康之變' 또는 '정강지치靖康之恥'다. 靖康정강은 북송北宋이 멸망할 때 황제의 자리에 올랐던 흠종欽宗의 연호年號다. 1125년부터 2년에 걸쳐 두 차례 벌어진 일이다. 이 때 북송을 위협하던 주체는 금金이다. 이들은 지금의 헤이룽장에서 발흥했던 만주족으로서, 당시에는 벌써 여진女眞이라는 이름을 얻은 상태였다.

이들은 북송의 수도인 변경汴京 지금의 開封을 직접 공략했다. 그들은 사나운 군대였다. 그러나 금나라 대군을 맞는 북송의 조정은 형편이 말이 아니었다. 오랜 당쟁黨爭과 내분으로 정부는 무능해져 있었고, 군대는 기강도 제대로 갖추지 못한 조직에 불과했다. 결과는 참담했다. 그를 적어 놓은 역사 기록을 보면 북송의 허약한 문치文治 전통이 얼마나 참담한 비극을 불렀는지 잘 드러난다.

북송 휘종의 모습이다. 시문에 뛰어났으나 국방에는 문외한이었다. 결국 여진의 금에 치욕적인 패배를 당해 비참하게 생을 마감한다.

황제 휘종徽宗은 '뛰어난' 군주였다. 그러나 시詩·서書·화畫에 뛰어났다는 얘기다. 그 분야에서는 그야말로 프로였다. 지금까지도 그의 작품이 사람들의 입에 오르내릴 정도다. 그러나 그는 정사政事와 군사軍事에 모두 어두웠다. 금나라 병사들이 수도를 공격하자 그는 황제 자리를 아들 흠종欽宗에게 건네주고는 먼저 내뺐다.

아들 흠종은 성을 포위한 금나라 진영에 불려 다녀야 했다. 온갖 모욕을 다 당했다. 창고 같은 방에 들어앉아 금나라 장수와의 면담 시간만을 기다려야 했다. 서너 차례 불려갔다 다시 돌아오고는 했다. 그러다가 마침내 금나라 병사는 막대한 징벌금을 거두고, 변경 성 안의 부녀자를 겁탈했으며, 사내들을 마구 죽였다. 그 처참함에 관한 기록은 지금까지도 생생하게 전해진다.

마침내 먼저 내뺐던 휘종도 결국 아들 흠종과 함께 포로의 신분으로 금나라 병력을 따라 북상했다. 두 황제와 그 가족이 마주친 것은 끝없는 모욕이었다. 황제들은 굴비 엮이듯이 가족과 함께 손발이 묶인 채 잠을 자야 했으며, 황후와 비빈들은 금나라 병사들의 놀림감으로 전락했다.

그런 모욕에 시달리면서 두 황제는 하늘을 보면서 자주 통곡했다고 하며, 휘종은 두만강과 백두산 근처로 추정되는 오국성五國城에 갇혔고, 9년 여의 치욕적인 포로생활을 하다가 마침내 자신의 옷을 찢어 줄로 만들어 자살을 시도했단다. 그를 보고 급히 제지하는 사람은 흠종이었고, 결국 아버지 황제와 아들 황제 둘은 부둥켜안고 대성

통곡했다는 기록도 있다. 그 직후 휘종은 작은 온돌炕에서 숨졌으며, 아들 흠종도 얼마 있다가 그 뒤를 따랐다.

　수많은 여인들의 운명은 처참했다. 기록에 보면 궁궐과 관공서 주변 등에서 수많은 여인이 붙잡혀 끌려갔던 것으로 나온다. 황족은 물론이고 고관 집 부녀자들도 마찬가지 신세였다. 일부는 금나라 황실과 고관의 첩으로 주저앉고, 일부는 주변의 국가에 '선물'로 보내졌으며, 대다수는 금나라 수도 등에서 유곽遊廓에 종사하는 신세로 전락했다고 한다.

　문학적으로는 매우 높은 성취를 이룬 황제 휘종은 이런 시를 남겼다고 한다. 북으로 금나라에 끌려가면서 지은 시다. 때는 5월경이었다고 한다. 봄기운이 도지는 그런 시절에 나라를 잃고 황실도 잃었으며, 그가 통치했던 백성마저 잃었던 '망국亡國 황제'의 감성이 잘 드러난다.

　밤새 하늬바람 불어 깨진 문짝 흔드니　　徹夜西風撼破扉
　쓸쓸한 숙소에 등 하나만 깜빡거리네　　蕭條孤館一燈微
　고향 있는 곳 돌려 바라보는 삼천리　　　家山回首三千里
　눈길 닿는 하늘엔 나는 기러기도 없구나　目斷天無南雁飛

'재북제벽在北題壁'이라는 제목의 시다. 망국亡國의 군주가 남긴 시 중에서는 후당後唐의 마지막 군주君主 이욱李煜이 남긴 작품처럼 아주 유명한 시다. 만인지상萬人之上의 황제에서 일거에 '계단 밑의 죄수階下囚'로 전락한 휘종의 비감悲感이 잘 드러나는 내용이다.

　북송이라는 거대한 중국 통일왕조를 멸망시키면서 그에게 씻을 수 없는 치욕을 안겼던 금나라의 고향이 앞에서 소개했던 내용처럼 오늘의 헤이룽장이다. 그들은 직접적으로는 말갈靺鞨의 계통을 이었던 민족으로 볼 수 있다. 금을 세운 사람은 아구타, 아구다, 또는 아골타라고 부르면서 한자로는 阿骨打로 적는 사람이다. 그가 금나라의 건국자다.

고려인 후예, 금나라 시조

그의 혈통과 관련해 우리의 관심을 끄는 대목은 아구타가 한반도, 즉 신라 왕실의 혈통을 이은 고려인일지도 모른다는 점이다. 김씨金氏 성을 가진 인물이 한반도에서 지금의 중국 동북지역으로 가서 살았고, 아구타는 그의 혈통을 이은 후예라는 얘기다. 따라서 그가 나라 이름으로 세운 '金금'이 그냥 나온 것이 아니라는 설명도 있다.

어쨌든 그의 통치력은 대단했던 모양이다. 흩어져 있어 일정하게 세력을 형성하지 못하던 여진족의 모든 부족을 통합하는 능력이 있었고, 그들을 이끌고 나라를 세운 뒤에는 자신을 지배하던 거란契丹의 요遼나라를 제압했을 정도니 말이다. 마침내 그의 후손들이 벌인 일이 바로 북송의 멸망이요, 중원을 비롯한 중국 북부와 동북부 석권이다.

앞 회에서는 랴오닝遼寧을 지나면서 중국 근세에 해당하는 청淸나라의 건국 주역, 만

금나라의 시조인 아구타의 모습 이라고 알려진 그림

주족을 소개했다. 이번의 헤이룽장은 사실 그의 선조인 여진족의 이야기로 시작했다. 잘 알려진 이야기지만, 이 금나라의 여진족이 아무런 전통 없이 혼자서 일어선 것은 절대 아니다. 그에 앞서 들어섰던 거대한 또 하나의 정치 통일체가 바로 발해渤海 698~926다.

고구려 유민으로 알려진 대조영大祚榮의 집단과 그곳에 터전을 잡고 있던 말갈의 결합으로 이뤄졌던 강대한 동북지역의 국가 말이다. 이는 고구려 유민 집단을 대표했던 대조영, 그리고 뒤에 그의 전통을 계승하면서 한반도에서 발흥한 고려로 인해 아직까지 한반도의 우리와 직접적으로 이어지는 왕조다.

그 발해는 거란족이 만든 요나라에 의해 망했다. 그런 요나라는 발해의 전통을 이은 말갈의 후예, 여진족과 고려인의 혈통을 이었다고 보이는 아구타가 공동으로 세운 금나라에 의해 다시 망했다. 만주지역의 정치적 집단은 중국 중원의 사람들이 늘 위협을 느꼈던 북부 오르도스의 흉노와 서융西戎 등 유목 제족諸族과 마찬가지로 수隋와 당唐을 지나면서부터는 역시 중원의 왕조를 강력하게 위협하는 세력으로 성장했다.

발해 역시 중원으로의 진출을 꾀했으나 뒤에 등장한 강성했던 동북 변방의 요나라에 망하면서 꿈을 이루지 못했을 것이다. 요나라 역시 중원을 자주 위협했던 나라다. 그러나 그 또한 뒤에 발흥한 금나라에 망했다. 그러나 금나라는 중원의 왕조를 멸망시키고 말았다. 비록 장강長江 이남으로 중원의 세력이 몰려 내려가 남송南宋을 세움으로써 중국 전역의 판도를 장악하지는 못했지만 말이다.

만주에서 성장한 세력은 그리 강했다. 때로는 그 안에서 서로 싸워 중원으로 내닫지는 못했으나, 세력이 한 데 모여 통일의 판도를 형성하면 그들의 강한 힘은 곧 중원으로 뻗쳤다. 고구려와 발해 역시

고구려의 혈맥을 이었던 헤이룽장의 발해 성터. 지금은 성곽과 유적 몇몇만 남아 있다. 　　　　　　　건국대 한인희 교수

그런 세력의 정점에 서서 지역 통일에 이어 중원까지 석권하려는 의도
를 보였던 왕조다. 요나라가 그 뒤를 이었고, 금나라가 다시 뒤를 이
었다. 금은 그러나 북송이라는 통일 왕조를 거꾸러뜨림으로써 중국
역사에서 만주 일대의 거대한 위력을 과시하는 데 성공했다.

낯선 이름들이 즐비하다

우리는 1909년 안중근 의사가 이토 히로부미伊藤博文를 저격해 쓰러뜨린 역사의 장면을 잊을 수 없다. 일본 제국주의 침략의 원흉元兇이랄 수 있는 이토 히로부미를 저격함으로써 한반도는 일본 제국주의를 향해 강력한 '상징' 하나를 세운 셈이다. 그 주역인 안중근 의사가 거사를 벌인 곳이 바로 하얼빈哈爾濱이다.

이 하얼빈이라는 이름은 사실 한자漢字로 적기는 했으나 원래 중국말과는 관계가 없다. 원래 음은 'galouwen'이라고 한다. 우리식으로 발음하면 '하얼원' '할로원' 정도다. 유래에 대해서는 여러 설이 있다. 우리 백과사전 등에는 '그물을 말리는 곳'이라는 설명이 나와 있는데, 그보다는 백조白鳥를 가리키는 천아天鵝에서 나왔다는 설이 유력하다. 이는 여진족이 쓰던 말이라고 한다.

'그물을 말리는 곳'으로 푸는 경우도 그 어원은 역시 만주어라고 한다. 다른 하나의 설은 러시아어에서 '무덤'을 가리키는 말과 관련이 있다고 하는데, 그렇게 널리 받아들여지지는 않는 얘기다. 그 밖에도 만주어가 어원이라는 설이 여러 개 있으며, 퉁구스 말로 배가 강을 건너다니는 곳, 즉 '나루'라는 단어에서 나왔다는 설도 있다.

따지고 보면 이런 지명이 흔한 곳이 헤이룽장이다. 치치하얼齊齊哈爾도 마찬가지다. 이 역시 한자로 적기는 했으나 본래 한자적인 구성이 아니다. 이 도시의 이름이 어디서 유래했는지에 관한 설도 여러 가지다. 그러나 지금은 '천연의 목장牧場'이라는 뜻의 다구르, 혹은 다호르 족의 말에서 유래했다는 설이 널리 받아들여진다. 다구르 혹은 다호르는 몽골족의 한 갈래로 알려져 있다.

자무쓰佳木斯라는 도시의 이름도 낯설다. 역시 한자로 적기는 했으나 하얼빈, 치치하얼과 마찬가지의 경우다. 원래 발음은 '자무커스카산'에 가깝다고 한다. '관리가 머무는 곳'이라는 뜻의 만주어 단어에서 나왔다는 설명이 있다. 이렇게 본래의 모습이 한자적인 구성을 보이지 않는 단어와 지명이 여럿이다.

그 중에서 우리의 눈길을 끄는 곳의 하나가 모얼건墨爾根이라는 지명이다. 만주어, 혹은 몽골어가 어원이라는 설명이 붙어 다닌다. 이는 원래 '활 잘 쏘는 사람'의 뜻이라고 한다. 고구려를 세운 주몽朱蒙이 원래 고유명사가 아니라 '활 잘 쏘는 사람'을 가리키는 일반명사라는 설이 있다. 아무튼 활 잘 쏘는 사람과 한반도의 연관성은 아주 깊다.

하얼빈이나 치치하얼이나, 자무쓰, 그리고 모얼건 등 한자의 이해기반으로는 좀체 납득하기 어려운 지역 이름은 이곳이 분명히 한자를 근간으로 하는 중원의 전통과는 사뭇 다른 역사와 문화, 인문의 맥락을 지녔던 사람들의 역사 무대였다는 점을 일깨워준다. 그런 명칭에서, 그리고 중원과는 다른 넓은 초원과 짙푸르다 못해 까만색을 띠는 흑수黑水의 강들이 넘실대는 지리적 환경에서 그 점은 더 확연해진다.

아무튼 우선 이런 이름에서조차 우리는 많은 점을 새길 필요가 있다. 이곳의 연원이 중원과는 그리 깊은 관계가 없었던 동북 제족 諸族의 활동무대였다는 점을 두고서 말이다. 실제 헤이룽장에서 먼저 출현한 정치 집단은 부여夫餘다. 해모수의 건국 설화를 간직한 부여는 한반도 사람들의 초기 주류였던 예맥濊貊 계통이다. 같은 흐름에서 갈라져 나간 고구려와 계속 갈등을 벌이다가 결국 고구려에 멸망당하는 초기 국가다.

이 부여는 헤이룽장의 남부에 있었다. 요하遼河 상류와 송화강松花江 유역에 거주하면서 동쪽으로는 읍루挹婁, 서쪽으로는 선비鮮卑, 남쪽으로는 고구려와 접경을 이뤘다고 한다.

부여에서 다시 수와 당나라 시기의 발해국으로 이어졌던 전통은 급기야 요나라와 금나라로 뻗쳤고, 근세에 들어와서는 다시 만주족의 청나라로 이어졌으며 그들은 마침내 산해관을 넘어 중원으로 들어갔다. 만주지역에서 발흥한 민족이 중국 전역을 처음 석권하는 '사건'이었다.

따라서 이곳에서 발흥한 사람들이 과연 지금의 중국인과는 어떤 맥락을 형성하고 있느냐에 관한 문제는 좋은 관찰거리다. 이들은 사라진 왕조의 운명을 뒤따라 그냥 역사의 무대에서 사라지고 말았던 것일까. 그렇게 볼 수도 있으나, 꼭 그렇지만은 않다.

금나라는 중국인가, 아닌가

앞에서 언급한 '정강의 변'을 두고 벌어진 떠들썩한 논쟁이 있다. 2004년 무렵이었다. 금나라는 변경에 대한 공세를 통해서 결국 북송을 멸망시킨다. 그런 뒤에 벌어진 일은 너무나 유명하다. 남송南宋의 건립이다. 장강 이남의 항저우杭州로 도읍을 정하고, 북방의 인구가 대거 그를 따라서 남하했다.

당시의 남송 조정에서는 금나라와 싸움을 지속적으로 벌이느냐 마느냐를 두고 심한 논쟁이 이어졌다. 전선에서는 악비岳飛라는 장수가 눈부시게 활약을 했지만, 그의 뒷다리를 잡는 사람이 있었으니 이름은 진회秦檜다. 결국 악비라는 명장은 전쟁을 반대했던 진회의 모략에 걸려 죽고 만다. 악비는 그 이후로 '구국救國의 민족 영웅'이라는 타이틀을 얻었다. 굳이 비유하자면 그는 조선의 이순신 장군과 같은 경우다.

그에 비해 진회는 천고千古의 간신이었다. 민족의 영웅을 모함으로 죽게 만들었으니 그랬다. 그래서 악비를 모신 사당에는 진회와 그의 아내가 무릎을 꿇은 모습의 상이 만들어졌다. 아내는 진회와 함께

'민족 영웅'이었다가 이제는 그저 '영웅'으로 변신한 남송의 명장 악비.

모사謀事했다는 죄를 뒤집어 쓴 채다. 하나는 민족의 영웅, 그와 대척점에 서 있는 한 쌍의 부부는 천고의 민족 반역자라는 오명을 썼다.

2004년 벌어진 중국인 사이의 논쟁 주제는 '악비가 민족의 영웅이냐, 아니냐'였다. 전통적인 인식대로 그가 민족의 영웅이라는 점은 당연하다는 주장이 압도적이었다. 그러나 일각에서 "악비가 민족 영웅이면 금나라 사람은 뭐냐"라는 반론이 일었다. 일종의 중국 역사를 보는 시각의 상충이었고, '중국인'이라는 지금의 정체성에 관한 근본적 물음이었다.

중원을 중국의 중심이자 중국인 정체성의 핵심이라고 보는 시각은 여전하다. 중국인들 스스로 깊은 생각을 하지 않고 일반적으로 언급하는 그 정체성은 분명히 중원이 중심이다. 그러나 그런 경우에는 중국의 변방을 품어서 끌어안지 못한다. 중원으로부터 멀리 떨어진 곳의 지역에서 발흥하고 발전했으며, 중국 역사 형성에 지대한 영향을 미친 제 민족을 큰 울타리로 안지 못한다는 약점을 드러내고 마는 것이다.

그 논쟁의 결말은 집권 공산당이 내렸다. 내용은 "악비를 민족 영웅이라고 할 수 없다"는 얘기였다. 그 뒤 논쟁은 잠잠해지고 말았다. 공산당은 중국을 이끌고 통치한다. 그래서 역사의 해석에 관한 권한도 절대적이다. 그렇게 논쟁은 끝났지만, 당시 네티즌들 사이에서 격렬하게 벌어진 논쟁은 몇 가지 시사점을 던졌다.

우선 전통적으로 중원을 중심, 나머지를 주변으로 보는 역사의 시각은 여전하다는 점이다. 아울러 중국인의 정체성 해석에 정치권력인 공산당이 예민하게 나선다는 점도 보여줬다. 중국을 이끄는 집권 공산당이 역사해석에서 통합적인 틀을 유지했다는 점은 중국의 현 상황에서는 매우 다행이다. 그러나 우리와 관련해, 자국의 현재 영토에서 벌어졌던 역사를 모두 '중국의 것'이라고 간주하는 역사적 태도가 문제로 떠올랐다.

　이게 바로 '동북공정東北工程'을 비롯한 중국의 새로운 역사 해석 방법이다. 통합적 차원의 역사해석에서 지금의 중국에 섞여 들어간 수많은 이질적 요소를 차별적으로 보지 않은 점은 합리적 태도라고 볼 수 있다. 그러나 지금의 중국 땅에서 활동했지만물론 당시는 중국 땅이 아니었다 한반도가 명맥을 계승한 고구려 문제에 대해서는 여간한 결례를 범했던 게 아니었다.

　그러나 이 문제는 여기서 자세히 다룰 주제는 아니다. 그저 우리가 중국을 볼 때는 단일한 한족漢族의 요소가 다른 많은 이질적 요소를 통합해 이뤄졌다는 시각을 벗는 게 중요하다. 동북의 '변방'인 헤이룽장에서 성장한 금나라는 중국의 광대역廣大域을 다스렸던 강력한 왕조였다. 지금의 중국 수도인 베이징北京이 이름조차 별 볼 일 없었던 한적한 지역에서 왕조의 강력한 힘이 모인 곳으로 처음 성장한 계기도 사실은 금나라에 의해 만들어졌다.

　금나라는 최초로 베이징을 도시답게 키운 주인공이다. 금은 이곳에 중도中都라는 이름을 부여하면서 정치사회적인 힘을 집중했다. 그를 이어 들어선 몽골족의 원元나라가 베이징을 본격적으로 키웠지만, 도시 기능을 지닌 곳으로서의 베이징 초기 모델은 여진족인 금나라가 만들었다는 얘기다. 금은 원나라에 의해 멸망을 당하지만, 그 방대했던 영향력마저 무너진 왕조의 그림자를 좇아 아무 흔적 없이 사라졌던 것일까.

보는 시각이 다를 수 있지만, 금나라의 여진족 또한 그에 앞서 중원에 지대한 영향을 미치고 사라진 이족異族의 숱한 왕조와 그 구성원들처럼 음으로, 양으로 현재의 중국에 무시하지 못할 자취를 남겼다고 봐야 할 것이다. 중국을 중원과 한족 중심의 틀로만 보면 많은 것을 사상捨象하는 꼴이다. 원래 다원多元이었고, 지금의 구성 또한 그런 다양성에 토대를 두고 발전해 현재의 중국이라는 커다란 정체성을 이뤄냈다는 식으로 봐야 바람직하다.

현대에는 '거대한 황무지'라 불렸다

헤이룽장을 가리키는 다른 대표적 언어는 북대황北大荒이다. 이 말은 1950년대에 출현했다. 1949년 10월 1일이 중화인민공화국의 탄생일이니, 이 말은 건국 직후에 생긴 말이라고 봐야 한다. 북녘에 있는 거대한 황무지라는 뜻이다. 황무지를 황원荒原이라고 해도 좋다. '황폐한 벌판'의 뜻 말이다.

중국을 석권했던 청나라는 이곳을 '봉금封禁'했다. 자신의 선조들이 발흥한 지역이니 이곳을 성역聖域으로 두고 다른 지역의 피가 같지 않은 사람들이 출입하는 일을 막았던 것이다. 그래서 지금 러시아와 경계를 형성하는 지역 일대가 거대한 황원으로 변했다는 얘기다.

그러나 청나라가 봉금했던 지역이 어디 헤이룽장 한 곳뿐이었을까. 만주 일대의 거대한 지역이 다 봉금의 대상이었으니, 이곳만이 유독 황폐한 벌판으로 남을 이유는 없었을 테다. 그러나 어쨌든 지금의 중국인들은 이곳을 '北大荒북대황'으로 적었다. 이어 사회주의 새 중국 건국 뒤의 어려운 경제사정을 해결하기 위해 이곳을 대규모로 개간했다.

세계적으로 유명한 하얼빈 빙등제. 얼음으로 쌓은 거대한 조각들이 눈길을 끈다.

건국대 한인희 교수

　　원래의 주력은 앞 회에서 소개한 것처럼 산해관을 넘어 이곳으로 넘어온 산둥山東과 허베이河北 일대의 기민饑民들이었고, 나중에 사회주의 중국 건국 뒤 각종 정치운동으로 농촌과 산간 오지에 쫓겨 내려온 지식 청년들이었다. 지역의 주인이 모두 바뀌어버린 셈이다. 원래 있던 부여와 발해, 나아가 금나라와 청나라의 주역들 대신 중원에서 기황饑荒과 정치적 동기로 인해 이곳에 도착한 새 이민자들이 땅을 차지했던 것이다.

　　지금의 북대황은 예전의 북대황이 아니다. 그 때의 이민자들이 펼쳤던 개간으로 인해 이곳은 중국에서 가장 풍요로운 곡창穀倉으로 변했다. 너무 개간을 벌여 강과 늪지, 초원과 하천이 무수하게 발달한 이곳의 자연을 해쳤다는 평가를 듣는다. 그리고 당시의 개간 작업으로 인해 이곳이 곡창으로 변하면서 이제는 이름을 이렇게 바꿔 부른다. '北大倉북대창'이라고 말이다. 북녘의 거대한 창고라는 뜻이다.

그래서 이곳은 새 개척지고, 따라서 그 험한 여정에 몸을 실었던 이민자의 사회다. 이민의 사회는 속성이 거칠 수밖에 없다. 안전한 환경에서 안전하게 먹고 사는 일이 불가능하다. 새로운 개척의 험로에 인생을 실어야 하는 입장이니 사람들의 기질이 거칠어지게 마련이다.

그래서 중국 동북지역 사람들의 성정性情은 대개가 호전적이다. 그 중에서도 헤이룽장 사람들이 특히 그렇다. 북방 사람들 대부분이 그렇듯, 몸집이 크고 목소리도 우렁찬 편이다. 남방의 사람들이 싸우는 모습은 대개 조심스러운 편이다. 우스개이겠으나, 출근할 때 길에서 다투던 사람 둘이 퇴근할 때도 여전히 그렇게 말다툼을 벌이고 있는 모습을 볼 수 있다는 식이다.

그러나 동북지역 사람들은 그렇지 않다. 차를 몰다 도로에서 운전사끼리 신경전을 벌이는 경우에는 도로의 교통신호에 걸려 차가 멈추면 바로 운전석에서 사람이 튀어나와 육탄전을 벌인다고 한다. 싸움이 벌어지면 급기야 피가 흐른다. 상대를 공격할 때 땅에 쇠뭉치가 있으면, 동북 사람들은 절대 나무 막대기를 집지 않는다. 그런 식의 형용은 계속 이어진다. 싸울 때 땅에 병이 있으면, 동북 사람들은 결코 플라스틱을 잡지 않는다. 땅에 떨어져 있는 가장 강한 무기를 들고 싸움을 벌인다는 얘기다.

남방 사람들은 말을 할 때 항상 반 마디 정도는 여지를 남겨둔다. 그러나 동북 사람들은 가슴에 담고 있는 말을 한꺼번에 쏟아낸다. 사나우면서 싸움을 잘 벌이지만, 의협심도 강하다는 평을 듣는다. 개척에 나선 이민의 사회라서 그럴까. 아니면 부여와 발해, 금과 청을 키운 땅의 풍토가 원래 그래서 그럴까.

알 듯 하면서도 정확한 답을 내리기는 어려운 문제다. 어쨌거나 역사 속 만주의 거칠고 웅혼했던 기질은 오늘날 이곳에 사는 사람들에게도 전해진다. 그러니 만주의 전통이 사라졌다고 하는 게 무리 아닌가. 중국은 그런 곳이다. 역사의 과정 속에 섞였던 수많은 요소가 잠재해 아주 다양한 빛깔과 성질로 드러나는 그런 곳 말이다.

성질 괄괄한 동북 사람

중국에서 이곳 사람들은 조금 특이하다 싶은 군체群體다. 적어도 중국에서는 방위를 가리키는 東北동북이라는 글자와 사람을 가리키는 人인이라는 글자가 합쳐졌을 때 제법 이채異彩를 발한다는 얘기다. 성질이 급하고, 마음속에 담은 말을 그대로 쏟아내는 점은 다른 지역 사람들에게도 드러난다. 그럼에도 중국의 東北人동북인들은 달라도 뭔가 많이 다르다.

'이민移民'이라는 관점에서 볼 때도 그렇다. 중국은 전역이 이민사회 아닌 곳이 없다. 전란과 재난이 아주 빈번하게 찾아들었던 중국의 대지는 늘 살기 편한 곳으로, 좀 더 생명을 보전할 수 있는 곳으로 움직여 정착하려는 사람들의 발길이 끊이지 않았다. 어느 한 지역도 그런 점

기아와 흉년을 피해 산해관 너머로 수많은 중국인이 터전을 옮겼던 '촹관둥' 당시의 이민 모습

에서 예외는 아니다.

그러나 그런 이민의 발길이 최근의 시기에도 분주하게 이어졌던 곳이 이번에 우리가 살펴본 동북지역이다. 이민의 전통과 흐름으로 따져볼 때 중국 동북지역은 가장 '막내'에 해당하는 곳이라는 얘기다. 그 점은 앞에서 살핀 대로 가뭄과 흉년을 피해 산둥山東과 허베이河北 지역 주민이 산해관 너머, 즉 關東관동 지역으로 대거 몰려들었던 일대의 사건을 통해 충분히 살필 수 있다.

수천 만 명에 이르는 많은 이들이 서로 다른 지역에서부터 이주해 온 결과는 어땠을까. 말투도 달랐을 것이며, 섭생攝生의 방식도 다소 이질적이었을 사람들이 먼 곳으로부터 이동해 한 곳에 살면서 벌어지는 현상은 활기와 함께 서로가 지닌 이질적인 요소를 한 곳에 두고 깎고 조정해 서로 공존共存을 모색하는 타협으로 이어졌을 것이다.

그러나 그런 과정이 말처럼 쉽지만은 않았을 게 분명하다. 서로 '깎고 조정'하는 일은 부단한 갈등과 마찰, 나아가 거친 싸움이 거듭 이어지는 과정을 수반했을 터. 그런 과정이 '활기'로 비칠지는 모르나, 그 복판에서 직접 삶을 이어가야 했던 사람들에게는 여간한 고통이 아니었을 수가 없다.

이 동북지역이 걸어온 역사적 발자취도 자못 험난하다. 청나라 황실의 발상지였다가, 신해혁명辛亥革命 1911을 전후해 군벌軍閥과 함께 숱하게 많은 비적匪賊이 횡행했던 곳이다. 이어 만주사변滿洲事變을 일으키며 이곳을 점령한 제국주의 일본에 의해 만주국滿洲國이 들어섰고, 사회주의 중국 건국 직전까지 국민당과 공산당이 살벌한 힘겨루기를 벌였던 곳이기도 하다.

특히 이곳의 비적은 잔인하고 야만적이라는 점에서 중국 전역에 횡행했던 토비土匪들 중 으뜸으로 꼽힌다. 거기다가 山東산둥과 河北하북 등 지역에서 가난하고 헐벗어 굶주림에 허덕였던 기민饑民 수 천 만 명이 옮겨 왔다. 아울러 전통적으로 이곳은 중원의 주민들과는 피가 다른 사람들의 땅이기도 했다. 만주족이 큰 흐름을 좌지우지했고, 그와는 다른 갈래의 여러 종족이 삶터로 삼았던 곳이다. 한반도 계통의 주민들도 간도를 중심으로 활동했으며, 북부 지역에서는 러시아 계통의 사람들도 섞여 들었다.

비적의 일종인 마적馬賊은 한 때 우리에게도 결코 낯설지 않았던 사람들이다. 말을 타고 다니면서 일반 민가와 농가 등이 있는 마을을 약탈하기로 유명했던 그 마적 말이다. 일제 강점기에 간도로 이주했던 한반도 주민들에게 가장 공포의 대상으로 떠올랐던 존재가 이 비적들이다. 이들이 한 때 소유한 소총은 200만 정에 달한다고 한다. 전국적으로 가장 비적이 많았음을 알려주는 수치라고 한다.

이런 동북 사람들에게서 자라난 문화라는 것은 뻔하다. 거칠고 흉포하며, 직선적이면서 도전적이다. 물불을 제대로 가리지 않으며 상대에게 직접적인 타격을 가하는 스타일이다. 좋은 의미로는 의협심義俠心으로 표현할 수 있지만, 다른 측면으로는 사나워서 제가 보기에 잘못이라고 여겨지면 바로 칼과 총을 꺼내드는 미국 서부 건맨gun man 유형이다.

이런 사람들은 대개가 폭력조직에 잘 맞는다. 아니나 다를까. 한 때 수도 베이징에서 인구 유동량이 가장 많은 곳인 서부역西站 일대의 온갖 이권에 개입하는 폭력조직의 행동대원은 동북 출신이 대부분이었다고 한다. 또 베이징을 제외하고도 먼 남부 지역인 광저우廣州, 선전深圳, 하이난海南 등의 큰 시장 주변 폭력조직도 동북 지역 출신이 장악한 경우가 많았다고 한다.

"말 세 마디 해보고 맘에 맞지 않으면 바로 주먹"이라는 식의 동

하얼빈 동물원에 있는 동북의 호랑이, 즉 東北虎(동북호)의 모습

북 사람 기질은 곧잘 虎氣호기라는 단어로 적는다. 이곳 동북지역의
특산인 '백두산 호랑이' 또는 '시베리아 호랑이' '東北虎동북호' 등의
그 호랑이를 빌려 표현한 말이다. 싸움이 벌어져 상대를 가격할 때
가장 험악한 무기를 집어 든다는 점은 앞서 소개했다.

　가격하는 부위部位도 치명적이다. 얼굴을 때릴 수 있으면 얼굴을
곧장 가격하지, 결코 엉덩이를 때리지는 않는다는 것이다. 가슴을 때
릴 수 있으면 바로 가슴의 급소를 노리지, 때려도 그만이고 안 때려
도 그만인 허벅지를 가격하지 않는다는 얘기다. 주먹이면 주먹이지,
손바닥으로 뺨때리기는 하지 않는다는 식이다.

　전국에서 술 소비량이 가장 많은 곳도 이곳 동북이다. 아울러 술
과 담배를 즐기는 여성 인구가 가장 많은 곳도 바로 동북이다. 험난
한 사회 환경에서 적응하기 위해 어쩔 수 없이 사람들은 자신의 성격
을 그에 맞추기 마련이다. 술과 담배의 소비량이 많다는 점도 그를

말해주는 '소품'의 하나다.

지역적으로 세 곳을 나눠서 보는 경향도 있다. 랴오닝과 헤이룽장, 그리고 지린吉林의 세 성省이 이른바 '동북 3성'인데, 기질적인 측면에서 세 곳 사람들이 조금씩 다르다는 평가가 있다. 랴오닝은 산업이 비교적 발달한 곳이다. 일찌감치 중공업 등이 발달해 사람 살기에 조금 더 여유가 있다. 그래서 랴오닝 사람들은 동북 인구 중에 약기로 소문이 나있다. 앞뒤를 조금 더 잰다는 의미다.

헤이룽장이 가장 다듬어지지 않은 사람들로 꼽힌다. 수틀리면 바로 주먹을 내지르며 앞뒤를 전혀 재지 않는 것으로 유명하다. '앞에는 늑대, 뒤에는 호랑이, 중간의 바보'라는 말을 듣는 지역이 지린이다. 늑대는 랴오닝, 호랑이는 헤이룽장을 가리킨다. 그런 중간에 바보 취급 받는다고 하는 이들이 지린 사람들인데, 그냥 바보는 아니고 제 뜻을 품었으면 결코 굽히지 않는 우직함, 촌스러움 때문에 붙은 말이라고 한다.

폭력적이며 다혈질이라고 해서 다른 많은 지역의 중국인들이 이들 동북 사람들을 깔보는 경향이 없지는 않다. 그러나 솔직하고 담백해서 다른 지역 중국인들이 지니지 못하는 의기義氣가 많아 장점으로도 꼽힌다. 열정적이어서 제 뜻을 시원스레 밝혀 남에게 호감을 주는 특징도 있다. 의기투합意氣投合이 빨리 이뤄진다는 것이다.

호방하면서도 의기를 앞세우는 측면과, 험난한 이민사회의 속성에서 키운 간계奸計도 함께 있다. 어느 지역이건 좋은 사람 있으면 그 반면에 독하고 음험하기 짝이 없는 사람도 있다. 동북도 그 점에서는 마찬가지다. 그러나 이곳이 중국 '이민사회' 유형의 가장 '막내'에 속하는 만큼 그런 사회가 지니는 문화적 형질을 가장 많이 지닌 곳이라는 점은 철저하게 유념하는 게 좋다.

옛 중원 문명에 '산소'를 흘렸던 곳

간쑤(甘肅)

간쑤의 중심지인 란저우의 황하. 짙은 황토색의 거센 황하 물결이 인상적이다.

중국의 본류를 이룬 중원中原의 문명에는 속진俗塵의 냄새가 자욱했다. 그 문명의 새벽이라 일컬을 수 있는 춘추시대와 그 뒤의 모습이 분명히 그랬다. 서로 다른, 그리고 아주 많은 요소들이 합쳐지는 과정은 험난하기 짝이 없었다. 피 냄새가 가득했고, 서로를 정복하려는 인마人馬가 일으키는 살벌한 전쟁의 먼지가 자욱했다.

그러면서도 그들은 찬란한 문명의 터전을 닦았다. 공자孔子와 노자老子의 유가儒家와 도가道家 사상이 그 지역 사람들의 핵심적인 사유思惟 형식으로 자리를 잡았고, 그에 따른 거대한 정치체제도 등장했다. 문물은 그로써 더욱 흥성한 기운을 타고 넘쳐 중원의 주변으로 번지고 또 번졌다.

그럼에도 그 중원의 주류 문명에는 뭔가가 늘 부족해 보였다. 제자백가諸子百家의 다양한 철학적 사유에도 불구하고 그 지역에는 항상 무엇인가를 빼놓은 듯한 분위기가 흘렀다. 마침내 중국의 문명이 여명기를 거쳐 이른 아침의 시각에 접어들 무렵 그 시공時空에는 낯선 사유를 보이는 사람들이 출현하기 시작했다.

중국을 중심으로 볼 때 서남쪽의 먼 나라, 그곳의 작은 곳에서 출발해 점차 동진東進하면서 많은 지역의 사람들을 감복感服시키던 사유의 주체는 불가佛家였다. 중원의 문명 주체도 서서히 그를 주목하기 시작했다. 낯설지만 내가 지니고 있는 어떤 것과는 비슷하다는 생각이 들게 하는, 그래서 선뜻 다가가 한 번 접해보고 싶은 그런 스타일의 사유형태였다.

불교는 중국 동한東漢 AD 25~220 때 중국 땅에 들어선다. 그러나 본격적인 유입의 시기는 그 뒤다. 불교가 중국 땅에 다가서는 과정과 곡절에 관해서는 설이 여러 가지다. 그를 여기서 모두 다루는 일은 불필요해 보인다. 결론적으로 볼 때, 불교를 적극적으로 중국 땅에 끌어들인 사람들은 원래의 중원 거주민은 아니었던 듯하다. 그보다는 더 서북쪽에 살았던, 중원 사람들이 흔히 '오랑캐'라고 부르면서 멸시했던 북방 유목민이다. 그들이 중원에 들어가 거주하면서 왕조까지 세우던 무렵의 불교는 그야말로 제방을 넘은 홍수의 물결처럼 중국 각 지역을 도저하게 흐른다.

우리가 지금 닿는 곳은 간쑤甘肅다. 이곳은 중국인들이 이른바 '서역西域의 문명'이라고 통칭하는 수많은 문물이 서쪽에서 동쪽으로 다가서며 반드시 거쳤던 곳이다. 호두와 호추, 호금胡琴과 호인胡人, 시금치와 홍당무, 포도와 석류石榴, 천리마千里馬와 낙타 등이 이 길을 따라 들어와 중원에서 발흥한 문명을 더욱 살찌게 했다.

서역은 좁게 말해 지금 중국의 서북단인 위구르維吾爾 자치구다. 그러나 그보다 조금 넓은 뜻의 서역은 현재의 중국과 서남쪽의 인도 대륙 사이에 있는 지역이며, 더 넓게 펼치자면 중국 서쪽의 중앙아시아와 인도 북단, 그리고 동유럽까지를 일컫는 개념이다.

우리가 흔히 말하는 '실크로드'는 광의의 개념에서 본 서역과 중국의 사이를 잇는 옛 교역로에 해당한다. 동서양 교류의 상징이기도 한데, 그런 실크로드 등을 따라 수많은 문물이 동서양을 오고갔지만 그 중에서도 중국의 문명에 결정적인 영향을 미친 존재가 있다. 그것은 바로 싯타르타, 석가모니釋迦牟尼가 일으켜 세운 불교였다.

황하黃河 서쪽의 긴 복도

중국의 지리 개념 중에 '河西走廊하서주랑'이라고 적는 곳이 있다. 여기서 하서河西는 중국 문명의 주류라고 일컫는 황하黃河의 서쪽을 가리킨다. 지금의 간쑤가 그를 품고 있는 지역이다. 중국 서북쪽에 동서로 약 1600㎞로 길게 누워있는 곳이 간쑤다. 그 안에서도 서쪽에서 동쪽으로 길게 뻗었으며, 생김새 또한 유별난 곳이 있다. 그곳이 바로 '河西走廊하서주랑'이다.

走廊주랑은 우리 식으로 적으면 복도, 영어로 적으면 corridor다. 그 지형의 생긴 모습이 그렇다. 우선 남쪽으로는 치롄祈連과 아르킨 산맥이 지나가고 북쪽으로는 마쭝馬鬃과 허리合黎산이 흐른다. 그 사이에 계곡처럼 생긴 지형이 있는데, 길이는 약 900㎞에 폭은 몇 ㎞로 좁아지다가 때로는 100㎞ 정도로 넓어진다. 완연한 복도의 모습이다.

이 하서회랑은 남북으로 흐르는 산맥 등에서 흘러내린 풍부한 수자원 때문에 예로부터 아주 훌륭한 농경지대로 자리를 잡았다. 따라서 사람들의 생활터전으로 일찌감치 번영을 누렸던 곳이기도 하다. 이 지역의 서쪽 끝에 있는 곳이 바로 둔황敦煌이다. 간쑤성의 서쪽 도

란저우에서 서쪽으로 향하는 길에 널리 펼쳐진 유채 밭. 긴 복도처럼 생긴 '하서주랑'이 지나가는 곳이다. 거대한 산맥에서 흘러내리는 수자원으로 비옥한 토양을 이뤘다.

시로서 중국인들의 입장에서 볼 때는 머나먼 서역으로 나가는 관문이었고, 서역 사람들의 입장에서는 중국에 도달하는 입구에 해당했다.

이 둔황에는 두 개의 유명한 관문關門이 있었다. 하나는 양관陽關, 다른 하나는 옥문관玉門關이다. 둘의 위치는 지금 정확하게 고증하기는 어렵지만, 중국 당국이 비슷한 유적을 찾아 그곳을 각기 양관과 옥문관으로 비정해 지금도 많은 관광객의 발길이 찾아들고 있다.

그 양관을 읊은 유명한 시가 있어 아래에 소개한다. 왕유王維라는 유명한 당나라 시인의 작품이다. 그가 지금의 시안西安 근처에서 서쪽으로 멀리 떠나는 친구를 전별餞別하면서 쓴 시다. '전별'이라 했으니 그 자리에 반드시 술이 따랐을 터.

위성 아침 비 가벼운 티끌 적시니,	渭城朝雨浥輕塵
객사는 파릇파릇 버들 빛 새로워.	客舍青青柳色新
그대에게 권하노니 다시 한 잔 드소서,	勸君更進一杯酒
서쪽 양관 나서면 친구가 없음이라.	西出陽關無故人

지영재 편역, 〈중국시가선〉, 을유문화사

중앙일보 조용철 기자

작품 이름은 '양관이별곡陽關曲'이다. 서역의 관청에 부임하는 친구와 술 한 잔 하면서 지은 내용인데, 마지막 두 구절이 지금도 인구人口에 회자膾炙하는 명구다. 시의 번역을 인용한 〈중국시가선〉의 설명에 따르면 왕유라는 시인이 시를 지은 위성이라는 곳에서 양관까지는 직선거리 약 1400km다.

양관은 또 둔황이라는 곳의 서남쪽에 있는 관문이다. 북쪽에 있던 옥문관의 남쪽陽에 있는 관문이라는 뜻인데, 왕유의 친구는 이곳을 벗어나 안서도호부安西都護府로 부임할 예정이었다. 양관을 넘어 다시 서쪽으로 500km 가야 하는 곳이라는 설명이다.

왕유는 위성의 객사에서 그와 이별하고 있었다. 마지막 두 구절에 담긴 의미는 크다. 친구가 비록 당나라의 새 개척지인 안서도호부의 관리로 발령을 받았지만, 그곳은 양관 너머의 사막이 펼쳐진 지역이다. 중원인 위성에서 볼 때 자칫 잘못하면 무사히 돌아오기 힘든 사지死地이자 절지絕地일 수 있었다.

따라서 그곳을 넘어가면 '아는 이故人' 없을지 모르니 여기서 한 잔 더 드시고 먼 길을 떠나라는 권유를 담고 있다. 먼 곳으로 떠나 앞으로는 어쩌면 다시 볼 수 없을지 모르는지라, 그 둘이 나누는 우정의 깊이가 두드러지게 다가오는 시다.

중국의 경계를 처음 활짝 넓힌 사람은 한漢의 무제武帝다. 그는 당시 중국의 북방을 공략하던 흉노匈奴를 진압하기 위해 절치부심 끝에 결국 뜻을 이뤘다. 그렇게 흉노를 더 먼 북방으로 몰아내는 과정에서 서북쪽의 경계로 확정한 곳이 바로 이 옥문관과 양관이다. 그로부터 한참을 지난 시점에 당나라 시인 왕유는 그 경계 바깥으로 나가는 친구를 위로하고 있었던 것이다.

중원에 들어섰던 왕조는 그 이후에도 부침을 거듭한다. 서북의 '오랑캐'는 계속 중국의 경계를 넘어서고 말았다. 중원 지역이 서북에서 발흥한 적지 않은 '오랑캐'에게 유린당하는 일이 잦아지던 시기가 오호십육국五胡十六國 때다. 중국은 이 시기가 대혼란의 시절이었다고 하지만, 문명의 흐름으로 볼 때는 다르다.

중국은 이로써 더욱 스스로를 키울 수 있었다. 이들은 중원의 입장에서 볼 때 침략자였을지 모르나, 중국인이 멸시하던 '오랑캐'들은 결과적으로 당시 중원이 지니지 못했던 수많은 활력을 몰고 들어왔다. 그런 즈음에 양관과 옥문관이 있던 둔황의 사막을 지나는 사람이 하나 있었다. 바로 중국인들에게 석가모니 부처의 말씀을 본격적으로 번역해 전한 쿠마라지바鳩摩羅什였다.

'불교의 빛'을 전달한 사람

쿠마라지바는 중원 사람이 아니다. 한자 기록에는 천축국天竺國사람으로 나온다. 역사에 등장하는 서역의 강성했던 '쿠차'라는 나라의 한자 이름이다. 그는 어렸을 때부터 총명하기로 유명했다. 일곱 살 때 어머니를 따라 출가했으며, 기억력이 비상해 하루에 3만 글자의 경전을 외웠다는 식의 이야기가 전해질 정도다. 그는 어쨌든 중국말을 하는 사람은 아니었다.

그러나 중원에서는 혼란이 거듭 벌어졌다. 한나라 때의 영토 확장 이후 그 중원의 통일 왕조가 펼쳐놓은 경계 안에 들어와 살아야 했던 '오랑캐'가 반란을 기도해 여러 왕조가 세워졌다가 다시 무너지는 과정을 거듭하고 있었기 때문이다.

마침내 중국 북방은 통일적이면서 안정적인 구도에 들어섰다. 부견苻堅이 세운 전진前秦이 지금의 중국 산시陝西에 들어섰을 때다. 노자와 공자의 사유에 깊이 빠졌던 중원의 왕조에 비해 이들 '오랑캐'들은 불교에 더 관심을 기울였던 모양이다. 기록에 따르면 부견은 불교의 수용에 있어서 다른 어느 왕조 권력자에 비해 훨씬 적극적이었던 듯하다.

그는 쿠차라는 나라에서 명망을 떨치던 쿠마라지바에게 일찌감
치 주목했던 모양이다. 마침 그곳을 치러 갔던 휘하의 장수 여광呂光
에게 "반드시 쿠마라지바라는 인물을 잘 모셔오라"고 주문했다. 여
광은 황제 부견의 명령에 따라 곧 쿠마라지바를 물색해 그의 신병을
확보했다고 한다.

그러나 여광은 일개 무부武夫였다. 그는 쿠마라지바의 진면목을
알아보지 못해 거꾸로 그를 골탕 먹이기에 바빴다. 그렇다고 황제의
명령이 있으니 함부로 쿠마라지바를 대할 수는 없었다. 쿠마라지바
는 갖은 고초를 겪는다. 술과 여자를 곁에 두지 않는데도 불구하고
여광은 억지로 그에게 술을 먹였다. 아울러 그를 잔뜩 취하게 한 뒤
일가친척 정도인 여자를 한 방에 넣었다.

파계破戒를 유도했던 것이다. 쿠마라지바는 그런 '수'에 말려 결국
여인과 몸을 섞고 말았다고 한다. 그러나 그를 극진히 모시도록 했던
부견은 중원에 있다가 '오랑캐'에 밀려 남쪽으로 내려갔던 옛 중원
왕조의 후예 동진東晉에게 싸움을 걸다가 패망하고 만다.

여광은 결국 중원으로 돌아가지 못하고 지금의 간쑤 일대에 독립
왕조인 후량後凉을 세웠다. 쿠마라지바의 행적이 오늘날의 간쑤와 긴

姚秦羅什尊者

불교가 본격적으로 중국에 전해지는 과
정에서 결정적인 역할을 한 쿠마라지바

밀히 이어지는 이유다. 그는 여광 밑에서
이런 저런 역할을 하다가 결국 부견의 뒤
를 이어 중원에 왕조를 세운 후진後秦의
요흥姚興이라는 황제의 부름을 받는다.

그 뒤로 그가 벌인 일이 바로 역경譯經
사업이다. 하루에 3만 자의 경전을 외울
수 있었던 쿠마라지바의 뛰어난 머리와
어학능력은 여광이라는 인물을 따라 간

쑤 일대에 머물면서 당시의 중국어와 한자를 익히는 데 빛을 발했을 테다. 따라서 그는 불교의 원어 경전을 이해하면서, 그를 동시에 한자로 풀어내는 데에 있어서는 가장 탁월한 인물이었다.

쿠마라지바가 여광에게 잡힌 때는 383년이다. 그리고 후진을 세운 요흥이 그를 국사國師로 모신 해는 401년이다. 따라서 쿠마라지바가 간쑤에서 머문 기간은 17년에 이른다. 그가 후진의 국사로 모셔진 뒤 보인 활약은 여기서 다 설명할 필요가 없다. 한역漢譯의 초기 불교 경전 대부분은 그의 머리와 입을 거쳐서 중국인들에게 전해졌다.

지금의 둔황에는 그가 여광에게 붙잡혀 관문을 들어섰을 때 갑자기 죽은 그의 말을 기리는 탑이 세워져 있다. 이름은 백마탑白馬塔이다. 설화처럼 전해지는 내용은 이렇다. 온갖 고생을 함께 하며 그를 등에 태우고 먼 길을 왔던 백마가 둔황으로 들어온 뒤 갑자기 죽었다. 그러나 백마의 영혼이 쿠마라지바를 떠나지 않았다.

백마의 영혼은 급기야 사람의 말을 했다. "중원지역으로 불법을 전파하는 사명을 띤 그대를 모시기 위해 지금까지 왔다. 이제 내 사명을 다 했으니 곁을 떠난다"는 내용이었다. 중원에 불법을 전파하는 종교적 사명을 위해 쿠마라지바의 곁을 지켰다는 얘기겠다. 그 백마를 기념해 세운 탑이 오늘날의 백마탑이라는 설명이다. 어디까지나 설화지만, 중국인에게 쿠마라지바의 문명적 무게가 어느 정도인지를 엿볼 수 있는 대목이기는 하다.

간쑤의 우웨이武威라는 도시에는 쿠마라지바가 설교와 경전 해설을 했던 절이 남아있다. 그곳에서 그는 중국말을 하는, 중원 문화권의 제자들을 많이 길러냈다고 한다. 그들이 결국 쿠마라지바를 좇아 한자로 불경을 번역했던 집단이라고 보면 좋다. 어쨌든 쿠마라지바와 간쑤는 떼려야 뗄 수 없는 관계에 있다.

진시황秦始皇의 숨결

간쑤 동쪽에 있는 곳이 산시陝西다. 우리가 앞에서 미리 다뤘던 지역이
다. 그곳은 중국 전역을 역사상 첫 통일적 판도로 구성했던 진시황秦
始皇의 꿈이 영근 곳이다. 그러나 그 진시황을 낳은 진秦이라는 왕조의
발상지는 이 간쑤다. 중원에서 볼 때는 늘 낯설기만 했던 이 간쑤에
서 발흥하기 시작한 진나라 왕실은 점차 동쪽으로 이동해 결국 중원
에 해당하는 산시의 장안長安 인근에서 최초로 중국 통일왕조의 기반
을 다졌다.

그런 진시황의 법통을 직접 이었다고 자랑스럽게 내세운 사람이
있으니, 그가 바로 위에서 잠시 언급했던 전진前秦의 황제 부견苻堅이
다. 그는 저족氐族으로 알려져 있다. 지금의 간쑤와 동쪽의 산시, 그리
고 남쪽의 쓰촨四川이 접경을 이루는 지역에 집중적으로 거주했던 중
원 바깥의 이족異族이자 '오랑캐'다.

이 부견을 중국 사람들은 제대로 적지 않는다. 지금의 중국인들
은 그렇다 치더라도, 적어도 예전의 중국인들은 그저 잠시 중원의 혼
란기를 틈타 강력한 무력으로 자신들을 점령했던 '오랑캐' 출신의

란저우 근처의 옛 군마(軍.馬)를 키우던 자리. 멀리 치롄산맥의 만년설이 보인다. 진시황의 조상은 간쑤에서 말을 키워 중원의 왕조에 바치던 역할을 했던 사람들이다.

권력자 하나쯤으로만 여겼다. 그러나 이런 평가는 부당하다. 그는 오호십육국의 대 혼란기를 극복했던 치세治世의 군주다. 중국의 북방에서 살았던 수많은 사람들은 그의 그러한 업적에 깊은 감사의 뜻을 품어야 마땅하다.

부견은 강력한 통치력으로 전쟁이 빈발하면서 극도의 고통에 휩싸였던 거대한 혼란기를 잠재웠으나, 이족에 밀려 장강 이남으로 내려갔던 전통 중원 왕조 동진東晉과 전쟁을 벌이다 방심과 자만으로 멸망을 재촉했던 인물이기도 하다.

앞에서도 잠시 언급했지만, 그는 인도 대륙의 북단에서 발아發芽했던 불교라는 정신적 문명을 중국인이 받아들이는 데 있어서 결정적인 역할을 한 인물이다. 그는 다른 누구보다 쿠차라는 나라에 태어나 비상한 빛을 발했던 번역의 천재, 쿠마라지바에 일찌감치 주목했던 인물이다. 쿠차를 정복하러 떠난 휘하의 여광이라는 장수에게 "극진하게 모셔오라"고 주문했던 사람이다.

부견의 명령에 따라 여광은 쿠차를 정복하면서 쿠라마라지바의 행방을 좇았고, 결국 그를 지금의 간쑤에 데려와 17년을 지내게 한 뒤 석가모니 부처가 남긴 경전을 한역漢譯하는 데 결정적인 기여를 했다. 그 뿌리는 쿠마라지바의 신병을 확보했던 여광에 앞서 부견이다. 그로써 중국 불교는 결정적인 계기를 맞이한다고 볼 수 있다.

부견의 바통은 누가 이어받았나. 역시 앞에서 잠시 언급했던 내용이다. 부견의 전진前秦이라는 왕조는 결국 동진東晉과의 대접전에서 패해 망했다. 그 뒤를 이어 중원의 혼란기를 다시 다잡은 사람이 요흥姚興이고, 그가 세운 나라가 후진後秦이다. 쿠마라지바는 그 요흥의 극진한 초청에 따라 결국 중원의 중심이자 후진의 수도인 장안長安에 자리를 잡고 본격적인 역경 사업에 뛰어든다.

그 후진의 발원지 또한 간쑤다. 부견이 '쿠마라지바'라는 불교 문명의 전파 기기機器 설계도를 확정한 사람이라면, 요흥은 그 문명의 기기를 제작해 낸 사람에 해당한다. 부견이 중원의 혼란스러운 환경 속에서도 쿠마라지바라는 천재에 주목한 점이 아주 특별했고, 요흥이 새 정권을 세우는 과정에서도 결국 그를 잊지 않고 국사國師로 모셔 불경의 역경에 주력했다는 점도 특별하다.

그 요흥은 강족羌族이다. 지금 티베트 사람들의 한 갈래가 바로 강족이다. 이들 역시 지금의 간쑤와 쓰촨 일대에 흩어져 살고 있던 서북의 '오랑캐'에 해당한다. 앞에서 언급한 부견의 저족氐族과도 관계가 깊은 민족이다. 역시 중원의 눈으로 볼 때는 이족임에 분명한 사람이었다.

눈치가 빠른 독자들은 벌써 알아챘겠지만, 이 둘이 내세운 왕조의 이름이 전진前秦과 후진後秦으로서 둘 모두 진秦이라는 글자를 사용했다는 점이 특징이다. 실제 부견은 왕조를 세우면서 진시황의 맥락을 이었다고 내세웠단다. 요흥도 그 점은 마찬가지였으리라고 본다. 왜 그랬을까.

진의 왕실이 바로 이곳을 뿌리로 두고 있기 때문이다. 지금은 그 근거를 제대로 댈 수는 없으나 진시황과 부견, 그리고 요흥은 어쨌든 한 고향인 간쑤 출신임에는 분명하다. 단순한 지연地緣을 넘어 혈연血緣까지 얽히고설켰던 관계인지는 알 수 없지만 역사적인 맥락에서 볼 때 셋은 전혀 무관하다고 볼 수는 없다.

눈동자가 파란색이었을 이백

〈자치통감資治通鑑〉에 보면 당나라 태종 이세민李世民의 이상한 행동거지가 나온다. 그는 조선의 태종 이방원李芳遠과 비슷한 이력履歷을 지닌 인물이다. 아버지를 도와 당나라를 건설하는 데 혁혁한 공로를 세웠고, 아울러 형 건성建成과 아우 원길元吉을 죽이고 황세자皇世子에 오른 뒤 마침내 황제의 자리를 차지하는 점이 그렇다.

그가 현무문玄武門이라는 궁궐 북문에서 형과 아우를 사살射殺한 뒤 보이는 행동이 조금은 '변태적'이다. 아버지인 황제 이연李淵을 모셔오도록 한 뒤 그 앞에 무릎을 꿇는다. 실제 병력이 없던 아버지 이연은 그가 하라는 대로 할 수밖에 없었다. 이어 이세민은 아버지의 가슴을 헤친다.

그리고서는 아버지의 젖꼭지를 빤다. 〈자치통감〉의 저자 사마광司馬光은 그 대목을 담담하게 적었다. 그러나 참 이상한 짓이다. 아들이 아버지의 젖꼭지를 빤다? 그러나 이는 '오랑캐'의 유습遺習이었다. '아버지, 제가 효성스러운 아들입니다'를 표현하는 '오랑캐'의 습속이었다는 것이다.

당나라를 세운 이 사람들의 정체성에 의문이 드는 대목이다. 그들은 분명 중원에 뿌리를 두고 대대손손 그곳 문명의 세례를 받으며 자라난 사람들이 아니었던 셈이다. 그렇다고 보기보다는 차라리 중원과는 거리가 먼 곳에서 유목의 전통을 지녔다가 자신에 앞서 중원으로 들어와 직접 왕조를 세웠던 '선배 오랑캐'들의 족적足跡을 좇았던 '후배 오랑캐'라고 보는 게 바람직하다.

당 태종 이세민. 〈자치통감〉에 등장하는 기록은 그가 북방계 유목민족의 후손임을 말해준다.

당나라 고조高祖 이연, 그리고 지금도 중국인들에게 설문조사를 실시할 경우 '가장 위대한 황제'라고 꼽히는 태종太宗 이세민의 뿌리는 간쑤다. 일반의 중국인들이 좀체 인정하기 싫어하는 대목이기는 하지만, 이세민은 아버지의 젖꼭지를 빨았던 '오랑캐' 출신이라는 점을 부정할 수 없다.

한시漢詩를 읽다보면 이상한 광채가 번쩍이는 곳이 있다. 당나라 시인 이백李白의 작품에서다. 보통 이상의 정서, 보통 이상의 상상력, 보통 이상의 활달함이 넘친다. 동시대, 혹은 그 후대의 웬만한 시인들이 좀처럼 따라잡기 힘든 세계다. 특히 그와 동시대의 시인으로서 역시 그처럼 찬란한 시의 세계를 선보였던 두보杜甫와는 격이 아주 다르다. 이백은 시선詩仙으로 불렸고, 두보는 시성詩聖으로 불렸다.

그 이백은 우리가 이 먼 여행을 시작하면서 처음 발을 디딘 곳, 쓰촨四川의 장여우江油가 고향이라고 알려져 있다. 그러나 이설이 아주 분분하다. 심지어 그가 '눈동자 색깔이 파랬던 이족'이라는 설도 나온다. 그가 품었던 시의 세계를 보면 중원에서 그 문명의 세례를 고이 간직하며 자랐던 두보와는 판이하다. 그 두보 말고도 다른 동시대, 후대의 시인들과도 매우 다르다.

그런 점에서 볼 때 이백 또한 '오랑캐'였을 가능성이 크다. 그 이백의 뿌리로 사람들이 자주 입에 올리는 곳이 바로 이 간쑤다. 중국의 역대 문단에 그 누구보다 훨씬 큰 영향력을 행사했던 인물이 바로 이백 아닌가. 그 또한 혈통의 뿌리가 중원이 아닐 가능성이 높다는 얘기는 무엇을 뜻할까.

석가모니 부처가 전했던 우주의 생성과 사멸의 비밀, 그로써 중국인들이 더 높은 경계를 향해 눈을 들었던 계기는 중원의 사람들에 의해, 중원 사람들만을 위해 만들어지지는 않았다. 그 불교의 위대한 가르침이 중국 문명에 끼친 막심하고 막대한 영향력은 지면의 제약과 필자의 역량 때문에 여기서 더 펼치지 않을 작정이다.

그러나 하나만을 기억하자. 중국의 문명성이다. 그저 중국인이 가리키는 손가락 끝을 따라 중국을 살필 때는 잘 드러나지 않는 대목이다. 그보다는 훨씬 다양한 문명의 요소에 주목하면서 안팎을 살펴야 드러나는 영역이다. 쿠마라지바의 경우가 그렇고, 그를 끌어들인 부견과 요흥이 그러하며, 중국의 판도를 세계적 제국으로 이끈 이세민, 중국 문단에 거대한 별로 우뚝 섰던 이백의 경우가 다 그렇다. 간쑤는 그 만만찮은 중국 문명의 다양성을 매우 깊이 있게 설명하는 지역이다.

쿠마라지바와 중국 불교

앞에서 소개했듯이 쿠마라지바는 전통적인 중국인과는 거리가 먼 사람이다. 그의 고향은 우리가 다음 회에 둘러볼 '서역西域'이다. 그러나 그가 중국 문명의 여로旅路에 남긴 발자취가 너무 크다. 그래서 이곳 간쑤를 거치면서 그를 소개하지 않을 수 없었던 것이다. 그는 이곳에서 17년 정도를 머물며 수많은 제자들을 길러냈고, 그 스스로도 비상한 어학적 재능을 발휘해 당시 중국에서 쓰이던 한문漢文을 익혔다.

그런 과정이 있은 뒤에야 비로소 탁월하기 짝이 없던 그의 언어 학습 능력이 문명의 두 갈래를 하나로 엮는 거대한 작업에 본격적으로 등장한다. 중국의 불교는 쿠마라지바의 출현으로 인해 거대한 분기점分岐點에 선다. 그 전까지의 중국에 전해진 불교와 그로 인해 새로 전해진 불교가 전혀 다른 양상을 보인다는 점에서 그렇다.

사실 쿠마라지바 훨씬 이전에 불교는 중국 땅에 발을 디딘다. 적어도 동한東漢 AD 22~250의 명제明帝 28~75 시기에 불교의 그림자는 이미 중국의 중원 지역에 어른거리기 시작한다. 따라서 344년에 태어나 413년에 세상을 뜬 쿠마라지바의 활동 시기와 비교할 때는 적어도

300년 이상의 격차가 있다.

그 300여 년 동안 중국에 모습을 드러내기 시작한 불교가 아무런 발전의 흐름을 타지 않았다고는 할 수 없다. 역시 적지 않은 서역의 승려들이 중국 땅에 발을 디뎠으며, 그들의 노력으로 인해 불교의 가르침이 수많은 중국인들을 사로잡은 것도 사실이다.

그러나 이 시기의 불교는 이른바 '격의格義'라고 하는 여과장치를 거친 내용으로 짜여 있었다. '격의'라고 함은 무엇인가. 자신이 지닌 어떤 형체나 개념에 견줘서 대상을 인식하는 방법이다. 格격은 여기서 '비교' '견주다'의 새김이고, 義의는 '개념'의 뜻이라고 보면 좋다. 따라서 이 시기의 불교는 중국인들이 스스로 생성해 낸 무엇인가를 꺼내 석가모니의 교의를 비교하면서 이해했던 형태다.

견주고 비교하는 대상은 불교, 자신의 '프리즘'에 해당하는 '格격'은 중국에서 발흥해 상당한 세력을 쌓았던 노자老子와 장자莊子 중심의 도가道家 사상이었다. 이를 테면, 쿠마라지바 이전의 중국 불교는 노자와 장자의 시선으로 저 먼 서쪽의 석가모니 가르침을 살피고 이해했다는 얘기다.

석가모니 부처의 말씀을 받아들이는 폭도 그리 넓지 못했다. 우선 중원에서 낳고 자라왔던 도가 사상의 허실虛實과 유무有無라는 개념으로 부처가 가리킨 공空을 철저하게 이해할 수는 없었다. 학자들의 주장에 따르면 중원의 허실과 유무는 부처의 가르침인 공의 개념에 비출 때 전혀 다른 갈래의 개념으로 분류할 수 있다는 것이다.

그러나 쿠마라지바 이전의 불교는 대개 그런 흐름을 벗어나기 힘들었다. 서역에서 중국으로 왔던 수많은 승려들 또한 언어적인 제약에 따라 석가모니 부처의 가르침을 적확하게 중국의 언어로 옮기지 못했다는 설명이다. 대개는 중국의 도가와 유가儒家 등 기성既成의 사

상적 유파가 펼친 개념에다가 불교의
교의를 '대충 비슷하게' 얹는 형태였다
는 얘기다.

　특히 쿠마라지바가 중국에 발을 들
이기 전 유행했던 현학玄學은 당시 중국
인들이 불교를 이해하는 '격의'의 토대
로 작용했다는 설명이다. 따라서 불교
의 정확한 교의는 중국인들에게 본격
적으로 다가서지 못했다는 얘기다. 그
런 상황에서 쿠마라지바의 출현은 획

육조(六祖) 혜능(慧能)대사의 초상. 중국
선종불교의 중흥조로 유명한 인물이다.

기적이었다고 한다. 그 앞의 시기와 그가 출현함으로써 생겨난 이후
의 변화가 중국 인문학의 지형地形에서 마치 물이 크게 갈라지는 분
수령分水嶺을 형성했다는 얘기다.

　초기 불교가 중국에 발을 디디는 과정도 신비로움으로 일관했
다. 대개 황제가 꿈속에서 "커다란 금인金人이 나타나 내게 무언가를
계시했다"는 식의 설화적인 전개였다. 그 금인金人이란 부처의 형상
을 본떠서 만든 불상佛像을 가리키는 것으로 보이고, 그런 계시에 의
해 중국에 불교가 전해졌다는 식의 설화가 대부분이다. 아련한 '메시
지'만 있었던 셈이고, 그 안을 진짜 채울 내용은 빈약했다는 얘기다.

　그 빈곳을 서역에서 중국으로 온 승려들이 조금씩 채워나갔지만,
역시 중국 후대 불교의 거대한 흐름을 만드는 작업과는 별다른 관
계가 없었다. 인도의 북단에서 출발한 석가모니의 가르침은 소승小乘
과 대승大乘의 몇 굵직한 흐름으로 갈라지는데, 쿠마라지바 이전에 중
국에 다가선 불교는 그런 몇 가지 흐름이 죄다 섞여 있는 형태였다고
한다.

중국의 불교는 주지하다시피, 세계 불교 발전사에서 한 획을 그을 정도로 대승의 거대한 줄기로 자라난다. 그 기점起點을 쿠마라지바로 볼 수 있다는 게 지금 학계에서 일반적으로 받아들여지는 정설定說이다. 실제 그는 석가모니의 가르침 중에 대승적인 요소를 뽑아내 큰 흐름으로 만들어낸 제자 용수龍樹의 교의 해석에 충실했던 것으로 알려져 있다.

어쨌든 그런 쿠마라지바는 간쑤에서 수많은 중국인 제자를 길러냈고, 마침내 생애를 마친 중국 장안長安에서는 제자 3000여 명을 이끌고 방대한 불경 번역 작업을 펼친다. 그로써 모두 74부 584권에 달하는 불경이 한역漢譯의 과정을 거쳐 중국인에게 전해진다. 〈마하반야摩訶般若〉〈유마힐경維摩詰經〉〈금강경金剛經〉〈아미타경阿彌陀經〉〈중론中論〉〈십이문론十二門論〉 등 중국 종교사와 사상사에 지대한 영향을 미친 경전들이 중국에 뿌리를 내리는 결정적인 계기였다.

그런 쿠마라지바의 노력에 따라 중국 대승불교는 드디어 '몸체'를 형성했다. 쿠마라지바와 그의 제자들이 남긴 경전 번역과 해석 작업으로 인해 중국 대승불교의 큰 흐름인 이른바 '삼론종三論宗'이 만들어졌고, 이는 다시 천태종天台宗과 선종禪宗 등 중국 불교의 도저한 흐름으로 이어졌다는 설명이다. 부처의 空공 사상을 핵심으로 하는 중국의 대승중관大乘中觀의 체계는 그렇게 흐름을 형성했다.

따라서 쿠마라지바와 중국의 대승불교는 떼려야 뗄 수 없는 관계다. 중국에서 대승불교의 흐름을 열어간 주인공이 바로 쿠마라지바라고 볼 수 있기 때문이다. 그의 고향은 앞에서 적었듯 천축국天竺國, 또는 귀자龜玆라는 곳이다. 나중에 쿠차庫車라는 나라와 함께 현재 그 지명으로도 남아 있는 지금의 신장新疆이다.

전통적으로 중원에 살았던 사람들과는 피부색과 눈동자, 생김새 모두 다른 이족異族이었다. 그럼에도 그가 중국 문명의 발전에 끼친 영향은 대단하고 또 대단하다. 간쑤는 그런 흐름이 가능했던 곳이다. 나 아닌 다른 이도 함께 어울려 내가 지닌 것과는 다른 무엇인가를 이야기하며 새로운 문명의 흐름을 만들 수 있는 곳 말이다.

　河西走廊하서주랑의 긴 복도는 따라서 옛 문명의 길이었다. 지금도 그곳이 예전처럼 찬연한 문명의 빛을 전하는 길인지는 더 봐야 하겠다. 그러나 그 문명의 길을 헤쳐 온 사람 중에 쿠마라지바가 남긴 빛이 찬연하기 그지없다는 점은 누구도 부인할 수 없다.

서역(西域)에 흐르는 물과 흙,
문명의 변주곡

신장(新疆)

지금 이곳은 매우 시끄럽다. 정치적으로 말이다. 중국의 영역에 엄연히 들어가 있지만 그 문화적 토대가 아주 비범非凡하기 때문이다. 그렇다면 무엇이 범凡하고, 이곳의 문화는 그와 어떻게 다르다非는 얘기인가.

이곳은 전통적으로 西域서역으로 적었다. '서쪽의 땅'이라는 한자다. 이 지역의 동쪽에 있는 곳이 전통적인 중원이자 중국이다. 그에 비해 서쪽의 이 영역이란 중원과는 꽤 다른 모습으로 역사 무대에 등장했다. 지금은 이곳을 신장新疆이라고 부른다.

중국 동북지역에서 발흥해 전 중국을 석권한 여진女眞 또는 만주족滿洲族이 왕성하게 제 영토를 넓혀가던 시기는 건륭乾隆이라는 황제가 자리에 올랐을 때다. 그 때 만주족이 넓게 개척한 판도가 지금 중국의 영토라고 보면 딱 좋다. 아니, 엄밀하게 말하자면 청나라 초기 황제 몇이 넓힌 판도는 지금 중국보다 조금 더 넓었다.

沿海州연해주라고 적는 지역 일부는 지금의 러시아 영토로 들어갔고, 당시 청나라가 손에 넣었던 몽골의 땅은 지금 몽골 공화국이 자신의 땅을 되찾음으로써 중국의 경계에서 빠져나갔다. 그럼에도 불구하고 지금 중국 영토의 대부분은 그 때 확정할 수 있었다.

청나라가 초기의 강한 군사력을 활용해 새로 개척하며 자신의 판도로 넣었던 곳의 하나가 바로 지금의 신장이다. 새로운新 영토疆라는 뜻이다. 그러나 전통적인 개념으로 볼 때 이곳

중앙일보 조용철 기자

은 바로 '서역'이라고 해야 옳다. 이곳을 새로 얻기 전 중원에 살았던 옛 중국인에게는 이 西域서역이라는 한자어가 훨씬 친근하게 다가왔던 것이다.

만년설을 머리에 인 톈산과 끝없이 펼쳐진 초원, 사막이 인상적인 신장 위구르 자치구

수로水路 만리장성

이곳에서 태어나 서역의 문화를 키운 사람이야 부지기수다. 그러나 몇 몇을 제외하고는 우리에게 이름이 잘 알려져 있지 않은 사람들이다. 한반도의 문화적 바탕과는 다소 긴 거리로 떨어져 있고, 중간에 놓인 중원의 문화적 흡인력이 지대至大해 그에 머물렀던 우리의 눈길이 이곳을 제대로 가늠하지 못했기 때문이다.

따라서 우리에게는 매우 생소한 인물들을 소개할 게 아니라, 이번에는 이곳의 대표적인 상징을 좇아가면서 서역의 문화바탕을 이해하도록 하자. 우선 이곳에서 가장 눈에 띄는 것은 지하에 난 수로水路다. 신장에서는 이 땅 밑의 물길을 카얼징坎兒井이라고 부른다.

주로 물이 귀한 투루판吐魯番 지역에 집중적으로 들어섰다. 모두 1100여 개의 물길이 있으며 총연장은 5000㎞에 이른다고 한다. 중국에서는 길이 6300㎞에 달하는 만리장성萬里長城, 베이징北京과 장강長江 이남의 항저우杭州를 잇는 총연장 1794㎞의 대운하大運河와 함께 이를 '3대大 엔지니어링工程'으로 일컫는다.

이 카얼징의 수자원水資源은 주변에 있는 톈산天山 등 거대한 산맥의 고봉高峯에 쌓인 만년설萬年雪에서 나온다. 눈 녹은 물이 지하로 스며들어 흐르는 것을 땅 밑으로 흐르게 만들어 사람들이 그곳에서 물을 얻을 수 있도록 만든 시설이다. 일견 단순해 보이기는 하지만, 실제 그런 공사를 수행하는 데에는 아주 많은 품이 들었다.

지하수를 자연스레 흐르도록 하기 위한 암거暗渠를 만들 때 수로의 양쪽 높낮이를 정교하게 설계해야 했고, 중간에 취수取水를 원활히 하도록 하기 위해선 물이 모이는 곳을 정확하게 설정해 파들어 가야 했다. 아울러 집수集水 구역을 중간에 만들어 물의 흐름을 조절했으며, 암거 위에는 물의 신선도를 확보하기 위해 통풍구通風口까지 만들었다.

지금의 중국 신장 지역에 집중적으로 만들어진 이 지하수로의 성격은 뻔하다. 물이 귀한 이 지역의 사람들이 생활용수, 나아가 농업을 위해 필요한 물을 확보하기 위함이었다. 중국에서 물이 귀한 곳으로는 으뜸에 꼽히는 지역이 바로 이 투루판이다. 강수량이 16㎜에 불과한 데 비해, 증발량은 3000㎜에 달한다.

그냥 하늘에서 내리는 빗물만으로는 생활조차 할 수 없는 상황이다. 게다가 먹고 사는 일의 기본인 농업은 꿈을 꾸기조차 힘이 든다. 따라서 이곳 사람들은 남북으로 발달한 거대 산맥에 쌓인 눈과 그 녹은 눈이 흘러내려 땅 밑으로 스며든 물에 주목하지 않을 수 없었다. 그런 가혹한 지리적 환경이 이곳 사람들로 하여금 아주 긴 세월에 걸쳐 땅을 파고 또 파게 만들었다고 볼 수 있다. 하지만 이런 지하수로의 전통이 어디서 유래했느냐에 관해서는 제법 논란이 인다.

인접한 중국 내지에서 비롯했다는 설이 있는가 하면, 중앙아시아와 아라비아 지역에서 유래했다는 설이 대립한다. 둘 다 그럴 듯한 근거가 있다. 중국 내지 중 물이 귀했던 서부지역에는 지하수를 활용하려 물을 길었던 竪井수정의 흔적이 있고, 중앙아시아와 아라비아에서도 그와 비슷한 시설들이 있기 때문이다.

아무래도 우선 명칭에 주목하지 않을 수 없는데, 카얼징이라는 이 시설의 이름만으로 볼 때 그 유래는 중국 내지라기보다 중앙아시아 또는 아라비아에 가깝다고 할 수 있다. 투르크 계통인 위구르족의 말로 이 카얼징은 '카르쯔'다. 아울러 아라비아 계통의 언어로는 지하수로를 '카나쯔'라고 발음한다. 따라서 카얼징이라는 투루판 지역의 지하수로가 그와 뚜렷한 연관성을 갖고 있다는 점은 인정할 만하다.

구덩이를 뜻하는 坎감이라는 글자를 붙여 이곳 수로를 坎兒井감아정, 카얼징이라고 적지만, 원래 '카'로 시작하는 명칭을 뜻과 발음이 그럴 듯한 한자 坎감으로 옮겼으리라는 추정이 가능하다. 따라서 명칭만으로 볼 때 이 수로의 연원은 서쪽으로 인접한 중앙아시아, 나아가 아라비아의 전통과 닿는다고 할 수 있는 것이다.

그렇다고 중국 중원지역으로부터의 영향을 무시할 수도 없다. 카얼징을 개발하는 데 썼던 각종 굴착용 기기들의 제작자들이 중원 사람이었던 경우가 많기 때문이다. 고고학의 발굴로 밝혀진 내용인데, 카얼징 굴착에 사용했던 각종 기기 등에 중원 지역 사람들의 이름이 적혀 있는 점을 무시할 수 없다는 얘기다.

따라서 지금까지도 카얼징의 역사적 유래를 따지는 데는 상당한 논란이 있다. 지금의 신장을 중심으로 볼 때 더 서쪽인 중앙아시아와 이란 등 아라비아 지역의 영향을 받은 흔적이 뚜렷하고, 아울러 동쪽 지역인 중국 중원의 굴착 기술 등 세부적인 요인도 무시할 수 없을 정도다. 이 때문에 절충형 결론이 등장한다.

이곳은 동서 문화의 교류 축선에 해당한다. 중앙아시아와 인도,

아라비아의 서쪽 문물이 이곳을 거쳐 중국으로 흘러갔다. 아울러 중국의 비단과 자기瓷器 등이 다시 이곳을 거쳐 사막을 건넌 뒤 아라비아와 유럽에까지 전해졌다. 활발한 문물의 교류로 인해 결국 동서의 문명적 요인이 겹칠 수밖에 없었던 곳이라는 얘기다.

다양한 사람, 다양한 문화

카얼징 이야기가 길어졌다. 문명교류의 큰 축선에 해당하는 곳이라는 설명을 하기 위해서였다. 그 만큼 이 지역은 동서양의 문명적 요인이 맺혀 응축凝縮을 이뤘다가, 다시 그것이 주변지역으로 펼쳐지는 복사輻射의 형태를 보이고 있다.

이 지역의 현재 주민은 위구르維吾爾가 주류를 차지한다. 언어는 알타이어 계통에 투르크 계통의 언어가 섞여 있다. 연원淵源은 단일하지 않다. 몽골 초원의 회흘回紇로 불렸던 유목민과 신장 남부 사막의 오아시스 지대 원주민이 합쳐졌다는 설명이 있다.

그러나 전통적인 서역 지역의 주민은 이보다 갈래가 훨씬 더 복잡하다. 한자 기록에 등장하는 月氏월지, 烏孫오손, 羌강, 匈奴흉노, 柔然유연, 突厥돌궐 등이 모두 섞였다고 보인다. 또 하나 이목을 끄는 종족이 있다. 塞人새인, 塞種人새종인, 塞族새족이라고 적었던 사람들이다. 서양에서는 이들을 '사카'라고 발음했던 모양이다. 그에 관한 서양의 기록이 제법 많다고 한다.

이들은 기원전 7세기 무렵의 중앙아시아, 서아시아 일대에서 아주 강력한 세를 형성했던 민족이라고 한다. 파미르 고원과 톈산天山을 중심으로 이 일대를 주름잡던 사람들이다. 고대 그리스에서는 이들을 '스키타이'로 지칭했는가 하면, 아라비아에서는 '사카'로 불렀다.

신장 위구르 자치구의 주민들. 눈동자의 색깔이 다른, 생김새에서도 일단은 중국 전통 주민들과는 판이한 사람들이다. 신장 위구르 지역은 예로부터 다양한 민족들이 섞여 살던 땅이다.

이들을 관찰한 중국의 고대 기록에 등장하는 한자가 바로 塞人새인 등이다.

이들의 활동은 눈부셨던 모양이다. 1970년대 신장에서는 아주 특별한 고고학 발굴이 있었다. 눈 덮인 거대한 톈산天山 아래에 아라거우阿拉溝라는 곳이 있다. 묘를 하나 발굴했는데 그로부터 나온 시신은 젊은 여성의 것이었다. 그곳에서 가장 눈에 띄는 발굴품은 금으로 만든 조그만 혁대 장식이었다. 호랑이 모습이 생생하게 조각된 제품이었는데, 이는 당시 塞人새인의 문화적 기반이 대단했음을 보여준다는 설명이다.

이들의 황금 이야기는 제법 유명했던 듯하다. 고대 그리스의 역사가 헤로도투스는 자신이 저술한 〈역사〉라는 책에서 그 塞人새인을 언급하고 있다. "왕족은 하늘이 내려준 각종 황금 제품들을 몸에 두르고 있다. 허리의 혁대에는 황금으로 장식한 패를 달았는데, 사람이 죽은 뒤에는 그런 황금 제품들을 모두 무덤에 묻어주는 습속이 있다"고 묘사했다.

이들 塞人새인은 그리스 역사가 헤로도투스의 기록대로 황금으로

서역(西域)에 흐르는 물과 흙, 문명의 변주곡−신장(新疆) **439**

만든 유물을 많이 남겼다. 이들은 기원전 7~4세기에 활약했다고 보인다. 초원의 비단길草原絲道을 장악해 동서양으로 오가는 문물을 중개하면서 무역에 종사했다. 그런 과정을 통해 얻은 재부財富로 끊임없이 황금을 사들였다고 한다.

신장의 북부지역이면서 몽골과 접경을 이루는 곳에 들어선 아레타이阿勒泰라는 도시가 있다. '아레타이'라는 말은 투르크어와 몽골어에서는 '황금'을 뜻한다. 한자로 金山금산이라고 적는 지역인데, 이 황금의 산이 바로 지금의 아레타이산을 가리킨다는 설명이 있다. 따라서 塞人새인이 동서양 문물의 중개를 맡았던 이 루트를 '황금의 길黃金之路'이라고 부른다는 것이다.

이들이 활동했던 지역의 분묘 등을 발굴하면 '황금의 길'을 주재했던 중개자로서의 면모가 확연하게 드러난다. 중국에서 만들어진 비단이 나오는가 하면, 배화교拜火敎라고 적었던 고대 아라비아 지역의 종교 조로아스터교의 영향을 받은 유물들이 나오기 때문이다.

아울러 태양신太陽神을 숭배하며 제례祭禮 때에는 말馬을 희생犧牲으로 삼았음을 알려주는 증거도 나온다는 설명이다. 잠을 잘 때 사용했던 조개껍질은 남쪽의 인도양印度洋에서 나온 것이고, 일부 집기와 문물은 고대 그리스 등 지중해地中海의 영향을 받았던 것으로 보인다.

塞人새인 외에도 많은 민족이 이곳에서 명멸明滅했다. 위에서 적은 대로 몽골과 흉노, 오손烏孫, 돌궐突厥 등 많은 민족이 서역 일대에 흔적을 남겼다. 그 중에서 눈길을 끄는 민족이 있다. 중국 역사서에서 월지月氏라고 적는 사람들이다. 이들의 원래 거주 지역은 간쑤甘肅 서부지역인 둔황敦煌 일대였다고 한다.

그러나 이들은 팽창하는 중원 또는 흉노의 세력에 밀려 서천西遷을 거듭했다고 한다. 기원전 2~1세기 무렵이었다. 종국에 이들이 닿

앉던 지역이 지금의 우즈베키스탄과 타지키스탄, 아프가니스탄이 경계를 이루는 곳이었다. 이곳에 정착한 월지의 후예들은 '토카르 Tokhar'라고도 불렸는데, 중국 역사서에 등장하는 한자 이름은 吐火羅토화라다.

눈에 띄는 존재는 이들과 함께 서쪽으로 가지 못했던 동족들이다. 이들은 지금의 중국 간쑤 둔황 일대에 남았다는데, 중국의 사서는 이들을 소월지小月氏라고 적는다. 둔황의 석굴 등에서 나온 고대 기록인 변문變文 등은 이들을 '龍家용가'라고 적고 있다. 이들 또한 스스로의 거주지를 '龍部落용부락'이라고 지칭했다고 한다.

이 대목이 흥미를 자극한다. 월지족의 후예들을 일컬었던 Tokhar라는 명칭을 두고 '불을 뿜는다'는 의미의 吐火토화라는 한자로 번역해 적었던 중국의 역사서 말이다. 소월지의 후예들을 龍용과 연관시킨 대목, 아울러 '불을 뿜는다'는 명칭을 얻었던 월지의 후예들이 서로 어떤 연관성을 지니지 않느냐는 추정이다.

따라서 이들 월지족은 용을 자신의 토템으로 썼던 민족으로 볼 수 있다. 그 용이라는 존재는 지금의 중국을 상징한다. 그러나 그 기원이 어디에 있는지에 관한 정설定說은 아직까지 없다. 그런 맥락에서 따져 보면 이 월지의 용 토템에 관한 기록은 묘한 상상력을 불러일으키는 대목이 아닐 수 없다.

이들은 마침 인도 북부에서 발흥해 중국 대륙으로 건너오는 불교의 전파 경로를 타고 움직였다. 간쑤와 서역 일대에 있다가 흉노와 중원 세력에 밀려 서천을 거듭한 뒤 정착했던 곳이 우즈베키스탄 및 아프가니스탄 등이 접경을 이루는 곳. 중국의 불교는 이곳을 거쳐 서역을 지나 마침내 중원 일대로 흘러든다. 따라서 월지는 중국의 불교 수용에 있어서 매우 중요한 역할을 했으리라고 보이는 민족이다.

석굴로 본 서역과 중국의 불교

불교는 중국의 문명사와 사상사에서 거대한 변수變數였다. 중국의 문명과 사상은 이 불교의 유입으로 커다란 변화를 맞이한다. 원래 다졌

산시 다퉁에 있는 윈강 석굴의 불상. 석굴의 축조 연대는 동쪽이 서쪽에 비해 늦다.
불교 전파의 경로를 보여주는 대목이다.

산시성 여유국

던 전통의 토대 위에 인도 북부에서 일어나 중앙아시아와 서역의 수많은 민족 거주지를 거쳐 도착한 불교는 중국의 문명과 사상을 한껏 풍부하게 발전시키는 요소로 작용한다.

춘추전국시대 등을 거치며 활발하게 펼쳐졌던 중국의 제자백가諸子百家 사상 위에 흘러든 불교는 초기에 선교禪敎가 병행하는 흐름을 보이다가 결국 중국 특유의 선종禪宗으로 발전하면서 대승大乘의 토대를 이룬다. 도교道敎를 비롯한 전통적 신앙 바탕 위에 불교의 맥이 닿으면서 중국의 종교적 토양은 훨씬 더 깊어진다.

중국인의 전통 신앙은 매우 현실적이다. 행복과 녹봉祿俸, 그리고 장수長壽를 지칭하는 '복록수福祿壽'의 현실적 가치가 압도적이다. 현세의 복락福樂이 가장 큰 가치임을 결코 부정하지 않는 전통이 강하다. 예로부터 지금까지 아주 견고한 흐름을 보이는 믿음 형태다.

그 위에 쏟아진 석가모니 부처의 가르침은 그와 달랐다. 현세에 드러난 여러 가치價値의 공허함을 이야기했고, 현세를 넘어선 내세來世, 나아가 목숨 있는 존재들의 사멸死滅과 적멸寂滅을 언급했다.

개인적인 추정이지만, 중국의 문명은 이로써 전에는 접해보지 못했던 '깊이'를 지닐 수 있었다. 도교道敎의 철학적 기반을 제공한 노자老子 등이 비록 있는 것과 없는 것, 즉 유무有無의 개념과 함께 비어 있음과 가득 참의 허실虛實을 언급했으나 그런 전통은 결국 현세적 가치의 영원한 연역演繹인 도교의 믿음 형태로 귀착했다. 평면平面의 연역은 있었으나 기하幾何적 세계관과 우주관의 구성에는

간쑤성 둔황 막고굴의 벽화. 동쪽의 윈강 석굴에 비해 축조 연대가 앞선다.

신장 위구르 자치구 투루판 지역에 있는 석굴.
동쪽의 둔황, 다시 그 동쪽의 윈강 석굴에 비해 축조 연대가 다소 앞서는 서역의 석굴이다.

실패했던 것이다.

종교로서의 불교는 이런 점에서 중국에 '산소'와 같은 흐름을 만들었고, 현세를 지나치게 강조하는 중국의 문명 마당에 새로운 '빛'으로 다가갈 수 있었다. 그런 의미는 지금도 살아 있다. 공산당이 건국한 직후의 중국에서는 종교적 삶이 자유롭지는 못했으나, 개혁과 개방에 따른 흐름으로 인해 현재 중국 인구의 대부분이 지닌 믿음의 형태는 불교에 가깝다. 종교적 자유가 보장된 대만과 홍콩 등에서 중국인들이 보이는 신앙은 불교가 지배적이다.

그런 중국 불교의 발자취를 느낄 수 있는 역사적 유적지는 많다. 그럼에도 대표적인 곳을 꼽으라면 아무래도 거대 석불石佛이 가득한 중국 북부지역의 석굴石窟을 꼽지 않을 수 없다. 대표적인 게 산시山西의 윈강雲岡 석굴, 허난河南의 룽먼龍門 석굴, 지난 회에서 우리가 거쳐 간 둔황의 막고굴莫高窟이다. 이른바 '중국의 3대 석굴'이라 지칭하는 곳들이다.

이들의 축조 연대는 서쪽으로 갈수록 이르다. 막고굴은 기원후

5세기에 공사를 시작해 이후 끊임없이 다듬어졌다. 그로부터 동쪽에 있는 윈강과 룽먼 석굴은 한 세기 정도 뒤에야 모습을 보이기 시작했다. 모두 대단한 규모를 자랑한다. 윈강 석굴은 동서 길이가 약 1㎞에 이르며 모두 53개의 석실에 5만1000존의 불상이 있다. 룽먼은 2300여 개의 석실에 모두 10만 존에 달하는 불상을 자랑한다.

앞 회에서 소개했지만, 이런 거대한 석굴을 주도적으로 만든 주체는 전통적인 중원의 사람들이 아니었다. 중국 서북에서 발흥해 중원으로 진출했다가 급기야 왕조의 권력까지 잡았던 북방의 유목민족 출신들이었다. 공교롭게도 이들은 대개 서역의 영향권에서 몸을 부대끼며 살았던 사람들이기도 하다.

석굴의 흔적을 살펴도 그 점은 명확해진다. 막고굴의 축조 착수 연대가 동쪽의 윈강이나 룽먼에 앞서듯이, 막고굴의 '형님'에 해당하는 석굴은 다시 더 서쪽에 있다. 우리가 지금 거치는 바로 서역이다. 서역, 즉 지금의 중국 신장에는 석굴이 여기저기에 흩어져 있다. 누런 황토의 대지 위에, 사막의 황막荒漠함이 끝나고 사람의 기척이 보이기 시작하는 곳에 서역의 석굴은 세월의 무게에도 무너지지 않은 채 아직 사람들의 발길을 모은다.

축조에 착수한 시기로 볼 때 둔황의 막고굴에 앞서 지어진 곳이 옛 쿠차龜兹 왕조가 들어섰던 지역의 석굴 군群이다. 연대는 3세기 무렵이라는 설명이다. 전체 서역, 즉 지금 신장에 있는 석굴의 5분의 3이 이곳에 들어섰는데, 중국에 불교가 닿는 무렵의 여러 조형 예술, 벽화, 건축 양식을 볼 수 있는 곳이다.

문명의 시각으로

쿠차의 원래 거주민은 아리안 계통으로 알려져 있다. 오래전부터 신장에서 살아온 지금의 위구르 족 또한 깊은 눈썹에 색채가 다양한 눈동자를 지니고 있다. 그 유래는 복잡해서 일일이 따라 잡기 힘들지만, 어쨌든 전통적으로 중원에 머물렀던 지금의 중국인들과 혈통 상으로는 큰 차이를 보이는 사람들이다.

쿠차에 만들어진 석굴에서 나타나는 불교적 특징은 '소승小乘'이다. 이에 비해 중원으로 넘어온 불교는 대승大乘의 지향이 점차 뚜렷해진다. 이런 차이를 제외하면 서역, 특히 쿠차의 초기 석굴은 둔황과는 '일란성 쌍둥이'라고 해도 좋을 정도로 흡사하다. 중국의 학자들은 그런 점에서 서역의 불교가 중원으로 들어서는 전파 경로를 정확하게 그려낸다.

인도 북부에서 불교가 발흥할 때도 석굴이 우선 만들어졌다. 그런 석굴 형태의 사원이나 신앙 장소는 중앙아시아와 서역을 거치면서 나름대로의 특징을 형성했고, 이어 둔황에서도 유사한 형태의 석굴이 만들어지다가, 윈강과 룽먼의 대형 석굴로 다시 이어진다.

앞 회에서 소개했던 河西走廊하서주랑이 바로 그런 중국 초기 불교의 이입 경로에 해당한다. 그런 루트에 올라타 불교라는 거대한 문명의 요소가 서역에서 중국으로 넘어간 과정을 고스란히 보여주는 게 바로 이 석굴이다. 불교는 고비 사막의 크고 깊은 황막함, 시도 때도 없이 온 하늘을 뒤덮는 싯누런 황사黃砂를 뚫고 끝내 서쪽에서 동쪽의 중국, 나아가 한반도, 그리고 일본에까지 전해졌다.

이런 점에서 신장을 소개할 때 우선 카얼징이라는 서역 특유의 지하수로를 언급했다. 삶을 유지하기 위해서는 가장 기본적인 요소인 물을 얻고자 이곳 사람들은 지하에 묻힌 물을 파고 또 팠다. 그런 손길이 결국에는 인도 북부에서 생겨나 동쪽으로 이동하면서 문명의 빛을 전하던 불교의 석굴을 만들었으리라는 상상 때문이다.

물을 파내려는 간절한 손길의 주인공들이 기본적인 삶 저 너머에 있는 믿음의 빛에 주목했고, 결국 그 빛을 온전히 담아내기 위한 석굴을 만들어냈다. 권력과 헤게모니를 다투는 각박한 현실과는 상관없이 그런 노력들은 다시 집요하게 이어져 중국 대륙으로 부처의 가르침을 전했다. 그러니 이곳 서역이야 말로 동서양의 문명 교류사에서는 결코 빼놓을 수 없는 곳이다.

그러나 요즘 이곳이 시끄럽다. 중국의 엄연한 영토이기는 하지만, 위구르 사람과 중국의 한족漢族이 빚는 갈등 때문이다. 위구르 사람 일부는 인접한 투르크계의 사람들과 연계해 분리와 독립도 주장하고 있다. 소요 사태가 빈번해지며, 살육을 동반하는 시위도 발생한다. 위구르 사람들이 이곳에 이주하는 한족을 상대로 테러도 벌이고 있다. 그러면서 상황은 아주 자주 극단적으로 흐른다.

몇 가지 제안으로 그런 문제가 풀릴 리는 없다. 아주 민감한 문제이고, 그 해결을 위해서는 고도의 정책적 판단이 필요하기 때문이다.

중국어 간판을 단 음식점에서 식사하고 있는 신장 위구르 사람들.
문명은 늘 화해와 공존의 길을 모색하면서 발전한다. 이 지역도 마찬가지일 것이다.

위구르인들은 중국의 한족이 이 지역으로 더 많이 밀려들면서 현지의 모든 것을 잠식하고 있다는 우려를 표명한다. 중국 정부 또한 영토의 정합성整合性을 내세우면서 분리와 독립 움직임에는 철저한 응징을 가하고 있다.

이제 신장이 중국의 새 영토新疆로 변한 지 250여 년이 흘렀다. 그 누구도 옛 서역, 지금의 신장이 중국의 영토라는 점을 부인할 수는 없다. 그럼에도 갈등과 반목은 그치지 않는다. 이제 급기야는 중국의 새 화약고로 부상할 가능성마저 보이고 있다. 정치적인 사안이다. 그래서 복잡하다. 그러나 이곳이 서로의 차이를 줄이면서 문명의 흐름 속에 등장한 '빛'을 함께 바라보며 그에 공감했던 지역이라는 점만을 잊지 않았으면 좋겠다. 그 전제는 아무래도 이해와 관용일 테다.

피도 섞이고 말도 섞이고
이민의 중국 역사와 지방 언어

1. 역사 속의 중국 이민

지금 중국인의 92%를 차지하는 한족漢族은 혈통, 즉 유전형질인 DNA로 설명할 수 있는 개념이 아니다. 한족은 사실 존재하지 않는다. 적어도, 혈통의 분류에 따르자면 그렇다는 이야기다. 13억 인구 중 12억에 육박하는 한족이 존재하지 않는다고? 엄연히 중국 대륙의 상당부분에 걸쳐 살고 있는 사람을?

그러나 엄밀히 말하자면, 한족은 혈통에 따른 분류 개념이 아니다. 그는 어쩌면 문화적 요인을 그 백그라운드에 깔고 있는 개념에 해당한다. 중국의 오랜 역사 과정에서 그 점은 여러 가지 근거를 통해 밝힐 수 있는 부분이다. 최근의 연구 결과에 따르자면, 한족은 크게 네 덩어리로 나눌 수 있다고 한다. 북방과 남방에서 네 갈래의 군체를 형성하고 있다는 설명이다.

그러나 넷으로 나눠진다는 말이 '한족은 존재하지 않는다'는 말과 크게 다를 수 있을까. 하나의 뚜렷한 유전형질을 보이지 않고 다양한 갈래를 보인다면 그 말은 사실 한족이 적어도 혈통의 요소를 근거로 할 때는 정확하게 모습을 드러내지 않는다는 말과 같을 수밖에 없을 것이다.

한족을 포함해 중국의 56개에 달하는 민족 분류는 최근에야 이뤄진 일이다. '중원에서 발흥한 한족'은 아마 지금의 중국인들 대개가 속해 있는 '한족'의 원류原流에 해당한다고 볼 수 있다. 이들은 서한西漢 BC202~AD9년에 들어서야 특정할 수 있는 민족 집단으로 자리를 잡았다고 한다. 중국 학계의 설명이다.

이 한족의 원류에 해당하는 서한 시기의 중원 사람들 집단에 다른 언어, 다른 생활습관, 다른 문화를 지닌 많은 주변 민족이 섞여들기 시작했으며, 그 후에도 전란과 재난을 피해 이동하는 사람과 그들이 이동하려는 곳에 터전을 잡고 살았던 사람들이 늘 섞이고 또 섞이면서 만들어진 게 지금의 '한족'이라고 봐야 옳다.

중국의 역사 장면에서 그런 점을 뚜렷하게 보여주는 몇 가지 사례가 있다. 우선 춘추전국 시대는 그런 섞임을 위한 판도版圖가 만들어졌던 시기라는 점에서 주목할 만하다. 원래의 작고 좁았던 중원이 남북으로 초楚·월越, 흉노 및 선비 등 일부 유목민족과 섞이면서 만들어진 틀이다. 그러나 본격적으로 북방의 유목 제족이 그에 섞이기 시작한 시기는 기원후 4세기 초반이라고 볼 수 있다.

匈奴흉노와 氐저, 羯갈, 羌강, 丁零정령, 盧水胡노수호, 鮮卑선비 등이 춘추와 전국을 거치면서 만들어진 '판도'에 들어와 살다가 결국 북방의 주도적인 왕조의 건립자로 등장하는 이른바 '오호십육국五胡十六國'시기다. 이런 섞임과 섞임의 시기는 200년이 넘게 이어졌다. 그 결과는 뚜렷했다. 북방에 거주하고 있던 당시의 한족과 그곳을 새 터전으로 삼아 왕조까지 세웠던 북방 유목 제족의 융합이었다.

그로부터 벌써 중국에서는 '북쪽 사람北人'과 '남쪽 사람南人'의 차이가 뚜렷하게 벌어지고 있었다는 게 중국 학계의 일반적인 설명이다. 북위北魏 386~557에 들어서면서 선비족으로 이뤄진 통치 그룹과 그 밑에서 삶을 이어가던 정통 한족 출신의 상층 그룹은 북녘 유목민족의 통치를 피해 남쪽으로 옮겨간 정통 한족 출신의 이민자들을 차별적으로 호칭하기 시작했다. 바로 '島夷도이'라는 이름이다.

이 점은 매우 특기할 만한 사실이다. 북쪽에 남아 있던 원래의 한족과 그곳으로 유입해 정착한 유목민족이 '합성'이라는 과정을 거쳐 새로운 '한족'의 테두리를 형성한 뒤 그런 섞임의 역사 과정을 피해 남쪽으로 도망친 전통의 한족 구성원들을 오히려 '오랑캐'라고 부르기 시작했기 때문이다. 그런 경우는 또 있다.

북송北宋 대 후진後晉 936~947 왕조의 석경당石敬瑭이 거란契丹의 왕성한 힘에 밀려 지금의 허베이河北와 산시山西 일대의 이른바 '燕雲연운 16주州'를 내주면서 중원 판도에 속했던 이곳 사람들은 거란의 나라인 遼요 왕조 통치 밑에서 줄곧 살아야 했다. 이 '燕雲연운의 16개 주'는 지금의 베이징을 포함한 광활한 화북華北 일대를 모두 범주에 넣는 곳이다.

그곳에서 거란의 통치를 받으면서 살았던 원래 중원의 한족은 어떤 변화에 직면했을까. 이들은 모두 거란의 속민으로 변한다. 그런 식이다. 삶을 이어가는 일은 가장 중요하다. 살기 위해 그들은 적응을 했고, 역시 북녘에서 남쪽 중원으로 내려 온 북방의 유목 민족들 또한 살 방도를 찾아 움직여야 했다.

지금의 중국 화북지역, 당시 기준으로 따지자면 '燕雲연운의 16개 지역'에 살았던 사람들은 결국 춘추전국시대의 판도 개념을 빌려 스스로를 '燕人연인: 옛 연나라 지역 사람'이라는 아이덴티티로 무장한다. 따라서 요나라 지배 밑에서 굴기해 강성한 세력을 키웠던 金금나라가 북송과 연합해 거란족의 요나라를 물리쳤을 때 오히려 한족이 주류를 이루고 있던 북송의 지배를 거부하는 일까지 발생할 정도였다.

전란과 재난, 혹은 왕조의 교체시기에 벌어진 거대한 혼란 등의 이유로 아주 많은 수의 이민移民이 발생하는 사례는 중국 전통 봉건 왕조의 모든 무대에서 골고루 벌어진다. 우선 본격적인 이민 대열의 형성과 이동의 케이스로서 가장 먼저랄 수 있는 것은 진시황秦始皇의 중국 전역 통일 이후다. 대규모의 병력 또는 부속 인원들을 넓혀진 새 판도로 움직이도록 하는데, 가장 대표적인 이주 대상지역이 광둥廣東과 쓰촨四川이다.

　아울러 서한西漢과 동한東漢의 교체기도 큰 혼란에 휩싸이면서 대량의 이민이 발생했으며, 이는 동한東漢 말엽과 이른바 '삼국시대'라고 일컫는 위魏와 오吳, 촉蜀의 대립시기에서도 마찬가지였다. 중국 이민사에서 가장 유명한 사례는 그 다음에 벌어진다. 서진西晉이 북방 유목민족에 밀려 장강長江 이남으로 쫓겨 지금의 난징南京에 수도를 세우는 시기다. 앞에서도 적었듯이, 서진 왕조의 영가永嘉 시기에 벌어져 중국의 역사서가 '영가지란永嘉之亂'이라고 적은 때다.

　아울러 수隋나라와 당唐나라의 왕조 교체기, 안록산安祿山과 사사명史思明이 당나라 왕조에 저항하면서 벌어진 '안사지란安史之亂'도 북방 전역에 혹심한 전란의 재해를 남김으로써 수많은 사람들이 남부여대男負女戴의 이민 행렬에 몸을 실었던 시기에 해당한다.

　또 당나라 말엽과 오대五代 시기, 북송의 왕조가 장강 이남으로 쫓겨 내려가는 시기, 금나라 말엽, 원나라와 명나라가 서로 갈마드는 시기, 명나라가 산해관 동쪽의 만주족에 의해 멸망하는 명청明淸 교체기, 청나라 말에 벌어진 태평천국太平天國의 혹심했던 전란 시기, 대단했던 가뭄 및 그로 인한 기아饑餓의 위기에 놓였다가 산해관 너머 동쪽으로 수 천 만 명의 이민이 생겼던 청나라 말과 민국民國 초기 등이 다 그에 해당한다.

2. 이민으로 다양한 갈래를 형성한 중국 언어

(1) 북방 언어

중국 각 지역의 언어적 특성을 살필 때 늘 등장하는 말이 '官話관화'다. 영어식으로 이해하자면 'official language'라고 적을 수 있다. 그러나 중국에서의 이 말은 '현지의 다양한 언어갈래 중 현지 행정 단위에서 많이 사용하며, 다수의 사람들이 공통적으로 알아들을 수 있는 말' 정도의 개념으로 이해하는 게 좋다. 이 官話관화의 주류를 형성한다고 볼 수 있는 게 북방에서 남쪽으로 이민 대열에 실려 내려온 사람들의 말, 즉 북방 언어라고 보면 좋다.

중국의 이런 官話관화를 추적하면 대개 북방에서 남쪽으로 이동한 대규모 이민 집단의 종적에 닿을 수 있다. 거대한 중국 대륙의 중간 경계에 해당하는 곳은 우리가 앞에서 적었던 淮水회수, 또는 淮河로도 적는다와 간쑤甘肅 서남쪽에서 시작해 산시陝西 남부와 허난河南 서부까지 흘러내리는 길이 1600㎞의 秦嶺진령이다.

우선 난징南京은 동진東晉의 왕조가 수도를 세웠던 곳이어서 북방 언어, 즉 관화의 영향이 가장 강한 곳의 하나다. 난징과 더불어 전장鎭江시도 마찬가지다. 이곳은 장강 이북과 회수 이남을 가리키는 이른바 '江淮강회 지구'로 일컫는데, 나름대로 북방 언어의 특성을 유지하면서 본래 이곳에 있던 토착세력인 吳오 지역 방언과 어울리면서 발전했다.

당나라 때 벌어진 '安史안사의 란'으로 또 북방의 이민이 대거 남쪽의 후베이湖北지역과 후난湖南 서북쪽에 몰리면서 북방의 관화가 본격적으로 남쪽에 뿌리를 내리는 계기가 만들어졌다. 이는 후베이와 후난 일대의 원래 토착세력인 楚ᵃ 지역 언어에 상당한 영향을 미친다. 결과적으로 앞의 江淮강회 지역 관화와는 사뭇 다른 북방 방언의 자취를 남기고 있다.

북송北宋이 여진족의 금金나라에 밀려 역시 장강 이남으로 수도를 옮기는 사건도 북방 이민, 나아가 그들 언어가 새로 확산했던 계기였다. 이때는 장쑤江蘇와 저장浙エ이 모두 이민 대상지였으나, 북송이 패망한 뒤 일어선 남송南宋의 도읍지가 저장의 항저우杭州였던 관계로 이곳 항저우의 관화가 대표성을 간직하고 있다.

쓰촨과 윈난雲南, 구이저우貴州 등 서남 일대의 관화는 명明나라 때의 이민과 관련이 있다. 우선 쓰촨은 원나라와 명나라의 교체기를 거치면서 인구가 급감한 지역에 해당한다. 잦은 전란과 그로부터 비롯한 다양한 재난에 따른 결과다. 광활한 쓰촨 지역에 전란과 재난으로 인해 사람들이 죽거나 도망쳐서 빠져나간 뒤 이곳에는 인근 지역 주민들의 발길이 찾아든다. 주로 인근의 후베이와 장시江西로부터다.

따라서 지금의 쓰촨 방언은 후베이에 거주하던 사람들이 옮겨 왔던 북방의 관화가 중심을 이루면서 역시 인근으로부터 이민을 왔던 장시 지역 사람들의 방언이 어울린 형태라고 한다. 윈난은 아주 독특한 성격을 지닌다. 이곳은 당나라 중엽에 이미 독립 왕조인 南詔남조가 들어섰던 곳이다. 이 왕조의 독립적인 판도는 거의 600년 동안 이어졌다. 따라서 당시까지는 중원의 언어로부터 특별한 영향을 받은 적이 없었다.

그러나 명나라 들어 이 지역 또한 중국 왕조의 판도에 섞인다. 대량의 관병官兵이 옮겨와 정착했고, 윈난과 구이저우 일대를 향해 왕조가 주도하는 이민 작업도 벌어졌다. 명나라 왕조는 이곳에 대개 장쑤와 안후이安徽 일대에 있던 관병들을 파견해 정착토록 했기 때문에 이곳 관화 역시 江淮강회 지역 관화가 주를 이룬다는 설명이다. 청나라에 들어서면서 쓰촨과 후난, 장시 지역의 이민이 주로 옮겨와 터전을 이루면서 이곳 관화에도 상당한 영향을 미쳤다는 설명이 있다.

(2) 吳語(오어)

저장과 장쑤 남부, 상하이上海, 안후이 남부, 장시 동북부, 푸젠福建 북부 지역에 걸쳐 있는 언어다. 옛 춘추전국 시대 판도로 볼 때 吳오나라와 越월나라가 활동했던 곳이라서 흔히는 吳越語오월어라고도 적기는 하지만, 대표적인 표기는 역시 吳語오어다. 사용 인구는 약 1억 명에 달한다는 설명이다. 간혹 江東話강동화, 江浙話강절화, 江南話강남화라고도 적는다.

현재의 상황에서는 우선 상하이 말을 표준으로 삼으며 발음은 쑤저우蘇州를 기준으로 삼는다고 한다. 그러나 상하이를 표준으로 하는 吳語오어라고 해서 위에 적은 지역의 언어가 서로 100% 통하지는 않는다. 우선 저장 남쪽으로 스며들어간 푸젠의 푸청浦城지역 언어는 인근의 저장성 서남지역과 유사성을 띠면서도 저장의 북쪽 언어와도 이어지는 특성을 지닌다고 한다.

특히 안후이 남부의 후이저우徽州 지역은 주변과는 다른 인문적 특성을 강하게 드러내는데, 언어에 있어서도 같은 吳語오어로는 분류하지만, 서진西晉 시기에 남하한 이민과 당나라 때 이주한 사람들의 영향, 나아가 주위가 모두 높은 산지山地에 둘러싸여 고립적인 환경을 키워왔던 관계로 다른 지역의 吳語오어와는 아주 다른 면모를 지닌다는 설명이다.

(3) 湘語(상어)

이 湘상이라는 글자는 후난湖南을 우선 상징한다. 후난에 흐르는 큰 강, 湘江상강을 지칭하기 때문이다. 후난은 전통적으로 예전 춘추 전국 시대 때의 楚초나라를 이뤘던 지역이다. 따라서 우리가 오늘날 湘語상어라고 적는 후난 일대의 언어 밑에 감춰진 '뿌리'는 2500년 전 초나라 사람들이 사용하던 '입말'이다. 별칭은 湖南話호남화, 또는 湘方言상방언이다.

후난의 대부분 지역이 이 언어의 영향권에 있으며, 인근의 쓰촨 범주에 속했던 충칭重慶과 광시廣西의 일부 지역도 그에 속한다. 사용 인구는 약 4500만 명에 달한다. 큰 특징으로 살피자면 우선 두 흐름이 있다. 나중에 등장한 새 것, 그 전에 오래 동안 자리를 잡았던 옛 것의 구분이다. 앞은 新湘語신상어, 뒤는 老湘語노상어로 적는다.

新湘語신상어는 후난의 정치와 행정 중심인 도회지 창사長沙 일대에서 쓰는 언어로, 북방으로부터 이주해 온 사람들의 북방 언어, 즉 관화의 영향을 강하게 받아 상당한 변형을 이룬 형태다. 아울러 후난 지역에 비교적 늦게 옮겨왔던 인근의 장시江西 지역 이민들의 영향도 적잖게 받았다고 한다. 老湘語노상어는 창사 일대를 제외한 대부분의 후난 지역, 그리고 충칭과 광시 일대에까지 번져나간 원래의 후난 언어를 가리킨다.

(4) 贛語(감어)

贛감은 장시江西에 흐르는 강의 이름이다. 따라서 이 지역의 대표 언어를 이야기할 때 우리는 그를 贛語감어로 적는다. 전체 사용 인구는 5500만 명에 달한다. 장시 대부분의 지역이 이 언어 영향권 안에 있으며, 그 밖의 사용 인구는 인근 후난의 동부, 북쪽으로 접한 후베이의 동남부, 안후이의 서남 지역, 푸젠의 서북 지역에 퍼져 있다.

인구 이동, 즉 중국 이민의 역사와 깊은 관련이 있는 언어다. 북방의 사람들이 남쪽으로 이동했던 이민의 행렬 중 가장 뚜렷하면서도 커다란 규모를 형성했던 서진西晉 때의 '영가지란'과 관련이 있다는 설명이다. 당시 모두 일곱 차례에 걸쳐 대규모 이민 대열이 만들어졌는데, 그런 지속적인 이민 대열 중 이곳 장시 북부와 중부에 걸쳐 아주 많은 북방 이민이 정착하면서 생겨난 말이라고 한다.

그러나 원나라 말과 명나라 초반에 지속적으로 벌어진 전란과 재난 때문에 다시 인구의 이동이 벌어졌는데, 당시 장시는 인구 수출 지역에 해당했다. 안정적으로 이곳에 뿌리를 내렸던 장시 사람들이 자의적으로, 또는 왕조의 강압에 의해 전란과 재난의 영향 때문에 인구가 공동화한 지역으로 터전을 옮겼다는 얘기다. 이로써 장시의 언어는 인근 후난과 쓰촨 등 지역에 퍼질 수 있었다는 설명이다.

(5) 客家方言(객가방언)

중국 대륙과 대만에 걸쳐 약 7000만 명, 그리고 전 세계 각지에 흩어져 살고 있는 사람까지 합칠 경우 약 1억 명의 인구를 자랑하는 집단이 客家객가다. 이들은 독특한 언어와 인문적인 습성을 보이는 것으로 유명하다. 중국 역사 속에서 숱하게 등장한 게 이민의 대열이기는 하지만, 객가는 같은 이민 대열을 형성했으면서도 지금까지 아주 독특한 문화와 언어 등을 지니고 있어 이채를 띠는 집단이다.

이들은 우선 당나라와 그 후인 오대五代 시기에 걸쳐 남쪽으로 이동한 것으로 보인다. 먼저 정착한 곳은 장시江西 남쪽과 푸젠福建의 서쪽이었던 것으로 추정한다. 이곳은 '외진' 곳이다. 주로 산지山地에 둘러싸여 있는 곳이어서 외부와의 격리隔離가 아주 자연스럽게 이뤄지는 지역이다.

이들이 오늘날의 客家方言객가방언 뿌리를 형성했으리라고 보인다. 그러나 대규모 이민은 그보다 나중이었다. 북송의 뒤를 이어 등장한 남송이 장강 이남의 항저우에 내려와 도읍을 세웠던 역사적인 사건의 여파다. 왕조 자체가 북방에서 쫓겨 강남으로 이동한 드문 경우에 해당하는데, 이 때 그 뒤를 따른 수많은 이민 대열 중 장시와 푸젠의 일부에 도착한 그룹이 원래의 '객가 뿌리'를 이뤘던 선先 정착 그룹과 합세하면서 오늘날의 객가를 형성했다고 보인다.

객가의 분포는 아주 넓다. 광둥과 광시의 여러 지역에도 분포하고 있는데, 그 원류原流를 이루는 곳은 아무래도 장시와 푸젠의 선 정착 그룹을 꼽지 않을 수 없다. 나중의 왕조인 청나라 때 들어서면서는 개척 이민의 형태로 지금의 타이완臺灣, 중국 최남단의 섬인 하이난海南, 심지어는 내륙인 쓰촨 등에도 진출했다.

객가 방언은 다른 말로 涯話애화, 新民話신민화, 粤東話월동화, 懷遠話회원화, 惠州話혜주화라고도 적는다. 타이완 등 지역의 보존 및 전승 상태는 좋지만, 중국 대륙에서의 소실消失 정도가 아주 높아 그를 어떻게 보전할 것인가를 두고 고민이 깊다는 이야기가 전해진다.

(6) 閩語(민어)

閩민이라는 글자는 앞에서 푸젠을 거칠 때 이미 설명을 마쳤다. 그곳에 흐르는 아주 큰 강의 이름이다. 이 강을 기점으로 해서 여러 지역으로 나눠지는데, 언어 지형地形 또한 그와 대동소이하다. 원래는 이 푸젠이라는 땅에 발을 딛고 살았던 사람, 즉 민월閩越이라는 존재가 그 뿌리를 이룬다.

강의 동쪽은 푸저우福州가 중심이다. 지금도 푸젠의 도회지다. 최초로 행정 중심이 들어섰던 곳으로, 바닷가에 있다는 점을 두고 볼 때 북쪽으로부터의 이민이나 권력이 이 푸젠에 들어설 때는 바닷길을 택했다고 추정할 수 있다. 위진남북조魏晉南北朝 시기에 북방의 이민이 처음 발을 디뎠던 것으로 본다.

육로를 통해 이동해 온 사람들은 푸젠 서쪽에 버티고 서있는 우이武夷 산맥을 넘어 들어온 것으로 보이며, 수시로 벌어진 북방의 혼란기 상황에 따라 다양한 이민들이 역시 다양한 갈래를 유지하며 유입한 것으로 볼 수 있다. 그러나 원래 거주민이었던 민월의 전통은 그들 이민에게 지속적으로 상당한 영향을 미쳐 지금의 방언 체계를 형성했다고 한다.

푸젠 지역에 거주했던 사람들이 외부로 다시 터전을 옮기는 경우도 적지 않았다. 대표적인 경우가 서남쪽으로 인접한 광둥으로의 이민이다. 따라서 광둥 동부지역은 이들의 영향을 받아 閩江민강 이남 지역, 즉 閩南민남의 언어 영향을 강하게 받았다. 북부로 인접한 저장浙江의 최남단에 해당하는 원저우溫州라는 지역도 이 閩南민남의 영향을 받았다.

閩江민강을 중심으로 閩中민중, 閩東민동, 閩南민남, 閩北민북, 푸셴蒲仙의 다섯 방언으로 다시 나눈다. 언어 사용 인구는 약 8000만 명에 이르지만, 푸젠 계통에 속하는 전체 인구는 1억 2000만 명에 달하는 것으로 알려졌다. 가장 큰 어계인 閩南語민남어는 이곳에서 다시 이민 대열에 올라 지금 타이완에 정착했다. 그곳에 살고 있는 인구 대부분은 이 언어를 사용한다.

(7) 粤語(월어)

五嶺오령이 산맥과 같은 흐름을 형성하는 곳의 남쪽, 우리는 그곳을 嶺南영남으로 적으며, 산의 남쪽에서 바다에 이어지는 땅이 곧 지금의 광둥廣東이라는 점도 살폈다. 진시황秦始皇이 이곳을 최초로 통일 왕조의 권역에 넣은 뒤 파견한 수많은 관병官兵과 관원官員 및 가족 등 구성원이 일찌감치 영향을 미쳤다. 그러나 그 뿌리에 해당하는 것은 그 전부터 이곳에 터전을 두고 살았던 粤人월인의 언어다.

粤월과 越월은 고대 중국에서 같은 글자였다. 모두 장강 이남 지역에 살고 있던 원래의 거주민, 즉 Viet 계통의 사람들을 일컫는 글자다. 그러나 저장浙江 지역에 나중에 들어선 나라와 사람들을 越월, 越人월인으로 적으면서 두 글자는 조금 사이가 벌어지기 시작했다. 그래서 저장 지역을 越월, 광둥 및 그에 인접한 광시廣西 지역의 사람들을 粤월로 따로 적으면서 서서히 분화를 시작했다.

흔히들 이 방언을 廣東話광둥화, 廣府話광부화, 때로는 白話백화라고도 적는다. 분포는 매우 광범위하다. 해외의 화교 때문이다. 광둥은 물론이고, 광시 일부 지역, 홍콩과 마카오, 동남아시아의 말레이시아와 싱가포르, 인도네시아 등에도 퍼져 있다. 사용 인구는 크게 잡을 경우 6700만 명에 달한다고 한다. 북방에서 가장 멀리 떨어져 있는 지역이라 북부 이민의 영향이 크지는 않았다고 보인다. 대규모의 이민이 이곳을 향해 직접, 그리고 대규모로 이동했다기보다 인근 지역의 주민들이 여러 차례에 걸쳐, 소규모로 이동해왔다는 얘기다.

따라서 광둥의 언어는 원래 형태를 그대로 간직한 경우가 많다는 설명이다. 변형을 크게 겪지 않고 여러 차례에 걸쳐 조금씩 이동한 주변 인구들의 언어를 흡수하면서 발전했기 때문이라고 한다. 아울러 그런 까닭에 언어 내부적인 갈래도 그렇게 다양하지 않은 편이라는 설명이다.